U0903915

湘军为什么这么牛

1 乱世豪杰多书生

王纪卿 著

湖南文艺出版社
HUNAN LITERATURE AND ART PUBLISHING HOUSE

图书在版编目（CIP）数据

湘军为什么这么牛.1/王纪卿著. —长沙：湖南文艺出版社，2011.4

ISBN 978-7-5404-4793-9

Ⅰ.①湘… Ⅱ.①王… Ⅲ.①湘军—史料 Ⅳ.①E295.2

中国版本图书馆CIP数据核字（2011）第014123号

上架建议：社科文史·人物传记

湘军为什么这么牛.1

作　　者：王纪卿
出 版 人：刘清华
责任编辑：邓映如
特约编辑：康　慨
装帧设计：蒋宏工作室
出版发行：湖南文艺出版社
（长沙市雨花区东二环一段508号　邮编：410014）
网　　址：www.hnwy.net
印　　刷：三河市鑫金马印装有限公司
经　　销：新华书店
开　　本：787×1092　1/16
字　　数：285千字
印　　张：17
版　　次：2011年4月第1版
印　　次：2011年4月第1次印刷
书　　号：ISBN 978-7-5404-4793-9
定　　价：29.80元

湘军为什么这么牛.1

乱世豪杰多书生

王纪卿著

动乱岁月，崛起群雄。胡林翼带兵缉盗，江忠源沙场建功；刘长佑游击丛莽，彭玉麟策马山中；曾国藩犯颜直谏，骆秉章守备湘中；罗泽南带徒授武艺，李续宾首练湘乡勇；鲍超打仗冲第一，王珍练兵有独门；洪秀全梦见上帝，冯云山传道造神；杨秀清装巫弄鬼，洪大全立国建军。风流人物，传奇人生。风起云涌撼潇湘，书生仗剑争乾坤。

本书为非小说类历史文学读本，情节与人物无一虚构，谨此说明。

——作者

contents 目录

第一章
忧患天子

> 湖南童谣摘录：
>
> 张打铁，李打铁，打把剪刀送姐姐。
>
> 打铁六，打铁六，六月不见早禾熟。(道光)
>
> 打铁七，打铁七，七个果子甜蜜蜜。(咸丰)

历史转型时期的新皇帝

道光三十年是清末历史上一条重要的时间分界线。道光皇帝的统治在新年伊始的时候突然结束，咸丰皇帝以人事大变更和军事大变革为特征的统治时期从这时发端。

新老皇帝的平稳交替，对于政治的变革似乎并无特殊的刺激。但是南方广东、广西两省几乎无处不在的造反活动，明显成为新皇帝改革先帝旧体制的诱因。

为了把广西的武装造反镇压下去，十九岁的咸丰试图重振大清征服者的雄风，但他痛苦地发现，无论他找来多么厉害的春药，都无法治愈清政府军政功能的阳痿。清军无法扑灭两广的造反大火，万般惊恐地看着对手在战争中变得强大起来。

新一届的大清统治者不得不承认，康熙和乾隆时代的强大武力已经一去不复返了，单靠满人的力量绝对无力回天。经过剧烈的内心挣扎，年轻的皇帝终于放弃了救治满人痼疾的努力，试图依靠汉人来支撑摇摇欲坠的皇座。

然而，把武装交给汉人，是一个纵虎归山一般严峻的课题。重用汉人？咸丰脑子里每次闪过这个念头，都会惊出一身冷汗。异族统治者的本能，使他凭直觉也能知道这是一种近似于自杀行为的人事安排。历史的教训值得注意。清朝的列祖列圣，极少把军权交到汉人手中，而一旦交了出去，又会尽快地采用非常手段收回。

世祖顺治皇帝入关之初，下山东、克河南、进陕西、打四川、攻云南、扫平东南，都用皇亲国戚、诸王贝勒。那时政权尚未稳固，满人少而汉人多，满人的“天命”屡屡遭到质疑，这个以少制多的民族，不得不把军权紧握在手，靠武力来抹掉人们对大清皇权的蔑视。

康熙接过权力棒之后，发生了可怕的三藩之变，说明汉人是多么不可靠。多亏康熙神武，尽管战火遍及半个中国，但他靠着强大的武力，费时九年，终于镇压了叛乱。从此以后，三藩之乱的教训作为一种遗传因子，在大清皇室内代代承传。不论哪里有人造反，清廷派兵镇压，只会任命亲贵大臣为大将军，或称经略，另派一名参赞做副手。

康熙大帝平定噶尔丹叛乱，任命裕亲王福全和恭亲王常宁为大将军，皇子胤禔当副手。接下来征讨策妄，胤禔做了大将军。

雍正皇帝再次征讨策零，任命傅尔丹为大将军。

雍正的儿子，伟大的乾隆皇帝，重振康熙的军威，出兵征讨达瓦齐，定北将军用了班弟，定西将军用了永常。接着征战霍集占，大将军一职选了兆惠。征战廓尔喀，征战台湾，大将军都是福康安。出征缅甸，帅旗由明瑞执掌。明瑞死后，傅恒继任，阿桂为副将军。两征金川，起初任命讷亲、傅恒为经略，再命温福为定边将军，阿桂做副手。

咸丰的爷爷嘉庆皇帝征讨三省教军，任命额勒登保为经略，德棱泰为参赞。

这些为大清征战四方的总司令和副总司令，显然都不是汉人。咸丰的祖先们一点也不含糊，几乎没有给汉人任何执掌兵权的机会。

乾隆的父亲雍正爷，为了增加内部争权的筹码，倒是为汉人在军界开过一丝门缝。可是谁都知道，他所任命的几名汉人大将军，结局令人心寒。雍正提拔年羹尧为抚远大将军，任命岳钟琪为参赞，到青海作战。两次启用张广泗为宁远将军，动武于准格尔，用兵于苗疆。结果怎样呢？岳钟琪横遭非议，几遇不测；年羹尧和张广泗功高震主，还以功臣自居，结果被皇帝诛杀。雍正亲手开了一条门缝，又亲手把门缝合严了。

且不说大将军不能由汉人来当，就连文职高官，也很少让汉人涉足。自满人问鼎中华大地以来，直到咸丰初元，各省督抚中，满人占了六七成。咸丰的父亲和爷爷，以及爷爷的父亲和爷爷，对汉人进入权力高层把关极严，他们的在天之灵，自然希望自己的继承人能够恪守这一组织人事原则。

这就是二百多年来的祖制，是咸丰企图变革时必然会害怕的紧箍咒。然而先辈的那一套在咸丰手里玩不转了。道光爷给儿子留下的军力，就跟糖人一样，遇到造反的烈焰立即熔化。咸丰喊天不灵，呼地不应。形势所迫，祖制是不得不破了。

只要能保住祖宗留下的江山，咸丰豁出去了。

汉人和汉人武装在咸丰年间的崛起，直接带来了大清帝国在咸丰同治时期的中兴，同时导致了它在光绪宣统时期的迅速衰亡。在咸丰执政的十二年间发生的这种人事变革和军武创新，从根本上决定了晚清历史的走向，无论怎样强调二者的重要性，都不会有过分之嫌。

咸丰打破祖制，重用分分钟可能转化为最大敌手的汉人官员，他需要勇气，需要魄力，更需要制衡各种势力特别是汉人权力的手段。他启动了晚清军政生活中的这个充满玄机的重大转折，使历史的车轮在汉人铺设的轨道上行驶了三十年，然后在他遗孀慈禧的主导下，发生了满人在军政领域的全面复辟，接着在汉人的无情打击下直接走向清朝统治的灭亡。

沉稳就是力量

一切还得从头说起。

咸丰皇帝奕詝开始指挥清军镇压广西造反武装的时候，皇位还未坐热。乳臭未干的年轻皇帝，刚刚执掌朝政，就要指挥作战，完全是勉力负重，仓促上阵。

奕詝的登基也是一个突如其来的事件。尽管他从懂事那一天起就思考过自己继承皇位的可能性，可是当他在文武百官的拥戴下登上皇座时，他甚至连必要的心理准备都没有。

事情发生得太突然。他的父亲道光爷毕生追求宁静与平和，就连传位这件事情，也做得十分平顺，事先毫无预兆，交位时也未闹出很大的动静。

道光三十年正月，年迈的老皇帝已经违豫很久，打理国事却一点也不含糊，每天仍然拖着病体，到奉三无私殿召见臣子，丝毫没有叫哪个儿子继承大统的迹象。

元宵节的前两天，四皇子奕詝夜间正在看书，老师杜受田匆匆而来，把门关上，压低声音，急切地说道：“老臣刚从圆明园回来。”

奕詝问道：“父皇召见老师了？”

杜受田点点头，接着说：“皇上在慎德堂召见军机大臣，把老臣也叫去了。奇怪的是，祁俊藻、陈孚恩、何汝霖、季芝昌都在场，却没有召见穆彰阿。”

奕詝立刻明白了。道光爷召见军机大臣，却把奕詝不喜欢的军机领班穆彰阿排除在外，倒是把奕詝的老师叫了去。这是一个微妙的信号，暗藏玄机，看来连老师也没能揣摩出其中的含义，这就是他匆匆赶来的原因。

“父皇说了什么？”

“都是平常的公务，谈了四个时辰，却看不出什么重点。”

“父皇是否提到我了？”

“皇上把老臣叫去，自然是提到四皇子了，问你最近干些什么。”

奕詝和杜受田议论了一阵，不得要领。那天夜里，师生二人就寝时，脑子里都装满了疑问。

第二天凌晨五点钟，诸位大臣刚刚上班，道光爷就传旨召对。被宣者有十位，都是最高级别的大臣，以满人为主。四皇子奕詝随后也被传召。

弈詝不知父皇有何吩咐。走进正大光明殿时，看见了定郡王载铨和三位御前大臣：载垣、端华和僧格林沁。他们和父皇一样，个个神情肃然，对奕詝的到来毫无反应。内务府大臣文庆的表情也很麻木。但是，五名军机大臣的眼光都向奕詝瞟了过来。他们的眼神里透露了一些信息，令奕詝感觉到父皇刚刚宣布了什么重大的决定。什么事情让穆彰阿和陈孚恩显得有些紧张？赛尚阿眼光里掠过的那一丝惊喜，何汝霖眉眼间和季芝昌眼角上那几丝暧昧的蠕动，又是意味着什么？

奕詝请安时，觉得父皇久日的病容已经不见了。道光爷端坐榻上，穿戴得整整齐齐。臣子们齐集在榻前，没有一个人说话，似乎在等待着什么人的到来，打破君臣之间的静默。

发生什么大事了？莫非英夷又找茬子了？不对啊。若是召对国策，父皇怎会把我叫来呢？对了，怎么不见奕訢在场？父皇召见我，应该也召见六弟才对啊。

奕詝的悬念很快就由道光爷亲自解开了。他从文件匣里取出朱笔圣旨，叫臣子们传阅：

皇四子奕詝立为皇太子。皇六子奕訢封为亲王。道光二十六年六月十六日御笔。

传览完毕，道光爷说了一番场面上的话，勉励各位大臣继续为国效力。

奕詝昨夜留下的疑窦顿时消除。但他还不敢相信自己真的成了皇太子。

父皇真的选择了我来承继大统？大家看好的不是奕訢么？父皇常夸六弟天资颖异，对他极为钟爱。六弟得到的恩宠，在诸位皇子中无以复加，好几次都有被立为皇太子的可能。可是，如今父皇只是破例给他封了个亲王，安慰一下这个宝贝儿子。

奕詝正在走神，道光爷问道：“奕訢怎么还没来？”

原来父皇也叫内侍去宣了老六。奕詝想到。惶惑之中，随口回答：“想是快要到了。”

道光爷微叹一声，说：“尔等下去吧。”

众臣于是恭请皇四子奕詝前往乾清宫，拥立他为太子。奕詝一路上又在想着另一个问题。

父皇为什么要选择这个时候册立太子呢？难道父皇觉得自己已经挺不下去了么？可是，父皇的精神不是明显好转了吗？

奕詝太年轻，没见过将死之人的回光返照。可是那班大臣却是心知肚明，只是不便明说。新立的皇太子令五位军机大臣返回办公厅，一同阅览章奏。没想到，又有人来传圣旨，急召大臣们入宫。原来道光爷已经“龙驭上宾”，走完了他的六十八个春秋。

道光爷走得如此之快，不仅弈詝吃惊，满朝文武也不敢相信。新立的太子刚刚从震惊中反应过来，就立刻意识到：太子的宝座还没坐热，他马上就要黄袍加身了。

道光爷平稳地完成了皇权的交接。从他签署传位遗诏的日期可以看出，他把皇位传给十九岁的儿子弈詝，是在三年多以前就已经做出的决定。任何人都有理由相信，这是一个经过深思熟虑的选择。

在道光爷眼里，他的第四个儿子有两大优点，一是精明，二是沉稳。道光爷看得很准，弈詝做皇帝的资格，在于他是一个沉得住气的年轻人。

弈詝的这种品质，登基后立刻显露出来。

传说道光爷病倒以后，成皇后撺掇皇上把皇位交给她最宠爱的亲生儿子奕訢。父母同心向着这个儿子，道光爷也乐得让宠儿承继大统，便把奕訢的名字写在纸上，藏到大殿的匾额内。不巧在写名字时，被一名太监在台阶下窥见，见末笔很长，估摸皇上所写的是“奕訢”二字，便把此事传了出去。道光爷知道事机泄露，忽然改了主意，决定把皇位传给已故孝全皇后所出的奕詝。

那么，奕詝登上皇位之后，将会如何对待最大的竞争对手奕訢呢？这是满朝文武心中一个很大的悬念。

成皇后只比道光爷晚一步离开人世。病危时，新皇帝奕詝在一旁侍候。皇后的视力已经不行了，以为身边的人是亲生骨肉奕訢，握着他的手说：“阿妈本意是要立你，如今立了别人，也是命中注定。你要爱惜自己。”

新皇帝沉默不语。成皇后立刻醒悟自己张冠李戴了，当下脸色煞白。奕詝压抑着心中的不快，跪下叩头，发誓道：“朕在位一日，必当保全六弟。”他深思熟虑，做了一个周妥的决定：打发六弟去圆明园读书。此后十年中，奕訢除了读书，也曾办过一些差事，咸丰三年十月出任军机大臣，第二年领班军机，直到咸丰五年七月免职，也算得到了重用。慈禧干权后，他又活跃起来，终于有了出头的机会，加授议政王，还在军机上行走。

奕詝如此对待六弟，没有做出手足相残的傻事，成为一段佳话，说明他是一名顾全大局的政治棋手。

另一件事情也说明奕詝耐得下性子。道光爷在道光三十年的第一个月份就已去世，奕詝完全可以在当年更换新的年号。谁都知道，父皇的那个道光年号，真的是很不吉利。民间传说“道光道光，道路光光”，成了一句已见端倪的谶语。田间颗粒无收，路上饥民死光，很多地方满目凋敝。老百姓盼望气象更新，指望新皇帝启用吉利的新年号。奕詝初登大宝，未必不想用新政覆盖旧江山，但他手下的臣子还是那一班老臣，他还得依靠他们推行全国的行政。路还得一步一步走，于是他告诫自己：要戒骄戒躁，还是把父皇的旗号再打一年吧，明年再启用咸丰年号。

年号未改，气象却要更新。军机领班大臣穆彰阿，专权擅政，残害忠良，朝野共愤。咸丰既登大宝，容不得他继续留在最高决策层面。他完全可以颁发一纸诏书，将这个前朝重臣撤职查办。但他不想锋芒毕露，决定低调地进行人事更替。

道光三十年二月，咸丰悄悄变动高层人事。他的措施顺应官心民意，却未曾闹出太大的动静。那个撺掇道光爷向英国人屈服并且迫害禁烟大臣林则徐的穆彰阿，在军机大臣中的排名往后挪了一位。汉人祁俊藻升授体仁阁大学士，领班军机，排名在穆彰阿之前。咸丰欣赏的赛尚阿被提拔为协办大学士，架空了穆彰阿。五月份，穆彰阿的门生陈孚恩自请离开军机处，回到江西老家休养，皇帝也下旨恩准。于是朝野上下都知道穆彰阿失去了圣眷，离下课已经不远，而新的气象已经露头了。

不可容忍的前朝重臣

穆彰阿失宠，文武百官都看得出来，新皇帝对这位前朝重臣心有芥蒂。咸丰不喜欢穆彰阿，不管他的反感中纠缠着怎样的个人恩怨，主导意识总与国事相关。穆彰阿掌领军机十五年，道光爷在位的三十载，后面一半时间都对穆彰阿言听计从。那是一个怎样的十五年啊？国运衰颓，外国入侵，中国战败，割地赔款。就在这段时间里，不仅素来以征服者而自豪的满人弯曲了双膝，中华帝国的各个民族都跟着统治者一族铭刻下了永难忘怀的国耻。

道光爷生前不聋也不瞎，但他对于自己治理的这个国家，并无多少忧患意识，就像一个又聋又瞎的皇帝。既然他最信任的大臣是穆彰阿，那么不仅是咸丰，任何一个国民都有理由相信，正是这个穆彰阿，把道光爷变成了一个耳目不聪的残疾人。

第一次鸦片战争在道光二十二年结束，那时奕詝只有十一岁。然而，这个年龄的小皇子，已经能够从宫廷沮丧的气氛中体味战败的羞耻。奕詝直到登上皇位的那一天，也没能搞清楚父皇在道光二十年开始的那场战争中遭到惨败的全部原因。但他单凭着皇族的直觉，至少也能了解战败的症结何在。一度骑在马背上打天下的鞑靼民族，已经丢失了尚武的传统。鸦片战争的失败是全体中国人的耻辱，但谁都知道，更应该为这次战争的结果羞赧汗颜的是统治中国的满人，尤其是号称八旗铁军的满人军队。

17 世纪的人类世界，马背上的民族是强者。那时候，没有一种武力能够对抗强悍的骑兵。汉人直到今天也没有忘记，那是一种多么可怕的武力。满人靠着铁骑的践踏，从软弱的明朝皇帝手中夺得了统治中国的“天命”。

从 17 世纪中叶到道光爷去世为止，二百多年过去了。按照强者自己的说法，清朝的“列祖列宗创业垂统”，“文德武功超轶千古”，说到底，他们懂得武力征服是硬道理。远的不说，只说嘉庆年间三省教匪作乱，不是也被他们镇压下去了？西南省份很快恢复了安定的局面。中土人民安居乐业，半个世纪“寇盗不作”，虽然边鄙偶有骚动，也会被朝廷的武力打压下去。

但是，自从嘉庆皇帝那一次炫耀武功之后，进入道光一朝，北京的统治者发现他们讲不起这个硬道理了。他们失去了发言的本钱。大清的武力，已在中土文化和太平盛世的荣华富贵中剥蚀消退。

一百多年的一统江山，大清的大业传给了道光。要说道光爷是爱新觉罗一族的不肖子孙，咸丰连想都不敢想。父皇选择了他来继承大统，他感激不尽啊。何况父皇一生恪守儒家的做人标准，以身作则，个人修养无可挑剔。

的确，从咸丰的父亲道光爷身上，用儒学的标准来审视，你也许找不出什么缺点。尤其是他的私生活，实在挑不出什么毛病。他以节俭著称于史，连他的御衣上都能找到补丁。看到这个皇帝，你会由衷地赞叹，他就是儒家生活方式的典范。

道光爷处理国事，也是严格遵循孔圣人的教诲。他主张以和为贵，倡导和谐宁静，希望臣民们能和他一起实现安定团结的美好愿望。

如此一位好皇帝，怎么会给儿子留下这么一个烂摊子？他的教训是否值得后人吸取？道光爷的俭朴为什么只是一个人的廉洁，他为什么未能约束文武百官，起不到垂范下属的作用？

一个小故事就能反映出道光朝的怪现象：一个好皇帝如何生活在贪官污吏的包围之中。道光爷放弃山珍海味，追求民间的小吃。他叫太监从宫外给他买来油炸果子，吃得有滋有味。有一天，他为了检验一下节俭的成果，去内务府查账，看看一个油炸果子究竟要花多少钱。

不查不知道，一查吓一跳。那一份小吃，太监竟然报销了三十两银子。道光爷被雷到了。这下他才知道，按照自已制订的伙食标准，他这个皇帝，连民间的小吃也消费不起。他只能叹息：官场作弊实在防不胜防，连皇上的俭朴也会变成下属贪墨的机会。他没有惩罚那个无耻的太监，因为他心肠太好，奉行批评教育、治病救人的原则，不会把犯错误的臣仆一棍子打死。

这就是道光王朝的侧面写照，虽然滑稽而夸张，却刻画得入骨三分。在大清帝国权力的宝塔尖上，坐着一位省吃俭用、不事铺张的皇帝，他脚下却是一大群贪婪聚敛、奢华淫逸的各级官僚。这样一幅对比鲜明的漫画，就是那时中国的现实。

道光爷打造出来的和谐，只是一种表面的宁静。官场中忌讳谈论社会矛盾，下级向上级隐瞒群体性事件。官场内部也是和气一团，皇帝不喜欢臣子们互相揭发和攻讦，诏谕臣民相安无事，互不得罪。官官相护，构建了一个嘻嘻哈哈的权力圈。官员们没有丝毫开拓精神，热衷于中饱私囊，巧取豪夺，不顾百姓疾苦。读书人醉心于八股，追逐功名，睁着眼睛说瞎话，讴歌所谓的太平盛世。道光爷和他宠幸的穆彰阿大玩柔术，加速了衰败的进程。

放弃武力，漠视国防，疏忽治安，这是道光爷致命的弱点。他违背了祖宗靠武力一统江山的成功传统。他害怕血腥，回避尖锐的社会矛盾。对内对外，息事宁人。为了宁静，他听不得全国各地上报治安事件，也不愿采取措施消除社会隐患，宁愿做一只把头藏在沙堆里的鸵鸟。他造就了一种强制的安宁，而不是真正和谐的平静，各种社会矛盾正在积蓄着爆发的伟力。还是为了宁静，他不愿继续鸦片战争，不惜向英国人求和，授命满人首席大臣穆彰阿主持签订五口通商条约。

鸦片战争，中英双方打的是鸦片战。争战的焦点，是允不允许把鸦片输入中国，允不允许中国成为吸食鸦片的超级大国。鸦片为害甚大，世人家喻户晓，道光爷不可能不知道。林则徐焚禁鸦片，对朝廷一片忠心，道光爷也不可能不知情。可是宠臣穆彰阿抓住了他怕打仗的软肋，危言耸听，夸大战争的恶果。他还说，一定要惩罚好斗的林则徐，才能令英国人甘心。道光爷害怕了，为了息事宁人，他顺从了穆彰阿的意思。

道光爷不会没有接受过满人透过刀光剑影树立威信的传统教育。他在做出屈辱的投降决定时，确实也经历过一番内心的痛苦挣扎。

那是道光二十二年，西历 1842 年，大学士王鼎刚从河东查勘水灾回京，听说要跟英国签订和议条约，痛哭流涕，极力反对，还拼死为林则徐美言，恳求道光爷收回成命。他向林则徐拍过胸脯："皇上误会林公了。王某回到京城，一定设法消除皇上的误会。林公或许用不着去新疆了。”可是他斗不过穆彰阿那班宠臣，无法兑现对林则徐的承诺。

王鼎和穆彰阿同在军机上行走，他恨透了这位同僚，见一次就大骂一次，声色俱厉。穆彰阿总是微微一笑，悄悄躲开。

有一次，两人同时被皇上召见。王鼎在皇上跟前一点也不发怵，仍然厉声责骂：“穆彰阿，你就是当朝的秦桧、严嵩啊！”

穆彰阿装成弱势，偷看皇上一眼，也不吱声。

道光爷呵呵一笑，对王鼎说：“你喝高了！来人啦，把他扶下去，省得他在这里胡言乱语！”

王鼎是个硬骨头，就是不下道光爷给他的台阶。第二天上朝，照样说一些逆耳忠言。道光爷耐不住性子了，拂袖而起。王鼎一把扯住皇上的衣裾，大喊：“林则徐冤枉啊！”

结果还是一样，道光爷又令人把他拉了下去。

王鼎回到家里，想不出更好的办法，决定效法古人，重演史鱼尸谏的故事，当天夜里上吊身亡。

当时，江西新城人陈孚恩在军机处任章京（军事委员会参谋），为人机警，最得穆彰阿的宠任。王鼎死后第二天，他就扮演了一个令人痛恨的角色。

第二天早朝时，军机大臣都到了，单缺一个王鼎。陈孚恩知道王鼎为什么没来，连忙出宫，朝王鼎家里赶去。

可想而知，王大臣自杀了，家里已经乱成一锅粥。尸体悬在梁上，尚未解下。家人恪守王法：但凡大臣自缢，必须奏闻朝廷，派人前来检验，然后才能解下。

陈孚恩一到，便做了一件知法犯法的事情，令王家人将尸体解下。他走上前去，在死者衣带中一阵搜索，找到了王鼎临死写下的遗疏。这份绝命之作的核心，就是弹劾穆彰阿，保荐林则徐。

陈孚恩对王鼎的儿子说：“龙颜大怒，不愿再听这些胡言乱语！如果把这份遗疏呈上去，令尊只怕连恤典都得不到了！而你们做子女的，这一辈子别想翻身！你现在是翰林院的编修，如果还想在朝中为官，不如把这份遗疏毁掉，不要上奏，我担保皇上会给令尊优厚的抚恤。你们好好想一想吧。”

话刚说到这里，张芾赶来了。他是穆彰阿最亲厚的门生，和死者同为陕西蒲城的老乡，所以他的到来，情理上讲得过去。表面上看，他是为吊唁同乡而来；实质上，他也是为了老师穆彰阿来做说客。同乡情谊是幌子，政治目的是真意。

张芾一来就为陈孚恩帮腔，劝死者亲属隐瞒死者的临终遗愿。陈、张二人口才不俗，洗脑成功。陈孚恩起草了一份假遗疏，然后上报朝廷：王鼎暴病身亡。

皇上听到王大臣的死讯，倒是深为震悼，批准了规格颇高的丧仪。令成郡王送去茶酒祭奠，对死者晋赠太子太保，入祀贤良祠。三个孙儿，都等到成年时带领引见。

那份真正的遗疏，被陈孚恩拢在袖子里带到军机处，交给穆彰阿邀赏。穆宰相大喜，于是大力提拔陈孚恩，不出十年，就把他抬举为兵部尚书、军机大臣。张芾也在几年间从翰林跻身于大臣之列。王鼎的儿子，却被这二人害得不轻。由于他没有成全父亲的遗志，王鼎的门生和蒲城同乡都将他列入黑名单。他自己也愧恨终生，不再为官。

王鼎自尽一案，传闻有不同的版本。尸谏是肯定的，但谏劝的内容有所不同。有人说，王鼎反对五口通商，并非针对穆彰阿本人。那么陈孚恩掩盖真相，也许就不是为了邀功请赏，张芾帮同附和，也就只是为了支持恩师的主张，维护恩师的尊严了。但不论是为了什么，掩盖真相总不是光明磊落的行为，说是污点，一点也不过分。

王鼎死后，祁俊藻也力争不与英国讲和，但他在军机中为后进大臣，而且是个汉人，没有决定权，小胳膊拧不过穆彰阿的大腿。

中英双方定下了在白门议和的意向。那一天，道光爷退朝，背着两手在偏殿里走来走去，整整一天一夜没有歇息。内侍只听到皇上一声声叹息。漏下五鼓，皇帝才进入正殿，用朱笔写了一份上谕，严密封存。

那一夜思想斗争的结果是，道光爷决定用大把的银子向入侵者购买苟且的安宁。那是一笔不折不扣的巨款，一向省吃俭用的道光爷居然狠得下心来。二千七百万两白银啊，相当于清廷一年财政收入的百分之三十，他也在所不惜。除此以外，他还割让土地，允许英国人开埠通商，并且让鸦片流毒全国。

上谕写好之后，天还没亮，宫门还未开启。道光爷吩咐内侍：把这道上谕送去枢密处，只能交给穆彰阿，不能让祁俊藻知道。

这份上谕，就是授权各位谈判大臣在和约上画押的廷寄。

鸦片战争的失败，清廷的和议，动摇了臣民们对这个天朝大国的信心。鸦片的流毒，吏治的腐朽，军力的衰颓，民心的背逆，灾害的摧残，形成强大的合力，挑战新皇帝奕詝的统治。

强者的挫折是弱者的机遇

由于道光爷的一念之差，咸丰从父亲手中接过的皇座，是一把失去了荣耀的交椅。投降和屈辱，已经覆盖了征服者皇冠上的威风。

道光爷的遗产，是对外软弱的羞辱。登基的喜悦很快就过去了，咸丰心中恢复了往常的郁闷。他已习惯于跟忧患意识为伴。父皇家道中落，虽还不至于家破国亡，却已大失爱新觉罗的颜面。他如何才能重振大清帝国的雄风？

▲ 咸丰皇帝刚登基就遇到了太平天国起义，他不得不依赖湘军镇压广西的造反者，湘军在他的支持下崛起并发展起来。

咸丰毕竟太年轻，阅历既浅，又是刚掌权柄，对国情的严重性并无充分的认识，也无法知道如何去应对。他知道外侮尚在，犹如芒刺在背，但他没有料到内乱将临。那是一场将要席卷全国的规模空前的大动乱，足以动摇大清王朝二百多年的根基。

咸丰此时还未意识到，父皇移交给他的是一座即将喷薄而出的火山，在爆发之前，表面上呈现出令人窒息的平静。火山一旦爆发，他将被炽热的烈焰烤得惶惶不可终日。他即将面对一场旷日持久的国内战争，根据 19 世纪和 20 世纪的一些外国评论家评估，这场内战在中国历史甚至全球历史上都是规模最大的一次。为了应对这场可怕的危机，他至死都会焦头烂额，不会再有一日空闲。

咸丰登基以前的十个年头，满清统治者脚下的火山，迅速地积聚了摧毁性的力量。道光二十年开始的鸦片战争，在道光二十二年以英国人的胜利而告终。中国在军事上惨败，满人威风扫地。在这场毫无悬念的战争中，异国人一支为数不多的军队，打败了广州的钦差大臣，沿着海岸线乘胜前进，打进了长江，最后在金陵向大清政府榨取了一个有利于自己的条约。这件事震撼了整个中国，每一个中国人，包括满人统治者自己，无不感到惊讶：号称无敌的满洲旗兵和绿营军究竟是怎么了？平日里耀武扬威的满人将士们，什么时候已经变得如此贪生怕死，一触即溃？

然而，满人不应该有的失败却是一个事实，说明大清王朝确实是外强中干，而官军的功能已经大大退化。

一战之后，满人创造的奇迹已经成为陈迹，剩下的只有笑柄。这件事导致的后果，谁也无法预料。自然灾害雪上加霜，大大削弱了大清帝国的实力。备受贪官压榨的汉人百姓，看到满人的武力神话完全破灭，认为北京的统治者已经不堪一击，推翻清王朝的最佳机会已经到来。许多处于社会底层的汉人，自然萌生了建立一个汉人王朝来取代满人统治的念头。

溃败的广东清军官兵，很快地分散到他们家乡的村庄和山野，有些人重操和平的旧业，另一些人则投身于刺激性很强的打家劫舍。他们向朋友和伙伴讲述洋鬼子的武力多么可怕，夷人的枪炮如何厉害，西方人的战略战术何等新鲜，在民众当中传播对于夷人的恐惧。

但是人们惊讶地发现，如此可怕的洋鬼子，居然只敢驻扎在广州附近，并没有进城啊。再一打听，那些令朝廷钦差大臣不寒而栗的洋鬼子，原来没有获得进城的批准。中国官方把他们挡在城外的主要理由，竟然是担心百姓骚乱。此事给百姓带来了很大的满足感。民间开始流传一句话：百姓怕官，官怕洋人，洋人怕百姓。

洋人怕百姓。这个结论不单是满足了某些人的虚荣，还使一些人意识到了民众当中所蕴含的巨大力量。洋人是不是真怕中国的百姓？如果说他们出于贸易利益的考虑，暂时不愿激发事态，那么回答是肯定的；如果说他们决定暂时不进广州，是害怕中国百姓的反抗，那么就低估了他们的贪婪和野心。

但是无论如何，清朝当道者遭受的屈辱，必然使汉人百姓得到一种印象：只要举行一次国民起义，就能打败无能的清军，建立一个汉人的王朝。

客观的事实鼓舞了遍布全国的革命会党。一些会党把政治诉求和宗教教义捆绑在一起，利用传教来增强凝聚力。另一些会党则明确打出反抗朝廷的旗帜，会员们从事地下活动，避开官府密探警惕的目光。

众多的会党并非在一夜之间冒出，自从满人入主中原，地下社会的活动就十分活跃。仅在半个世纪以前，一个名叫白莲教的组织，发动了一场波及西部和西北数省的叛乱，甚至渗透到了华中。从嘉庆元年到嘉庆九年，官府都在忙于扑灭这场暴动。白莲教诞生的宗旨，是抗议蒙古人篡夺中国的皇位。他们在汉人统治的明朝偃旗息鼓了，但是在满人推翻明朝时又死灰复燃。

具有传奇色彩的三合会是另一个著名的秘密结社，人们更多地称之为天地会。它在鞑靼人统治中国的第一个世纪内就出现了，在清廷鞭长莫及的南方十分活跃，广东和广西是他们孳衍的根据地。这个结社目标明确，坚决反清复明；会员分布广泛，团结在庄严的誓言之下。他们蛰伏起来，只等机会一到，就会纷纷起事，推翻清朝政府。

中国有太多的会党，包括白莲教和天地会，都怀抱着驱除鞑虏的共同心愿。他们从鸦片战争的结局中看到了清政府的软弱无能，他们等得太久了，而现在有了天赐良机。因此，鸦片战争中国战败的影响，可以如此总结：这个事实震撼了中国，羞辱了满人，给汉人带来了机遇。

汉人的这个机遇，对咸丰皇帝而言，是他一生中遇到的最大挑战。他穷其一生对付死死抓住机遇的造反派，而这一切都是从帝国的南方开始。

对外战争影响到有识之士，影响到广州附近的农民，也影响到了秘密帮会。道光二十六年和二十七年，一系列天灾又加强了这种效果。湖南和广西的一些地区谷物歉收，遍地饥民，盗抢成风。有些匪帮规模很小，随聚随散；也有一些大型匪帮，人数成千上万，首领颇有人望，给县官和省级官员带来很大的麻烦。

为了对付这一类盗匪，官府号召各地训练乡团，组建武装。这种民间武装组织广泛存在，本意是维护社会治安，制止局部动乱，但是一些造反组织正是利用这种局面，就汤下面，从自发的民间武装运动中脱颖而出，例如咸丰登上皇位以后才出现的太平军。

南方的海岸线上海盗猖獗，不但劫掠中国的船只，也会攻击挂着外国旗帜的船舶。他们对海上交通的骚扰实在恼人，英国人不得不于道光二十九年派出军舰来跟他们较量，在广东附近的海上击沉四十八艘海盗船。

英国人向海盗开战的那个月内，广西的陆地上有一大股造反军正在跟官军交手，距离海战的地方只有几天的步程。被英国人击败的海盗，有许多武装人员被迫登陆。他们加入了广西陆地上的造反组织，或者自成一股，为害城乡。他们很容易跟那些地区的客家居民互相沟通，这些客家人，正是太平天国的雏形拜上帝会的群众基础。

种种迹象表明，大清王朝的寿命不长了。鸦片战争虽然没有打垮清政府，但已完全破坏了它在国内外的形象，或者说，暴露了它骨子里面的腐朽与虚弱。康熙和乾隆传下的强大帝国，如今已经凋敝衰颓，卖官鬻爵与日俱增，军队战斗力越来越差，货币贬值，日益接近金融破产，海盗与陆盗公然啸聚，匪众日增，各省要求独立的呼声越来越大。

正是在这样一种危急的情况下，道光爷还在竭力掩盖矛盾，享乐升平。对外战争的可笑失败，对内放任造反武装的软弱无能，表明地方政府和中央政权普遍瘫痪。任何一个胆识和能力出类拔萃的汉人，都可以大胆制订雄心勃勃的计划，致力于恢复汉人的王朝。在有记载的历史上，任何一个王朝，如果表现出道光时期这样的特征，那就意味着它即将离开历史舞台。

大清王朝已经成为一出大悲剧的主角，人人都看在眼里。一位名叫米窦斯（也称密迪乐）的西方驻华外交官亲眼目睹了道光二十九年的中国，写下了一句断言：“从我们掌握的情况来判断，中国正在进入一个无政府状态的动乱时期，它迟早会让满清王朝走到穷途末路。”

第二章

黔中干吏

胡林翼语录：

国之需才，如鱼之需水，鸟之需林，人之需气，草木之需土，得之则生，不得则死。才者无求于天下，天下当自求之。

乱世中的另类知府

前面说到，大清帝国承平日久，却因广东焚禁鸦片拉开战幕，大清蒙受屈辱，威风扫尽。境内危机四伏，寇盗潜滋。岭峤以南，广西、云南、贵州山区，奸宄亡命，勾结兵役，四出劫掠。道光皇帝渴望和平，尤其害怕疆臣用兵激发事态，各省高官秉承风旨，惟务安静。官吏们轻易不敢如实上报匪情，反而竭力粉饰颟顸，不加擒治，致使盗匪横行。

贵州省是全国的一个治安重灾区。黔西的安顺府，正当云南要冲，苗汉杂处，冒顶的大五、小五强盗帮，一向啸集，在民间暴力掠夺。

道光二十八年（1848）春节过后，安顺来了一位新任代理知府，名叫胡林翼。此人三十六岁，年富力强，一张长方脸，目光炯炯，颇有威仪。

胡林翼此来安顺，是因为这个官位刚好出了缺，因此来得偶然。但他到强盗四出的贵州来做官，却是有备而来。

前年五月，他到北京捐钱买官，听说京官年内可以补授，但是升官缓慢，所得的薪俸，不足以奉养长辈，因此他决定捐一个外省官位。他按照陕西买官的价位，捐了一个知府，可以由吏部发往贵州，由该省政府具体安排职位。但是陕西捐官的价位很高，所费不菲。好在他在京城熟人多，向老师和朋友借了一万五千两银子，一个月时间就办好了买官的手续，领到了分配到贵州的公文。

湖南龙山人李如昆是他的好友，对他此举甚感困惑，问道："润之兄捐钱买官，按照惯例，可任兄台选择好地方，如今兄台花了一万多两银子，却买了崇山峻岭中一个穷省的官位，真是闻所未闻！”

胡林翼笑而不答。再三逼问之下，他才答道：“全国的官场，只有贵州的州县官吏奉上以礼，而不行贿。林翼此次出道，费用都是别人资助的，我胡家两代人世受国恩，贵州又是先父持节之地，对于当地的风俗，林翼已有耳濡目染。初次打理地方政务，贫瘠之地，或许有助于保持清白之风，而不致辜负了良友的厚意。”

李如昆听了这番话，才知这位好友是为了避腐就廉，想在下级向上级行贿之风尚未盛行的穷省当个清官，不由得肃然起敬。

胡林翼打算献身于一个贫穷的省份，做好了扎根贵州的准备，决定把未了之事打理妥当，还要接上家人一起赴任。从北京到贵州，他绕了一个大弯。先到江苏办事，然后回到家乡湖南益阳，去拜祭父亲的坟墓。他对着父亲之灵发誓：一定要做一名忠于朝廷的清官，非分的钱财分文不取。

绕这一圈，花了近一年时间。道光二十七年四月一日，他母亲汤太夫人率领眷属登船出发。胡林翼绕道安化的小淹，去岳母家辞行，然后前往常德，与家人会齐。堂弟胡保翼也有一个府经历的官衔，随他一同前往贵州。六月份抵达贵阳，等待巡抚安排职位。这一等就是五个月，直到治安混乱的安顺府有了出缺，他才动身上任，于春节后来到安顺。

胡林翼知道安顺知府不好当。这里匪盗横行，秩序混乱。不解决这个问题，他就不配当这个官。一到任上，他立刻搜集盗匪的情报。他令官府的捕快提供线索：盗匪首领叫什么名字？相貌特征如何？匪巢在哪里？距离府城有多远？可是一问三不知。很明显，手下人收了盗匪的贿赂，有意隐瞒有关盗匪的内幕。

胡林翼又去民间探访。百姓虽对盗匪恨得咬牙切齿，却也不肯透露口风。胡林翼琢磨道：他们究竟害怕什么？经过耐心地沟通，方才得知，原来百姓不是畏盗，而是畏官。百姓们说：我们抓到盗匪，送到官府，是需要花钱费力的。可是官府不及时审理，反而对我们找岔子、挑毛病，要治我们的擅杀、擅伤、非法捆绑之罪。我们担心盗匪反咬一口，又怕事后报复，只好忍气吞声。

胡林翼依靠当地的士绅，虚心就教，打消他们的顾虑，请他们派人多方打探。士绅们心想，这位新任知府是要动真格的了，才敢鼎力相助。

情报一有头绪，胡林翼亲自率领捕快抓盗。他脱去官服，换着短衣，脚穿草鞋，领着小分队出入深山老林，风餐露宿，有时寝食俱废。他的队伍中既有衙门的捕快，也有志愿参加的百姓。

通过几次抓捕行动，胡林翼有了根治匪盗的崭新思维，概括为八个字：与其用捕，不如用民。也就是说，他要发动群众，打一场人民治安战争。

有一天，士绅送来密报：匪首黄老广等人月底要集会饮酒，地点已经探知。为防事机泄露，胡林翼不动声色。出发当晚，他照例宴请僚佐。喝了两杯酒，吃了几口菜，忽然起身更衣，召集身手好的捕快，连夜赶到匪首聚会场所，捕获黄老广，党羽无一逃脱。

这个代理知府任事一年，前后抓捕巨盗二百多名，全部处死。安顺治安状况彻底好转，盗贼衰息。城乡百姓为他在十几个地方建立生祠，自发地表达对他的感激。

按照惯例，贵州省的知府在辖区内可以独立审案。如果主管官员玩忽职守，就谈不上司法公正。如果知府贪赃枉法，伙同僚属算计有钱人，那就难免一人告状，十家破产。胡林翼为了避免司法腐败，决心来一个弊绝风清。他每天坐堂审案，严格规定办案程序。状纸一到，决不拖到隔日才看，而且当场剖断。判决结果，在交通要道张榜告示。由于政务公开，无人再敢私下舞弊。前任积压的案子，清理出三百多起，桩桩审理公正，没有一人喊冤。

接下来，胡林翼狠抓正本清源。他跑到十几个辖区倡立义学，采访八百多名节女和孝子，汇总上报，请求朝廷表彰。安顺一地，二百年来未曾弘扬儒家的主旋律，胡林翼带了一个头，从这时起，当地政府一直注重正面宣传，大树道德标兵。

胡林翼注重调研，找到了贵州省治安形势恶劣的根本症结。他发现，这里的行政区划很不合理。许多府和县，你中有我，我中有你，穿插交错，纠缠不清。这种现象名曰“插花”。安顺行政区划的穿插交错现象尤为严重。胡林翼亲自下去勘察走访，洞悉了这种现象的起源和弊端。

贵州行政区划混乱，大致有三个历史遗留的原因。第一是明朝卫戍区的设立，第二是元朝和明朝土司领地的划分，第三是清朝初年“剿抚”苗民所得的土田。在创设这些区划时，古人的规划做得太粗放，致使官府所在地距离所辖区域远隔一百里或二三百里。

混乱的行政区划给社会生活带来了极大的不便。例如百姓搞运输，读书人应试，道路遥远，劳力费钱。从治安的角度来看，问题更加严重。乡村发生了命案，由于官府离得太远，拖延了侦察审办的时间。盗案往往发生在两个以上区划交界的地盘，两地官府互相推诿。就连普通的小官司，也往往牵连到其他行政区，只能靠公文交涉，纠缠不清。

贵州的百姓深受其害。一个普通的案子，在州官和县官眼里只算鸡毛蒜皮，对于百姓却是财产得失，性命攸关。时间拖长了，百姓的利益受到损害。但因证据搜集不全，往往又无法定案。许多人几年都跟父母官见不上一面，即便见着了，也是白见，还是得不到判决。原告和被告仇恨越积越深，就有可能转变为大案。

贵州的地方官也不好当。肘腋之下，都是邻县管辖的居民；卧榻之旁，又有别人管辖的地盘。他们有必须教诲的子民，有必须整顿的秩序，有必须倡导的精神风貌，也有必须抓捕的犯人，可是他们施政的对象，都远在几百里以外。府、厅、州、县，为官者都自称亲民之官，可是与民众相距太远。其中也有清官良吏，关心民生疾苦，却因距离阻隔，无法施展抱负。

安顺府管辖三县二州，知府、同知、通判各有分管的地区，名义上只有五个辖区，实际有八个辖区。八个辖区之中，有几十处是插花区域。安平和镇宁两县辖区支离破碎，几乎没有一块完整的土壤。

胡林翼向巡抚报告，打算对各个辖区逐一勘察，根据各地的地形，重新规划，截长补短。对于粮食征购和税收，也要重新核定。然后绘制地图，加以文字说明，拟订章程，请巡抚报送中央各部，确定新的行政区划，划定边界，方便官民。

这么好的提议，巡抚乔用迁却不采纳。他对胡林翼说："弊端虽在，积重难返，重新划分行政辖区，要费很大的力气，还不知能否讨好。何况安顺的治安局面已经大大好转，你胡林翼的才干已经得到公认，贵州还有很多地方发生匪乱，你这个干才有更多的用武之地，何必自找麻烦呢？"

治安别动队的长官

胡林翼在安顺待了一年多，安顺从大乱恢复了大治，他这个代理知府可以离开了。乔用迁把他当成了一把治安的利剑，要靠他整顿其他治安混乱的地区。

道光二十九年（1849）三月八日，胡林翼交卸安顺知府的官印，返回贵阳。两个月后的一天，乔用迁召见他，说："胡知府，你是本部院手中的王牌啊，哪里有难，你就去哪里救急。"

胡林翼微微一笑，说："大人过奖了。如今又是何处有难？"

"东部的镇远府，大盗为害二十多年，无人能治。近年来势不可遏。本部院想让你去当几个月的代理知府，狠抓治安，胡知府可愿前往？"

"大人如此信任，属下岂敢推辞？"

"如此甚好！本部院正在增募士兵，胡知府若有需要，可以随时调用。"

镇远在贵州东部，从贵阳前往，路途太远。胡林翼怕母亲受不了长途跋涉，请她留在贵阳。

镇远府的辖地位于㵲阳河南北两侧，居民以苗族和瑶族为主。西部的黄平，南部的台拱和清江，寇盗充斥；黄平以东，从施秉到天柱，治安状况略好。高山、革夷、山丙、沙邦四个苗寨，位于省界边缘，地势险峻，寨民经常出外抢掠，这就是乔用迁的心腹大患。

胡林翼一到镇远，就添设卡哨，购买眼线，信赏必罚。受印半个月，破获了前任廖知府移交的一桩大案。

这是一桩轮奸杀人的重案，罪犯是一个团伙，其中五人是强盗。他们轮奸了杨秀才的妻女，还将杨秀才杀伤。此案发生已有两月之久，廖知府尚未侦破，府城内人心惶惶。

胡林翼一进镇远城，立刻听到了有关此案的反映。他召集衙役和捕快，责令迅速破案。衙役说："知府大人，我们也想早日破案，可是没有办案经费啊。"

衙役说的是实话，镇远的财政非常困难。

胡林翼脸色一沉，说道："没有经费就不办案了？你们以本府名义去借，由本府出具借条。"

衙役借来一千两银子，捕快们不敢怠慢，用了不到十五个工作日，就抓到凶手及奸犯十一人，从重惩办，府城民心稍稍安定。

事后，衙役们问胡林翼："大人为何要借款办案？"

胡林翼回答："本府矢志为民除害，豁出去了，借钱办案也甘心。"

破了这个大案，还只是走了第一步。镇远地势复杂，盗匪隐匿方便，出没无常，所以势力猖獗。胡林翼知道，必须搞到一手的情报，摸清地势与匪情，才能有的放矢。办完此案以后，他便离开了府衙，四处走访土著居民，了解山径和险僻处所，以及何处居民守法，何处居民行盗。一边走访，一边描画地图，随手记载。一天下来，记载的图文就有了一大册。

走访上百人之后，经过详细考证，胡林翼已经成为本地通。要隘之处，险僻之区，当地土人知之不全的，他都全部掌握了。

一个月后，胡林翼报告乔用迁，请求调派官军和乡勇攻打高山寨。此寨有五十八户人家，只有三户不做强盗，胡林翼决定一锅端掉。乔巡抚没有食言，给他派来一支官军。胡林翼集结一百二十名官兵，加上六千名乡勇，在奇险万状的山路上行军，包围了高山寨，随即展开攻势，很快就结束了战斗，抓获匪徒多名，兵勇未伤一人。

剩下的问题寨子还有三座。革夷是一座大寨，分为上、中、下三寨，共有七百户人家，并非都是盗匪，也有良民。胡林翼派人分别登记户口。其余各寨良民很多，为盗的只有十分之二三。

经过此仗以后，胡林翼提议暂停攻击。攻打深山中的苗寨难度极大，高山寨就很典型。它的地理位置格外孤峭，仰攻很难，若非道路熟悉，靠突袭得手，否则很难成功。山里人身手灵活，翻山越涧，矫捷如飞，或分或合，忽聚忽止，而且林密箐深，易于隐身。若无得力的部队，肯定要吃败仗。

胡林翼是一名文官，接触军事不久，就已发现，官军绿营已经蜕化变质，官兵斗志不强，贪生怕死。一人受挫，万队先奔。靠这样的军队作战，一无地利，二失人和，贸然攻击，毫无把握。

与此相反，盗匪的消息非常灵通。官军刚刚出发，盗匪已先逃遁，官军刚刚返回，盗匪便重新集结。官军频繁出动，无功而返，既有损军威，又无伤于盗匪。即使侥幸碰上盗匪，贸然攻击，又恐怕误伤了良民，放跑了奸恶，有伤于仁义。

胡林翼经过一番思考，认为上策是发动良民团练自卫，使盗匪没有空子可钻；中策则是收买盗匪来捕盗，以毒攻毒，使盗匪互相猜疑。乔用迁赞同他的看法。正好知府朱逢辛请求返回本任，胡林翼便于八月二十五日交卸官印，返回贵阳。

胡林翼消停了一个月，于十月份奉命出任武举人乡试的监考官。可是道光末年已没有太平的日子。黄平县的巨盗抱禾等人，聚集部众，抢劫云南和贵州进京赶考的学子，事情传到了北京。道光爷极不愿意听到出乱子的消息，无奈事情已经传开，他只得下诏诘责贵州巡抚，命他赶紧摆平此事。

乔用迁本想把案子压着不报，却不料皇帝已经知晓，他不得不打起精神，再次对镇远的盗匪用兵。派谁去呢？想来想去，还是胡林翼去最令他放心。

道光二十九年（1849）除夕前夜，贵阳府城到处洋溢着节日将临的气氛，家家户户忙着准备过年。胡林翼忽然接到命令，叫他立刻赶去巡抚衙门。胡林翼一进议事厅，发现司道大员都在，气氛非常紧张。

“胡知府，大年在即，本部院还有件要事，不得不跟诸位议一议。抱禾打劫赶考举子一案，皇上有旨申斥，本部院必得派兵进剿。”

按察使道：“大人，明天就是春节了，若要进军，何不等到正月十五以后？”

胡林翼说：“大人既然已下决心要派兵进剿，属下以为兵贵神速，不能延期。山里人在年底要回寨赛神，料不到官军会突然赶到。如果等到年后，风声走漏，头目就会先溜了。属下以为，最好今天发兵。”

乔用迁说：“本部院正有此意，只是大年在即，却又要辛苦胡知府走一趟了。”

胡林翼当下领命，当天启行，同时向镇远各属发出密令，约定各路官军和乡勇按期集结。

道光三十年（1850）正月六日，部队抵达黄平的岩门司，地方文武官员率领绿营兵一千七百多人，驻防兵和苗兵一万七千人，先后到达。胡林翼调配兵力，从四面合围，堵截各个要隘，以防盗匪逃窜。

胡保翼随堂兄来到黄平，胡林翼当晚令他运饷去台拱，并协同同知陈竹坡防堵后路。

当夜三更时分，部队开抵台拱，陈竹坡和都司王伯昌已带兵前往革夷，分头扎营于革夷背后的养开和山丙背后的望坪，两营相距三十里，离台拱城六十余里。

第二天，胡保翼率兵驰抵陈竹坡军营。千总罗亨禄送来一架帐篷，给胡林翼宿营。随从兵丁围绕帐房，用松毛作被，就地露宿。

正月十一日，巡抚的命令送达，批准明晨进剿革夷，令胡林翼督兵分布要隘，以免盗匪逃窜。胡林翼谕令附近的良民前来军营登记，发给暗号，让他们互相保卫，不要害怕。

第二天战斗打响，官军攻破革夷和沙邦两寨。九天后，开始攻打山丙。盗匪有十几处根据地，都被官军烧毁，抓到匪首抱禾以下二百九十八人，顽抗的盗匪都被斩杀。

当地的苗族居民大受震动。先前已有六十寨的苗头到军营登记，战斗过后，他们又带领三千八百多人到军门参见，请求从此剃发摘环，编入保甲，听从约束，如居民再有不法行为，自愿缚献。

胡林翼认为他们很有诚意，命令地方官编造户口册，发放免死腰牌。然后遣撤部队，酌留几名委员清查户口，安抚良民，进行善后。一个月时间，全部办理完毕。

革夷一带的强盗为害五十年，盘踞三百里，作案对象涉及广西、云南、贵州、湖南四省的行旅客商。经此一战，消除了祸患，而且保全了无数生灵。胡林翼认为，此战分别良莠，投首者免死，抗拒者剿杀，问心无愧。

胡林翼的革夷之战打完，战功报到北京，皇座上已经换了新人。咸丰皇帝正需要这样的铁腕官员，欣然下旨，给胡林翼赏戴花翎，留在贵州，只要知府官位出缺，立即补任。

这时，湖南新宁的李沅发造反部队活动在湖南、广西、贵州交界的地区，乔用迁大为震动。贵州的黎平处于动乱地带，李沅发随时可能窜入，乔用迁急需干员指挥防堵。此人非胡林翼莫属，他把官军和乡勇交给胡林翼，叫他去办这件大事。

二月十七日，胡林翼从黄平启行，三天后进驻黎平。胡林翼一到，便领兵出击，将小股造反军追逐到广西古宜，驻营堵截。

胡林翼参与军事，所干的事情件件漂亮。乔用迁上报他的战功，得旨以道员使用。一些官员为胜利冲昏了头脑，请求大举清剿黎平和镇远两府的会党，胡林翼指责他们拿打仗当儿戏，写信制止。他以正月征剿抱禾一战为例，说明打仗绝非易事："那一次，官军按期会师，部署周密，仍然让对手逃走了，致使战斗持续了一个多月。如今我们对黎平的东西南北还摸不着头脑，为何要轻言大举进攻？"

胡林翼在贵州为官两年，主要治理治安灾害地区，已经卓有声望。新皇即位，给他提供了更大的机遇。咸丰采纳曾国藩等人的意见，有意于人事改组，诏令大臣们举荐司道以下可以担负大任的官员，要从中层干部中提拔一批高干。云贵总督程矞采保举了十人，贵州巡抚乔用迁保举了八人，这两份推荐名单上，都有胡林翼的名字。胡林翼本人颇感意外，他来到贵州之后，尚未正式补缺，老是代理别人的职务，不料两位封疆大吏如此把他放在心上。

乔用迁得到旨意，要胡林翼迅速进京引见。乔用迁鉴于本省边防吃紧，奏请缓期。咸丰虽然答应了乔用迁的请求，但他牢牢记住了这个名字。凡是召见云南和贵州的大小官员，他都要垂询胡林翼其人。

胡林翼接到北京故交的来信，劳崇光、常大淳、武棠、郎汝琳等官员进京觐见皇帝，咸丰都问到他的情况："胡林翼在贵州为官，官声何以如此之好？"一个小小的知府，皇帝如此挂念，是胡林翼做梦也没想到的。遵义人唐树义给胡林翼写信说："皇帝很想用你，只是因为你在剿匪，还须稍待时日。"

机遇来得早不如来得巧

湖南益阳里仁桥的胡家湾，在清朝的嘉庆年间，即西历19世纪初，有一对非常可敬的兄弟，操持着一个大家庭。兄弟之间在家庭内实行社会分工，老大专务农业，养活一家老小；老二专务教育，培养后代成人。他们是孝顺长辈、友爱兄弟的楷模，也是忠厚诚实、治家有度的典范。

这两个兄弟，就是胡林翼的祖辈。当农夫的老大名叫胡显巍，抓后代学业的老二名叫胡显韶。

胡显巍不仅会种田，还是个大管家，两家几十上百口人，都听从他的指挥。儿子和侄儿们娶了媳妇，都归他安排家务，早起晚睡，按规定作息。三十年的家庭生活有条不紊，和睦无怨，劳务公平分担，实行轮休制度。谁的贡献大，大管家就设宴犒赏。胡林翼的母亲汤夫人嫁到胡家以后，挑水舂米，为上百人做饭菜，为下田的人做后勤。

胡显韶教育后代的资格是毋庸置疑的，因为他是一个秀才。他有四个儿子，个个都被他教成了秀才，前程似锦。他的教学工作取得了极大的成功，授予特级教师也当之无愧。他的长子叫做胡达源，就是胡林翼的父亲。

这是一个男耕女织、书香飘逸的大家庭。它是湖南耕读文化的一个缩影。乡里人说："胡氏一门，丁口繁衍，耕读相承，男勤女贤，一定会兴旺起来！"

嘉庆十七年六月六日酉时，西历 1812 年 7 月 14 日下午，胡林翼出生在这个大家庭里。这一年以干支纪年为壬申，属相为猴。他的父亲此年在岳麓书院进修，同学左观澜在此年冬天也生了一个儿子，取名左宗棠。胡林翼和左宗棠长大以后成为生死之交，左宗棠有文记叙他们从娘肚子里出来时的情景：

我生于湘，公产于资，岁在壬申，夏日冬时。詹事文学，读书麓山，两家生子，举酒相欢。

文中的"詹事"，是胡林翼的父亲胡达源；文中的"文学"，是左宗棠的父亲左观澜。

胡林翼是汤夫人所怀的第三胎，她已经生过两个女儿。儿子的出生给了她十分的惊喜。她对丈夫说："前些天我梦见一只五色鸟飞进屋后的树丛，张开两翼，飞翔唱鸣，群鸟跟随它飞翔，从林中啄来一根芝草。"

胡达源一听，喜不自禁，连说："此梦吉祥，此梦吉祥！此儿就依乃母梦中情景命名吧。五色飞鸟，林中展翼，啄来芝草，那就取名林翼，取字咏芝。"

神鸟转世的胡林翼，果然颖慧异常。三岁那年，父亲被选拔到北京的国子监读书，离家之前，抱着他拜谒先祠，对着祖先的灵位祷告："这个孩子看上去非常聪明，靠祖宗保佑，长大之后或能自立，但我不敢放松对他的管教。"

父亲进京了，胡林翼成了祖父的跟脚虫。胡显韶走到哪里，他就牵着衣角跟到哪里。晚上也要跟祖父同睡，祖父爱之如至宝，嘴里却抱怨道："此儿太爱说话，有些难缠。"

胡显韶以教学为本业，小儿子远走高飞了，他便收孙儿为徒。胡林翼长到五岁，胡显韶就给他讲授《论语》，教他识字写字。

胡林翼很受上天的眷顾，七岁就得到人生的一个大机遇。这一年他入塾读书，不算奇事。难得的是他小小年纪就有了结婚的对象，而且女方是名门闺秀。

有一天，跟脚虫随祖父来到益阳志馆。安化人陶澍在北京做官，奉皇命视察川东，取道益阳，来这里拜访乡贤。他一见胡显韶带来的孙儿，俯下身子，好一番打量，问道：

"孩子，你叫什么名字？"

"胡林翼。"

陶澍对胡显韶说：“此子器宇不凡，前途不可限量啊。”

他跟胡显韶一番交谈，决定将自己四岁的女儿陶静娟许配给胡林翼。当下两家人交换了生辰八字，胡林翼当场拜了岳父，举止得体，彬彬有礼。

紧接着就有了人生的第二个机遇。胡达源进京以后，仕途越走越开阔，几年内中了举人，又得以进士及第，授了翰林院编修。在京城有了根基，便张罗着把老婆孩子接进京城。胡林翼刚满八岁，就随母亲来到北京。湖南乡下的孩子能进京生活，那是少有的幸运。不过胡达源两袖清风，家道清贫，汤夫人来了，仍然下厨做饭，自操家务。

胡达源对儿子管教极严，早晚督责，以儒家做人的标准要求他，叫他大公无私，舍利取义。胡林翼年纪尚小，无法领悟如此之高的境界，却也记住了一些信条。

光阴荏苒，胡林翼在京城一晃就过了八年，长成一个丰神俊逸的十六岁少年。其间父亲请了多位教师授业，那些优秀的读书人成为他求学路上的良师。

接着胡林翼又有了游历祖国山川的机会。胡达源在道光七年五月出任云南乡试正考官。在考场之内，奉到谕旨，令他出任贵州省的督学。他于十月一日抵达贵阳受印，不久就从贵阳派使者进京，接走了父亲和儿子。

胡显韶祖孙二人在冬天抵达贵阳，住进了贵州省的考试院。胡林翼在这里熟悉了西南的方言，也目睹了这里的荒僻与贫穷。

几个月后，他奉父母之命，回家完成终身大事。他侍奉祖父回到家乡，随后来到风景如画的桃花江畔，在陶氏别墅中与陶静娟拜堂成亲，十八岁的新郎挽着十四岁的新娘走进了洞房。

野史记载胡林翼的婚礼有许多不实之处。作者把婚礼的地点改成了金陵，硬说胡林翼的婚礼用度花钱如流水，而岳父陶澍一点也不吝惜，要多少就给多少。还说胡林翼少年时代就放荡不羁，陶澍仍然肯把女儿嫁给他。陶澍身边的人无法理解，一向律己甚严的陶总督，对僚属也很严格，为什么单单宽纵这个女婿呢？陶澍回答：“此子犹如沧海中的大鱼，一勺水怎能容他回旋？”

野史的作者别有深意，安排了一个劝浪子回头的情节。胡林翼成婚之后，陶澍摆设盛宴招饮，座上只有翁婿二人。岳父在席间畅谈先辈如何立志发奋，如何约束言行，如何令后人望尘莫及。胡林翼大为感悟，从此折节读书，留心吏治民生，戒绝了奢华的习惯。不过还留下一点尾巴，饮食上不愿亏待自己，不像曾国藩那样茹淡食素，日常开销也不如左宗棠那般克扣自己。

但这毕竟是野史。胡林翼并非出身于豪富之家，成婚之前似乎并无大把的银子可花，何况父亲约束严厉，哪里敢去花天酒地！如若他真有过一段不知节制的生活，恐怕也是婚后的事情。

阅历即是资源

胡林翼婚后留在了益阳，遵照祖父之命，去父亲的友人蔡用锡门下读书，那个地方叫做龙潭口。这件事看似平常，却是他人生的一个转折。他的知识结构在这里发生了明显的变化。蔡老师教人务为有用之学，并不专重于文艺。他给胡林翼讲授军事和吏治，把胡林翼的学问从象牙塔里引向了社会实际。短短两年的教学，可令这位学子终身受益。

胡林翼已经懂得，秀才应当以天下为己任。他对民众的疾苦有了一腔恻隐之心，越读书越忍不住。

道光十一年（1831）五月，沅湘大水，益阳濒湖，堤垸尽没，饥民塞途。十九岁的胡林翼恻然悯叹，匆匆拜访县令贾亨晋，请求按照灾区编查户口，劝富民出钱出粮，赈济灾民。有人劝他不要多事，他就给祖父写信，陈述利害。在他的呼吁下，一些富民给饥民发放粮食，救活了许多灾民。

岳父陶澍对他立志造福于社会施加了进一步的影响。第二年春天，陶澍的贺夫人返回金陵，胡林翼和夫人一同送岳母前往。他在两江总督衙门留居，亲眼见到陶澍的施政措施，也认识了岳父的一些僚属。他的一些见解，常令岳父大为吃惊。

有一天，他来到岳父的书房，问道："岳父大人可曾想过，您老离开两江总督的岗位之后，要向皇上推荐谁来接任？"

"贤婿莫非有合适的人选？"

"林翼认为，林则徐和伊里布二人，必将是朝廷可以倚重的肱股之臣，岳父可向朝廷举荐。"

陶澍先是一愣，接着笑道："贤婿好眼力！"

如果说胡林翼终究有过放荡不羁的日子，应该就是他居留金陵的这一段。秦淮河历来是一片欢场，金陵官员们在声色中熏陶，很少有人不涉足休闲娱乐场所。

陶澍整肃官场，严禁僚属出入红灯区。胡林翼来到这里，给总督衙门的僚属们开了一个口子。衙门里总有人拉胡林翼下水，胡林翼或许也乐得去逛一逛秦淮河，可谓一拍即合。僚属们想去找小姐了，就打着胡林翼的名号。奇怪的是，严厉的陶总督偏偏对女婿网开一面，只是责罚自己的幕僚。他说："润之将来要为国操劳，不会有时间寻欢作乐。他今天的所为，都是预先弥补他日后的劳苦。”

陶澍是个品行严正的君子，眼睛里揉不进沙子，却唯独容忍胡林翼作邪狎游。岳父大人能够容忍女婿的跌宕风流，简直匪夷所思。后来的事实证明，如果陶澍确实说过那番话，那么他的确看得很远。胡林翼能发能收，一旦掌权理政，就顿改前态，成了不折不扣的正人君子。英雄之所为，与平常人大不相同。

陶澍之所以容忍胡林翼好色，大约也是因为他自己在两江总督任上收了不少姬妾，也就不好意思过于约束女婿。野史拿此事幽默了一把。据说有人给陶总督提忠告：后院人杂，恐不尽妥，必须留意考察。

一日，陶总督刚从某妾住所出来，忽然想起还有事交代，又返回去，只听得妾在训人：“老爷刚走，你就来了，怎么如此大胆！”

陶澍没有惊动那一对偷情人，蹑手蹑脚地溜出来，对跟班说：“我的妾尚知规矩，还是好女人。”

陶澍给女婿提供了宽松的休闲环境，胡林翼在金陵尽情玩了几个月，有些乐不思蜀了。这也许是他一生中最惬意的欢乐时光，人性得到了最大的释放。此后他的学业和德行齐头猛进，人欲很少浮出水面。

道光十三年（1833）正月，胡林翼结束假期，偕同夫人从金陵入京。他此去是要跟父亲会面，因为胡达源此时又回到京城做官，升任翰林院侍讲学士。

胡林翼已经成人，聪明豪强，经过岳父的点拨，博览群书，却不去钻研八股文章。他爱读史地军事书籍，对于山川扼塞、兵政机要，探讨尤力。正在此时，他遇见了一个兴趣相同的学子。

与他同年出生的湘阴人左宗棠，此年二月进京赶考。胡、左本是世交子弟，加上志趣相投，一见定交，相得甚欢。经常风雨连床，彻夜谈论古今大政，分析成败得失，前因后果。这时鸦片战争尚未爆发，但列强环伺，虎视眈眈。国内会党四伏，天灾人祸，时有发生。尽管道光爷和臣子们极力粉饰太平，这两个年轻人却洞察了世情，预言国内将乱，相对唏嘘叹息，眉头紧锁。别人见了，怪诧不已，以为他们脑子有毛病。

胡达源此年攀上了仕途的顶峰，升任詹事府少詹事，不久就走了下坡路。他奉命出任武会试副考官，上司白镕阅卷有误，胡达源受到牵连，负有失察之过，降补翰林院侍讲。

因别人犯错而连累受罚，似乎是胡家父子的宿命。胡达源遭受官场中最大的一次失利，从此一蹶不振。胡林翼的官运中竟然也有相似的一劫。七年以后，他跟父亲一样吃了上司的苦头，而且跟头摔得比父亲更重。

胡林翼一家人的命运，从此起伏不定，动荡不宁。胡达源出事之后，又接到伯父胡显巍去世的讣告。胡达源叫儿子回家奔丧，顺便参加本省的乡试。

胡林翼此次回乡，人生就发生了更大的转折。他从十六岁开始参加乡试，到二十二岁为止，屡试未举。没想到此次回乡，竟然实现了多年的愿望。

他于道光十五年（1835）正月回到益阳，四月份到长沙备考，八月份进入考场，考中了第四十名举人。小叔父胡达湣也列名副榜。

中举似乎是胡林翼的一把钥匙，开启了仕途得意的大门。新举人怀着满心的喜悦，于年底启行入京。由于时间充裕，他绕道金陵，在秦淮河边度过春节。陶澍正在京城述职，总督署只有几个读书人同住。胡林翼心情舒畅，无拘无束，与他们纵谈学问，赓唱为乐。

正月十日，金陵沉浸在节日的气氛里。胡林翼潇洒启程，二月九日抵达北京，应试礼部，考中了第七十四名进士。接下来一路顺畅，殿试二甲第二十九名，朝考入选第九名，改翰林院庶吉士。

胡林翼在几个月内顺利地完成了身份的转换，从一介平民踏入了官场。道光十八年散馆，他考列一等第八名，授职编修，还是春风得意。他颇想衣锦还乡，祖父不许，希望他坚守岗位，更上一层楼。正好左宗棠第三次来京城会试，胡林翼会见故人，让左宗棠分享了他的喜悦，两人交往密切，相处极欢。

第二年二月，朝廷大考翰詹，胡林翼名列二等。正在仕途顺畅之时，忽接噩耗，岳父陶澍六月份在金陵辞世。胡林翼没有请假，仓促出京吊唁，星夜兼程，来到金陵，为岳父检料后事。他满怀哀伤，登上总督署后面的小楼，在寂寞中独坐。回想岳父的音容笑貌，泫然泪下。

胡林翼忘不了岳父对他超常的信任。陶澍病重时，朝廷先后将林则徐和邓廷桢调为两江总督，后来林则徐调任两广总督，朝廷又调伊里布取代邓廷桢任两江总督。当年胡林翼保荐两江总督的第二梯队，岳父记在心里，果然向朝廷举荐了两位贤官。

胡林翼想到，岳父的儿子陶桄刚刚七岁，必须有个可靠的人来教养。他与贺熙龄谋划此事，决定聘请左宗棠为陶桄的老师。他擅自离京，不敢久留金陵，十日匆匆而返。

私自出京没有影响升迁。此年十一月，胡林翼出任国史馆编修。道光二十年三月，又被任命为会试同考官，经他之手，录取十四名进士。一个月后，他率领十四名门生趋拜父亲。胡达源见儿子这般争气，十分欢喜。回想起林翼三岁时，他抱着此子拜谒祖祠时说的那番话，深为这个孩子感谢先祖的庇荫。

困窘只当是历练

祖宗的庇荫也没能阻止乐极生悲，胡林翼很快就遇到了跟父亲一样的霉运。道光二十年（1840）六月，他奉命担任江南乡试副考官，与正考官文庆一同启行。

这本来是一份美差，但人在倒霉时，美差也有凶兆。时逢江淮大水，洪水淹没道路，行程阻滞。他在路上致信父亲，叙述各处都遇大水，陆道也要乘小船。水上行走几里，回到旱路行走一段，再行十几里水路，折腾得够呛。主仆行李，前后不能相顾，哪里是办官差，简直是逃难。

八月二日抵达金陵，这座美丽的城市已面目全非，贡院里是一片汪洋。乡试不能在水上举行，只得延期一月。水退之后，进入考场，主考官病倒了，公务全压在副考官身上。胡林翼竭尽三十多个昼夜之力，独力阅卷一万四千多份。虽然录取了一百一十七人，成果不小，但他已经累得不成人样。

超大的工作量导致一个小小的失误，一份卷子上的“下江”误注为“上江”，致使安徽多出一个名额。胡林翼自请处分，为这一字之误降了三级。但霉运还没到尽头。文庆这个满人官员，胆大包天，携带举人熊少牧入闱阅卷，东窗事发，胡林翼又得为此事担负失察之责，十二月奉旨降一级调用。

几个月后，沉重的打击接踵而来。胡达源于五月二十五日去世，享年六十四岁。

古代官员承受失亲之痛的同时，还面临着失业的打击。按照儒家孝道的要求，失亲者必须离职守丧。胡林翼突然失去父亲，犹如天崩地塌，几天内便被悲哀销蚀得骨瘦如柴。八月份扶柩从潞河南归。第二年正月，胡达源的灵柩从京师抵达家乡，可是老家益阳已无胡林翼一家落脚之地，胡林翼只能侍奉母亲汤夫人侨居长沙。

胡氏大家族自曾祖以下，全部聚居在胡家湾。胡达源生前友爱笃至，不营私宅，西头早已人满为患。现在胡林翼携全家归来，房舍连丧车都装不下，本应另修晏庄存放，却因没钱而办不成。死人尚且无栖息之地，活人就更无起居场所。此事早在胡林翼意料之中，经过岳州时，他给叔父写信，决定护丧归里，而让眷属暂居长沙。

人生的变故来得如此突然，胡林翼原来似乎拥有了人生所有的一切，金榜题名，洞房花烛，家族兴旺，然而一夜之间，父亲离世，仕途中断，一家人连生活也失去了着落。这时候，大叔父胡达澍要前往绥宁出任教谕，携带次子胡杏翼随行。胡林翼感念身世不测，流涕相送，不忍分别。

陶桄的情况也很不妙。安化乡里，族人欺负这个孤弱的孩子。胡林翼不能置之不理。道光二十三年(1843)二月份,小老婆徐氏又撒手人寰。胡林翼满心哀伤，来到小淹，跟左宗棠商议处理陶桄的家事。贺熙龄也来到此地，他是胡林翼和左宗棠二人的老师，对两个弟子关怀备至。他说："林翼啊，你不能再拖了，令尊必须早日下葬！"胡达澍也从绥宁屡次来信，催促胡林翼让父亲入土为安。胡林翼内疚不已，极力辞掉澧阳书院的聘请，亲自营造墓地，数月不息。

此年八月，胡林翼服阕。座师潘世恩叮嘱门人刘宝楠写信劝他出山。胡林翼推辞不出，说母亲年老，需要奉养。十一月底他终于在藕塘坡卜葬父亲的遗体，十三天后完成葬礼。

胡林翼承担起家族的重任，为堂弟们担任教师。在祖父胡显韶昔年授经的紫筠阁，他指导胡保翼等堂弟潜心读书。那个地方名叫竹山，距老屋二里多路。宅前一条汊港,胡林翼搭建了一座石桥。自撰楹联一副：池圃足高卧,图书供古欢。

胡林翼岩居川观,安贫守拙,督耕以养,大有终老乡里的志向。为了传宗接代,他又纳了一位王姓姑娘为副室。

乡间静谧，一年多时光倏然飞逝。突然接到陶澍夫人去世的消息，他赶往小淹吊唁。左宗棠仍在这里做塾师，好友重逢，晤谈十天。资江岸边，两个失意的年轻人哀叹时运不济。左宗棠早已断了仕途的念想，胡林翼则从仕途败下阵来。二人刚刚三十出头，却自叹迟暮。鸦片战争的失败，使他们对个人和国家的前途十分悲观。左宗棠说，除非皇帝得到林则徐那样的好官辅佐，否则国事不可有为。

胡林翼毕竟跟左宗棠不同，注定不会长久寂寞。他出身官宦之家，又是已故总督的女婿，社会交游颇广。闲居五载，每年都有师友从京城来信十来封，叫他重返仕途。但他心灰意冷，还未从命运的打击下恢复元气，毫不为之所动。

道光二十五年（1845）年底，湖南巡抚送来书币，请他主持湘阴仰高书院。胡林翼有些动心。但是,两淮盐运使但明伦的使者同时送来书信,催促他出山做官,答应帮他筹集复官所需的捐款，就在扬州办理手续，可以事半功倍。胡林翼还是犹豫不决。恰好座师潘世恩、王植、林则徐和陆建瀛都写信来劝他复出。林则徐此年秋天从伊犁赐还,出任陕西巡抚,想到了这个优秀的年轻人,鼓励他为国出力。胡林翼打定主意重返官场,推辞了去湘阴教书的邀请,决定登舟远行,随大江东去。

道光二十六年（1846）初春，他与堂弟胡保翼一同抵达扬州，住在但明伦的衙门里，但因扬州商人的赞助没有谈成，捐官复出之事无法办妥，他打算进京捐个京官。四月份，他送胡保翼回家参加乡试，独游焦山，遇到风雨，逗留四天，前往苏州参见巡抚李星沅,然后返棹扬州。五月二十五日启行入京,住在郑敦谨家。

胡林翼最终靠门生出钱捐了个贵州知府，于道光二十七年（1847）三月回到益阳，整装待发。出发之前，遍谒先祖坟茔，发誓不取官中一钱自肥，以免给前人脸上抹黑。他来到贵州，先在黔西的安顺整顿治安，随后成为黔中干吏，其中经过，本章都已叙及。

第三章

新宁豪杰

野史：湖南人的面相

长沙有个看相先生，研究麻衣柳庄相法十几年，颇有心得。咸丰登基之初，有一天他忽然对人说："这些年来，我所见过的村夫牧童，大多有文武大官的相貌，朝廷哪里会有这么多官位来安置他们？"他由此而怀疑自己的相术，把所有的书籍付之一炬。

然而他的相术很快就应验了。太平军兴起之时，与之对立的楚军和湘军相继创立，朝廷提拔了大批官员，十个人当中就有九个是三湘子弟，这时他才知道自己的相术其实不差。

新宁一地多牛人

广西拜上帝会举行的造反运动，从人员的成分来看，可以找到两个源流。自乾隆年间开始从广东嘉应州流向广西东部的移民，即广西的客家人，是拜上帝会组织的主要成员；而广西和湘南一带的山地苗民，以及湖南的天地会，也在其中扮演了重要的角色。

在清末湘南的造反运动中，新宁是最多事最著名的县份。这一片偏僻的山地之间，竟然名人辈出。从道光即将离世到咸丰即位不久的这段时间，广西的动乱尚未引起朝廷的重视，新宁会党的大规模造反却已闹得沸沸扬扬。这里的战火直接影响了广西的动乱，促使拜上帝会下定了举事的决心。

新宁位于湘南边界，南接广西，与粤北的山水人情，有千丝万缕的联系。从这里南下二百多里，便是山水甲天下的桂林。若非行政区划有隔，这座美丽的小山城可以成为桂林风景区中的一道胜景。道光年间，此处跟广西北部一样，也是多民族杂居地，苗族、瑶族和汉族，分散居住在偏僻的山林之中。

新宁有两大特点，一是山清水秀，二是民风强悍。

原始的山水是怡人的风景，也是艰难的生存环境。狩猎和自卫，使武学在新宁的男人中盛行。在贫穷和饥饿的驱使下，他们会靠武力去谋取生存。鸦片战争之前，这里的山水就不平静了。道光十七年（1837），一位名叫蓝正樽的瑶民，利用民间流传的斋教，结纳农民，拿起武器攻打西北面的武冈县城。遭到官军镇压后，余部被雷再浩与李世德收纳。

雷再浩也是瑶族人，家住新宁黄背峒。李世德则是广西全州的汉人，跟雷再浩结为死党。他们决定成立棒棒会，深入民间，招收会众。他们吸取白莲教的经验，采取类似传销的方式，各自发展下线。下线又有下线，一批批发展会员。当招收的会众达到三四十人，就跑到野地里，搭个台子，杀鸡洒血入酒，轮流饮下血酒，发誓定约，叫做“拜台”。

贫苦农民乐意入会，但入会是有条件的，例如要交会费。若是一贫如洗，东拼西凑也交不上规定的一百五十钱。但是为了寻找靠山，只得倾家荡产，把会费交齐，把一切的希望寄托于组织。这是一个跨省的反政府结社，会众当中，以新宁八峒人与全州五排人居多。

蓝正樽失败以后，事隔十年，雷再浩与李世德已经羽翼丰满。

棒棒会是个武装组织。雷再浩在黄背峒的承天塘铸造兵器，打算跟官军大干一场。他们的势力日益壮大，活动频繁，风声露播，惊动了当地的士绅。有头有脸的人物一拨拨跑进县城，找知县李博告状。

“李大人，不得了不得了！雷再浩要公开造反了，求大人给我们做主！”

“别慌别慌，诸位请坐，我等议一议对策。”

秀才刘孔浚说：“请大人出个告示，令会民自首，解散胁从，把雷再浩孤立起来，然后出兵征讨！”

“此计甚好，请大人速断！大人若能悬赏重金，必能购得雷逆之人头。雷逆一死，棒棒会自然解散。”李博一听这洪亮的声音，就知道是本县举人江忠源。此人自道光二十五年（1845）从京城返乡，就积极联络乡绅，举办团练，训练出了一支足以保卫乡里的民间武装。

“好，既然诸位乡贤都如此说，本县就悬赏五百两银子，购买雷逆的人头！”

可是，县衙里一有风吹草动，雷再浩立马就会知道。这里有他安插的“铁板”，就是通常所说的耳目。此人名叫李沅发，早先是水头村的农民，由于无田可耕，靠打零工谋生。他四处漂泊，见多识广，成了一个智慧型的草根人物。他混进县衙当了伙夫，与一班小吏交往频繁，消息灵通。雷再浩发展他入会，把“铁板”嵌进了县衙。

李沅发抽身跑到黄背峒，找到雷再浩，说："大哥，风声已经泄露，李博那狗官在设法对付你，你得早拿主意。"

雷再浩说："好兄弟，你别慌，先回县衙，继续打探。我得去一趟广西。"

雷再浩即刻动身，赶了一百来里地，来到庄塘，见了李世德。

"世德兄，我们那边走漏了风声，新宁官府要动手了。咱们必须联合起来，才有胜算。为今之计，你我最好把部队驻扎在两省边境，互为犄角，等待时机，再作计议。如果粤军打你们，我就增援你，分兵牵制楚军；如果楚军打我们，也请李兄照办。"

"放心吧，再浩兄。我李世德决不会眼看着兄弟挨打，袖手旁观。"

道光二十七年（1847）秋天，雷再浩在黄背峒和滑溪等根据地部署了兵力，武装暴动准备就绪，打算揭竿而起，立即进攻新宁县城。他请李世德返回庄塘，率领部队响应。

起事前夕，他把老二李辉找来，交代一阵。

"辉兄，你带几个人，混进城内做内应，如何？此事你知我知，不能泄露！"

雷再浩的计划，官府一点也不知情。九月上旬，李博会同把总方开甲等人，带着部队到八峒一带捉拿会众。忽然得到线报：雷再浩的人已经潜入城内，打算夺取县城。他连忙返回县府，召集乡勇守城。亲自率领捕快，搜捕潜伏在城内的会党。李辉在会众掩护下潜出县城，回到根据地。

李博两头落空，觉得事情不妙，把乡绅们召来商议对策。

"各位乡贤，会匪虽已逃跑，肯定还会来攻县城。本县兵力不足，有劳各位回去增募乡勇，协助官军扼守要隘，配合本县实行城乡连坐法，杜绝县城内外往来联系，搜捕奸细。"

江忠源道："大人不必担心。江某不才，平日里却也注重团练乡人，对付雷再浩一伙绰绰有余。"

李博道："江兄有如此把握？"

邓树坤道："大人，岷樵兄三年前从京城回家，便在杨溪村大办乡团。每到月初，召集各村丁壮，灌输忠孝礼义，教授兵法技勇，用正规军的办法管理团丁。几个月后，家乡就秩序井然啊。"

"如此说来，江兄也懂兵法？"李博的语气中还是有些疑问。

"忠源平日里读过几本兵书，办乡团时也有用到之处。"

邓新科道："岷樵兄的乡团，绝非临时凑拼的乌合之众。杨溪乡团组织严密，列阵搏杀，都有章法。"

江忠源一听此话，颇为激动，起身说道："不才常对乡人说，国家已经有了二百多年的和平，十分难得。新宁处在湖南和广西交界之处，又是大山之间，容易滋生不法之徒。官府畏首畏尾，不敢过问。山区汉族和瑶族杂处，又与广西五排相连，一旦生乱，是很危险的！忠源与父老商议，跟乡人约定一条：不得加入会党。忠源进城之前，已撰得一文，阐述嘉庆初年官府剿灭川湘教匪的始末，劝谕新宁子弟，不要加入会匪，免招杀身之祸。请大人散发。"

邓树坤道："岷樵兄在乡里禁止会匪活动，搜捕本地会匪，这是众所周知啊。他依赖家乡父老，剖断邻里之间的争讼是非，众人都能心服。乡土偷盗绝迹，也没人找知县大人打官司了。邻乡都愿听从他的指挥，会党销声匿迹，许多人脱离会党。而那些对会党敬而远之的人，感谢岷樵兄替他们解除了威胁，也就安下心来。"

江忠源道："只要官府善于管理，何至于民心散失！从一乡的情况，就能看出天下大势。"

李博听了他们的话，觉得有些刺耳。这些人分明在指责官府治民无方，剿匪不力。但他顾不上面子了，赶紧说道："如此甚好，就请忠源兄将乡团调来县城，协同防守。"

江忠源说："李大人，依忠源所见，对付雷逆，不能光是防守，还得进攻才是。大人若能召集官兵，忠源愿领乡团，一起进攻黄背峒贼巢。"

九月十二日，雷再浩在黄背峒和滑溪等地集结会众，宣布起事，当即将汉民与瑶民组编为部队，雷再浩与李世德任总统领。部队分为五营，各营使用不同颜色的旗帜，任命一批将领分别统领。中营大将李尚开，前营大将万连兴和刘祚旺，后营大将龚卿宗，左营大将萧富兴，右营大将李必田、李佳柏，后备队大将陈新进、蒋武伦。"铁板"李沅发也是大将，相当于参谋，负责联络与侦察。

雷再浩没有料到，官军比他行动更快。就在这一天，李博与江忠源、邓树坤、邓新科等人，从新宁南乡的盆溪、肖弓湾及水西一带，率乡勇二千多人，分路进攻黄背峒。雷再浩刚刚组建好部队，忽听得山口炮声隆隆。

探子来报："官军来势汹汹，兵力不少！"雷再浩想：你们既是有备而来，老子就暂避锋芒。他一声令下，会众转移到全州庄塘，与李世德会合。

李博率官兵闯入黄背峒，发现是空寨一座，气急败坏，下令放火烧寨，焚毁雷再浩的住房，缴获全部军资财物。

李博和江忠源此举，把会军赶进了广西，新宁暂时已无危险。第二天，部分会军从庄塘进击盆溪村。九月十四日，李尚开率领几百人进击官家坪，主力向全州的咸水口进击，大败广西官军。

雷再浩一击得手，还是想杀回老家。他扭头返回新宁县境，攻打侯家寨。他对会众喊道："攻下此寨，就直杀县城！"

江忠源料想雷再浩还会杀回，不敢松懈，率领乡勇据守要隘，切断会军的供应。他派人给李博写信，请县令跟广西官军联系，两省联合作战，不分疆域，一举击垮棒棒会武装。

江忠源得到李博的批复后，决定不等雷再浩杀回，主动向广西出击。九月十五日，他率领一千多名乡勇，加上几十名官军，突然袭击滑溪，进占石灰冲，与雷军遭遇，发生激战，相持不下。雷再浩无法返回新宁，只得折回庄塘根据地，暂时占据一些村庄，以事休整。

江忠源总是比雷再浩快了一步，屡次坏了雷再浩的好事。雷再浩咬牙切齿，发出狠话："抓到江忠源，老子要把他生吞活剥！"

江忠源的母亲听说儿子树了死敌，叫人找他回家避祸。江忠源对来人笑道："毛贼怎能害到我！"但他不愿让母亲担心，留下乡勇扼守要隘，自己返回县城，协助李博守备。

新宁县城已无危险，可是"铁板"李沅发不会不闹出点动静。他不时派人造谣惑众。一天夜里，县城接到报告，说雷再浩已杀到城外，闹得居民心惊胆跳。江忠源知道这是谣言，顾自在县衙里安睡。不一会儿，乡勇抓到李沅发手下的两名特务，绑来县衙，请知县发落。

李博说："先关起来，听候本县讯问。"

江忠源道："李大人，不可！如今人心浮动，居民惊惶失措。必须立即将这二人处死，才能警示乱民不要造谣生事。否则会另生变故。"

李博采纳他的建议，下令处死两名特务，城内立刻恢复了安定。

江忠源处处当机立断，在非常时期，采用霹雳手段，不惜违反司法程序，也不按律量刑，轻取人命，虽然取得了立竿见影的效果，却给他挣来了"江屠夫"的恶名。他的做法，在中国历史上司法观念的流派中，可以找到法家的依据，与儒家倡导的仁恕疏导之道颇为抵触，但也不乏儒生治国将之当作应急手段的例子。

谋勇双全的新宁举人

湖南和广西两省官军配合作战，大大局限了雷再浩的活动范围。棒棒会虽然武力雄厚，但对手更不可小觑。江忠源的乡勇战斗力比正规军更强。雷再浩遇到了江忠源，颇有力不从心的感觉。

广西官军很快就加强了对庄塘的攻势。雷再浩招架不住，为了保全实力，决定把主力再次转移到五排，重建那里的根据地。

五排位于全州、新宁、城步三个州县的交界之处，群山纵横百里，四面悬崖峭壁，地势险要，易守难攻。李必田和李佳柏家在这里，对地形道路都很熟悉，更增强了会军的优势。

雷再浩决心已下，会军兵分两路，一路由李世德率领，保护军中家属，暂时驻扎苦竹坪和邓家冲；另一路由雷再浩率领，会合梅溪口瑶民萧立山等人领导的部队，先行进占五排。

九月二十二日，雷再浩攻克瓜岭，进入五排。当即分兵占据附近各村，为建立根据地做准备。

四天后，雷再浩在小池大败广西官军，斩杀四十多人，其中包括千总刘春林和外委陈国熊，缴获抬炮十二座，帐篷十二架，以及大量军火。

官军损失了营级军官和连级军官各一名，威风扫地。雷再浩军势大振，官军望风披靡，只有江忠源的乡勇在前线支撑。

广西巡抚郑祖琛坐不住了，严令全州驻军大力防堵。湖南巡抚陆费瑔也向新宁增兵，把长宝道杨炳坤派到前线。各路官兵齐集，实力雄厚，还有厅级大员坐镇指挥。

官军虽多，却把性命看得十分金贵，打前锋的仍然是江忠源等人的乡勇。江忠源决定各个击破，先打李世德，消灭雷再浩的广西盟军。

十月二日，江忠源与邓树坤、蒋启华集结一千多名乡勇，向苦竹坪、邓家冲等会军据点进击。杨炳坤的部队配合作战。乡勇攀藤缘石，分南北两路进入邓家冲。李世德部遭到袭击，猝不及防，被动挨打，李学林等三十多人被俘。雷再浩的妻子蓝禾妹也被官军逮捕。李世德愤不欲生，自缢而死。

雷再浩得知李世德遭乡勇袭击，从五排率部驰援，但为时已晚。李世德已不在人世，雷再浩只得收编他的部属。根据地的大门已被官军占领，雷再浩不得不放弃五排，率部经过邓家冲，抵达随滩，转战广西境内。

十月十二日，雷再浩抵达火把市，与广西官军发生遭遇战。会军奋力冲杀，击退对手，击伤都司何廷标，击毙守备李廷扬，歼灭外委马瑞春、麻学谦以下官兵八十多人，缴获抬枪二十二杆，鸟枪几十支。雷再浩伤毙官军中下级军官四名，军威重振。

杨炳坤和总兵英俊有些心虚了，打算请调湘西劲旅镇筸兵来增援。江忠源听到消息，心想：杀鸡焉用牛刀？连忙去找到两位大员。

“杨大人，英大人，对付雷逆游匪，何须兴师动众？外来的兵将不熟地势，倘若小有所失，翻令贼势坐大。”

杨炳坤逼问道：“新宁乡勇能否担此重任？”

“怎么不能？”江忠源干脆地回答。

江忠源担心杨炳坤还有顾虑，回到住处，将自己的看法形成文字。杨炳坤决定让这位本地书生一试身手，按下请求援兵之事。

江忠源并非大言喜功，他看到了雷再浩的软肋。此人修养没到家，一打胜仗就忘乎所以。他见广西官军不堪一击，以为其他官军也强不了多少。他忘记了劲敌江忠源犹在，这就是他致命的疏忽。

雷再浩的轻敌使他贸然离开根据地作战，这是一个无法弥补的错误。江忠源还未出手，他就败给了广西官军，右营大将李佳柏战死。雷再浩无法返回根据地，陷入四面楚歌。

会军在流动中不断遭到打击。十月十五日，他们躲进董家峒，官军第二天就杀了过来。两路官军分别从滑溪和烟竹冲发起攻击。雷再浩又折损几十人，残部一千多人退到龙塘，三天后又退到咸水口。广西官军寻找了两天，又摸了过来，从东西两岸夹击，歼灭雷部一百多人。

雷再浩与李辉逃到湾底，从农民中增募兵员，兵力恢复到一千多人。他们终于开始反省失误，意识到自己的部队不善于流动作战。他们决定再度进军新宁，到八峒建立根据地。

八峒是瑶民居住地区，会军在这里拥有较好的群众基础。此地山高林密，地形险阻，只要回到八峒，雷再浩就有可能从长计议。

十月二十二日黎明，会军趁大雾进军，从黄瓜冲分两路猛扑新宁以西的深冲峒，企图冲破湖南官军的封锁线。他很快击败了扼守该地的宝庆官军与辰州官军，占据了八峒山地。他令部队赶紧挖掘堑壕，设卡自守。官军无力攻坚，只得退驻石田，与雷再浩相持。

官军虽然在兵力上占了优势，但难以攻破会军的防御。杨炳坤担心时间一长，部队疲累，作战失利。他和英俊心里再次发虚，跟江忠源商议，打算就地征兵。江忠源说：“二位大人大可不必征兵，在下率乡勇直捣匪巢，定能剿灭雷贼。杨大人若不放心，就请知会广西官军会攻。”

江忠源督率乡勇四面围逼，截断了雷再浩出兵的道路。雷再浩得不到食物，人心已经浮动。

杨炳坤还是担心兵力不够，他又把江忠源召来。

“江兄，可否策反雷逆内部，瓦解雷贼部众？”

江忠源道：“策反一事，在下亦有考虑。逆首陈新进的妻子蒋氏，还住在新宁城内，杨大人可知此情？”

杨炳坤道：“江兄如何知道？”

“此事系雷逆的妻子蓝氏供称，可以确信。”

“既是如此，那就有劳江兄去劝劝这个妇人。”

江忠源领命，派人把蒋氏叫到军营。

“蒋夫人，官军马上就要扫平八峒，到那时，你老公即便没有战死，也会成为阶下囚。你们一家人是死是活，就看你是否跟官军合作了。”

“江大人叫民女如何合作？”

“请夫人给老公写封信，我们派人悄悄送去。夫人要劝他找机会下手，暗杀雷再浩，以图自赎，如此便能转祸为福。”

信写好了，顺利地送到陈新进手里。老婆一番动情的话，虽然不是枕头风，也让他动了心。

江忠源没有把全部希望寄托于这封家书。他向八峒派去间谍，加烧一把火。在间谍的拉拢和策划下，陈新进与李尚开密谋叛变。他们没有亲手杀掉雷再浩，却是用计陷害会军。

阴谋成熟以后，他们去见雷再浩。陈新进说：“大哥，咱们死守八峒，早晚弹尽粮绝，不如主动出击。”

“向哪里进攻？”雷再浩问道。

“攻打武冈！”李尚开接口道，“全军开出八峒，从新柴经石田向北推进，还怕打不下武冈？”

这个提议貌似积极，比死守八峒更有革命性。雷老大没想到这是一个圈套，还以为两名下属斗志昂扬，精神可嘉，爽快地同意了这个提案。

官军很快得到了雷再浩进军的路线，按照约定，在毛安设下埋伏，等待会军进入口袋。

十月二十六日，会军抵达毛安，杨炳坤和江忠源已等候多时。正规军和民兵突然出击，会军猝不及防，伤亡惨重，四十多名重要将领全部被俘，部队全被打散。

陈新进和李尚开趁乱将雷再浩捆绑起来，送给江忠源，邀功请赏。

第二天，江忠源派乡勇搜山，捕获李辉。这些重要的战俘，都被解送长沙。陈新进和李尚开保住了性命，但没有得到更多的优待，被流放到边远地区。

雷再浩所部一千多人投降，江忠源求见杨炳坤，说道：“所俘逆党，其中勇猛多谋者，必须处死。”

杨炳坤不以为然，只杀了其中几人，其余一律释放。江忠源叹道：“乱民已知官府息事宁人，不惧官兵军威，还会东山再起！”

江忠源的预言很快应验。雷再浩败亡后，影响还在延续，湖南南部边界不断有会党聚众起事。当年冬天，李魔旺、左广秀等人在道州聚众起事，一度攻入广西灌县，被当地团练乡勇击败。

湘南两种对立的武装力量，很快给人们留下了深刻的印象。造反者十分勇悍，地方民兵同样强硬。但是，在湘南的动乱影响到广西以后，广西当地却没有足够雄厚的民兵力量来镇压造反者。

军功知县

雷再浩被两个兄弟出卖了，江忠源押着他来到县衙，换取赏金。

李知县为了调动本县人士镇压雷再浩的积极性，曾经悬赏五百两银子购买雷再浩的人头，现在他必须兑现了。

江忠源并不贪财，他要那五百两银子，是为了给父亲贺寿。

父亲却不肯收下这份寿礼。

“忠源啊，你去县衙领了赏，为父不怪你。县官以赏罚来调动百姓的积极性，你立了功，却矫情而不接受奖赏，那就令长官失信于民了。不过，借助众人的力量立了功，却把奖赏独揽下来，那又伤害了自己的清廉。官府失信于民，就无法驾驭百姓；而你个人丧失了清廉，就失去了做人的根本。这两种结果，为父都不愿看到。本县的城墙都倒塌了，如果你把这笔钱捐出去，用于兴修城墙，一定有人受到感召，跟着捐款，城墙就能修缮完好，百姓得以安枕，这可是十辈子的功德啊。”

江忠源谨遵父命，捐钱倡议，官绅纷纷解囊，用了两年工夫，城墙修复竣工，城防大大加固。

这年年底，雷再浩和李辉在长沙被官府处死。动荡不安的新宁县，此后安静了一年多。

江忠源出名了。湖南的读书人，个个知道这个新宁书生通晓军事。朝廷也知道了他的事迹，湖广总督裕泰将他的战功上报以后，道光爷赏给他一顶蓝翎冠戴，还给了他一个知县的头衔。

江忠源告别父亲江上景和母亲陈太夫人，进京向吏部报到，等待拣派官任。他很快就见到了尊以为人生导师的曾国藩。

曾国藩说：“岷樵啊，新宁的事情我都听说了。你上次进京，我曾跟你开玩笑说，你在家治办团练，却老不见你说的青莲会匪闹事。你告诉我，你在家居时悄悄告诫亲友，叫他们千万不要入教，同时团结壮丁，密缮兵仗，只要事发，就可抵御。看来还是你有先见之明啊，雷再浩被你一战破焚其巢，又用计擒了雷再浩，你成了朝廷的功臣啊。”

江忠源恭谨地回答：“涤师谬赞，前事虽定，而大吏姑息，不肯痛诛，余党难犹未已。”

道光二十九年（1849），江忠源等到了实差，奉派前往浙江。临行前，曾国藩叮嘱道：“浙抚吴大人是我的座师，品学才具令我景仰，岷樵此去，当先拜见吴大人。”

江忠源一到杭州，便去拜会巡抚吴文镕。

吴文镕早已听说江忠源是个难得的贤才，还有一副少见的古道热肠，这已在京城传得沸沸扬扬，对此人不仅有好感，还有一些好奇。听说他来了，连忙将他请入书房，亲切接见。

江忠源行礼已毕，宾主坐定。吴文镕打量这个新来的下属，见他约莫三十六七岁，长身猿臂，天庭饱满，宽阔的额头衬得脸颊略显瘦削，须髯黝黑，双目奕奕有神，神情豁朗，英姿勃勃。

“早就听曾国藩说过，记得江知县是出身书香门第？”

“回大人，家父乃岁贡生，对学生教诲良多。”

“江知县兄弟几人？”

“回大人，兄弟四人，学生居长。”

“听曾国藩说，江知县曾久客京师，与曾国藩、陈源兖、郭嵩焘、冯卓怀数辈友善，后来以大挑得教谕一职，却为何未留京候选，又回家乡去了？”

“学生看天下大势，盗抢之风盛行，有心实践经世之学，以保一方平安。家乡有青莲教匪，便是动乱的征兆。学生为了保卫桑梓，回家团练乡勇，密缮兵仗。不出几年，果然有雷再浩贼匪作乱。”

“新宁一役，天下皆知。江知县勇略双全，真是给读书人长了面子啊。”

“大人谬奖。学生能在大人手下当差，倍感荣幸。不知大人有何差事交办？”

“本部院正有一件要紧的差事，若非江知县这样的文武全才，恐难胜任。不知江知县是否愿意接手？”

“学生愿闻其详。”

“本省今年发大水，秀水县灾情严重，到处都是饥民，抢劫之风猖獗。本部院想派你去秀水赈灾，同时缉捕巨盗。此事若能办好，不仅是救民于水火，也了却了本部院一件心事。”

江忠源再无二话，领命来到秀水县。微服私访一圈，看到市面米价昂贵，饥民们耐饿不住，只好四处打劫。江忠源进入县衙，只见桌上案卷堆积如山。顺手翻阅，抢劫案就有二十几桩。江忠源连下几道命令，捕快四出，抓了一百多名盗贼。有一名重犯，作恶多端，百姓提起他就为之变色。江忠源说："治乱世须用重典，一定要狠煞盗抢之风。传本县之令，将此犯关进牢笼，让他在烈日下曝晒而死。其余人犯关进大牢，暂且不问。"

盗抢的根源是饥饿。杀一儆百之后，盗抢之风有所收敛，江忠源便把全部精力投入赈灾。他想了一夜，已经有了主意。

第二天清晨，他跑到赈灾局，召集管事的绅士，邀他们一起去拜城隍神。人到齐后，他从袖子里抽出一份誓词，问道："我带领诸位来拜城隍，在神灵之前起誓赈济灾民。宣誓过后，诸位肯不肯签名？"

绅士们一见这个架势，人人点头首肯。江忠源命人焚香燃烛，敲响钟鼓，率领一干人在神像前跪下，高声领读誓词，他念一句，绅士们跟着念一句。誓词中写道：如若不尽心尽力救灾，做了昧良心之事，请神灵惩罚，天打雷劈。

这哪里是一般的誓词，简直就是毒誓！效果自然不俗，绅士们个个不寒而栗。江忠源料想，他们签署了誓言，出了城隍庙，不敢有违誓的行为。

接下来，江忠源令人制成两种匾额，一种写上"乐善好施"，另一种写上"为富不仁"。哪个绅士捐献得多，就叫人敲锣打鼓，把乐善好施匾给他送去，还给他戴上大红花；不肯捐献的，就把为富不仁匾挂在他家门上，责令地保巡视，不准取下匾额，也不许掩盖。

两项措施一经实施，无异于文明方式的劫富济贫，围观的百姓欢声雷动，民心安定下来。

江忠源把稳了富人的脉搏。越是大户人家，越是害怕盗抢。江忠源为了提高富豪捐款的积极性，决定大力保护捐献多的大户，给他们发放禁抢告示，贴在门口。上面写道：此户踊跃捐款救灾，若有人胆敢来此抢劫，一律处以站笼晒毙之刑。

江知县到任短短几天，未费多少周折，赈灾局就收到了十多万两银子的捐款。有钱人家既做了善事，又能得到保护，何乐不为！他们知道这个湖南来的江知县有些雷霆手段，说得到做得到，抢着争要县府的禁抢告示，在家门口贴一张护身符。

江忠源乘船到各处查核饥民人数，分段汇编成册，交给捐赈的绅士，让他们自行按册发给粮款，每五天向县里汇报一次，以供查核。所有的钱粮，一律不交给政府，官员和绅董都不许染指，杜绝了贪污的渠道。

江忠源的办法太好了，好到给其他县份添了乱。

此事传到嘉兴县，百姓哗然，对县太爷说：“大人为什么不学学江青天，也来救救我们，反而鱼肉百姓？”大家一窝蜂似的涌向县衙，又打又砸，气势汹汹。知府隆锡堂亲自前往弹压，还是无法制止。无奈之下，只得把江忠源叫去做安抚工作，事情才告平息。

赈灾告一段落，江忠源跟幕友商量如何处置县牢里关押的一百多名人犯。大家的意见，不是斩首，就是绞刑，不是充军，就是流放。

江忠源说：“他们都是可怜人，饿得没法子了，才敢以身试法。一律打几棍子，都放回去吧。也用不着一一审理，总的造个册子上报就行了。”

幕友们说：“哪有这样宽纵的道理？大人难道不怕上峰驳回？”

江忠源说：“我去找吴中丞说说。”他风风火火地赶到杭州，跑进巡抚衙门，向巡抚当面陈情。吴文镕非但首肯，还夸赞道：“江知县，你杀了一个人，却保全了一百多人的性命，功德无量啊。本部院要通令全省：对待盗抢人犯，一律照秀水江县令的办法办理。”

江忠源在秀水的司法举措，与他在新宁的主张大不相同，既有严打，又有从轻发落，可谓宽严相济。他对有组织的造反和饥民的暴乱，在处置上有所区别。官僚政治的随意性，使他能够挥洒自如，灵活应对突发性群体事件，使治安回归正常。而秀水的处置办法，更能体现他的悲悯之情。

灾后的重建，考验了江忠源施政的能力。洪水退后，已到秋天，田地里略有收获，聊供饥民果腹。江忠源下令，本县一概免征农业税。江浙州县的征税官员，素来欺善怕恶，弄得民不聊生。江忠源把赋税一免，万众欢腾。百姓渡过了难关，但县府和他私人亏欠了上万两银子，给后任留下了一大截亏空。

灾后的耕种遇到了难题。秀水县地势低洼，积水排泄不了，无法补种粮食。江忠源到郊野巡视，发现较高的地面没有积水，便劝说农民补种杂粮。

浙江西部盛行养蚕，但在水灾之后，桑树大多枯槁。江忠源从《农桑集要》等书籍中找到补救的办法，写成《补救六条》，告示百姓。

灾民流亡在外，田地缺人耕种。江忠源将流浪者召回，禁止游手好闲，惩治奸猾刁民。他发现，秀水虽穷，但民风喜好摆阔，恶习难改。若要提倡节俭，喊几句口号是不行的。他又想到一个绝招，令人张贴告示，广告百姓：本县每天只花六十四文钱。知县带头，民间不再以勤俭寒酸为耻。

赈灾告一段落，江忠源又小试武功，抓捕了十多名巨盗，社会治安完全稳定。

这时丽水知县在任上去世，士民禀报吴文镕，请求委任江忠源代理知县，吴文镕奏报朝廷，道光爷将他补授丽水知县。

江忠源在秀水知县任上干了九个月，改变了一县的大局，抚平了水灾的创伤。一位士绅提笔写诗，歌颂他的善政，称他为两百年未见的好官。

二弟江忠济到秀水来看大哥，一入县境，便问父老："当今的县令如何？"父老说："父母生了我，如果我患病死亡，父母不能救活我。如今洪水杀人，甚于疾病害人，而江使君把我救活了。使君之恩，大于父母之恩哪。"

江忠济到了县衙，见江忠源天未明就起床，半夜才睡觉，每天忙得团团转，一刻也闲不下来。

江忠济说："大哥，不能歇歇吗？"

江忠源回答："二弟只见我身体劳作，却看不见我心中的歉疚。我是想以身体的劳作，来弥补心中的歉疚啊。"

江忠源官职卑微，战功和政绩却引人注目。咸丰即位之后，下诏求贤，吴文镕向朝廷举荐这位小官。曾国藩也上疏举荐。咸丰第一次听到这个名字，颇为重视，命他来部引见。

然而曾国藩举荐江忠源，引起了朝中的议论。曾国藩是礼部侍郎，中央政府的部臣，举荐地方官员，有私结朋党之嫌。浙江布政使汪本铨起了疑心，以为其中有什么猫腻。亏得武进人赵振祚路过杭州，将秀水绅士赞扬江忠源的那首诗念给汪本铨听了，汪某才解除了疑虑。

江忠源仕途升迁有望，正要进京觐见皇上，不料海塘决口。吴文镕上疏请留，派他治理连年决口的海塘。四个月后，海塘工程完毕，江忠源可以进京了，没想到父亲去世的噩耗传来，哀恸之下，呕出几升鲜血，一病不起。

恰在此时，李沅发攻占了新宁城，谣传江忠源全家已被会军杀死。曾国藩听说此事，不知虚实，但他想，即便此系谣言，但会党寻仇，为害江忠源一家，极有可能，不能不防。他连忙给江忠源写信，劝他弃官回家救人。其实李沅发不久便撤离了新宁县城，江家并无损害。可是江忠源在信息未通之时，且忧且愤，不知所措，病情加重，无医能治。

浙江有位名医能治绝症，只是索金太高，轻易不肯出手。秀水人听说江知县在杭州病入膏肓，结伴来求名医，请他赶紧去杭州治病救人。大家凑齐了医药费，没料到那位以爱财出名的回春妙手笑道："给江公看病，谁还好意思要钱？"他当下雇了一条船，赶到杭州，日夜为江忠源把脉问诊，开具处方，一切在所不惜。恰好新宁杨溪村有信寄到，江忠源得知母亲平安无恙，心火去了几分，病情渐渐好转，名医才告辞而去。

江忠源健康有了起色，便要回家为父亲奔丧。秀水人争着凑钱给他做盘缠，江忠源恳切辞谢。吴文镕听到此事，感叹道："像江县令这样的贤官，怎么可以让他穷到没有钱回家，回了家又没钱埋葬父亲呢？”正巧，吴文镕奉调云贵总督，他从浙江的官库里，以云贵总督的名义借支五百两养廉银，交给江忠源，叫他不要推辞。汪本铨也送给他一千两银子。江忠源感激他们的一片至诚至爱，哭泣着收下了，往家里赶去。

嗜赌好色也能有为

江忠源在秀水知县任上当了一回两百年未见的好官，真心办事，手段高明，体恤百姓，清廉自守，在清末的一千二百八十五个县级行政区的父母官中，很难找到如此的贤才。他在官场给人的印象，令人联想到他会有一份非常不错的履历。然而他的档案却达不到德才兼备的规格。如果秀水的百姓听说江县令在三十岁以前嗜赌好色，恐怕十人当中有十人不会相信。

然而金无足赤，人无完人。青年时代的江忠源的确是一个浪荡子。

江忠源出生于嘉庆十七年，西历 1812 年。这一年，湖南还有两个了不起的婴儿出生，就是上文已有介绍的胡林翼和左宗棠。

江忠源出身的家庭无可挑剔，是一个书香门第。父亲江上景是秀才，隐居教学，清贫度日。江忠源秉承父志，攻读诗书，少年时即能写一手好文章。虽然他不好八股，爱读对考试无助的实用书籍，却仍然是个正儿八经的读书人，十五岁便考中了秀才。

这个秀才不是中规中矩的斯文种，而是一个问题少年。他生就一副好身板，面目英俊，性格开朗，乐于交际。由于交游不慎，跟一帮赌徒混在一起，赌瘾深重。赌瘾越大，赌运越差，老是输得脱下衣服去质押，得了钱又回到赌场。偶尔赢钱，便去冶游（找小姐）。那些守法执礼的书生，对他侧目而视，不敢与他为伍。江忠源并不在意，由着性子在社会上玩耍，一直混到二十五岁，他因贵人相助，考中举人，才走上了大运。

那一年是道光十七年（1837），湘潭人欧阳兆熊出任新宁的教官。江忠源奉父命应试拔贡，四场考试，都是名列第二。第一名是个姓陈的书生，富家子弟，文章似锦，赋也颇佳。学使蔡春帆把名列前茅的卷子发给各地的教官评阅，讨论冠军究竟是取江还是取陈。欧阳兆熊说：“若论试卷，优劣悬殊；如果要求真材，恐怕还需斟酌一番。”

学使不高兴了，问道：“你是什么意思？莫非有人请了枪手？”

欧阳兆熊说：“有没有请枪手，很难查明，也不必深究。不过置身考棚之中，时间又如此紧迫，恐怕连邵阳和新化都没人写得出这么好的卷子，何况新宁这个僻陋的地方！”他从陈考生所写的赋中，摘出若干佳句，念了一遍，然后说：“江考生是一介寒士，陈考生却是富人，卑职如此判卷，总不能说是收了好处费吧？”

欧阳兆熊一番雄辩，使江忠源名列第一，陈考生位居其后。

此年省城长沙举行乡试，江、陈两位考生都去应考。陈考生心有旁骛，选了八月初八的吉日，纳了一名美妾，自愿放弃乡试。蔡学使听说他如此不争气，对欧阳兆熊说：“还是你有眼力，看穿了绣花枕头。”

说来凑巧，江忠源在那一年与欧阳兆熊同时中举，一同进京参加会试。江忠源中举是新宁的盛事。此地自清朝开国以来，没人中过举人，江忠源破了天荒。

江忠源中举之后，很快就要进京参加会试，这件事使他非常为难。他混迹于社会，讲的是哥们儿义气，忧人之忧，急人所急。可是他自己手头拮据时，却常常过不了门槛。第一次进京赶考就没有盘缠，只得空手而去。父亲江上景送他上路，回家时两眼含泪，担心这个新宁罕见的举人饿死在路上。江忠源偏偏筹到了旅费。筹措的办法，肯定非偷非抢，最大的可能，就是进了赌场，赢了一把。有些受惠于他的人，在他急需用钱时帮了他，也非没有可能。

江忠源虽有些许盘缠，进京时仍是一副落魄相。加上会试落第，心中落寞惆怅。他曾在京城旅社的壁上题诗一首：

劳生无计了情缘，踏遍红泥意黯然。万里关河鱼腹纸，五更风雪马头鞭。浪游燕市悲前事，小别章台感隔年。寂寂晓风残月里，选词谁唱柳屯田。

这个落拓的考生，只有在赌场和青楼，才能暂时忘却烦恼。可是寄存烦恼的地方，都是销金之所。江举人的钱袋很快就空了。

更令他伤心的是，京城的秀才们，都不屑于跟他交往。一名公车，行为不检点，自然有人说他的坏话，令大家对他避之唯恐不及。

也有一两人并不人云亦云。欧阳兆熊认为此人今后必有建树。另有一个在京城当侍御的黎樾乔，第一次看见江忠源，便说此人是个勇士，必死于战场。

这个预言在当时看来有些离谱，有几分相术士故弄玄虚的意味。品头论足是读书人的爱好，说出来的话多半不着边际。道光十八年天下太平已久，鸦片战争尚未爆发，一般人都在展望可持续发展的和平。江忠源是公车而非武将，又怎么会在不打仗的年代死于战场？

何况死于战场也不是什么好前程，所以江忠源仍然是个问题人物。此人豪爽直率，落拓不羁，有侠士风骨，捐躯之勇，由此令人联想到沙场猛将，如此而已。除此以外，他的价值无人欣赏，他的前程无人看好。

道光二十四年（1848）八月，他的生活圈子里出现了一个救世主式的人物。

湘乡人曾国藩使劲拉了他一把。

曾国藩是个京官，在京城湖南人的圈子里影响很大，接触面较广。他耳边早就有人说三道四：新宁来的那个江某又赌又嫖，千万不要理睬他。

曾国藩和黎樾乔交往颇深。也许是黎樾乔的话引起了他对江忠源的注意。这一年江忠源因为打算参加会试而留居京城，跟随郭嵩焘来求见曾国藩。江忠源打量眼前的这位京官，只见他身长约五尺，精神奕奕；体格雄伟，身材匀称；方肩阔胸，头大方正，额头高阔；一对小三角眼，有棱有角，眸子榛色，目光平如直线，极为锐利；嘴宽唇薄，表明内心的信心和决断。

江忠源对此人肃然起敬，但他从不谨小慎微，并不拘束，宾主谈话非常活跃。两人居然没有切磋学问，尽聊一些市井琐事，不时开怀大笑。江忠源毫无掩饰，胸襟坦荡，侠气酣畅。曾国藩跟他竟有相见恨晚的感觉。分别时，目送他出门，回头对郭嵩焘说："京师求如此人才不可得。此人他日当办大事，必立功名于天下，然当以节义死。"

郭嵩焘一愣，问道："涤兄如何知道？"

"凡人言行，如青天白日，毫无文饰者，必成大器。"曾国藩回答。

江忠源的直率，也许正是曾国藩自己所缺乏的品质。人生的各种乐子，对年轻人诱惑最大。面对女人、美食和玩乐，此时的曾国藩心中也是波澜起伏，但他非但不敢放浪形骸，还要在内心做剧烈的挣扎，又到日记中拷问自己的品性。他看到江忠源能够心口如一，爱饮嗜赌，垂涎美色，并不藏掖，于是钦佩油然而生，非但能够包容，还向别人推荐。

曾国藩对江忠源的评价与黎樾乔的预言异曲同工，这把江忠源拔高了许多。黎樾乔和曾国藩都不是信口开河的人，尽管听者不敢苟同，却在吃惊之余有几分羡慕，不知江忠源为何入了曾大人的法眼。

在江忠源花完了银子的时候，也许曾国藩曾将他收留于自己的宅邸，劝他回家，并答应为他提供旅费。可是江忠源忽然不辞而行，曾国藩发现以后，连忙追赶上去。

追到长辛店，见江忠源正在用午膳，曾国藩安慰道："以你的才干，何愁怀才不遇？但有父母在堂，还是回去吧，不要将此事放在心上。"

说罢，拿出一百两银子送给他。曾国藩回家后，门客问他去了哪里，曾国藩回答："去追江岷樵，为他饯行。"

门客问道："此人究竟有何长处，值得涤公如此费心？"

曾国藩说："岷樵必以忠节闻名天下，诸君都比不上他，以后诸位就知道了。"

江忠源能够打动曾国藩，也许不只是靠着几句言谈。他在下第南回时，三次为友人负灵柩归葬，为人所难为。这个新宁人历来视钱财为身外之物，哪怕典当衣物，徒步当车，也要将朋友的灵柩送回家。他的侠骨柔肠，对人的深刻同情和侠义之气，曾国藩都看在眼中。

进京赶考的公车，可谓含辛茹苦的北漂一族，许多人命运不济，为前程而做的赌博，往往是用性命来下注。江忠源的同年生中，有三位客死京师。

陕西学子邹兴如，祖籍湖南新化，算得上江忠源的老乡。此人温文尔雅，身体羸弱，江忠源对他十分照顾。邹兴如病倒在客栈，咳嗽咯血。穷书生没有仆从，无人照顾。江忠源把被子搬到他的房间，和他同住，为他寻医问药，进行特级护理。但他无力回天，几个月后，邹兴如病故。江忠源买来棺木，收敛邹兴如，嘱咐他的族人将遗体送归陕西。

湘乡学子邓鹤龄当过江忠源的老师，因病咯血，奄奄一息。江忠源护送邓老师南归。病人在路途中去世，江忠源又为他买棺木收敛，将灵柩送回湘乡。

江忠源再度进京时，同年生曾如鑨在京师故世，江忠源又将遗体送回他的故里武冈。

江忠源行程万里，将朋友的灵柩送回原籍，误了考期，在所不惜。如此的古道热肠，也许是前无古人，后无来者。他的急公好义声震京师，不仅在湖南人中传为美谈，外省人士也以结识他为荣幸。瑕不掩瑜，他那些放纵的行为，不但没有损害他的声望，反而令人从中觉出他的豪爽。

江忠源在京师客居八年，赢得的美誉，不下于注重修身养性的曾国藩。他们被誉为当时操节最佳的两个湖南人。他们助人为乐，在官员和学者中有口皆碑。传闻说，京城里只要死了人，曾国藩必送挽联，江忠源必会帮忙买棺材。

曾国藩被江忠源的行为感动了。他既居于京官之尊位，又以自我修养见长，就萌发了一个念头，想给江忠源做思想品德的导师，要求他阅读先儒的语录，用以约束自己的言行，狠斗私心一闪念，痛击邪念一抬头。早请示，晚汇报，努力改造世界观。

江忠源诚恳接受曾国藩的劝诫，开始与郭嵩焘、冯卓怀这些正人君子交往，折节读书。除了端正品行，他还钻研实用科学，仍然不屑于八股章句。

戒赌是一个痛苦的过程。好赌几乎是发自人的天性，阉割本能，要下极大的决心。江忠源每次经过路边的赌摊，或者听到赌场内吆五喝六，都会情不自禁地停下脚步，流连忘返。但他还是忍住了，不再参与。偶然到友人家，还没进门，听见里面有打牌的声音，便依依不舍地离去。

不过江忠源毕竟是江忠源，赌博虽是戒了，小姐还是照找不误。

江忠源后来功勋卓著，荣登高位。欧阳兆熊一直关注此人的经历，对江忠源现象做过研究。他的结论是，放荡不羁的人，不乏建立奇功者，倒是号称理学模范的人物，能建奇功者不多。

民国时期的徐凌宵兄弟用曾国藩作为例子来反驳这种说法，其实只是看到了事物的表面。曾国藩的内心何尝波澜不惊，他胸膛里也有个潘多拉盒子，只是关得比较严实而已。尽管严关死守，不时还会有小妖魔逃逸出来。

欧阳兆熊欣赏江忠源敢于流露真性情。他发现，有些人深情厚貌，小廉曲谨，往往仕途顺畅，却无军功政绩。他们的讨巧之处，是做足了表面功夫。他们不必深入理学殿堂，不读《二程遗书》、《朱子大全》，不做内省之功，只须身着补丁衣，乘坐朴素的轿子去政府大院上班；亲自去市场购物，量盐数米，锱铢计较。如此便能成为传统美德的标兵。

前人如此走顺了仕途，后辈群起效仿，以为只须如此，便是得到了理学真传。且不说别人，就连胡林翼也不能免俗。他原是一名纨绔少年，摇身一变，浑身都是头巾气，去赶理学先生的时尚。然而究其根本，胡林翼之所以大有建树，在于善用权术，而非通晓理学。朴谨之士并非无能，但若单凭外表取人，就会成为流弊，不免如晋人清谈之祸。

江忠源将曾国藩尊为道德之师，努力按照曾老师的要求去做，做到多少算多少。因此，三十岁成为他个人修养的一条分界线。他开始留心圣贤之学，言行举止大多中规中矩，犹如恂恂儒者，与往昔判若两人。他不但自我修炼，还影响了三个弟弟。由于家贫，大弟江忠浚和二弟江忠济自幼废学，只有三弟江忠淑能够读书，考上了秀才，而他的老师就是江忠源。

江忠源从京城回家后，在汇原庵给三弟授课，严格要求，一丝不苟。江忠淑学业不上进，他含泪对弟弟说："父母都老了，我多次进京会试，都没中榜，你又不肯刻苦学习，双亲是等不到我们做官，用俸禄来奉养了。"

江上景询问小儿子的学业，江忠源极口夸奖，回过头来严格要求弟弟。江忠淑犯了错，害怕父亲责骂，大哥总是为他说情，直到父亲消气。

道光二十五年，朝廷对参加三科会试未中的举人进行六年一次的大挑，江忠源名列二等，可以当个教职官员。江忠源慨然说道："穷达，命也。谋个教书的职位，奉养亲人算了。"

江忠源未能实现进士梦，失去了士人们渴望的进身之阶。失意之余，产生了另辟蹊径的想法。

曾国藩预言江忠源将因节烈而献身，既是评价，也是鞭策，或许还是一种暗示。江忠源与社会基层接触较广，能够洞察社会动向。嘉庆道光以来，社会危机四伏，他深有感触，预见到天下兵戈将动，形势将会大乱。客居京师时，他还关注着家乡的动态，留意湖南天地会、青莲教的动向。

他不满足于观察、思考和预见。他是一个实干家，血气方刚，意气风发。他将自己定位于经世之才，注重培养自身的执行能力。

他对曾国藩说，他的家乡新宁是一个动乱之源，他要回家团练乡人，依靠民间武装来保卫桑梓。除了培养弟弟，他把全副精力用于钻研兵法，从事本乡的民兵建设。两年时间过去，直到道光二十七年，雷再浩在新宁起事，他率领乡勇奔赴战场，取得了初次的军事胜利。此后朝廷将他派往浙江任事，政绩不俗，因此有两位高官应诏向皇帝推荐这位英才。可是他无法进京觐见，必须回家为父亲奔丧，正在返回湖南的途中。

这些故事，上面各节已有记载。

第四章

兵戈大动

野史：刘坤一轶事

刘坤一年轻时家境贫寒，经常吃了上顿没下顿。一天，友人请他赴宴，美酒佳肴，盛情款待。可惜客人太多，刘坤一担心吃不饱，假装在两足之间扪虱子，把臭袜子举在空中，一再拂扬。尘垢飞落到盘碗之中，座客没人敢下筷子。刘坤一慢慢抬起身子，大嚼一顿，果腹而去。

不是冤家不碰头

前面说到，江忠源在浙江做官期间，他的家乡新宁又在酝酿一场大乱。

李博在江忠源的协助下打败了雷再浩，却没能把自己眼皮底下的反军线人李沅发抓住。棒棒会留下了火种，正应了江忠源的那句话：他们还会东山再起。

李沅发虽然在雷再浩手下封过大将，但实际上的作用是当眼线。恐怕连雷再浩也没料到，这个下属的志向，比龙头老大还高远。雷老大死去之后，侥幸活下来的部众，虽然有心为他报仇，但全都灰心丧气，唯有李沅发不甘失败，图谋东山再起。他要接过雷老大的事业，自己当一回造反武装的总司令。

李沅发开展地下活动，联络雷再浩的余部，重新建立组织。“棒棒会”这个名称太容易暴露，他便改名为“靶子会”，自己出任首领，逐渐恢复了新宁的会党势力。

道光二十九年（1849），新宁旱灾。官府没有采取减负的措施，反而加大盘剥的力度，百姓负担有增无减。天灾人祸，民不聊生。干柴烈火，一点就燃。李沅发抓住时机，派人前往广西全州，联络天地会的会众，召集几百人来到新宁县境内。

十月十三日，李沅发在水头村集结会众，登上高台，树起一面红旗，上面大书一个“斗”字。这是一个庄严的揭竿仪式，会众在低沉的牛角号声中宣誓造反，表示服从李总司令的指挥。按照天地会的惯例，每个人的头上都裹上了红巾。

乡绅邓树坤接到线报，叹息道：“江岷樵说得不错，雷再浩阴魂不散，他死了，李沅发又闹起来了，若不把这些人一网打尽，怎能有安生之日！”

他把管家叫来，吼道：“集合团丁，立即去抓李沅发！”乡勇尚未集结，李沅发已经打上门来了，指挥会众攻打邓宅。邓树坤无计，只得翻墙逃走。

李沅发占了邓宅，召集首领开会。他说：“老子以为邓树坤有三头六臂，原来不堪一击。如此看来，县城不难攻下。大家兵分三路，立即进攻！”

李沅发部署停当，部队没有扎营，乘胜攻打县城。第一路两百多人，从王家渡口渡过扶彝江，抢占县城北面的要地摩阿岭；第二路一百多人，从潭冲过江，攻打县城南门；第三路是主力，三百多人，由李沅发亲自率领，从水槽源经白公渡过江，直攻县城东门。

城内的会众接到通知，马上与低层官吏联络，开门响应，会军很快杀进城内。那个名叫李博的知县已经调离，代理知县万鼎恩成了会军的刀下鬼。

李沅发进了新宁，没有肆掠一通就走人的打算。他想长久占据这个湘南重镇，然后向广西发展，与那里的造反势力连成一片。他首先部署兵力守城，然后开仓发放银粮，救济贫民，打开监狱，释放囚犯。

李沅发高估了自己的实力。新宁一地藏龙卧虎，击败雷再浩的江忠源虽然到浙江做官去了，他的几个弟弟还在新宁，他们手下的乡勇也不是吃素的。此外，李沅发一点也没有想到，他有一个命中注定的对头，常年在外读书，却在这时回到了新宁。尽管在此之前他跟此人并无一面之缘，他也没有刻意去惹这个冤家，但他们注定要在这时候打到一起。

这个人名叫刘长佑。

命运安排刘长佑在李沅发打进县城时回到家里，对刘长佑的一生影响颇大，对李沅发则实在不公，因为这个人极大地妨碍了李沅发长驻县城的企图。

刘长佑在岳麓书院读书，已有十一个寒暑。他回家乡并无确定的日子，事实上他已有两年未曾在家过春节。但恰在此时，他从长沙回到了新宁。他一进城，饥肠辘辘，急忙赶回位于金城里的家中。放下行李，刚刚见过父母妻儿，就听到街上有人呼喊：“快跑啊，李沅发占了县城！”

刘长佑一愣，急忙跑到街上打探情况。一出巷子，就看到几个人头裹红巾，从他身边跑过。他想：反贼果然进城了！回头跑进家门，把门紧闭。凭着天生神力，举起一口棺材，把大门抵住。转身拿起一条大凳，擂倒屋后的围墙，背着父母从缺口出去。一家人跟随在后，出得城来，到西乡避乱。

第二天，城里有消息传到西乡：逆贼杀死了县官。刘长佑的父亲刘时华携带家眷抵达东江口，雇船赶赴府城宝庆避乱。刘长佑前往石田村，去跟比他小十二岁的族叔刘坤一会合。刘坤一的岳父对他说："长佑，你领着坤一快去宝庆，向府衙报告新宁有难！"

他们徒步行走一百多里，到了宝庆，找到知府张镇南，报告新宁已被棒棒会占领。

张知府说："你们先回去吧，把各乡练丁召集起来，准备协助官军作战。本府立刻禀请巡抚大人调派官军。"

知府的命令，读书人岂能不服从，何况保卫乡里人人有责。刘长佑和刘坤一，日后的新宁刘氏二杰，就这样卷入了一场镇压造反派的战争。

新宁二刘年轻力壮，又赶了一百多里地，回到新宁。他们向二十八村的乡勇头目传达了知府大人的指示，各村的乡团向县城靠拢，预先约定各以腰牌为标识。

十月十七日，部队集结完毕，在刘长佑提议下，乡勇团团包围了县城。刘长佑指挥乡勇搜杀城外的会党。张知府很快赶到了，随他而来的有宝庆团丁二百多人。

刘长佑和刘坤一来见宝庆团长，只见此人约莫三十来岁，身材高大，左眼内长着一颗红痣，目光如炬。

刘长佑上前一揖，说道："在下刘长佑，兄台如何称呼？"

此人说道："在下李续宾，在湘乡家中读书，家兄李续家写信回家，说李逆占了新宁县城，要打宝庆，十分紧急，催在下前来。"

刘坤一好奇地问道："在下刘坤一，敢问李兄家在湘乡，为何做了宝庆乡团的团长？"

"在下只身来到宝庆，以为农家丁壮顾念身家妻子，当会尽力保卫桑梓。于是三日内召得寄居宝庆的湘乡同乡二百余人，略加训练，教之击刺。一听有警，就带到这里来了。"

"李兄在家乡可曾习武？"刘坤一又问道。

一名宝庆团丁抢着说："李团长天生大勇，双足脚底都有螺旋纹。十二岁学骑马，考求养马之法，颇善相马。十四岁就能手举三百斤，向同窗彭昌偘学习射箭，目有神光，用羽毛拂眼，眼皮不眨。初学便能挽强弓，百步之外，箭无虚发。"

李续宾面有赧色，说道："二位刘兄见笑了。续宾不才，自小除读书而外，颇爱习武打猎。道光十八年，湘乡和邵阳之间盗贼横行，白昼聚众劫夺，家父心忧天下将乱，打算在湘乡和邵阳交界处设立乡团，以靖乡里，令续宾向两县县令报告。次年自春至夏，续宾为经营团练一事，往返于两县县城，跑了十几趟，才定下合约。团练一起，擒杀诸强不法者，一乡得以安宁。诸兄因经商常在外地，续宾在家长期操持团练事务，湘乡练团自保由此而始。此次宝庆有难，宝庆友人自然想到续宾，故命续宾带乡团前来。”

刘坤一说：“巧了！我们刘团长也是天生神力，两人合在一起，定能收复县城！”

李续宾将新宁二刘打量一番，问道：“二位刘兄可是兄弟？”

刘坤一嘴快，答道：“我小长佑一轮，可是辈分大，他得叫我族叔。”

李续宾微微一笑，又问：“敢问长佑兄贵庚？”

刘长佑答道：“在下是嘉庆二十三年生人。”

李续宾说：“原来长佑兄与在下同庚。”

新宁二刘就这样结识了未来的湘军大将李续宾。他们意气风发，一起请战，张知府却只令乡勇与城内会党相持，迟迟没有下令攻城。他在等待正规军到来。

相持了二十多天，终于盼来了湖南提督（省军区司令）英俊与长宝道杨炳坤率领的绿营正规军。这二人都是当年和江忠源一起镇压雷再浩的高官。

英提督和杨道台一到，张知府的话就不管用了。杨炳坤说：“攻城之战，怎能依靠乡勇？传我的命令：各村乡勇，一律驻扎十里之外，由营兵包围县城！”

谁知道，李沅发怕的是乡勇，而不是正规军。他见乡勇已经撤退到十里之外，胆气壮了，每天出城挑战，营兵伤亡惨重。打了十多天，县城还牢牢掌握在李沅发手中。杨炳坤想调乡勇助战，面子拉不下来，跟张镇南商量，叫他去找乡勇领头人协商。

刘长佑憋了一肚子气，跟江忠源的弟弟江忠济等人议论战法。他说：“营兵如此仰攻不行啊，必须挖掘地道，埋设火药，轰塌城墙，才能从缺口冲进去。”

江忠济和邓树坤说：“荫渠兄说得极是，我们去跟张大人谈谈。”

李续宾也叹道：“李逆贼党都是乌合之众，其志未固，破之不难。可惜营兵无用啊！我们一起去见张大人吧。”

见到张镇南之后，刘长佑说：“张大人，营兵还没攻城，反被逆贼重创。依学生之见，还是把乡勇调上来开挖地道，设雷轰城吧。”

张镇南大喜，说道：“本府正有此意。营兵攻城，必得有乡勇助战。如此甚好，就让乡勇进驻城东，在东北郭挖掘地道吧。”

英俊和杨炳坤批准了这个方案。十一月二日，负责营务的刘坤一，找来一千五百斤炸药，装进十副棺材，夤夜派出五十多名乡勇，轮番挖掘地道，从东门刘家井入口一直挖到城墙下，将棺材置入。凌晨点燃引线，轰然一声，炸塌了五六丈城墙。

城墙缺口炸开了，营兵却迟迟挨挨，不敢冲锋。只有邓新科率领几名乡勇冲上去，却被会军挡住，无法前进。会军运来木石，将缺口堵塞。

第一次机会被营兵丢失了。刘长佑不肯罢休，又和邓树坤等人指挥乡勇在城西南挖掘隧道，灌火药轰城，城墙崩塌几丈。会军严阵防守，营兵始终不敢冲锋。城墙很快又被会军修复。

正规军加上乡勇的力量，也无法迅速攻下县城。但乡勇的参与，使官军一方兵力大增，能将县城团团围困，切断会军与城外的联络。李沅发又被围困了二十天之久。城中粮食逐渐用尽，李沅发不得不考虑转移。

十一月二十九日，会军乘着夜间下雨，主动从北门撤出，从官军的营垒之间突围出去，乘竹排渡过扶彝江，挺进到深冲峒。刘长佑率领乡勇追击，一天跑了一百里，杀敌一百多人。

第二天，官军开进空城，颇有扰民之举。英俊和杨炳坤向巡抚冯德馨谎报军情：县城已经收复，李沅发为乱兵所杀。

李沅发这时活得好好的，率部开往广西兴安的苗山中。刘长佑与刘坤一正在谋划追击，但是杨炳坤既然已经上报李沅发被杀，担心乡勇发现真相，揭穿他的谎言，下令即日将乡勇撤回，只容许营兵追击残匪。

李续宾接到命令，当即解散宝庆乡团，返回湘乡。有人提出要给他向官府请功，他回信说：志在保卫乡里，一人保单，此心何以自白？何况想要保举的人趋之若鹜，我又何必跟别人争功呢？

书生也有千钧力

刘长佑出生在一个祖辈积德的大家族里。直到他父亲刘时华这一辈，孝友纯至，乐善好施。刘时华经营木材和土产而致富，成为新宁县的一大巨族，捐了个从九品的官衔，虽比七品芝麻官还小，但在新宁这个小地方，也算是个有些头脸的人物了。他致富以后，时常资助乡邻故友，赢得“乡党时贤”的称号。他最大的心愿，就是希望后代中有男丁谋取功名，显赫一方，光宗耀祖。

嘉庆二十三年十一月十九日，西历1818年12月16日上午9点，刘长佑出生在新宁县的金城村。这一年是虎年，而降生到刘家的这个男婴，果然有些虎相。

▲ 新宁人刘长佑擅长谋略，在江忠源死后继续带领楚军南征北战。清廷继续把他的部队当救火队，不断地把他派到战事吃紧的省份。于是他不仅出任过广西巡抚，还历任两广总督、直隶总督和云贵总督。

一个孩子若是不平凡，在他出生时，多半会有异象发生。平凡的孩子出生未必没有异象，只是决不会见于经传。历史记载下来的，自然都是名人诞生时发生的超自然现象了。

刘长佑出生的不凡预兆，应在伯母李夫人的一个梦。他出生的前一天夜里，李夫人梦见一颗大星落在自家堂上，金光灿烂。刘长佑出生后，李夫人马上宣布他是天星下凡。

这个新生儿的确与众不同，遍体栗色，眉目之间居然可见大人物般的威棱，两条大腿上隐约可见黑斑，犹如鳞甲。此儿嘴巴超大，能够容下一只拳头。

但凡婴儿出生，总有一番吵闹。刘长佑虽说也是呱呱坠地，可他见到天日之后，大人就很少听到他的哭声了。长辈们都说，此儿天性凝重，言行有度。几岁时便不苟言笑，如同成年人一般。他比少年老成还要难得，说他幼年老成也是当之无愧的。这个黑孩子跟同时代的咸丰皇帝一样，天赋沉稳，在战争年代靠着这种秉性，紧急关头临危不乱，渡过了很多难关。

从古至今，中国人启蒙很早。成年人几乎一致认为，孩子念书越早，成材的可能性越大。刘长佑五岁就开始念书，一直念到三十出头。他的学业大约可以分为两个阶段。

第一阶段心无旁骛，埋头读书，从五岁念到十四岁。儒家的经典，伴随他度过了十年成长的光阴。他的足迹所到之处，只有本村和外乡的私塾。

刘时华经常给人们讲述长子刘长佑刻苦读书的经典故事，语气中不无夸耀。十二岁那年，刘长佑迸发了学习的积极性，作文追求深刻的思想内涵。假期跟弟弟刘长佐一起回家，把自己关在楼上念书。白天想好几十个作文题，写在纸条上，扔到盒子里。夜间随便拈出一题，书写命题作文。父亲叫他早些歇息，他灭灯假睡，父亲一走，便用被子蒙住窗户，把油灯端到帐子里，文章写不好，他是不会入睡的。

第二阶段是坚持不懈的考试。从十五岁那一年起，刘长佑参加了一系列考试，完全称得上考试专业户。他每年都要进一两次考场，成绩不俗，每每得到考官的器重。他考取了童生，考进了县学，考成了学校的高材生，也拿到了政府的助学金。他还在同辈中摘下了书法之冠。他游学于湖南的几间著名学府，宝庆府的濂溪书院，长沙府的岳麓书院和城南书院，都留下了他求学的足迹。

道光十七年（1837），刘长佑十九岁，参加童子试，考官欧阳兆熊与他父亲刘时华来往颇密，于是索阅他的卷子，发现诗中有韵脚不对，帮他改了几个字。正好被蔡学使撞见了，质问欧阳兆熊为什么要帮考生舞弊，欧阳不敢隐瞒，把考卷呈送学使阅览。刘长佑则惴惴不安地站在堂下。学使见他的文理通顺，年纪又最小，一笑置之，允许他入学。

但是命运跟这位勤勉的学子开了个天大的玩笑。他在青年时代屡遭科场失意的打击。没人能够解释，为什么他五次参加乡试都未能中举。眼看着同县的江忠源等人成为硕士，他只能扼腕叹息，暗自神伤。

刘长佑在三十一岁那年夏天有过一梦，算是对他无缘举人做了一个宿命的解释。当时他从长沙回家，路过湘乡，下榻旅馆。夜间入梦，他到了岳麓山的魁星楼下，看到几名同学在楼上向他招手，叫他上去。他顺楼梯而上，眼看就要登上二层，忽见魁星起身下座。刘长佑不敢上前，呆立在楼梯上。魁星手执大笔，向他额上一点，说："去！"

这一声吆喝吓醒了刘长佑。睁眼一看，只见房中金光灿烂，如同白昼。刘长佑心想："这店主也怪，为何到了深夜还没熄灯？"心念一转，金光便随之消失。

刘长佑为自己解梦，料定这一科又考不中了。既然神谕如此，他打定主意，此后不再参加秋试。

但是刘长佑的毅力令人刮目。在此梦之前，他虽屡次秋试落第，却未曾动摇入仕的决心，也未曾打乱有条不紊的生活节拍。他从小就有一副健壮的体魄，得到乡人和考官的夸赞，自然也会得到异性的青睐。十八岁那年冬天，他把李夫人迎娶回家，二十岁就生出了长子刘思询。此后他虽年年参考，从未间断，李夫人却接连生下了次子刘思诣和三子刘思谦，后来又生下两个女儿和四子刘思训。长子四岁时，刘长佑就为他聘了江忠源弟弟的女儿，与江氏家族结成儿女亲家。

刘长佑和江忠源一样，是因炫耀武功而闻达于高层，进而踏入仕途。可是直到三十二岁为止，刘长佑并未练过武功，也未曾想过刀头舔血的日子。但他天赋神勇，是一个打仗的料子。

除了天生一副黑胚子，威风逼人，刘长佑在少年时代已经表现出胆大无畏。十一岁那年，他在外乡长湖念书。一天夜里，听到楼上传来窸窣声，抬头一看，一个小偷正朝窗外爬去。刘长佑跳起来，跟在那人身后，一把拉住他的脚。窃贼回过头来。咦！原来是邻家的孩子，刘长佑认识他，冲他一笑，松了手，放他一马。

二十六岁那年秋天，刘长佑参加甲辰科省试回乡，下船登岸之后，同行的书生们先行一步，他与一名仆从看守行李。忽然想起茶袋子忘在船上了，打发仆人去取。仆从走后，林中突然冒出几名强盗，其中一人把箱子提走，其余几人把刘长佑围住。刘长佑哪里肯依，出手按住一名盗贼的肩膀，使劲一压，盗贼便仆倒在地，无法起身，只得跪地求饶。其余盗贼见状，仓皇逃走。一介书生，有如此神力，盗贼岂能不怕？

如果社会没有发生动乱，刘长佑的武力天赋也许永远无法施展。但新宁是个多事之地，而刘长佑又生活在多事之秋。凡是明眼人都知道，此地迟早会出乱子。刘长佑二十三岁那年，新宁县的典史刘金芝请他为儿子授学，多次劝他搬出新宁。

“刘君，你没看出新宁将有大乱？”

“民心思反，又有人煽惑，我岂能看不出来？”刘长佑说，“只是我拖家带口，又能搬到哪里去呢？难道连家业都不要了么？”

刘长佑没有迁出新宁，但是刘金芝在第二年请病假离开了这个是非之地。

只过了几年，新宁果然发生了雷再浩的大规模造反。刘长佑在长沙岳麓书院读书，置身事外，没有和江忠源一起参与镇压雷再浩的战斗。

然而，他虽然避过了雷再浩的风头，却躲不过李沅发掀起的风浪。于是就有了他与李沅发之间的这一场对抗。

总督屈驾请书生

接下来再述李沅发和刘长佑之间的战争。

道光二十九年（1849）十二月一日，李沅发率部转移到丫口岭，站稳脚跟后，对官军发起反击，击毙尾追的几百名官军。都司张心铭率部反攻，仍然大败，又有几百名官兵丧命。

李沅发一战得势，信心陡增，决定杀回老家。十二月四日，他命令部队在新宁西部的大绢峒附近扎营，大力扩招兵员。广西苗儿山和五排等地的会众前来会师，部队增加到二三千人，军势更加振作。

李沅发这般闹腾，英俊瞒不住了，只得向上级请求增兵。但他不愿认罪，继续把李沅发这个大活人说成死人，谎称李沅发之弟李沅宝从五排率部前来报复。然而道光爷很快就得到密报：冯德馨、英俊、杨炳坤都在虚拟战功，谎报军情。皇帝有诏，将三人革职处分，另派大员接办军务。湖广总督裕泰和固原提督向荣来到了新宁前线。剿匪总指挥大大升格，由总督担任。新宁知县也换成了戚天保。

戚天保先到，立即重新启用乡勇。他命令邓树坤、邓新科等人各自招募几百名乡勇，与衡州协（旅）一同驻扎在深冲峒，协同正规军作战。

向荣到后，重新部署进剿。新任指挥官非常重视本地乡勇的作用。但这时乡勇首领刘长佑去了宝庆府城，与家人共度春节，乡勇无法大举集结。

向荣正在部署攻击，李沅发决定先发制人。阴历除夕，会军以迅雷不及掩耳之势突袭官军营垒，大挫绿营兵，随即继续向广西开进。几天以后，取道全州、兴安、灵川和永福，又从五排转入湖南城步。

李沅发绕了一个圈，本来是为了迷惑官军，达到重返新宁的目的。可是从城步东进新宁时，遭到新宁乡勇的阻击，只得再度转入广西龙胜。

李沅发跟官军打游击，官军必须动员更多的乡勇参战。道光三十年（1850）正月，刘长佑带领全家人从宝庆回到新宁。他没想到，湖广总督裕泰竟然到家造访。

刘长佑非常吃惊："没想到制军大人光临寒舍，不知大人如何得知学生的名字？"

裕泰说："乾州人张开霁，刘君是否认识？"

"回大人，学生认识。原来是张先生抬爱，将学生引荐给制军大人。不知大人有何见教？"

"张先生多次称赞刘君的才干。本部堂就住在王氏祠堂，离刘君府上不远，听说刘君回家了，本部堂便来看看。今天一见刘君，果然器宇不凡。听说李逆占据县城时，刘君为官军出过大力，本部堂此来，一为致谢，二来还想请刘君献计献策。"

刘长佑谦虚了一番，随后说道："学生以为，李逆起事，并无长远打算，在广西也未必站得住脚。若是到了穷途末路，一定还会返回新宁。"

裕泰说："刘君是本地人，还望率领乡勇，前往龙胜一带防御，不使李逆返回新宁。"

刘长佑道："蒙制军大人错爱，容学生与家父商量，再作决定。"

刘时华听到了裕总督与长子的对话，不赞成儿子带勇打仗。刘长佑去年通过考试，取得了省府保送进京参加朝考的拔贡资格，他希望儿子早一点进京备考。刘长佑不敢违拗父命，暂时没有出山。如果官军战事顺利，也许裕总督就不会再找他了。

可是，官军在游击战中屡吃败仗。李沅发刚到龙胜，遭遇参将玛隆阿所部，发生激战。官军畏葸不前，被李军击溃，相当于正旅级的将领玛隆阿败死战场。

道光三十年正月二十五日，会军行抵怀远北部的古宜。邓树坤、倪长浩等人率领乡勇出境尾追。李沅发对邓树坤恨之入骨，早欲除之而后快，在丛林设伏，前后夹击，斩杀邓树坤及其所率乡勇四十多人。

正规军和民兵接连遭到会军打击，裕泰与向荣因进剿不力，一再遭到新皇咸丰的严旨责备。李沅发转战湘桂边境，进展顺利。瑶民、壮民与广西天地会的会众纷纷起来响应，队伍一度扩充到四五千人。湖南西南部、广西东北部以及贵州东南边境，都成了李沅发活动的地区。

裕泰不会轻易屈驾求助于一个书生，他的确是遇到了头痛的难题。李沅发的部队擅长于山地作战，在少数民族地区如鱼得水。官军的作战条件十分艰苦，野战部队适应不了悬崖峭壁之间的杀人游戏。他认为，新宁的乡勇是李沅发的克星。邓树坤死了，乡勇已无得力的首领。刘长佑一定要出山，助他渡过难关。他再三督促刘长佑重上前线。

刘长佑尽管荣辱不惊，却极重情义。总督大人如此礼贤下士，多次求助，他碍难违命。刘时华毕竟通晓大义，勉强同意儿子出征。于是刘长佑召集乡勇，立刻开拔，前往贵州与广西交界处的苗瑶山中，跟李沅发一较高低。

狭路相逢遇知音

官军对李沅发久剿难灭，朝廷担心会军“勾结苗瑶，蔓延日甚”。即位不久的咸丰是个强硬的皇帝，对匪患决不姑息，严令裕泰和向荣加大剿匪力度，又一再命令广西巡抚郑祖琛、贵州巡抚乔用迁迅速调集兵力，不分疆域，增兵分途堵截。贵州的干员胡林翼此时也奉令在黎平一带防御，必要时出省作战。

咸丰集结了湖南、湖北、广西、贵州四省的兵力，分进合击，紧缩包围，倾尽全力，不让李沅发有喘息的机会。李沅发在湖南的靖州、通道等地流动作战，屡遭阻击，只得挥师南下，经过广西的融县、永宁、永福、阳朔和荔浦，进攻修仁。

追剿李沅发是一场苦仗，较之将李沅发赶出新宁县城，何止艰苦百倍。李沅发决不走大路，专挑险峻之地行军。所过之处，都是苗瑶山寨，林间野兽出没。新宁乡勇与对手周旋于崇山峻岭之间，每天攀爬悬崖，行走在只有单人才能通过的羊肠小路上，必须忍饥耐渴，夜宿山林。有人掉下深谷，也有人被猛兽扑杀。

一天，刘长佑带队在广西万崖山的小路上行走，隐约听到缓缓悠悠的马蹄声。山径险绝，即便是奔驰如风的骏马，也只能放慢脚步。刘长佑因视线阻隔，看不清来人，不辨敌友，但他听得出来，对方只是单骑一匹。他挥手令部队停止行进，大家紧贴崖壁站立，等待骑者走近。

来人渐渐靠近，忽然大声吟起诗来。山间静寂，他嘴里吐出的字字句句，刘长佑都听得分明。

匹马西风别桂林，大军已远尽追寻。孤城雁唳前宵梦，绝涧猿啼此日心。怕误兵符抛病卒，拼将战袄冒愁霖。多情最是芙蓉主，暖得山醪款夜深。

刘长佑松了一口气，对乡勇们说："不用紧张，来者是自己人。"

"团长怎么知道？"

"此人从桂林来，寻找官军，难道是盗贼不成？"

众乡勇一阵哄笑，骑者已进入视野。刘长佑抬眼望去，来人一身官军装束，身材高大，浓眉大眼，年龄与自己相仿。看他面目清朗，神情儒雅，倒不像一介武夫。刘长佑暗忖：此人骑马吟诗，有此雅兴，莫非也是书生从军？

来人突然见到一群手持武器的汉子，服装驳杂，还以为是碰上了盗匪，不由一愣，胯下的坐骑也惊得抬起了前蹄，发出一阵嘶鸣。

刘长佑连忙走上前去，拱手说道："这位兄台，不必惊慌，我等是新宁乡团，在下刘长佑，奉裕制军之令，率队追剿逆贼。"

对方翻身下马，也打一拱手，说道："在下彭玉麟，衡州协书办，从桂林公干返营，却不知本队已到何处，正在寻找。刘兄可有衡州协的消息？"

刘长佑道："原来是彭兄，幸会幸会！我等与官军分路搜剿，彭兄前行不远，进入我湖南境内，不难找到军营。彭兄风尘仆仆，从芙蓉寨而来，已行了上百里山路，何不在此歇一歇再走？"

彭玉麟惊道："刘兄怎知在下从芙蓉寨而来？"

"彭兄刚才所吟诗句之中，有'多情最是芙蓉主'之语，想是那芙蓉寨的寨主，昨晚把彭兄款待得不差。"刘长佑说罢，微微一笑。

"如此说来，刘兄也是读书人了。军中当差，难遇斯文，今日得见刘兄，真是三生有幸。方才在下信口吟来，都是此行的遭遇。在下此去桂林，带回了公文。跟随在下的两个兵丁病倒了，在下担心误事，将他们留在龙胜关就医，自己冒雨赶路，昨晚投宿芙蓉寨，已是三更时分，浑身湿透，幸得寨主为在下把衣服烘干，暖酒避寒，故而心存感激。"

"彭兄乃军中文职，可曾打过仗？"

"在下随衡州协而来，新宁围城时便到了战场。文案之暇，亦随队出战。正月随军征剿，去了靖州，过神滩，越黄罴岭，追到藕团，二月抵达贵州黎平牙屯堡，随后又到过下温，接着直趋怀远，抵达沙宜。此次奉命去桂林公干，正在寻找本部，却有幸在此遇见刘兄。"

"世道混乱，我辈读书人也置身戎间，不知彭兄以为如何？"

彭玉麟一听此话，似有无限感慨："初次打仗，望见将军大纛，帐下貔貅，听得金鼓震天，劈开粤嶂，又见黔云昏扰，瘴雨腥红，也会豪气在胸，庆幸一鞭鞍马，投笔从戎。然而靖州一战，眼见得常德官兵一败涂地，遍野横尸，惨不忍睹啊。藕团村数百人家，都被贼人付之一炬，碧血满山，天地为愁，能不肝肠寸断！”

“唉，在下本也无心出征，怎奈乱世之中，桑梓几乎不保，只能勉为其难了。哦，彭兄在衡州协中高就，说话也带衡阳口音，莫非就是衡阳人氏？”

“刘兄好听力，在下正是衡阳人。不过，家父早年在安徽为官，在下出生在安庆府的怀宁县三桥镇，十七岁才返回衡阳故里。”

“彭兄贵庚？”

“在下生于嘉庆二十一年，在家为长子。”

“在下晚生二年，也是家中长子。彭兄受小弟一拜。”

一席交谈，刘、彭二人便有了一见如故的感觉。两人还有很多话没有说完，但彭玉麟急于赶回部队，刘长佑也要带队前行，两人依依惜别。这两个湖南的读书人，已经受过战火的洗礼。他们的命运在即将到来的大动乱中，将要服从战争之神的指挥棒，发生他们无法料想的转折。咸丰年间大批湖南读书人踏上武功一途，而此时在山径中狭路相逢的这两个儒雅后生，若干年后将要登上湘军的帅位，成为叱咤风云的军事巨擘。

公安派出所长的后代

刘长佑告别彭玉麟以后，觉得此人富于感性，光明磊落，坚忍不拔，许多可贵的品质集于一身，令他印象深刻。后来得知他的生平，更对他平添一份敬意。

道光三十年的彭玉麟虽未显达，却已是一个传奇人物。他的为人行事，每每令人称道。他的刚正不阿的品格，多愁善感的灵魂，部分由父系遗传，部分是他早年经历塑造而成。如果刘长佑跟他深谈下去，就会发现这个汉子有过一段五味杂陈的经历。

彭玉麟的祖父彭启象是个佃农，就阶级出身而言，属于社会的最底层。父亲彭鸣九没钱念书，刻苦自学，少通五经，工于楷隶。母亲叫鸣九游学江南，却拿不出盘缠，只能靠他自己卖字为生。他自己挣钱在江苏的镇江上学，几年后进入京城，考了个从九品的官衔，留在京城候选，靠打工自给。嘉庆十八年（1813）选授安徽怀宁县三桥镇巡检。

巡检司是县级以下的基层政府组织，功能类似于公安派出所，而巡检属于最低一级的官职。彭鸣九是忠于职守的超级芝麻官，性情刚直，廉洁明干，勤于出警，敢于打击各种犯罪活动，为百姓所称道。他的政绩，使父母受到了朝廷的封赏。

他把业余时间用于文化知识充电，写诗作文，有著作遗世。

彭玉麟的母亲王氏在出阁之前就知书达理，眼界颇高，青春蹉跎，竟然成了当时并不提倡的晚婚典型，三十出头才嫁到彭家。王氏是客居安徽的浙江人，嫁了彭鸣九这个客居安徽的湖南人。他们的结合是由怀宁县令作媒，婚礼就在三桥镇举行。尽管晚婚并非时尚，但两个不同籍贯的大龄未婚男女在异乡的结合，却给这个家庭留下了一抹浪漫的色彩。

彭玉麟是他们婚后的第一个孩子。他诞生于三桥镇的巡检司署，一个打击盗抢走私维护乡间社会治安的基层专政机关。他从小的耳濡目染，都是一幅幅打击罪犯的画面，心里种下了嫉恶如仇的种子。他在显达之后执法如山，百姓称之为“彭青天”，可以视为童年经历的映射。

嘉庆二十五年（1820），彭玉麟四岁，弟弟彭玉麒出生。父母后来还给他生了四个弟妹，但那四个不幸的小孩全部早夭，只有麟、麒两兄弟享受了天年。

第二年，彭鸣九调任庐州府合肥县梁园镇的巡检，彭玉麟在这个小镇上开始了学业。他在这里过了十几年清贫安宁的生活，直到十六岁那一年，由于祖母去世，他们一家回湖南奔丧，他才第一次回到自己的家乡，衡阳县的渣江镇。

家乡是一个多么美好的词汇，回家是多么令人神往的温暖。然而家乡对于彭玉麟而言，却是痛苦的渊薮。自从回到衡阳老家，彭玉麟就跟着父母备受煎熬，进入了青年时代的噩梦。

彭鸣九一家的不幸，根源于有一个贪婪无耻而且蛮横霸道的亲戚。彭鸣九在安徽辛勤工作二十几年，薪俸微薄，为了家人以后不愁温饱，他省俭度日，把一点可怜的积蓄寄回衡阳，拜托亲戚置办薄田百亩，满以为每年可得一百石租子。回到家乡之后，向亲戚问及田产，那人把地契藏了起来，不肯物归原主，反而说：“我为你供养母亲，你得先把欠我的钱还了！”

彭鸣九身无分文，万般无奈，只得典卖衣物，凑钱营葬母亲。从此一家人租屋居住，寄食族中。没过多久，彭鸣九就因亲党横暴，忧愤成疾，告别了人世。

十七岁的彭玉麟怒火填膺，大喊“我要报仇”。母亲把他按下，哭泣道：“儿啊，你要有远大的志向，不要惹祸害了自身。你没有证据，官司打不赢啊。”

父亲一死，这家人更加贫困。而那个夺走田产的恶霸亲戚，多次派人欺负他们孤儿寡母。彭玉麟连出门都失去了安全感，有一次去集市买盐，走到田埂之间，稻田中突然有人跃起，将他挤落水中。

这件事引起了族人的公愤，大家共讨公道，责令夺田者把瘠田的五分之一归还彭玉麟一家，同时归还旧屋三间。

彭玉麟在苦难中熬到二十岁，遇到了更大的不幸，被迫离乡背井。那一年衡阳大旱，颗粒无收。母亲忍痛用书本换来一点大米，和野菜煮熟，聊以充饥。夺田者嗾使无赖上门凌辱，麟、麒二兄弟不敢出门。母亲不想拖累两个孩子，对彭玉麟哭泣道："此地不可久居。娘老了，去不了别的地方，你们兄弟俩进城避难去吧。"

道光十六年（1836）冬天，彭玉麟带着弟弟进了衡州府城，住进石鼓书院，向各位老生请教经义，学诗习书。彭玉麒小小年纪，就在城内的商铺学做生意。

书院经费困难，提供的伙食，彭玉麟填不饱肚子。为了生活，这个知识青年决定投军，当了衡州协的标兵，充当文书。接着补了骑兵的缺额，有了固定的月饷。加上在书院考试合格，每月可以积攒三四千铜子。条件稍微改善，他便把母亲迎进城内，母子又能经常相见了。

青年时代的遭遇刻骨铭心，彭玉麟胸中激荡着一股嫉恶如仇、锄强扶弱的豪情。他发誓，若有出头之日，定要铲除世间不平，人间不公，还弱势人群一个公道。

如此过了四年，彭玉麟遇见了生命中的第一个贵人。浙江进士高人鉴来到衡州出任知府。有一天，他造访衡州协的副将衙门，翻阅公文，看见了彭玉麟起草的文书，大为惊奇，对副将说："此人当大贵，而且一定会有功名。可否将他召来，让本府一见？"

彭玉麟进得副将署来，高人鉴一见，果然气宇轩昂，应对得体，十分高兴，当下便说："闲暇时可来府衙读书，本府亲自为你授学。"

第二年，彭玉麟二十八岁，参加衡阳府试。一千多名考生，竞争激烈，入围都不容易。但彭玉麟实力雄厚，对自己信心十足。

终审那一天，黎明时分，考生们聚集在府衙前面，忽然出来一名办事员，请点名发卷的考官入见。考官匆匆进去，不久就出来了，照常点名发卷。彭玉麟以为胜券在握，可是上榜的名字点完了，却没有叫到他的名字。

过了几天，高人鉴召见彭玉麟，对他说："以文章而论，你可以取在第十名。考官都把名次定下了，可是本府叫他们把你刷下来，你可知这是为什么？"

彭玉麟说："惭愧，学生不知。"

高人鉴说："终审那一天，本府召见考官，就是为了说这件事。本府对他说：'彭某今后名位未可限量，区区一个名次，迟得早得，无关紧要。今年我还要叫他在府衙内读书，如果现在取他为第十名，别人必定说我照顾自己的学生。本府虽不怕流言蜚语，却担心成了彭某终身的污点。'"

彭玉麟第二年才成为附学生员，熬出头做了秀才。这一次是湖南学政（教育厅长）陈坛按临衡州，看了他的文章，赞赏不已，将他目为国士。彭玉麟当即成为衡州的名人，毫无走后门取捷径之嫌。他突然悟出了高人鉴的深意苦心，更对这位贵人心存感激。

由于家境拖累，彭玉麟步父母后尘，也是晚婚的典型。而立之年，母亲令他迎娶早已订婚的邹家女儿。弟弟彭玉麒也于当年结婚，娶了一位姓赵的姑娘。可谓双喜临门。

中国人但凡晚婚，总会引人注目。关于彭玉麟晚婚一事，野史有一些戏剧性的说法，不妨在此一叙。

彭玉麟的岳家是个小康之家。儿女成年后，两家定下婚期。可是邹小姐是个嫌贫爱富的女子，知道彭玉麟家贫，发誓不嫁。

婚期已到，彭玉麟带着彩轿前往迎娶。邹家小姐玩不成消失，只能卧地打滚，号哭不起，闹得家人措手无策。眼看喜事就要办砸，一名帮厨的婢女挺身而出，对邹夫人说："小女子愿代小姐出嫁！"

主母一听，真是好事从天而降。冒名顶替也行，只要不被揭穿，好歹排解了女儿赖婚的难题。婢女临行前，邹夫人抚着她的背叮嘱道："好姑娘，你在我家，我对你如同亲生女儿，是不是？你相貌不丑，夫家必会好好待你。此一去，一定要对自己的真实身份守口如瓶。男人多是白眼狼，你得留个心眼，千万别将冒名顶替的事情告诉彭郎！"

此女代主出嫁后，彭玉麟伉俪关系敦睦，第二年就生了孩子。此一节，野史与正史吻合，彭玉麟的儿子彭永钊确是在婚后第二年出生。

但彭夫人毕竟是代人出嫁，这个秘密究竟是否守住了呢？彭玉麟是否发觉自己误娶了邹家的婢女？

女人心里终究憋不住秘密。时过境迁，彭夫人觉得那些陈年旧事可以解密了。不把那份秘密档案抖出来，心里总是发痒。

婚后二十年的一天，也不知是不是瓷婚纪念日，这对老夫妻相对饮酒。酒到半酣，彭玉麟追述艰难的往事，慨叹身世。夫人忍不住开了句玩笑："我与相公的遭际，同样奇异。"

彭玉麟大为惊愕，一定要她把话说完。于是夫人将李代桃僵的始末和盘托出。她自以为跟丈夫恩爱日久，丈夫一定不会在乎上当受骗。谁知彭玉麟眼睛里揉不进沙子，从此跟夫人恩断义绝，不相往来。

书生岂愿久从军

野史说过，再说正史。彭玉麟婚后三年，李沅发在新宁起事，彭玉麟随衡州协开往了新宁。他所在的部队四处搜剿李沅发，就有了前面所述与新宁书生刘长佑的相遇。

李沅发接连不断转战各地，部队疲惫不堪。他本打算攻入修仁县城休整，但修仁知县刘益谟早有戒备，以重兵守城。会军急攻不下，拖延了时日，陷入官军援兵的包围。幸得瑶山的瑶族农民伸出援手，才得以突破重围。但是部队在突围时伤亡甚众，元气大伤。

瑶山地势险峻，李沅发起初打算在这里建立根据地，设险固守。但是官军猛扑过来，封锁了广西的各个要隘。另有官军进入瑶山，对李沅发紧咬不放，切断了瑶山与外界的交通。

李沅发被困瑶山，势难持久。由于信息闭塞，他做了一个错误的判断。他以为湖南的官军都已开到广西境内作战，新宁必定空虚。于是他决定迅速离开瑶山，率部打回湖南，仍然转返新宁，以便打击当地乡团，重振会军声威。

李沅发的这个决定，正是官军希望看到的。裕泰和向荣正想“引其回窜，聚而歼旃”。

道光三十年（1850）四月，李沅发突破官军重围，终于返回湖南。进入新宁地界，立即被乡勇部队包围。这些民兵来自各村，集结方便，熟悉地形，很容易将会军合围。

本来刘长佑有机会看到李沅发的最后失败，但父亲屡次写信催他进京参考，逼令他退出军事。一场艰苦卓绝的战争，眼看就要大功告成，刘长佑实在不想退出。但他知道，他这个拔贡生确实来之不易，每府只有两个名额，而且是十二年才有一次的选拔。他若不去北京，错过了拔贡朝考，就失去了出任京官或知县的机会。父亲对他进京赶考寄予殷切希望，是为他一辈子的前程着想啊。刘家的祖祖辈辈，无论阳世阴间，都在指望他出人头地，光宗耀祖，他能不明白这个道理？

父命难违，前程要紧。刘长佑顾不得体味凯旋的喜悦，也顾不得乡勇弟兄们的战友情谊，将营勇交给堂弟刘长伟统带，辞别裕泰北上。

李沅发逃回新宁后，发现自己犯了致命的错误。湖南官军兵力甚强，已将他团团包围。这个造反首领叹息一声，令部队抢占大金峰岭和鸡笼山一带山地，要跟官军决一死战。官军源源向新宁增兵，向荣令部队从四面八方发起攻击。

金峰岭之战打得十分艰苦。血战两昼夜，尸横山谷，草木皆赤。彭玉麟办完文书公务，立刻拿起武器随部队战斗。

李沅发几个月来转战各地，此时只剩下二百多人。他指挥残部奋勇抗击，打到只剩十几人，躲进一个石洞内。刘长伟率领乡勇搜到洞口，将洞口封锁起来。

五月六日，李沅发出洞，企图突围，被刘长伟俘虏。刘长伟把他扎在竹轿上，抬到刘长佑的丈人李德鹏家。李德鹏派急使借了学官的轿子，刘长伟用轿子抬着俘虏送到裕泰营中。总督赏给花红一千串，刘长伟领到四百串。总督还奖给刘长伟六品军功，后来保荐为把总。咸丰四年（1854），刘长伟跟随曾国藩作战，在靖港阵亡，以千总议恤，赏云骑尉世职。此是后话。

李沅发就擒之后，彭玉麟写诗一首，记叙金峰岭之战的惨烈情状：

飞来将令肃于霜，万叠青峰绕战场。狡兔满山看乱窜，妖狐无地得潜藏。六韬胸运阴符策，七尺妖横宝剑光。灭尽长枪始朝食，书生从此卸戎装。

李沅发被俘前后，广西已经大乱。李沅发转战三省边界，为广西的动乱推波助澜，而他的败亡，却未能影响广西造反的势头。在广西的各个造反山头看来，李沅发大动干戈，只是一个试探性的前奏。他们未曾想到的一个后果是，雷再浩和李沅发的两次造反，锻炼了湖南的乡勇，也造就了乡勇的指挥员。湖南乡勇参与镇压造反运动，已在江忠源和刘长佑的带领下两战成名，不少官员对乡勇的能为刮目相看。

但是新宁之战并未给彭玉麟带来多大的快感。李沅发被剿灭以后，他告别了军旅。这是他主动的选择，也是自愿的放弃。也许这个充满浪漫情怀的书生，从来未曾将自己定位于军人。因此，在军队打算提拔他的时候，他选择了离开。

新宁战事过后，朝廷奖赏有功人员，裕泰查看推荐名单，发现彭玉麟竟然是个秀才，决定提拔他做个小官，升他为临武营外委，赏戴蓝翎。彭玉麟推说母亲已老，需要奉养，辞官回到衡阳。为了生计，他受清泉人杨江所聘，到耒阳为他经营当铺。

刘长佑显然属于另一种类型。他是被迫提前离开战场，为没能亲手抓住李沅发而遗憾。他并不反感战场给他带来的人生新体验。他发现自己具有指挥作战的潜力。他后来敢于跟随江忠源南征北战，这段经历给了他很足的底气。

他告别战场以后，于当年五月抵达京城，在宝庆会馆下榻。他拜会了湖南人在京城的代表人物曾国藩，从曾大人嘴里听说新皇帝不拘一格选拔人材，颇受鼓舞。据说他的老成持重深为曾国藩看重，两人初见就如故交。

曾国藩有心帮一帮这位湖南同乡，得知他进京的来意，便说：“朝考在即，荫渠兄可否楷书一纸留存敝处？国藩或许用得上。”

曾侍郎当时已奉钦命出任朝考阅卷大臣，索要楷书是再明白不过的暗示，如果他预先认熟了刘长佑的字迹，就能在阅卷时行个方便。

刘长佑一听，栗色的脸膛上泛出一层暗红，说道：“长佑不才，却不愿走此捷径。曾兄美意，在下心领了。”

刘长佑死也不肯作弊，结果朝考落第，但落得一个心中坦然。他留京候选教谕一职。在此期间，他打算遵照父命，进入国子监学习。

可是造化弄人，他万没料到，父母在六月份相继离世。家人考虑到道路遥远，担心他不胜哀毁，只把母亲去世的消息告诉他，隐瞒了父亲的去世，只说是患了小病。曾国藩邀集同乡的官员前来吊唁，赠送十二两银子作为丧仪。

刘长佑听到讣告，捶胸顿足，当场昏厥。他心忧父亲的疾病，刺破指头，以血来向上天祷告，请老天爷多给父亲寿命。在回程中，每过一个大神寺庙，都要坚持不懈地祷告。到了城东二十里，才知道母亲在六月十一日去世，父亲也于当月十四日撒手人寰。晴天霹雳，再次将他击昏，许久才苏醒过来。他日夜抱着棺木哭号，过了丧期还只能吃粥，“柴毁骨立”，见者无不落泪。

死者已逝，生者不息。当年十月十六日，刘长佑的第五个儿子刘思谨出生。这桩喜事只是暂时冲淡了为人父者的悲哀。没过几天，他继续沉浸在失去双亲的悲恸之中。

第五章
乱世圣贤

野史：给曾国藩看相

曾国藩器宇凝重，面如满月，须髯甚伟，正如韩子所云，如高山深林，巨谷龙虎，变化莫测。知府张沣翰说：此人端坐注视，张爪刮须，如同一条癞龙。可惜眉发稍低，生平多劳苦而少逸豫。

积极融入新朝的旧大臣

咸丰皇帝登基后的第一件大事，就是安排先皇的葬礼。本来此事无须他费太多的心力，道光爷生前对一切都做好了安排。他生前不肯乱花一钱银子，连自己的葬礼也设想得非常节俭，朱谕遗命四条，其中有“无用郊配、无用庙附”二条。也就是说，他叫儿子在为他举行郊天祭礼时，不要配祭始祖，也不要修庙附祀，坚持他一贯倡导的节约原则。但是道光爷死后，安葬之事就由不得他了。葬礼是否节俭，要由儿子来决定。咸丰既想让父亲风光地入土，又怕有违先帝的圣训，有些拿不定主意，便叫臣子们详议具奏。

道光三十年（1850）正月二十三日，尚未登基的储君奕詝召见礼部侍郎曾国藩，咨询丧礼该如何操办。三天以后，咸丰在太和殿颁发登基诏书。第二天王大臣九卿集会，讨论丧礼究竟该不该从简。曾国藩专折具奏，引用古今制度，建议咸丰不要遵循道光爷的遗命。此议正合咸丰之意。

但凡新皇登基，和前朝的大臣总有一段磨合时期。曾国藩与新皇的第一次磨合，结果令双方满意。二月六日，曾国藩奉到上谕：“侍郎曾国藩所奏，颇有是处；其余京堂及科道等所奏，各抒己见，殊少折中。各折均著发还。”曾国藩以考虑问题周全、能够综合各方意见而得到咸丰的赏识。二月七日召见，曾国藩奏对甚详，咸丰更加高兴。

湘乡人曾国藩在道光朝最后十年每况愈下的国势中，醉心于加强自身修养，文章道德蜚声京城，契合了道光爷的宁静自守之道，得以飞快蹿升，从一个翰林，升到礼部右侍郎。据说他也曾借助穆彰阿的推荐和谋划赢得道光爷的关注，但他并未搅入穆彰阿一党的阴谋与祸害，洁身自好，维持了清望。

但是天下将乱的征兆十分明显，曾国藩也是看在眼中，心为所动，只是不敢妄言而已。作为一名汉人大臣，他的心情十分复杂。他既想维护他所服务的大清王朝，又很想改革官场的弊端，把贪腐无能的满人官员取而代之。在这个动荡不安的时代，人心思变，是局势突变的精神动力。不少汉人心中蠢蠢欲动。一类人想借此良机推翻满人的统治，另一类人则打算借机建功立业，登上高位，更新朝政的气象。曾国藩算得上第二类人的一个典型。

要让汉人官员更多地参与朝政，在不思更张的道光爷治下没有指望，但是皇位的更迭带来了机会。新皇即位，为第二类思变的汉人提供了表演的舞台。咸丰为了培养忠诚有为的干部队伍，在登基之后不久，就于二月十八日颁发上谕，要求九卿科道中凡是有责任向朝廷贡献智慧的官员，必须从用人和行政的各个方面，谈出自己的真实意见，并且“封章密奏”，与皇帝秘密沟通。

咸丰皇帝号召官员献策，对象没有满汉之分，对于皇帝的号召，满汉官员同声响应。但是曾国藩的积极性特别引人注目。他于三月份上交了一份提案。

曾国藩没有针对行政问题发表意见。他说，人事和行政，两者同样重要。可是各项既定国策都有明文规定，不能轻易更改，所以如今只能在人事方面狠下工夫。朝廷必须感化人才，培养人才，考察人才，从三个方面来抓好人事工作。曾国藩还奉劝年轻的皇帝努力学习，每天听讲，广开言路，根据臣子们的章奏，考核他们的能力。

尽管曾国藩给人的印象是以道德文章为立身之本，但他绝非人们想象的那么简单。此人身上蕴藏着巨大的潜力。如果他仅仅倾心于修身齐家，而忽略了探讨治国之道，那么在咸丰小子打算推行改革的时候，他就不会站出来为新皇谋划，也不可能正中新皇的心思，引得新皇频频垂顾。

曾国藩脑子里究竟有多少想法，谁都莫测高深。从各种迹象来看，他对国家的管理和经营不乏兴趣。在京期间，学界经世济时的新思潮对他颇有触动，他也探讨务实之学，对澄清天下大局颇有见地，只是他明哲保身，不肯向因循守旧的道光爷一吐胸臆。如今机会到来了，只要新皇有心进取，曾国藩就会成为一个前朝的批评者，甚至成为不折不扣的持不同政见者，对当局一贯奉行的军政方针提出另类的看法。

曾国藩深谙机巧权变，做任何事情，都会相机而动。条件没有成熟时，他不会把政见贸然托出。所以他的第一步迈得很小，不谈行政，只议人事。咸丰礼贤下士的姿态，确实激发了这个湖南人心中的热情。但他还吃不准这个穿着皇袍的年轻人能不能容忍臣子们批评政治的弊端和官场的腐败，听不听得进去民生的疾苦，是否会对各种大胆的提案真正产生兴趣。如果咸丰只是叶公好龙，他所言过直，便不免惹来杀身之祸。他上的这份奏疏不过是投石问路，避谈既定国策，只谈人事问题，规避了问罪杀头的风险。

咸丰皇帝很快就表扬了所有敢于大胆进言的大臣。除了曾国藩以外，还有几名汉人官员响应号召跳了出来，但曾国藩在新皇眼中拔得了头筹。上谕写道：

礼部侍郎曾国藩奏陈用人之策，朕详加披览，剀切明辨，切中情事，深堪嘉纳。

咸丰同意曾国藩的请求，允许大臣们保举人才，承诺自己会“广收直言”，并且把这个意思形成文件发下去，希望大大小小的臣工们激发天良，多交提案。

曾国藩向新皇抛出了一块试金石，实验结果表明，皇位上的那个年轻人的确有可能是一块金子。这对曾侍郎是一个很大的鼓舞，他决定一有机会，就继续向最高统治者提出坦率的忠告。

曾国藩作为前朝得意的大臣，在新主子登台后，公务更加忙碌，接连上折，为年轻的新皇献计献策，同时为家人请求封典，光宗耀祖。他虽是家中长子，却无暇兼顾家事，家中一切，都叮嘱弟弟们打理。

曾国藩与咸丰的君臣之谊，经过曾国藩积极参与朝政，取得了很大的进展。新皇投桃报李，很快就给他派了一系列美差。四月十七日，曾国藩出任会试复试阅卷大臣；当月二十九日又出任朝考阅卷大臣。五月十四日，奉旨在礼部衙门考试各省优贡。

咸丰皇帝求贤若渴，下诏令部院九卿各举贤才。曾国藩抓住时机，上疏举荐五人。第一个是李棠阶，此人在学政位上归家，一贫如洗，品学纯粹，可任翰林院侍讲；第二个是吴廷栋，此人诚实坦荡，才能干济，深谋远识，可当大任；第三个是王庆云，闳才精识，脚踏实地，可以为一方父母；第四个是严正基，此人洞悉民间隐情，有济变之才；第五个是正在代理浙江秀水县令的江忠源，曾国藩评价他忠义耿耿，爱民如子。

曾国藩所举贤才，个个名副其实，咸丰大悦。他决定给曾国藩压更重的担子。六月四日，曾国藩奉旨兼署工部左侍郎。十天后，钦派朝考拔贡阅卷大臣。这一科录取二百多人。刘长佑也在此科考试拔贡，拒绝曾国藩为他走后门，名落孙山。

曾大臣春风得意，阅卷时又出了利好的大新闻。德清人俞樾所作的《淡云疏雨落花天》一诗，有“花落春仍在”之句，曾国藩拍案叫绝，以为此诗的意兴，与“将飞更作回风舞，已落犹存半面妆”相似，予以佳评。俞樾受宠若惊，以“春在”二字为自己的书堂题名。另有祥符人周星誉作《山虚水深》一诗，有如下诗句：鹤舞深崖月，龙吟大海潮。曾国藩叹道：“此真诗人之作也。”他将周星誉拔置第一，成为轰动京城学界的一件盛事，传为艺林佳话。

此次拔贡朝考，曾国藩遇到一件颇为有趣的事情，又留下一段佳话。

凡是考取一等的考生，可以去当知县，以到省城报到的先后为次序先后补缺。所以，考取知县的拔贡们，只要在京城把凭证领到手了，为了早日做官，无不即刻前往省城。

曾国藩的两个门生获得了去直隶省当知县的资格，同时来拜访曾座师。曾国藩问道：“你二人何时启行？”

其中一个名叫杨毓枬，接口就答：“已经雇了车，马上起程。”另一人则答：“还要整理行装。”

曾国藩想：这姓杨的小子，恐怕是投机取巧之辈。可是过了不久，听说先到保定的不是杨小子，而是另外那人。曾国藩叹道：“人心难测啊。那小杨答得痛快，正说明他为人憨直。而另外那小子，真是太乖巧了。他先一步到了保定，必定先补缺，可想而知，他心里会很得意，但终究难保没有挫折。而小杨必定会做个好官。”

曾国藩看出了真伪，后来给直隶总督写信，为小杨说了一些好话。小杨再次来拜访恩师的时候，曾国藩问他：“上级待你如何？”小杨答：“上官待属吏都好，待毓枬也好。”

曾国藩一听，心想，要是换了别人，回答他的话，肯定会感谢他的栽培，可是小杨连场面上的话都说不来。于是大笑道：“看来你真是个老实人！好，好！”

后来，小杨官至大名府知府，另外那个竟犯了错误，被弹劾罢官。曾国藩的预言再次应验。不过，小杨淡泊仕途。十多年后，曾国藩当了直隶总督，小杨还是没有进步。曾总督本想委他一个代理道缺，他竟推辞而回家去了。曾国藩送他一副对联：已喜声华侔召杜，更看仁让式乡闾。此是后话。

曾国藩在新皇手下继续得到重用，声望日隆，权柄日重，门生故交层出不穷，举荐的贤才得到朝廷重视，手中掌握了大批人力资源，羽翼渐渐丰满。如果没有大规模内战的爆发，这位高官极可能顺利地位极人臣，而不必经历一段波涛汹涌、惊险万状的军事生涯，而他生命中也就缺少了许多传奇色彩。但是道光三十年六月以后，北京已经闻到了南方广西的战争硝烟，这个事件的进程，将把这位长于思辨和文学的大秀才改造为一支新军的领袖。

在讲述后来发生的故事之前，我们先来回顾一下这个传奇人物的成长过程。

曾氏家族的第一个大学生

嘉庆十六年十月十一日，西历1811年11月26日，湘军的第一大佬在湘乡出生。他属羊。

这个孩子属于射手座，一个火象的星座，据说热情的丘比特是它的守护星。火能舔噬万物，象征人的热情和好奇。用星相学的语言，可以准确地描绘他的成长轨迹。这个孩子在学习生活中涉猎广泛，体验丰富，对未来充满希望。长大成人后，他在事业的道路上奋走，为了成功而不眠不休。他是个绝对的完美主义者，天生的使命感驱使他为达目标而不惜任何代价。他是一个行动派，把胜利当作人生的方向。他的不屈不挠，使他成功地组建了中国近代史上一支最强大的军队——湘军，并且统率这支军队打败了晚清最强大的农民运动武装——太平军。一百多年来，人们称赞这位晚清名臣宽容为怀，学识渊博，热情服务，向往开放的文明。

▲ 湘乡人曾国藩是湘军的集大成者，他对自己一生的总结是“不信书，信命运”。此图系清朝吴友如绘画。

我们还是回到他问世的起点。这个孩子出生在一天中较晚的时刻。他于亥时脱胎而出，那是晚上9点之后。

七十多岁的曾祖父已经入睡。老人梦见一条巨蟒盘旋空中，在住宅四周盘旋，不久进入室庭，蹲了下来。老人惊醒了，睁开眼睛，接着就听说曾孙出生了，脱胎在他做梦之时。这对他是一个莫大的惊喜，他脱口说道：“这是我家的吉祥，曾氏门闾将要光大了！”

这个巨蟒投胎的婴儿出生以后，曾家宅子后面的一棵古树，便有藤来缠绕。树是枯树，藤却是活力很强的新藤，一天比一天粗壮，矫若虬龙，枝叶苍翠，能够庇荫一亩见方的土地，世所罕见。巨蟒和粗壮的藤，都是力量和权势的象征。

这个孩子名叫曾子城。二十七年后，他在京城中了进士，改名曾国藩。

跟大多数婴儿不一样，曾子城是个规矩的男婴，态貌端庄。直到两岁，家里没人听到过他的哭啼声。这个特点，跟我们已经认识的刘长佑何其相似！

母亲江夫人没有得到几天产假，勤劳操持家务，不能看护小子城。这孩子每天靠在祖母王老夫人的纺车旁，流盼花开，聆听鸟语，对他刚刚来到的这个世界，似乎有所领悟。祖母夸他，曾祖父爱他。在这个四世同堂的家庭里，小子城是个珍宝。

曾子城四岁开始在家中接受书本教育。他开始诵读诗书，多有颖悟，令曾祖父更加钟爱。五岁进入家塾，开始识字。七十四岁的曾祖父去世时，曾子城哭泣甚哀，执丧如礼，如同一个小大人。他的举止唤起了家长无比的喜悦，他们从这个小孩身上看到了中国人最看重的品质——孝顺。

父亲曾麟书是一个纯粹的儒家书生，尽管屡次参加童子试都未及格，却在学业上坚持不懈，将家塾命名为“利见斋”。他教授十几个学生，谆谆训导。曾国藩接受了长达八年的家塾教育。

九岁那年，弟弟曾国潢出生，曾麟书笑着对他说：“你有弟弟了。”令他写一篇感想，题目是《兄弟怡怡》。文章写好了，曾麟书一看，笑眯了眼睛，对家人说：“文中有至性之语，必能以孝友承继家业！”

衡阳廪生欧阳凝祉与曾麟书友善，常来家塾，道光四年来访，见了曾子城所写的八股文，极为赞赏。曾麟书请欧阳出题考试，欧阳以《共登青云梯》为题，叫曾子城写一首律诗。

诗成，欧阳览而称善：“此乃金华殿中人的佳句。”他觉得这个孩子一定能登堂入室，决定把女儿许配给他。一首诗写来一房妻室，古往今来，都是浪漫的佳话。

从这一年起，曾子城开始跟随父亲到长沙参加童子试，十五岁就考上了秀才。他比父亲幸运多了。曾麟书四十三岁，刻苦学习，当了二十年的家塾教师，参加了十七次童子试，才补了生员，跻身于秀才之列。大儿子这么早就成了秀才，后继有人，令他喜出望外。

曾子城从十九岁开始，直到二十三岁，先后在衡阳私塾、湘乡涟滨书院和长沙的岳麓书院读书。就读岳麓书院期间，他与一位同学共居一室。曾子城见同学的书案距窗还有几尺，白白浪费了光线最好的位置，便将自己的书案摆到窗前。

没想到这位同学性情暴躁，怒道：“我案头的光，全从窗中射入，你把光遮住了，我读不成书啦。”

曾子城说：“那你要我摆在哪里？”

同学指着床侧说：“摆这里吧。”

曾子城遵命而行。可是没想到，曾子城半夜读书，同学又怒道：“白天不读书，休息时打搅别人！”

曾子城只好低声默念。他安慰自己：有室友如此，正好磨炼耐性。

曾氏家族的日子过得平稳安宁。曾子城二十岁成家立业，娶回了欧阳夫人。三年后，他考中了举人，功名超过了前辈。这是曾家的一件大喜事，这家人世代耕读，总盼着出人头地，三代人的努力，终于熬出了一个大学生。

为了早日踏上仕途，中举之后，曾子城立刻进京赶考。那是道光十五年的会试，曾子城名落孙山。但他仍是曾家重点培养的对象，为了第二年参考，也不回家，留在京师研读经史。他酷爱韩愈的文风，立志仿学，从此钻研古文词。但他第二年会试再次落第，只得离京回家。为了增长阅历，决意游历江南，于是绕道向东。睢宁知县易作梅是湘乡人，途经睢宁时，曾子城拜访了这位同乡。他因久寓京师，手头拮据，向易知县借了一百两银子。

从睢宁南下，经过清江和扬州，抵达金陵。他对六朝故都仰慕已久，游兴颇浓，却没想到这座秦淮河畔的城市，将跟他结下不解之缘。刚借来的百两银子，他在金陵城内挥霍一空。曾子城大把花钱，非为买醉，也非押赌，而是全部用于购书。钱花完了，书还没买够，于是典押衣裘，补充不足。提着大包小包的书籍，溯江而上，返回湘乡。

此行借钱不少，回家已囊空如洗。曾子城颇为不安。到家后，告诉父亲，他买回了廿三史。曾麟书询问哪来这许多钱，听他说了原委，为儿子爱书而高兴，嘴里却训诫道："你借钱买书，为父不惜为你还债，只要你能用心研读，就对得起为父了。"

曾子城听了此话，如同头上套了紧箍咒。从此清晨起读，半夜方休，纵览百家，几乎一年足不出户。

道光十七年（1837）十二月，曾子城再次进京赶考。没有盘缠，向亲戚家借贷，携带三十二缗钱上路。抵达北京后，还剩下三缗。公车寒苦，他恐怕算得上当时最寒酸的一个了。

本科会试，大学士穆彰阿是钦派大总裁，考官还有朱士彦、吴文镕和廖鸿荃。曾子城考取了第三十八名进士。房考官为季芝昌。四月份，正大光明殿复试一等，殿试三甲第四十二名，赐同进士出身。朝考一等第三名，进呈道光皇帝，拔置第二名。五月二日引见，改翰林院庶吉士，进入了国家最高学术机构。

考取进士以后，曾子城改了名字，我们以后就得叫他曾国藩了。

功名终于到手，曾国藩狂喜无比。他的第一个念头就是回家，和家人分享喜悦和光荣。

八月份请假离京，与凌玉垣和郭嵩焘同行。从陆路走到襄樊，登船抵达安陆，遇到大风，前后左右的几十艘船全部倾覆，唯独曾国藩的船安然无恙，似乎上天刻意保佑这位新科进士。

曾国藩年底衣锦还乡，在荷叶塘是一件莫大的盛事。曾氏一族自从移民到湖南的衡阳以来，没有一个人在科举仕途上成功。祖父曾玉屏有心扭转这个局面，要求子孙读书应考，在家中接待文士，给予礼遇。现在，这位老人如愿以偿了。

曾氏家族几代人终于盼来了这个令人激动的时刻，曙光已经升起，而曾玉屏依然健在，亲眼看到孙子点了翰林，六十岁老人心中的喜悦，真是无法形容。其实这还只是好事的开头。这个孙儿真是争气，后来官至学士，祖父神志仍然清朗，又平添一份喜悦。孙儿官至侍郎时，祖父活着看到了他成为高干。京城的官员，据说都没有曾国藩这样的福气。

曾翰林回家，亲友来贺者络绎不绝，曾麟书大摆酒宴，款待客人。既是升学宴，又是升官宴。曾家上下，人生中也许没有比现在更为惬意的时刻。酒宴散后，祖父特意对儿子交代一番，叫他格外照顾这个长孙："咱家以农为业，虽然富贵，也不能忘本。他当了翰林，事业方长，家中衣食不要他管，以免分心。"

从此以后，曾国藩安心做了十多年京官，未曾受到家庭的拖累。

圣贤是这样炼成的

曾国藩的家族为他衣锦还乡而狂欢的时候，也许没有发现他的内心深处正在悄悄发生一种深刻的变化。这个功成名就的湘乡青年，并未陶醉于人生得意的风光时刻，而是竭力地寻求冷静和淡定。他在踏上仕途的同时，为自己开启了一个以读书为基础的自我修炼课程。尽管这种修炼在形式上与出家人的做法有很大出入，但其实质上都是为了修心养性，遵循清规戒律，追求做人的某种超脱境界。这是一种内心的修炼，其核心是严格的自我反省和批判，具有相当大的私密性，所以他经常撰写一些不会示人的论文。

曾国藩衣锦还乡之后，在家乡待了一年多时间。为了对自我改造的过程有迹可循，他开始书写日记，逐日记注所行之事和所读之书，名曰《过隙影》。他从道光十八年（1838）四月开始游历湘南，或许是为了到大自然里寻求适合内省的环境。仕途上的成功鼓舞了这位年轻士子的进取之心，在湘南的山水之间，他立下一个宏愿，要成为一名鸿儒，一代哲圣。

道光二十年（1840）正月，曾国藩回到了京城。四月十七日散馆，考取二等第十九名，引见皇上，授职检讨。

大约在七千英国官兵侵占浙江定海的时候，曾国藩在北京大病一场，差一点丢了性命。亏得同寓的湘潭人欧阳兆熊护持，六安人吴廷栋为之诊治，病情渐减，能够喝粥了。这场病耗去了他两个月的时间。朝廷派他担任顺天乡试的磨勘官(考卷复审官)。

在鸦片战争的硝烟里，曾国藩的目光始终追随着理学的光芒，热衷于自我的完善。对于一名年轻的京官而言，在国家遭受外侮的形势下，一味地扪心问学，琢磨做人之道，很有些躲进小楼成一统的味道。

第二年，鸦片战争还在继续，国难进一步加深，而曾国藩的理学修养又上了一层楼。此年七月，善化人唐鉴从江宁布政使任上奉调进京，出任太常寺卿。曾国藩慕名拜访，跟随他讲求为学之方。这时他的治学方向出现了分歧，也许社会的现实对他有所触动。他开始从历史上寻找借鉴，访求经世之学。但另一方面，他仍然没有放弃写诗作文。

但是唐鉴的指导把曾国藩推向了一个斜面，为他的自我修养注入了新的动力。这位理学大师鼓励曾国藩专攻义理之学。曾国藩天天捧读朱熹的著作，在宋代儒学上狠下工夫。

此年十月，他出任国史馆协修官。

道光二十二年（1842)，曾国藩更加致力于程朱之学，同道中人有蒙古人倭仁、六安人吴廷栋、昆明人何桂珍、仁和人邵懿辰等，大家往复讨论，互相勉励。

曾国藩专攻理学，对他而言是选择了一条充满荆棘的道路。他要迈过的门槛太高，因为从理学的观点来看，这个刚到而立之年的士子，不但有年轻人的通病，而且比一般人病得更重。

曾国藩身上的毛病实在太多了。好色，吸烟成瘾，爱睡懒觉，起居懒散，心浮气躁，争强好胜，爱交际，打牌下棋，饮酒喝茶，言不由衷，等等。他意识到，如果放任自身，按照理学的标准，他就会一无是处。因此他喊出了一句极端的口号：不为圣贤，即为禽兽。此话令别人颇难理解，对他本人却很贴切。

曾国藩骨子里是一个热爱生活的男人，可是为了至高无上的理学，他只得时刻跟自己过不去。夫妻性生活，若有忘情之时，超出了规范，他便谴责自己“房闼大不敬”。朋友娶了小老婆，他缠着朋友把那女子叫出来一见，事后懊悔，责怪自己“狎亵大不敬”。听别人谈说美女，心中便生羡艳，他咒骂自己“真禽兽矣”。与人交往，有了过节，心中愤愤不平，甚至肆口谩骂，他叹息自己与禽兽无异。朋友聚会，他的眼光老是瞟向美女，见了朋友女眷竟出语调侃，他觉得自己“直不是人”。下围棋赢了，便扬扬自得，“可鄙可丑”。户外刮大风，还无法静心在家读书，又出去串门，回到家里，又哀叹自己无可救药。

在曾国藩的时代，无人敢于倡导人欲的横流与个性的张扬，曾国藩随便照一照镜子，就能看到自己身上有一大堆毛病。也许正因为毛病太多，他意识到自己更要效法圣贤，愿意比旁人付出更大的代价。因此他在日记中载明自己的过失，痛心疾首地反省，力求改过。他每天对自己的言行必有记录，成为必不可少的日课。每月作诗、写古文若干篇，这是月课。课程共有十二条，条条都是针对自己的毛病。第一要主敬，克服轻佻；第二要静坐，避免串门；第三要早起，整治贪睡；第四要读书不二，以免学习不专心；第五要读史，为自己寻找借鉴；第六要谨言，收敛夸夸其谈；第七要养气，打消心浮气躁；第八要保身，杜绝作息不定和有害健康的习惯；第九要日知所亡，为自己敲响警钟；第十要无忘所能，激励自身；第十一要作字，锻炼恒心；第十二要夜不出门，自绝于夜色中的诱惑。

曾国藩不仅时刻检点自己的言行，也看不惯别人的毛病。他好为人师，随时随地劝诫，与人共勉。

曾国藩身在京师，身边的士大夫几乎没有不吸烟的，除了水烟与旱烟，还有所谓的“潮鼻大”三种。潮，是指潮州烟；鼻，是指用鼻子吸的烟；大，则是指鸦片。

有一天，曾国藩家乡的总角之交李广文前来做客。曾国藩知道他吸鸦片，便对他加以规劝。

李广文说：“我吸的烟只有一种，曾公则水旱潮鼻四者都吸，那又是为什么？”

曾国藩一听，冷汗直冒，当即正色说道：“从今天起，请你戒掉那一种，我戒掉我这四种，行不行？”

李广文告别而去。后来曾国藩出山办理军务，屡次邀请李广文前来幕府，好不容易请来了，问他为什么总不露面，李广文惭愧地说：“自从与曾公约定，听说曾公早已戒了，而我仍然没有戒掉，所以不好意思来见曾公。”

曾国藩对他心生怜悯，亲自为他布置坐榻，让他坐在烟具旁，和往常一样交谈，最后叹息道：“你老了，不必当官了。”然后送给他二千两银子，把他打发回去。这也是后话。

曾国藩修身有道，试图影响三个弟弟。那段时间，九弟曾国荃在京城陪伴大哥。父亲叫他留住京城寓所读书，让大哥为他讲课。

曾国藩的日课中有书写小楷一项，每天坚持不懈。写的人不烦，看的人都烦了。曾国荃知道大哥厉行修身，却对他的执著不以为然。有一天，朋友给曾国藩推荐一名仆人，他不打算留用，而仆人恳求不已，曾国藩对弟弟说：“这人跟我死纠缠，我竟没法打发他。”

曾国荃说：“大哥，你只需把你所写的白楷给他看，他必然会心甘情愿地走了。”

曾国藩对弟弟的调皮无可奈何，只能狠狠地瞪他一眼。

曾国荃在京城住了一年多，决定回乡学习。曾国藩送他到都门外的卢沟桥，吟诗送别。

诗中有句：辰君平正午君奇，屈指老沅真白眉。这是他对三个弟弟给出的评价：曾国潢四平八稳，曾国华机灵乖巧，而曾国荃是最棒的。

总之，年轻的曾大人以做人为本，刻意塑造自己的形象，醉心于文章道德，在追求安定宁谧的道光爷眼里大放光彩，仕途十分顺畅。道光二十三年（1843）三月，他在翰詹考试中名列二等第一名，奉旨以翰林院侍讲升用。

对于翰林而言，翰詹大考是一个难过的关口。京城人有一首打油诗，专讲那些平日里趾高气扬的翰林们，在大考前如何捏着一把汗。

金顶朝珠挂紫貂，群仙终日任逍遥。忽传大考魂皆落，告退神仙也不饶。

野史说，这一届大考，曾国藩是侥幸通过。他们的主考官是许乃溥，一位老翰林请他关照："许大人，学生只求无过，不求有功。"

许乃溥说："考完后，在卷上洒几点墨水，以便辨认。"

老翰林感激万分，心里有了底，欣然应考。

曾国藩在做完考卷之后，把墨笔套上，不小心挤出了几点墨水，沾在卷子上。许乃溥阅卷时，以为是老翰林的卷子，将其列为二等末名。

阅卷完毕，呈交御览，道光爷详加批阅。看到二等卷，抽出最下面的一张，就是曾国藩的考卷，还没来得及过目，侍臣找皇上奏事，道光爷匆匆将卷子发出，曾国藩的卷子便摆在二等之首。于是曾国藩很快升为侍讲。

如果此事属实，那么曾国藩官运真是太好了，连老天都在帮衬他。

此事过后不久，曾国藩又通过任职考试，奉命出任四川正考官。大热天出差，走到保定府就生病了。扶病而行，行至西安。陕西巡抚李星沅将他请到衙门，提供医药，将养几日，起程入蜀。抵达成都之后，接到吏部通知，已于七月十五日补授翰林院侍讲之缺。

从这时起，曾国藩有了自己的门生，在官场内有了羽翼。

在八旗子弟骄奢淫逸的京城，曾国藩的清贫自守引人注目，声望节节高升。他在北京居留四年，宦况清苦，力行节俭，遇到穷困及有疾病死亡者，总是慷慨解囊。办完四川的学差，得到一千两银子的薪俸，全部寄回家里，接济家族之用。

道光二十四年（1844）四月，曾国藩再次通过任职考试。道光爷于当月二十日在勤政殿召见他，命他出任翰林院教习庶吉士。九月份，分校庶常馆。十二月七日转补翰林院侍读。

第二年三月，曾国藩出任会试同考官。这一科湖南有八人考中，籍贯都是长沙府。贵州考中的举子，黄辅相与黄彭年二人原籍醴陵。状元为萧锦忠，朝元为孙鼎臣。去秋乡试，南元为周寿昌，也在这一科进了翰林。曾国藩当时管理长沙郡馆事，题名那一天，写了一副对联：

同科十进士，庆榜三名元。

于是留下一段科举佳话。

当年五月二日，曾国藩升授詹事府右春坊右庶子。六月转补左庶子。

曾国藩注重理学修为，讲求平心静气，跟道光爷粉饰太平的国策正相吻合。他在道光朝得意于仕途快进，固然这是一个重要的因素，但另外一个不可忽略的因素是穆彰阿的提携。此人位高权重，处心积虑，为自己网罗人才。他是曾国藩的会试总裁，有心提拔门生，为己所用，常对道光爷称赞曾国藩遇事留心，可以大用。

野史上有一个著名的段子。有一天曾国藩忽然奉到上谕：道光爷第二天要召见他。当晚他在穆彰阿的府邸借宿。第二天进宫，内监将他领进一殿，并非平时等候召见的地方。过了中午，还不见皇帝召见。不久，里面传来口谕："明日再来可也。"

曾国藩出宫，回到穆彰阿府内。穆相询问奏对情形，曾国藩摇头叹道："没有见到皇上。叫学生明天再去。"接着，他把等待召见的处所描绘了一番。

穆相凝思片刻，问道："你见到壁上所挂的字幅了吗？"

曾国藩回答："学生诚惶诚恐，哪有心思四顾！"

穆相怅然说道："机缘可惜啊。"他来回踱步，想了一会儿，召来一名干练的仆从，吩咐道："你马上带四百两银子进宫，送给内监，请他用蜡烛照明，将那殿内壁上的字幅为本相录下来，这些银子就是给他的报酬。"

他叫曾国藩仍在府内下榻，明早入宫。

第二天，曾国藩觐见时，皇上垂询的问题，无不有关殿内壁上所挂的历朝圣训。曾国藩胸有成竹，奏对称旨。

事后，皇上对穆彰阿说："你说曾某遇事留心，果然不错。"

曾国藩从此步步高升。

道光二十五年（1845）夏天，曾国藩发作了癣疾，到秋天才稍微痊愈。从此以后，癣疾年年发作。这种皮肤病给他带来终身的痛苦，但也令人想到他有可能是一条真龙，因为他的皮肤有如蛇皮，时时抓搔，鳞屑簌簌，散落于地，即便在接待客人时也不停抓挠。

宋人王安石也有这种疾病。王安石是进贤人饶氏的外甥，舅舅的下属见他的皮肤如同蛇皮，用不屑的眼光瞪着他说："你这种货色也想做官？"

王安石不久考中了进士，给那人寄去一首诗："世人莫笑老蛇皮，已化龙鳞衣锦归。传语进贤饶八舅，如今行货正当时。”

曾国藩的这个病症，令人想到他日后的富贵。事实上他的仕途也是走得很顺。此年九月二十四日，他升授翰林院侍讲学士。十二月十二日，补授日讲起居注官。十天后充当文渊阁直阁事。

曾国藩地位名望渐显，而祖父健在，家道兴旺。以他的修养，自然要力戒骄傲。他把书斋题名为“求阙斋”，除了长辈幸福，他希望凡事都不要那么美满。这也是一种牛气，只有功成名就的人才有资格去求不圆满。像左宗棠那样怀才不遇，像胡林翼那样家道中落，生活中处处有阙，恐怕是不会刻意求阙的。

曾国藩难得之处，在于得道之时，力戒骄矜。他把做人的功夫练到了家。同乡京官及进京应试的举子，遇到生病或缺钱，都来求助于他。曾国藩说：“银钱则量力资助，办事则竭力经营。”于是人人说他厚道。和他相比，尊他为师的江忠源在京城并无根基，也无收入，舍身为人，似乎更不容易，因此曾国藩对这位弟子颇为钦佩。

又经过一年多的努力，曾国藩奉旨升授内阁学士，兼礼部侍郎衔。道光二十七年（1847）十月，出任武会试正总裁，录取六十四人。又出任殿试读卷大臣。李鸿章、郭嵩焘和李宗义都是这一科的进士，成为曾大人的门生。又一年，奉命稽查中书科事务。这时他已是副部级的高干，名望渐崇，仍然好学不倦。他采辑古今名臣大儒言论，分条编录为《曾氏家训长编》，分为修身、齐家、治国三门，其下又有三十二个章节。

道光二十九年（1849）正月二十二日，曾国藩奉旨升授礼部右侍郎。道光爷在生命的最后几个月里，对这位臣子频频召见派差。八月二日，曾国藩奉旨兼代兵部右侍郎。八月二十五日，出任宗室举人复试阅卷大臣。九月十七日，出任顺天乡试复试阅卷大臣。十月四日，出任顺天武乡试较射大臣。

曾国藩进步迅速，门生众多，拥有了斡旋于官场的资本。道光皇帝统治的最后十年，中国社会的底层动荡不安，造反的暗流汹涌翻滚，随时可能喷射而出。曾国藩这个从湖南僻壤中走出来的贫寒学子，恰好在这十年内靠着处世为人的成功，也靠着难得的运气，顺利完成了身份的转换，登上仕途，节节高升，为他在未来突变的局势中飞跃发展奠定了扎实的基础。

第六章

广西奇闻

广西民谣：

强如狼，弱如羊，扶弱锄强张嘉祥。

第一号中央文件

对于咸丰登基前后广西爆发的武装造反，咸丰的儿子同治皇帝后来有所总结。按照他的说法，这场大规模的动乱始于道光三十年（1850），也就是咸丰皇帝刚刚接手皇位的这个年份。其实在此之前，广西的盗抢杀官现象已经相当严重，只是官府不敢上报，致使朝廷直到道光三十年才接到明确的奏报。于是官方的文件都统一于这一时间口径。

咸丰接到有关广西匪情的迟来的报告，也许还没有意识到事态究竟有多么严重。即便他感到了某种恐慌，他也会表现得颇为镇定。他历来遇事不慌。他有父皇看好的可贵品质：沉稳。

当他的身份还是四皇子奕詝的时候，他就学会了忍耐。老师杜受田教他韬光养晦，增强了他内敛的天性。深宫内廷中发生的所有不愉快，包括跟六弟奕訢争强斗胜，他始终以平静的外表掩饰内心的波澜。登基以后，他总是把朝政时局引起的情绪强压在心里。

长久的内敛，导致这个年轻人体弱多病，面色发黄。他有气恼，有愤恨，有恐惧，有牢骚，但很少发作出来。他拼命地压抑自己，结果弄得身子骨非常虚弱。不论多么好的太医，哪怕是华佗再世，扁鹊转生，也无法给年轻的皇帝解除亚健康状态。想来想去，只能劝他喝鹿血。于是宫廷里养了一百几十头鹿，每天令人取血给皇帝进补。

然而咸丰的痼疾是无法治愈的，他的忧患注定没有止境。当他手持广西送来的战报时，他登上皇位之后才不过四个月啊。这份战报至少传达了一个信息：内战的火焰已在湿热的南方燃起，西洋的夷人已不是唯一令他头痛的问题。

根据广西巡抚郑祖琛的奏报，咸丰很快对南方的局势有了大致的了解。广西的贼情非同小可。郑祖琛真是胆大包天，居然长期对贼情隐瞒不报！广西全省几乎都有会党活动，他怎么敢拖到现在才奏报朝廷？

咸丰盯着广西地图，对照奏疏察看。广西中部的柳州一地，周边都有反贼。柳州本地有陈东兴和陈亚贵一伙，柳州西北面一百多里处的庆远有张家幅和钟亚春一伙，柳州东南约一百里处的象州有个区振祖，象州以南约一百里处的武宣有梁亚九和刘官生，武宣东南方约一百里处的浔州有个谢江殿，而在柳州东北方约两百里处的平乐也有一伙盗匪。这些盗匪“分散肆扰”，其中以柳州的陈亚贵一股最为厉害。

咸丰看得一阵头晕。父皇移交的江山真是不平静啊。他老人家不许臣子们报告贼情，讳疾忌医，那些奴才乐得报喜不报忧。咸丰嘴里不说，心里感慨万分。看来，朕要振作精神，把父皇留下的烂摊子拾掇一遍。多喝几碗鹿血滋补身子，一定不能倒下，一定不能慌张，一定要忍耐、忍耐再忍耐。前朝的勋臣们或许不是无能，而是畏惧父皇。朕要给他们戴罪立功的机会。朕还要加紧网罗人才。曾国藩说得对，必要时不惜打破人事制度的条条框框，也顾不得自己的好恶了。哪怕臣子顶撞，朕也要把怒气强咽下去。

道光三十年五月十九日，西历 1850 年 6 月 28 日，弈詝就广西武装造反事件，给广西巡抚郑祖琛发了一道上谕。这道上谕，可以视为清廷针对广西会党造反下发的第一号中央文件。

由于清廷情报系统在全国处于瘫痪状态，加上官员有意的蒙骗和欺瞒，广西的官府甚至没有告诉皇帝，清廷在广西的真正对手究竟是何方神圣。咸丰在这份文件里没有提到洪秀全一党的名字，显然朝廷还不知道这帮大对头的存在。

后人读了这份文件，可以看出满清行政体系的一大堆问题。

第一大问题，满清官员的政治嗅觉非常迟钝。其实在这时候，广西柳州东南方向的山水之间，冯云山等人正在秘密酝酿咸丰年间最大的一场军政风暴，很难想象一个稍微敬业的官僚体系，会对洪秀全这位朋友主持的农民运动筹备工作毫无察觉。但事实上郑祖琛的班子就是如此缺乏效率，他们的确不知道治下有个拜上帝会正在蓬勃发展，即将公开对抗他们的权势。因此，他们没有向北京提供这方面的任何情报。

第二大问题，广西的官府在故意掩盖矛盾。应该说，广西官场中并非无人察觉拜上帝会的危险性。桂平县的代理知县李孟群，就对这个宗教组织有所警觉，并且有意将祸端消弭于未发之前。但是他官职太小，人微言轻，他的主张被广西第一高官郑祖琛当作杞人忧天，一手压下来了。

李孟群此时年方二十，血气方刚，正是新皇帝很想在宦海中寻觅的合格官员。他对拜上帝会的警觉发生在三年以前。

冯云山曾于道光二十七年（1847）被桂平县的官府逮捕下狱。当时的桂平代理知县就是李孟群。他对冯云山这个在本地客家人中非常吃香的外来人起了疑心，想查一查他是否有什么不法行径。实施逮捕时，衙役们搜出了十九本名册，上面登记了拜上帝会追随者的姓名。李孟群看到了冯云山一呼百应的号召力，建议郑祖琛立即将他正法。郑巡抚却有不同的看法。他一心向佛，脾气温和，害怕暴力，担心杀了冯云山会引起事端。他下令释放这位外来客。李孟群叹道：“这无异于放虎归山啊！”他虽不情愿，却无奈地执行了命令。

李孟群和郑祖琛代表着广西官员的两个极端。当一省局势完全失控的时候，李孟群对付造反武装决不手软，但他未在决策层，无法挽回官军的败局。他的政治嗅觉非常灵敏，行动也很果决。后来的事实说明，如果郑祖琛采纳了他的建议，也许桂平县境内还会有人起事反清，但会不会建立太平天国，就很值得怀疑了。

李孟群不仅善于识别造反派，而且由于进士出身，少年得意于官场，对朝廷十分忠心。他的父亲李卿毂是一名中级官僚，没少给他灌输忠君报国的儒家理念。特别难得的是，这个来自河南光州的年轻人虽然身居文官之位，却有军人的气概，领兵作战毫无畏惧，很快就让年纪跟他相当的新皇帝对他有了一些印象。

第一号文件暴露的第三大问题，是咸丰小子在政治上的稚嫩。咸丰在初登皇位的时候，还固守着祖制中的若干教条，不肯轻易饶恕逆党中人，不懂得团结一切可以团结的力量来镇压造反派。他在上谕中指出：广西布政使劳崇光在道光二十九年勉强招安造反头目张嘉祥，是一个失策的举措。此人单人匹马投靠朝廷，部众没有跟随他来吃皇粮，而是“四散勾结”，造成了星星之火可以燎原的态势。

咸丰的思维仍然没有摆脱老套。他虽然很想启用新的人才，但他的思想解放有限，还不能接纳一名投降的叛逆。他对劳崇光的做法颇为不满。他想，一个反贼，把他的部队打垮，把他抓起来处死就行了，何必急于招安？难道我大清缺少人才，还要靠这个目无法纪的贼头出力？

其实，犯错误的人不是劳崇光，而是咸丰自己。他不了解张嘉祥，也不懂得招安此人的重要性。直到几年以后，咸丰才不得不承认，劳崇光招降此人，为清廷办了一件大大的好事。张嘉祥不仅成了一名忠心于朝廷的大将，而且他接受招安并受到朝廷重用的事实，起了瓦解敌对阵营的垂范作用。

如果咸丰亲眼见过张嘉祥，也许会改变一点看法。张嘉祥毫无贼相，面目美秀，神情文雅，举止谦恭，如同书生。他属于外表和行事风格相冲突的类型。一副儒相掩藏了侠肝义胆和放荡不羁。

新皇帝犯如此低级的错误，也是情有可原。他对两个情况估计不足。第一，广西官军确实打不过张嘉祥这股土匪；第二，当时的官军真还是缺乏张嘉祥这样的人才。咸丰尽管头脑精明，但由于情报不足，消息不灵，未能知己知彼，在这个问题上错怪了劳崇光。

张嘉祥又称张家祥，广东肇庆府高要县人。家里穷得养不活他，他十五岁那年从广东老家来到广西贵县，投靠叔父。道光年间，广东人跑到广西实现抱负，其中最著名的人物是洪秀全与冯云山，张嘉祥也是其中之一。

这个少年人生性落拓不羁，爱玩好赌，就是不肯出力做工。叔父给他找了个地方打工，他哪里肯受约束，很快就被雇主辞退。他整天跟一帮小太保混在一起。同伴遭到土豪的刁难，他去打抱不平。不是吵架起哄而已，而是动真格的，拔刀相助，暴力杀人。

到此为止，张嘉祥还只是一名小混混。他斗不过土豪，备受其辱。于是发誓报复，走上了强盗的亡命之路。他邀集同伙，绑架一位牛皮商人六岁的儿子，得到一百两银子的赎金。这是他步入绿林后挖到的第一桶金。

天地会最喜欢张嘉祥这样的年轻人，视之为天生的合作伙伴。几名会众找他结拜兄弟，推举他主持“义堂”。张嘉祥说：“要我当头，就要劫富济贫。”他们的活动，除了抢劫打单，就是绑架勒索。由于组织不够严密，遭到官府打击，他率领余部二十九人进入钦州境内的万山，投奔了一名山寨大王。

盗匪们称山大王为老大，其余头目则以兄弟相称，依次为老二、老三、老四、老五……老N。老大一见新来的小张，哟，这是个白面书生嘛，还能仗义杀人？太难得了。想了几天，决定把女儿嫁给他。可是山大王的宝贝女儿嫌小张出身微贱，死也不嫁。山大王又打算把他提拔为老二，无奈手下又不同意。

众兄弟看不起小张，但还得给老大一点面子，议来议去，同意他做老幺。老幺排名第十位，也就是头目中的最后一位。

山匪排座次，也要论才干。才大居前，才小居后。评判才干的标准，当然不是文化考试，要看杀人越货是否利索，上缴的财物是否丰盛。

大家很快发现，让小张做老幺，没有体现以才任职的原则。每次出勤抢劫，张嘉祥的收获总是比别人多一倍；每次抗拒官军，张嘉祥总是打胜仗，众首领无不惊服。

有一天，山中缺粮了。山大王有令：去越南边境“借粮”！

“借粮”的潜台词自然是抢粮，如同“嫖宿”的潜台词可以是对幼女的强奸。可是越南人也不示弱，偏不肯“借”，赶着一群大象来抵抗。盗匪骑马，哪里是大象的对手，只得落荒而逃。张嘉祥没有逃。他知道，一物降一物，大象也有克星。他令手下捉来几百只老鼠。第二天再战，匪众将老鼠扔在地上。老鼠纵横跳踉，大象居然吓得不敢动弹。小张大获全胜，肆掠而归。

不久，老大病死，群盗推举小张做老大，自行纠正狗眼看人低的错误，也算是为小张平了反。这一年，张嘉祥十八岁。

张嘉祥手下有一万兵力。他用兵法约束部众，约法三章：凡是打劫官员和商贾，不准杀人；抢得的财货，必须留还十分之一，给被害人经商做资本；抢了官员和百姓，还要发给路费。

广西米价腾贵，地主、奸商乘机囤积居奇，抬高米价，贫苦百姓生计维艰。张嘉祥实践了“劫富济贫”的主张。他的话说得很明白：“上等之人欠我钱，中等之人得觉眠，下等之人跟我去，好过租牛耕瘦田。”

张嘉祥连中产阶级都不去打扰，让人家能睡安稳觉，自然会赢得“侠盗”的美誉。为了严格控制打劫的对象，他用严格的纪律约束部下。他跟其他的强盗就是不一样。富豪拿出钱来，就能免于一劫。中产者他不闻不问。没钱的人，更是秋毫无犯。他真正做到了“杀官留民，劫富济贫”。部下偶然把抢劫对象扩大化，一经查实，他会砍下违规者的脑袋。

下等之人就是贫苦农民，跟着他就有温饱，于是纷纷加入张家军。张嘉祥领着他们四处打单抢劫。民谣唱道：强如狼，弱如羊，扶弱锄强张嘉祥。

张嘉祥为盗而不为民众所畏惧，反而受到普遍的欢迎，广西的官员就不得不认真对待了。

官军征讨山匪，山中仓促之间找不到武器，小张叫人砍下竹竿抵抗。匪众都很纳闷：竹竿怎能对抗金属的兵器？但也只能硬着头皮上。跟官军交手之后，竹竿被钢刀一点点削去。交战越久，竹竿的尖头削得越锐利，只要刺中敌人，不死即伤。匪众们很快就用得得心应手，又获大捷。

张嘉祥优待俘虏。山匪抓到官兵，张嘉祥都以礼相待，好言安慰，然后释放。叫他们给官府带信，陈述自己不得已跻身绿林的苦衷。他保证，只要官府能够赦宥，他愿出力效死。可是，他没有遇到劳崇光这样有胆识的官员，所以只好继续在山上落草。

张嘉祥做了十年山大王。道光二十九年（1849），张嘉祥二十八岁。他率领一千多人下山，来到贵县。此地“五方杂处，良歹不分，奸宄易藏”，天地会动不动就召集民众烧香拜会。他学着官府的派头，公然在覃塘圩张贴告示，招兵买马。

四五月间，他联合其他会众，抢掠南宁府的左江、柳州府的右江和桂林府的漓江等处。他的部众都用红布包头，打出“替天行道”的旗帜。他有枪有炮，还有骑兵。

拜上帝会网罗人才，想把小张也收到上帝的旗帜之下，派人来请。张嘉祥说：“我当盗匪，是不得已的事情，怎能跟随叛贼去造反！”

浔州府的文武官员率部会剿张嘉祥。张嘉祥从覃塘转移到甘塘，在此与官军遭遇，击毙清军参将段炳南，气势更加嚣张。

正在此时，劳崇光带领团练亲临剿匪前线。他发现，贼匪控制了河道，左江镇总兵盛筠竟然束手无策。官员行走水路，哪怕派水军护送，还是冲不过贼卡。走水路的商旅更是提心吊胆，竟然委托张嘉祥护送。张嘉祥并非奉了官府之令，但他居然连官员也肯护送，有些官员索性请他做保镖。

临桂人朱琦对劳崇光说：“劳公，常言道：盗亦有道。张嘉祥跟别的贼匪不是一路。听说他早就有心归顺朝廷，何不将他招安？”

劳崇光说：“这是好事，就请朱公试探一下，如何？”

朱琦做过朝廷的言官，以直言敢谏而著称，此时正在家乡办团练，跟劳大人一起剿匪。他非常欣赏张嘉祥的侠盗作风，写了一封招降信，派人送到山寨。

张寨主通过朱琦跟官军沟通，定下投降的计策。官军依计逼近山匪巢穴，张嘉祥亲自出山抵抗，虚晃几个回合，假装败下阵来。回到山里，召集部众，说道：“此次来的官军，端的厉害！大家把财物集中起来，我给每人分一份，各自回家当良民吧。”

张嘉祥解散了部众，跑到劳崇光军前投诚，听从布政使大人的劝告，改名为张国梁，字殿臣，希望成为朝廷的栋梁。劳崇光上奏朝廷，将张国梁录用为外委（充其量是个连长）。

张国梁不嫌官小，倒也十分出力，帮助官军消灭了南宁周边的几股天地会。不过，他仍然与一些会党中人保持来往，并勾结艇匪，向富户勒索钱财。

咸丰皇帝尽管不知张国梁暗地里所干的勾当，仍然对劳崇光此次招降颇为不满。其实对张国梁有成见的人不止是皇帝，地方官员也对他很不放心。他的名头太大，广西的很多官员在他手下吃过亏，如今要跟他待在同一战壕里，觉得很不是滋味。大家议论纷纷，希望朝廷拒绝给这个投诚的贼首封官加赏。

朱琦是个一言九鼎的人，非常爱惜自己的声誉。他说：“既然诸公令在下去招降，向张国梁做了承诺，那就必须兑现，否则朱某丢不起这个人！朱某早就知道此人堪当重任，愿以自家十口人的性命为他担保！”

在朱琦的推动下，广西当道向朝廷请旨，咸丰很不情愿地给张国梁赏了个千总官衔（相当于连长），交给新到任的广西提督向荣差遣。此是后话。

只能枪打出头鸟

清廷针对广西平乱的第一份文件，虽然对敌情的把握茫无头绪，但毕竟是一份很有分量的战斗动员令，使广西的官员们不得不打起精神来收拾局面。

咸丰跟军机大臣们交换看法，广西那边如此混乱，究竟是什么原因呢？大家议来议去，拿出了一种说法：广东广西民俗犷悍，而那里的官吏玩忽职守，既不去积极地疏导民愤，又不去动用武力镇压盗匪，听任匪徒啸聚劫掠，养痈为患，于是星星之火，终于燎原。

这是一个说得过去的解释。尤其对于两广官员的分析，应该说是切中时弊。大家的结论，促使咸丰下定决心，一定要大力整肃官场，启用一批良吏能官。

然而人事问题是急不来的。那个礼部侍郎曾国藩不是说过吗？对所有的官员，首先要继续进行忠君爱国的教育，然后有一个考察的过程，才能考虑提拔哪些人。当务之急是找几个能征善战的将领，剿灭广西的逆贼。

由于深度情报的缺失，咸丰根据广西官府的奏报，把陈亚贵确定为首要的敌人。这个在北京朝廷黑名单上排名第一的匪首，生长在浔州府武宣县的东乡，那里距离太平军举事的金田村不远。由于他十分显眼的活动，客观上为洪秀全的拜上帝会起了打掩护的作用。官府总是盯着他的天地会，而忽略了蛰伏在同一地区的上万名基督信徒。

陈亚贵只是一只出头鸟，其实根基尚浅，算不得资深老盗。他只有五年盗龄，在天地会里拉起自己的队伍，还不到三年时间。他以前干的营生是水上抢掠，跟着来自广东天地会的水上武装集团——艇军做水盗。

陈亚贵之所以有机会出人头地，是因为他生对了地方。武宣人多不安分，造反基础甚佳，被广东天地会的头目陈香晚看中了。道光二十八年（1848）七月，陈香晚来到这里扩展地盘，找到陈亚贵，叫他加入天地会，展开反清活动。陈亚贵很机灵，一经点拨，立马有所领悟，放手招兵买马，自立山头，只用了一个月，就当上了天地会头目。此时他虽已染上政治色彩，但干的勾当仍然是打家劫舍。

又过了四个月，陈亚贵不负陈香晚所望，自称“大王”，拥众数千，用上了天地会的包装——头裹红巾，这正是元末朱元璋造反部队的标志性头饰。还打出“顺天行道”的旗帜，有模有样。武装也不差，马匹、弓箭、藤牌一应俱全。

部众多了，众口嗷嗷，就得掠取军饷。他一出手，就把柳州周边的州县搅成一锅粥。陈家军从桂平的大黄江一带出发，会合武宣、象州、大湾等处的天地会，西进迁江县的良塘圩，然后北上忻城与庆远，抢劫思里堡及思练圩的当铺，袭击大塘圩。其后，他又攻扰禄新区，驻扎在河龙一带的村庄里。

陈亚贵折腾得如此厉害，逼得一向息事宁人的郑祖琛也不得不动用武力来对付了。他派右江兵备道统兵进剿，乡勇派出奸细从陈家军内部瓦解军心。陈亚贵手下毕竟只是一帮乌合之众，初战即败，被迫退守思畔山。官军又环而攻之，虽然击溃了陈家军，却没能抓到他们的大王。陈亚贵在逃一日，就有可能东山再起。

道光三十年（1850），咸丰刚刚登基，陈亚贵卷土重来。陈亚贵和猪肚四年初率领四千多人在象州攻打中平圩一带。山猪箭和糯米四等天地会首领，也从武宣的东乡赶来应援。咸丰大为震怒。这么一个作恶多端的匪首，广西的官府现在才奏报上来，花了几年时间也未能将他剿灭。郑祖琛究竟干什么去了？他颁下圣谕，把广西的巡抚、提督一帮大员训斥一通，要求惩罚“废弛捕务”的文武官员，责成广西官场痛改不良习气，把所有的贼党全部抓获，不许一个漏网。

八月八日，军机大臣祁俊藻和杜受田求见，神情十分急切。原来，郑祖琛和广西提督闵正凤又报告了新的贼情。

陈亚贵率众从象州向东北方奔走一百五十里，于七月十九日进抵平乐府的修仁县境，因城角缺口，顺利攻入城内，但未久居，旋即撤出，向东北方挺进四十里，抵达荔浦境内。官军“壮少兵单”，荔浦又被陈亚贵攻占。

危险大大升级了！修仁和荔浦二县四通八达，距省城桂林只有二百多里，如果陈亚贵又扩招兵员，壮大势力，桂林恐怕也保不住了。

咸丰一听此话，胸中气血翻涌。县城都能打进去，这还了得！盗匪一下子就打下了两座县城，他们进得了县城，就进得了州城府城，也可能杀进省城，依次类推，京城也会不保，大清的江山，岂不断送在这些无能的大臣手里？

咸丰越想越气，厉声问道：“郑祖琛有什么措施？闵正凤没带兵去剿吗？闵正凤乃朝廷一品大员，他就坐视不管吗？”

祁俊藻与杜受田对望一眼，低声答道：“已经派兵剿捕，可是郑祖琛说，该处路径分岐，水陆隘口均须防守，本省兵力较单，不敷分布，必须邻省拨兵助剿，方能合力进攻。他请皇上饬下两广总督徐广缙，酌调广东标兵一二千名，速赴广西，会合夹击。”

咸丰很快就意识到自己失态了。他知道，光发脾气没用。事态越是严重，越要冷静应对。他沉思片刻，抬头说道：“就依了郑祖琛，叫徐广缙调一两千标兵过去吧，军需也让徐广缙筹拨！此事一刻也不能耽搁，否则匪徒蔓延各个州郡，就难扑灭了，恐怕还会连累广东。朕早就叫徐广缙校阅营武，马上拟旨，叫他尽快奔赴广西，会同广西文武合力剿办！”

咸丰一口气做了安排，忽然想起一个人来："对了，前任云南提督张必禄离京回家，现在走到哪里了？叫徐泽醇立刻查明。看来还得辛苦他一趟，叫他火速赶到广西，会同徐郑等人剿办盗匪，千万不要耽搁！"

然而远水救不得近火，而指望郑祖琛自救是不可能的。三天以后，广西又有十万火急的军报送到北京，请求救兵。郑祖琛说，荔浦与阳朔交界，距省城桂林甚近，他现已离开桂林，在各处路口部署兵力防御，动员民团协力防守。可是柳州右江各属盗风四起，匪徒甚多，本省兵力本单，各处纷纷告警，既要筹防，又要筹剿，难免顾此失彼，请皇帝下旨，令邻近省份选派劲旅，迅速来援。

郑祖琛这个老臣慌成了热锅上的蚂蚁，咸丰这个小皇帝却比他冷静许多。他看完奏报，冷哼一声，对祁俊藻和杜受田说："徐广缙应该动身了吧？叫他日夜兼程，赶到广西。荔浦距省城甚近，不可再让匪徒分窜！"

杜受田略一沉思，奏道："皇上，广西多股匪徒同时起事，必有个大头目在搞阴谋，企图分散官军兵力。当务之急，要查明盗首是谁，设法抓捕。广贴告示，悬赏通缉，解散党羽，自可一鼓成擒。该省兵力较单，若待邻省纷纷征调，诚恐缓不济急，应饬令该省督抚劝导本处绅民互相团练，鼓其忠义之气，藉资捍御。若有人固守城乡，使贼匪无从窜越，或者奋勇杀贼立功，让徐广缙他们破格奏请施恩，从优奖叙，使兵民协力同心，贼匪便能速就歼灭。如果兵少盗多，分剿不及，可以让徐广缙火速通知贵州，酌调官兵到广西协剿。如此安排是否妥当，恭请圣裁。"

咸丰道："事不宜迟，就照此拟旨吧。"

祁俊藻奏道："听说闵正凤专讲应酬，于纪律运筹一无所知，驻扎柳州，按兵不动，贼匪逼近府城，安心住了一个月，毫不把提督放在眼里，如此大员，有不如无啊。"

咸丰道："闵正凤是靠不住了。叫徐广缙秉公确查，该提督在土匪肆扰之时，如果纵贼养寇，畏葸无能，即行据实严参惩办，不必多虑！要紧的是，为今之计，调何人接替他为好？"

杜受田说："湖南提督向荣，不久前剿办湖南李沅发一股，甚为得力。湖南目下无事，但恐广西贼匪扰及。若是将向荣调任广西提督，可剿广西逆匪，兼防湖南受扰，一举两得。"

咸丰连说："妙着！妙着！"

现任湖南提督向荣，咸丰虽未见过，但知道他是一名久经沙场的三朝老将。嘉庆十八年河南滑县天理教李文成暴动，道光年间的新疆张格尔叛乱，朝廷派杨遇春镇压，向荣都在这位百战名将麾下效力。由一个小小的外委，经过多次提拔，升为游击（相当于副团级）。道光十三年，调到直隶，官至总兵（军级）。道光二十七年升任四川提督（省军区司令），本年调任湖南提督，到任不久，就在湘南的新宁县打垮了李沅发的造反。他在清末的军界是一个个响当当的人物，朝廷把他当作造反武装的克星。咸丰指望他一到广西，就能迅速地肃清各路会党。

咸丰把徐广缙和向荣派往广西，两人到位尚需时日。在此期间，陈亚贵采取灵活机动的打法，不跟官军主力硬碰，于八月上旬撤出荔浦，踞守修仁与荔浦两县之间的青山，又由青山向西南方奔走约七十里，抵达修仁所属的四排，几乎毛发无伤。郑祖琛不敢返回桂林，只得待在平乐府城，居中调度官军。

广西那边奇闻不断

咸丰调整人事，增强了广西的领导力量，指望那里传来一些好消息。然而左等右等，不见捷报传来。广西的战事总在考验他的耐性，不会让他消停一刻。

自从修仁和荔浦失守以后，郑祖琛除了上报一些无关痛痒的小胜仗（还不知是不是捏报），几乎没有像样的战报送来。京城的官员却得到了南方的一些确切消息，每一条都足以让咸丰气得吃不下饭。

监察机关都察院的官员们，知道皇上关注南方的局势，积极行动起来，于八月二十九日呈上了一份内参。咸丰展开一看，气得脸色煞白。

广西的动乱，远远不限于庆远、柳州、浔州和平乐四府。西南部的南宁府、东部的梧州府和中南部的思恩府，都有造反的武装，就连东北部的省会桂林也不平静。官员们不敢将实情上报，但是一些百姓不堪盗抢动乱，选派代表进京上访。其中有个名叫李宜用的举人，报告了骇人听闻的情况。

报告中说，广西到处有人造反，四处攻劫，闹得民不聊生，纷纷逃散。近年以来，各地惨遭匪毒。从去年四月到今年五月，匪首张嘉祥（就是已经投降的张国梁）、杨捞家等人，抢劫南宁府的左江和柳州府的右江等处，以及桂林府漓江一带地方。村庄被焚，财物被劫，妇女遭淫。

关于盗抢成风，咸丰约略知道一些。但是李举人反映的情况中，还有广西官府没有汇报的重要细节，关系到政权的安危。广西的几百名造反首领，包括广东人和湖南人，都用红布包头，打的旗帜上有“替天行道”等字样。各项枪炮器械马匹俱全。

替天行道，就是要推翻本朝。这还了得？最令咸丰心惊肉跳的是，百姓把这些情况反映到当地官府，那些拿着朝廷俸禄的地方官，竟然敷衍塞责。一位县令说：“派人去现场看看，好歹有个交代。”另一位父母官说：“派一百名士兵，前去打探贼匪踪迹，再来回报。”官员们如此姑息，匪势更加张狂。官员被戕，几万家居民先后被劫。

咸丰眉头紧锁。真是可怕啊。国家政权的基层组织竟然完全瘫痪，已经成了聋子的耳朵！

再看下去。另有一个名叫莫有发的人进京告状，他受庆远府绅士莫子升等人之托，历尽艰辛，航海来到北京，陈述逆匪肆劫，连日扰乱。匪首陈亚贵、黄四、张亚珍、文亚英、严亚文等人，各自拥有几千部众，劫掠村圩和典当行，杀死男女人口不计其数。宜山县的县令率乡勇抓到了一名匪首，是一个名叫詹德刚的秀才。可是官兵太少，贼匪太多，抓一名匪首无济于事。官军屡防屡败。如果朝廷不增派兵力，贼匪是无法剿灭的。

什么？秀才也跟着盗匪造反？还当上了头目？广西官府如何管理读书人的？咸丰看到这里，脑门上迸出了汗珠。

都察院送来的材料还有一份。南宁府宣化县的秀才何可元上诉，去年十一月间，他家一个月内被匪徒劫掳四次，房子烧了，人被杀了。告到官府，兵差不敢缉捕匪徒。现在，外来的匪徒勾结土匪，一天比一天猖狂。本县有二百多村遭劫，二百多人被杀，一百多名妇女被抢走。匪徒所到之处，都打着反对朝廷的旗号。

都察院是什么意见呢？根据举人李宜用与秀才何可元等人的陈述，结论如下：广西逆匪横行，波及七府一州，种种不法行径，罪不容诛，若不及早剿除，恐怕胁从日众，滋蔓难图，成为边省地方的大害。

群众上访代表的陈述，也许有些夸张，不可尽信。可是，朝廷于九月七日接到两广总督徐广缙的奏报，进一步证实了情况的严重性。徐广缙对郑祖琛早有不满，如今忍无可忍，狠参一本：此人粉饰战功，虚应故事，导致广西动乱日益恶化。

广西巡抚统计盗匪约为十几股，每股几百人到几千人不等，蔓延五府一州，影响广东广西两省。可是，徐广缙根据自己得到的情报判断，盗匪不止这个数量。最令两广总督头痛的是，匪徒聚散不定，外省部队去剿办，恐怕疲于奔命。只有靠本省各地官府和驻军，随时随地坚壁清野，让匪徒抢无可抢，同时切实组织民团，使匪帮无法扩充实力。

徐广缙捅破窗户纸，直接指出郑祖琛是个不合格的巡抚，请求朝廷特派“实心任事大员”，驰往广西，专驻督办，以资补救。还要防止匪徒窜到广东。他在广州不能袖手旁观，决定于八月二十六日派兵从广州启程，驻扎梧州，截断匪徒东窜的道路。

徐广缙要求朝廷派人取代郑祖琛指挥广西的战争，倒不是因为他跟这位老臣有什么私人恩怨，而是因为他认为此人误国太深。郑祖琛是道光爷培养出来的一位模范臣子，为官清廉，粉饰太平，对人对事一团和气。他跟道光爷的关系，可谓上行下效，一脉相承。道光爷容许他对广西的盗匪无所作为，但如今形势变了，咸丰要求各级官府如实汇报辖地的匪情，严厉打击造反活动，不容他再捂住广西的盖子，用虚假的和平来瞒骗朝廷。

然而，就算郑祖琛打算改弦更张，他也已经力不从心。他已经习惯了和稀泥的做法，只顾自己的为官操守，而缺乏有效的行政能力。有时候，他处理问题就跟一味洁身自好却纵容臣民为非作歹的道光皇帝一样荒唐。

广西的太平县有个名叫王淑元的同知，为官清正廉洁，在百姓中口碑不错。一天夜里，风高月黑，一帮盗匪偷袭县城，撬门扭锁，大肆抢劫，末了还放火烧毁了几间民宅。王淑元正在县城巡视，听说来了盗贼，从床上鱼跃而起，带领手下兵勇追出城门，是夜一共活捉了十名盗贼。

王淑元抓到的罪犯，押解到省城，交由郑祖琛审讯。盗贼们齐声诉苦。有个犯人说：“小人第一次出手偷东西就被捉住，家有七十岁的老母，望大人饶恕。”

郑祖琛平生信佛，心肠慈悲，将十名盗贼一起放了。盗贼却不买账，发誓要报复王淑元。他们纠集大队人马，袭击太平县城，活捉了王淑元和他十五岁的儿子。他们将同知父子带到一个荒僻的处所，把刀架在少年的脖子上，逼王淑元交出官印。王淑元不理睬，盗匪手起刀落，儿子脑袋落地。王淑元心如刀绞，破口大骂，又被盗匪一顿恶打，捆绑起来，用布条堵住嘴巴，押到城外。途中过河，王淑元从船上一跃而起，跳入河中，投水自尽了。

此事过后，郑祖琛对自己的做法颇为后悔，但他并没有改变息事宁人的一贯风格。

文官如此软弱，武官也不管事。闵正凤管辖全省兵力，平时部队不操练，武器不修整。道光二十九年，盗风渐炽，他派兵分头剿捕，但兵力怯弱，不能御敌，武器也不适用。

道光三十年五月，贼匪窜到柳州府治所在地马平县的大发圩抢劫典铺，距柳州只有几十里，闵正凤安坐衙斋，并未亲往督捕。官兵在咸堡攻剿匪徒，阵亡多人，闵正凤仍未渡河救应。

来自民间和监察机关的反映，忠实记录了广西全省的无政府状态。爱新觉罗皇室几乎已经失去对这个西南省份的控制。如果失控范围继续扩大，社会动乱将会影响到周边的广东、湖南、贵州、云南四省，南方的局面将不可收拾。咸丰此刻已经完全明白了事态的严重性，但他对于前朝的文武功臣，对于官军的武功，还怀抱着不切实际的幻想。他以为，只要徐广缙和向荣赶到了前线，一定能够扭转局面。于是他继续守候着前线的战报，暂未采取进一步的行动。

第七章

湖南巡抚

野史：傍了富姐好做官

骆秉章发迹之前，壮年独身，择偶标准非常现实。姓金的财主家有个妹子，相貌等级属于暴丑，颧骨高耸，宽额麻脸。尽管家财万贯，还是难觅夫君，落得个大龄未婚。时有媒人撮合，骆秉章中意丰厚的陪嫁，当机立断，前往金家提亲。金老爷见骆公子一脸儒相，当下允诺。骆秉章抱回一块金砖，衣食无忧，伏案读书，专心科举。四十岁考成进士，踏上仕途。

如履薄冰的广东老人

道光三十年（1850），广西乱成一团，北边的邻省湖南也进入了军事戒备的状态。湖南巡抚骆秉章，被推到了筹兵筹饷、调兵遣将的风口浪尖上。这位刚刚到任不久的省内最高军政长官，有些力不从心的感觉。

骆秉章为官十八载，修过历史，任过考官，当过监察御史，办过经济案件，阅历也算得上丰富了。但唯独在军事方面，他还是个门外汉。如今他身任封疆，军政责任重大，想起来就有些头大。

骆秉章在上任的路上时，就听说广西出了大乱子。湘南乃盗抢渊薮，会不会有人跟着闹事？还未到任，他便有些紧张。最讨厌的是浑身酸胀，弄得脑子不大好使。从上一年年底开始，他就在路途上奔波。那时道光爷把他从湖北调往云南，他在今年二月二日刚到昆明，九天后就接到吏部公文，得知欣赏他的老主子已经殡天。他忙着写折子吊唁道光爷，刚刚喘过气来，就接到吏部公文：新皇帝三月有旨，将他补授湖南巡抚。

咸丰真是看得起他这个老臣，刚一登基，就给了他更大的舞台。四月二十日，骆秉章把还没有捂热的云南布政使官印又交了出去，八天后启程赶赴新的任所。

骆秉章好一个来去匆匆，长途跋涉。连续两次调动，千里赴任，山路颠簸，他这把熬了五十七年的老骨头，真是经受了一次考验。骆秉章记得，由于交接匆匆，连车马费、租船费，都是他自己掏腰包。手头本来不宽裕，这一下又折进去不少。不过他也想得开。既然矢志做个清官，怎会计较自掏腰包支付公款？毕竟升官是好事，吃点小亏不算什么。

六月十二日，骆秉章走进湖南巡抚衙署。在这里等待他的，是一群盼眼欲穿的下属，忙不迭地禀报：广西的战事一天比一天吃紧，有许多紧急公务，等着新任巡抚打理。

湖南一干官员初见骆巡抚，觉得这位上司从外表上看，并非精干之才。如果他不穿官服，活脱一个百无一用的乡下酸老秀才。其实这个貌似笨拙的老头，心里头跟明镜似的，国家大事能够洞察，手下的贤愚也难逃法眼。

骆秉章是一名责任感超强的官员。新官接印，别人多半是喜滋滋的，他心里却总有沉甸甸的感觉。这一次接到的官印，分量更是非同寻常。谁都知道，皇上交下的差事，最难办的当数军务。前任巡抚冯德馨下台，就是因为新宁出了逆贼李沅发。上年官军收复新宁之后，冯德馨奏报李逆死于乱军之中，谁料到今年春天李沅发又复活了。皇上治了老冯的谎报军情之罪，老冯被逮问遣戍。这是前车之鉴。

骆秉章在路途上多少为履新做过一些功课，深知湖南是个非同小可的省份。自从英夷向大清开炮之后，湖南深受官军战败的影响。白银外流有增无减，银少钱多，银贵钱贱。赋税增加，百姓苦不堪言。同朝为官的湖南人魏源有两句诗，是对他家乡的真实写照。一句是“下赋田征上赋钱”，说的是赋税苛重；另一句是“尾闾愁说海堪填”，说的是怨声载道。天灾人祸，太多的人无法安居乐业，各地的会党活动频繁。湖南成为一个治安极为不稳定的省份。

近年，湖南几乎年年都有武装暴动，声势极大，足以震撼朝野。道光二十一年（1841），湖北崇阳人钟人杰揭竿造反，波及湖南东部。道光二十三年（1843），宝庆府武冈县的曾如炷、曾以得两人领头造反。一年后，耒阳县发生反抗钱漕积弊的群体事件，随后演变为武装暴动。道光二十六年（1846），宁远会党聚众攻打县城，东安和祁阳等地则有王宗献与魏洪培等人通过传播宗教煽动造反，抗拒政府征收钱粮。道光二十七年（1847），乾州厅的苗民武装造反，凤凰、永绥等地苗民纷纷响应，影响到整个湘西，持续到下一年。

近两年，新宁连续发生两次规模浩大的武装造反，雷再浩闹了一阵，被江忠源镇压了，时隔一年，李沅发接着再闹。这两个人都把战火烧到了广西。官方和民间纷纷传言，分析广西反贼群起的原因，其实是受了湖南的影响。骆巡抚毫不怀疑，湖南的会党造反和广西的伏莽蜂起，确是一脉相承的关系。

骆秉章一生中最害怕的事情莫过于代人受过，这是官宦生涯给他最深刻的教训。他上任之后,总在琢磨一桩心事。当今皇上是否听到了楚粤逆贼互通的传言?如果广西的局面总不能收拾，皇上会不会迁怒于湖南的臣子？这个传言对他具有潜在的杀伤力。尽管他来到湖南为时不久，但他毕竟已经成为此地的最高长官。这里发生的一切，特别是不利于朝廷的事情，都跟他脱不了干系。

骆秉章隐隐有些不祥之感。广西战事一开，咸丰就把眼睛盯住了湖南，接二连三给他发来上谕。他感到北京皇座上那两道锐利的目光，屡屡刺向他的脊梁。因此，这位妻妾成群的老臣，虽然健康并没有被女色所侵蚀，但他每次接奉上谕，都会因紧张过度而感到虚弱。

为了争取主动，骆秉章必须未雨绸缪。上任之后，他用一个月时间摸了摸情况，七月十五日就提出了应对两广盗匪的措施。

湖南确实受到两广动乱的威胁。广东英德县有一股以李泳酬为首的匪徒，于五月二日抵达浛洸，杀死了官军守备，被官军追赶，很可能取道连山和连州，杀进湖南。六月三日，李匪窜到广西鹅公岭抢劫，又折回桂岭圩一带。他们现在驻扎在里松的圩市，离湖南江华县濠界卡所只有五十多里，难保不窜入湖南。

骆秉章立刻派出飞马，通知代理永州总兵谷韫璨，令衡永郴桂道张其仁率领部队，驻扎濠界卡所。他还命令，与两广交界的各个要隘，一律要严密戒备。他想起了新宁乡勇所起的作用，号召湘南士民举行团练，以乡勇协同防卫，凡有贼匪入境，立即兜拿。

骆秉章的举措令咸丰颇为满意，希望湖南官府多与民兵沟通，严防死守。他还特意指出：湖南刚刚剿平匪徒，交战之地已是千疮百孔，千万不能再让外省匪徒过来蹂躏。

在广西修仁和荔浦两县被造反军进占之后，尽管战火距湖南地面不算很近，咸丰又向骆秉章敲响警钟：小心你的责任田！咸丰把向荣调往广西，担心湖南的军事指挥受到影响，叮嘱骆秉章帮助代理提督文安加强湖南的战备，必要时还可以越境剿匪。

骆秉章不敢怠慢。他认为，湖南与广西交界之处，永州府属的永明等县，靖州所属的通道等县，是防御的重点，必须调兵前往，择要防堵。他令新任提督余万清与永州知府，带兵在永明一带部署防务，又令辰永道和靖州协文武官员负责通道的防务。他又多次命令宝庆知府，加强邻近广西的新宁等县防务。与广东交界的郴州宜章一带，也派永州镇和衡永道分别驻扎，负责防堵。

骆秉章尽管预先采取了一些应急措施，但他还是心中无底。措施固然得力，谁知道执行者会不会尽力？官场上败类充斥，榨取民脂民膏，祸国殃民，却无人忠心为朝廷办事。国家的内忧外患，无不是官场腐败所致。自从他成年之后，他就知道，满人当道的清朝，开始走下坡路了。康乾盛世过后，嘉庆、道光年间衰气显现，败相渐露。

和平日子过久了，国人二百年“目不睹兵革”，官场上文恬武嬉，纲弛纽解。皇族奢逸，八旗子弟全失锐气。官员搜刮自肥，剥削加深，弱势群体不断扩大。对于苛政，反抗四起，社会动荡，生产停滞，百姓负担加重，生活日益贫困。道光年间，严重的自然灾害更是雪上加霜。

对于官场的腐败，骆秉章有切肤之痛。他不想同流合污，也没打算去做反腐英雄，但求保持自身的清白，仍然做得十分吃力。他骆秉章经过几十载寒窗苦读，好不容易步入官场，立志做一个清官。但他置身于贪官群体之中，自身洁白，却不得不背负漆黑者的罪过。命运就是如此不公，他的洁身自好得到道光爷的嘉赏和公众的赞美，但他还是不得不替别人背黑锅。

那件事，他至今记忆犹新。

国有资产是怎样流失的

骆秉章替别人背黑锅，起源于十年以前的一件差事。

道光二十年（1840）十月，监察御史骆秉章领了个重要的差事，道光爷令他去稽查户部的银库，防止国有资产流失。

道光爷是一个守财奴一般的皇帝，他把去财政部清产核资这么重要的工作交给骆御史，自然对他是格外信任。骆秉章受宠若惊，非常积极地投入工作，领旨后十天就到了银库，找四名库官谈话。那四个人的姓名，他还记得清清楚楚：荣鹿、嵘禄、公占和苏隆额，清一色的满人官员。

第一次接触，骆秉章对他们印象不好，觉得这几人都是庸碌之辈，责任感非常淡薄。于是他有了几分戒心。

骆秉章接连去了几趟银库。有一次，库官们把他请到库内汇报工作。

“骆大人既是奉旨来到银库办差，有些事情，我等不能不做个交代。银库有一项业务，就是接收捐款的入库。捐款人每交一百两银子，我们要加收四两，嘿嘿，那就是我等的辛苦费啦。”

“辛苦费？”骆秉章眉头略皱，心里打了个问号，但没有说出口来，姑且听他

▲ 广东花县人骆秉章身任湖南巡抚，与湘军结下不解之缘。他指挥湘军部队保卫本省，同时不遗余力地支援湘军在外省攻击花县老乡洪秀全的太平军，最后还率领湘军转战四川。

们把话说完。

库官们接着说："可是好景不常，有一次成亲王稽查银库，请求皇上将多收的四两划归公款。我等也不能白干活呀，于是每收一百两捐款，给交款人加码四两。所以嘛，捐款入库，每百两加收四两，那是为公家收的正款，我等再加四两，其中二两归银库办事员，二两归银库主管。奉旨查库的御史，也能利益均沾。此事已成惯例，捐款人愿意多出这些银子呀。我等一年到头在这里辛苦，总算有了一点酬劳。"

骆秉章想：哦？还有这等事情？除了朝廷俸禄以外，还要多收交款人的银子，私自分掉，明明是灰色收入嘛，怎么到了你们嘴里，就说成了合法收入？

不过，骆秉章是心里明白嘴上不说的老好人。他还想了解更多的情况，问道："你们各人每年能得多少？"

库官回答："大约二万多两。"

骆秉章吓了一跳：这么多？相当于我多少年的俸禄啊！一贯提倡廉洁节俭的道光爷，难道会容许你们这么做？

心里如此想，还是不动声色，又问："这笔收入，是否已经奏明皇上？若已奏明，本御史我就收下，未经奏明，本御史分厘都不敢收。"

库官们被他将了一军，顿时语塞。但他们财迷心窍，还不死心："阁下不收，我们兄弟五人还是要收啊。"

骆秉章想，事到如今，只好直言了。他说："各位，这件事如果损害了公家，诸公要容本官考虑一番。如果对公家无碍，本官就不管了。骆某平生从来不受别人挟制，如果骆某我也收了这份钱，就没法秉公办事了。"

过了几天，库官又请骆秉章谈话。

"骆大人，这四两银子，阁下既不肯收，那就还有一个办法。阁下把银号的人带来上缴捐款，每年大约能收入一万多两。"

骆秉章回答："公事公办，银号自己可以来交纳捐款，何必我带？库内有六名同事，都带着银号来缴款，那也不成体统啊。公开的不要，却在暗中收取，这件事恕本官干不来。"

库官又无话可说了。

但是事关白花花的银子，那些人不会轻易放弃。没过几天，一个姓李的同乡来到骆秉章的寓所，刚刚落座，就直奔主题："老兄肯不肯收到任礼？如果肯收，各银号马上送来。"

骆秉章问："数目多少？"

李同乡说："大约七千。三个节日，每次也送七千。"

骆秉章问："恕在下愚钝，银号干吗要送礼啊？"

李同乡说："求都老爷不要挑刺嘛。"

骆秉章说："他做银号业务，有钱赚就接受捐款业务，没钱赚就不接，何必如此来求本官？请老兄告诉各家银号，按照规定缴纳成色足够的银子，本官就不会挑刺，如果以少充多，银色低潮，本官怎能不挑刺呢？"

李同乡没料到骆大人说得如此直白，也哑巴了，不辞而别。

接着，最好的朋友出场了。他们来找骆秉章，请他受贿不挑刺，骆秉章一概拒绝。

骆秉章想：哼，你们这些人，总希望本官收黑钱。要是本官自己不干净，看到你们作弊，就不敢举报了。这种小儿科的贪赃手法，在我老骆这里没辙了吧？

骆秉章总结出一条经验：人人都说稽查银库是个难办的差事，其实银库里的弊端很容易查出。真心想办案子，一点也不复杂，一点也不难。但是监察官只要得了好处，事情就棘手了。大抵贪污受贿难以查处，问题出在监察机关。官员们总是强调老规矩，那是不能见光的潜规则。我老骆为了保持自己的清白，绝对不能接受收黑钱的老规矩。自己坐得正，收发银子，就可以按规定办理，不讲关系，不徇私情，认真稽查，杜绝弊端。

骆秉章在银库，每月只收伙食费三十八两银子，并从一年所得的伙食费中，拿出一百两，给予车夫和跟班，不准他们在银库里索取分文。收银放银，严密稽查。一时间，外间传言："这次骆都老爷查库，如此认真，难得舞弊了啊！"

为了把住收发两关，骆秉章用了个最笨的法子，搬一把矮脚椅，坐在天秤对面，把砝码查核一遍，不给收银员做手脚的机会。

骆秉章抓住两大关键。第一，发放数目最大的，总是八旗的钱粮。只要称银时查验清楚，防止多出就行。第二，作弊最多的环节是收银。捐款和崇文门的税银，在接收时弊端丛生，不可胜数。收银员常常把六七百两或四五百两当作一千两收进来，导致库银亏短。

为了防止收银作弊，骆秉章事先令人打扫银堂。只准银号一人、银库收银员两名进入。一名收银员上砝码，另一名收银员上银子。御史必须当面称兑，不准收银员压秤。如果银两不足，还须添补，只准将银子逐锭轻放；库官用锤子敲秤，必须敲在当中，不准敲在旁侧。

每天盯着那么多白花花的银子，就跟盯着正午的太阳看差不多，眼睛非常受伤。哪一天收银超过十万两，眼前准会金星乱舞。骆大人还不敢做眼保健操，唯恐眼睛一闭上，收银员就做了手脚。

工作一天，下班出库，坐在炕上休息一会儿，金星还没冒完。回到家里，必须小睡片刻，才吃得下饭。这项工作非常辛苦，但不如此，就不能杜绝弊端。

除了辛苦，还会得罪人。关系好的人来缴银，不徇私情，难免反目成仇。不过，骆秉章性子慢，脾气软，也有办法对付过去。

有一天，乾泰银号的掌柜领着一个人来交银子。一看那人大咧咧的模样，就知道来头不小。掌柜对骆秉章打一拱手，凑到他耳边说："此人就是大学士兼吏部尚书潘世恩大人四公子的亲戚的家丁，想必四公子已经给大人打过招呼了？"

骆秉章想起来了，恩师潘世恩宰相家的四世兄，确实提前给他打过招呼，说有个亲戚要来交银捐个官做。他自然不敢怠慢，连忙吩咐收银员称银。

那人要交的银子，共计八百五十两。库官称过以后，对骆秉章说："少秤二十五两，就按八百五十两收下吧？"

骆秉章说："既然少了，必须补足。"

库官说："潘相家人来交银，少这么一点点，值得计较吗？睁只眼闭只眼算啦。"

骆秉章道："就算潘相本人来了，也要补足。这是公事，不是私事啊。"

潘相亲戚的家丁又出了个难题："现在没带这么多银子，怎么办？"

骆秉章说："你去告诉四少爷，如果有银子补，明天送到银库来。如果不补，下官代他补上便是。"

第二天，潘四少爷派人把银子送到银库，补足了缺额。

外间传言：潘相是骆秉章的老师，他都不给面子，何况别人？此后再也没人到骆秉章家里来说情了。

骆秉章又对库官说："朋友来托，是担心库丁多收，并不是要求少交，只求本官主持公道，不让库丁作弊多收。朋友的要求，也不过如此。"

有一次抽查收入，发现多收了十多两，原因是收银员上错了砝码。骆秉章说："公事怎能出错？最轻的处罚，也要打几十大板！"

库官求情："交款人都是大款，锦被牙床，十几两银子算什么！"

骆秉章说："就算如此，也不应该！既然当了这份差事，就该遵守法纪。"

结果收银员还是挨了四十大板。

几个月下来，银号知道收银员无法作弊了，停止支付好处费。库官和收银员毫无外快，银库里竟然连馍馍也赊不到。这些人被逼到了绝路上，处心积虑要把骆大人弄走。

四月份，京畿道有个官位空了出来，银号的几个人便去了帅副宪的宅子，求见少爷。

门房说：“少爷从不见客！你们求见少爷，有什么事情？”

银号的人说：“现在京畿道有个空缺，二爷能不能求求帅大人，将查库的骆都老爷保举去做京畿道呢？咱们送一千两银子给二爷，送六千两银子给大人。”

门房说：“胡说八道！”将银号的人大骂一通，赶了出去。

帅承瀚回到家里，门房将这件事禀报。帅大人说：“你把那些人留住了吗？”

门房说：“都撵出去了。”

又问：“可否留下姓名？”

门房答：“奴才没问。”

帅大人火了，申斥道：“不懂事！”

第二天，帅大人到都察院上班，秘书果然把京畿道出缺的文件送了上来。

恩桂总宪问道：“哪位都老爷资历最深呀？”

秘书回答：“骆都老爷资历最深。”

恩大人说：“那就把骆秉章报上去吧。”

帅副宪忙说：“别人可以报，这个骆秉章却断断不能报！若是把他调走了，就中了小人的圈套！”接着，他把昨天银号的人到他府中的事情说了一遍。

恩大人说：“这样看来，真是不能把他调走了。”

由于这件事情，京城内传遍了：银库办事员出七千两银子为骆秉章捐京畿道。后来，骆秉章每次见到潘相和穆相，两位老师都说：“你今年查库，干得不错嘛！”

穆彰阿说得更明白：“你查库的办法，真是超前绝后啊。我一定要上奏，留你再查三年，对银库大有好处！”

骆秉章说：“这个地方，查了一年，已经很难办了。再留三年，恐怕没有活人了。”

穆彰阿说：“我也查过三库，三年差使，时时提心吊胆，岂不是更难为我了？”

在此之前，库官嵘禄外放山西大同府，他是穆彰阿的晚亲，临行前到穆宰相府上禀辞。穆彰阿说：“如今你不在银库了，以后库上的事情一无所闻，我实在不放心啊。”

嵘禄说：“中堂大人尽管放心！库上决不会出事。现在有骆御史稽查，事事认真，又不拿好处费，库丁个个怕他。有他在这里，绝对不会出状况。”

穆彰阿问：“四两平银他也不收？”

嵘禄答：“也不收。”

穆彰阿说："真是给我挣面子啊！他是我门生，想不到能如此廉洁自爱！"

但是嵘禄的话有些言过其实。单靠骆秉章一人的力量，绝对斗不过成群的贪官。贪墨伎俩层出不穷，骆秉章哪里应付得过来。从前银库作弊，只是在库外截留，截多截少，由书办决定。他们一旦发现库内有盈余，便截留解数，在外瓜分。这是多余的款额，对公家没有损害。但是，自从穆麻子做了库官，就修改章程。书办只能得一笔好处费，收方盈余都归官丁，无数可查，虚报收入，盗取公款，毫无节制，公家究竟亏损了多少，也无可考究。这就为骆秉章后来受处分留下了定时炸弹。

事情败露之前，骆秉章已从银库撤出。道光二十二年（1842）二月，骆秉章奉了特旨，补授鸿胪寺少卿。五月二日，补授奉天府丞兼学政。他在奉天府干了一年，庆幸自已年届五十，官运正佳。没想到，忽然飞来一劫。五月十七日奉到吏部公文，因银库出了贪污大案，骆秉章失察，皇上将他革职，还罚他赔偿公款。

骆秉章吓得魂不附体，赶紧回京接受处罚。看到罚款单时，他差一点晕倒。对他而言，那简直是一个天文数字：一万二千八百两！可怜他两袖清风，哪来这么多积蓄！多亏亲戚朋友、门生故旧捐助，拖到十一月底，才缴齐了赔款。

骆秉章受罚，道光爷知道他冤屈。为了安慰他，特意召见，絮絮叨叨，说了一大堆话，打消他的顾虑，也算是对他无罪受罚做一个交代。

"今年查库办得好。朕知道，人人都知道。操守是读书人的本分，当以清廉二字为本。你在库上办事，很想为国家出力，事事整顿，人所为者你不肯为。可惜啊，积重难返，你一人无力回天。库款如此之多，也不是你一人能够清盘的。为君难，为臣也不易啊。库上亏欠，你也不过听到传闻，必定搞不清数额，所以不敢奏告。如果你知道短缺了九百万两之多，绝对不会隐瞒。就好像仓中之米，不知准数，就是奏请盘查，而挪东补西，哪怕清了盘，还是查不出究竟。奏了还不是白奏？就是王大臣、管三库大臣，也有知道亏短的，但没有准确的数字，也不敢奏，怎能怪你？朕若是把所有库官、御史杀头、发配、革职、调走，四种办法，也无不可。但于公事无济。即便将此等人正办，有已故的，他们又岂都是好人？岂不有失公平？所以一律革职，一律罚赔，也是易经变卦。今日有此案，你的名声更大了。若无此案，朕也不会知道你。今天赏你庶子，这是翰林出身的升迁之途，你不要看是个五品官，你要看将来。怎么样？你以前是府丞，虽是四品，不过四品罢了。你好好读书，好好做官，将来为国家办事。"

道光爷顿了一顿，又问："你今年多少岁？"

奏答："五十一。"

皇帝说："你如此年力，什么事情不可办？"

道光爷的勉励，骆秉章感激涕零。但他一朝遭蛇咬，十年怕井绳。第一次冤枉背黑锅以后，就多了个心眼。难怪他这次来湖南上任，承担了新皇帝交给他的军机大事，他不得不时刻提心吊胆。

名字如何决定命运

进入咸丰年间，骆秉章已经是个四朝老人。他于乾隆五十八年（1793）生在广东花县，跟咸丰年间的另一位大人物洪秀全是同县。由于这层关系，有人编造出一段野史，说骆、洪二人小时候曾同塾念书。小洪秀全曾说："我长大了定要造反！"小骆秉章则回答："你若造反，我一定把你镇压下去！"两个小伙伴长大之后，洪秀全果然举旗造反，而骆秉章则果然成为他最厉害的对手之一。

野史段子可以任意编造，但这位作者并未篡改骆、洪二人在历史上的大结局。骆秉章因积极投入湘军的组建，热情支援湘军的东征，最后还亲率湘军出征四川，成为湘军史上一个举足轻重的人物。他家乡的学者甚至把他抬到与曾国藩同等重要的地位。因此，在这部《湘军为什么这么牛》中，理所应当将他隆重地推出。

骆秉章从娘肚子里探出头时，万物平静，没有炸雷洪水，也没有蛟龙腾空，不像有些大人物，例如曾国藩，一生下来就闹得惊天动地。如果说平静也算一种兆头，倒也说得过去，骆秉章生就一副好脾气，跟他出生时的环境非常契合。

骆秉章原名骆骏，顾名思义，家长对他寄予厚望，希望这孩子既如骆驼般吃苦耐劳，又像骏马一样驰骋在前。他在高宗皇帝治下生长了两年，三岁就进入了嘉庆皇帝的年代（1796）。

也许是仁宗皇帝与骆骏相克吧，骆骏在他的治下状况不断。命中第一槛在五岁就碰上了，他差一点被天花杀死。幸得名医曾华麟抢救，才保住了小命。

过了这一劫，他就开始了启蒙学业。先后换了好几所学校，跟了好几个老师。从五岁学到十一岁，终于能够写成半篇作文。如此看来，这孩子天赋也是一般，比那些五岁就才气横溢的大人物，例如左宗棠，真是差了一大截。

骆骏是个大器晚成的典型。他长到十二岁才写成整篇的作文。三年后初次参加县试。第二年连考几场，县试、府试、院试一路考去。不过考来考去，并未取得令人瞩目的成绩。只有一件事让他兴奋了一阵。家里为他订了亲，未婚妻姓陈，是顺德人氏。

骆骏有些灰心，十八岁从学堂停学，图个清静自由，找了间出租屋，跟朋友结伴自学。从县试到院试，又走了一遍，还是业绩平平。第二年继续上学，参加初级考试，终于取进县学第三名。

嘉庆十九年十月，他把未婚妻陈小姐娶回家里。骆骏成家时，他未来的合作者曾国藩还只有三岁，他未来的师爷左宗棠还只有两岁。

娶妻以后，骆骏仍与友人结伴读书，偶尔到某位老师那里听讲。虽然命运不济，还是要发扬骆驼作风，坚定不移走科举之路。于是他一路考下去，二十六岁参加乡试，中了第五十八名举人，可以进京参加会试了。

然而嘉庆年代老是跟他过不去,他脚下离不了沟沟坎坎。喜事刚到,哀事接踵。那年八月，嫁过来才五年的陈夫人病故了。骆骏是个情种，看重夫妻情分，哀伤过度，卧病不起，会试泡汤。

丧妻的第二年，骆骏开始教书育人。他过不了身边没有女人的日子，赶紧征婚，当年六月，娶了鹤中的张小姐为继室。

骆老师不是那种板着面孔的教员，他是文艺细胞携带者。他不修边幅，穿着比较休闲，一看就觉得容易亲近。他还爱好音乐，每每“引吭高歌”，尽管没有音响设备，也能传到街坊四邻，引得议论纷纷。

“哎呀，又是小生骏在唱吧？好好听的男高音哦，生角的正音呢。”

骆骏被叫成了“小生骏”，这是人们送给他的音乐外号，说明他很受欢迎。

除了唱戏，骆骏还有两大爱好，可以归入“男人不坏，女人不爱”的类型。他不擅长掩饰人性的弱点，是一只有缝的鸡蛋，总会有苍蝇来叮。

一个爱好是进赌场。广州一带的赌风以佛山最盛，骆骏受风俗熏陶，嗜赌如命。另一个爱好是好色，泡妞有一手。这两样人性的弱点，并非骆骏独专，在许多湘军大佬的隐私档案中都有记载。

骆骏再婚一年后,嘉庆皇帝去了,他踏入道光爷的时代(1821),时年二十八岁。他跟宣宗皇帝有缘，道光元年十一月，女儿骆报杏刚刚满月，他就领了公文，北上赶考。五名公车同行，挑了一条热门旅游线路，途经杭州、苏州和扬州，把人间天堂逛了一遍。初次出远门感觉真是好啊！花花世界，尽收眼底。年后进京，虽从考场败下阵来，他还想在京城多住一阵。

小生骏在京城逗留到道光三年，时逢皇上临雍御讲，他去国子监聆听，亲眼目睹天子容颜，颇为激动。遗憾的是，再次参考，没能缩短他跟天子之间的距离，只好回家继续做他的教书匠。

光阴荏苒，一晃过了五年。骆骏再次北上，会试礼部不第。他弄不明白了：做了这么多功课，怎么就考不上呢？想来想去，也许是名字作祟，骆骏骆骏，一点文气都没有，怎么考得中进士？这名非改不可了。一时冲动，跑到礼部申请改名，从此不叫骆骏，叫了骆秉章。

骆秉章回家后，始终没有放弃进士梦，还想试试改名后运势如何。三年后，他已三十八岁，老大不小了，再次北上赶考。还别说，也许真是改名改对了，此一行会试中试，取为壬辰恩科第六十名进士。前面说过，正主考为潘世恩，副主考有穆彰阿。接下来无不顺利过关，殿试取为二甲第二十七名。朝考入选，钦点翰林院庶吉士。第二年四月，翰林散馆，授职编修。七月大考，取为三等第二十八名。骆秉章衣锦还乡，向人们大谈改名转运的奇迹。

骆秉章当了官，发誓戒赌，再也不敢涉足赌场。好色的毛病却没改，踏上仕途之后，心情爽朗，迫不及待地收小纳妾。道光十四年，他纳了一位何姓小姐，带着娇妾回到京城。

第二年，骆秉章出任国史馆协修。那年六月，道光爷召见翰詹，向他垂询广东洋务，骆秉章得以近距离地瞻仰圣容。又三年，他出任国史馆纂修，又纳了一位崔姓小姐为妾，其乐融融。

道光十八年是骆秉章官宦生涯的转折点。他考上了御史，告别文史工作，成为反贪反渎职的官员，补授江南道监察御史。此后岗位时有调动，直到道光二十二年监察银库，虽然尽忠职守，却挡不住腐败的潮流，仍然栽了跟头。

道光爷没有长久地委屈这位廉洁的忠臣，道光二十四年将他补授詹事府右春坊右庶子，在慎德堂再一次亲切召见。

皇帝说："你做官还有良心，所以天不亏负你。你好好供职。对了，你得过讲官没有？"

奏答："没有。"

坏事变好事，道光爷有心进一步弥补他的损失，几天后，令他出任日讲起居官。不久又启用他去山东查办牵涉到巡抚的重大案件。骆秉章结案回京，道光爷亲自听取汇报，叮嘱他引以为戒，在仕途顺畅时不要得意忘形。

由于母亲去世，骆秉章回家守哀三年，直到道光二十八年才回京任官。道光爷看重他的廉直公允，不徇情面，仍然派他查案。骆秉章办完三桩案件，已到十一月，回京复命后，道光爷非常满意。年底，将他补授湖北按察使，并在召见时给他交底："你在京城，就是升到侍郎，也不过随声附和。现在放你做外官，就能事事历练。你是京官四品，自可放外官三品。"

骆秉章请求训示，道光爷说："臬司为执法之官，总要持平，不能放过一个坏人，也不能冤枉一个好人，不可一味地救生不救死。若救生，则死者岂不含冤？"

翌年二月，骆秉章接任湖北按察使，两个月后升任布政使。又三月，调补云南布政使。到云南接任不久，道光爷去世，咸丰将他升为湖南巡抚。这一段故事，本章开头已经叙过。

第八章

调兵遣将

咸丰皇帝挽林则徐联：

答君恩清慎忠勤，数十年尽瘁不遑，解组归来，犹自心存军国；

殚臣力崎岖险阻，六千里出师未捷，骑箕化去，空教泪洒英雄。

五十步莫笑百步

由于郑祖琛的软弱，闵正凤的玩忽，督促广西剿匪的第一份中央文件发出之后，三个多月过去了。咸丰陆续得到奏报和情况反映，广西的情况一天不如一天。

看起来，郑祖琛是完全靠不住了，必须采取更得力的措施。咸丰把军机大臣统统召来，急切地说道："朕要再发一道上谕，督促广西加紧剿匪。"

祁俊藻问道："发给哪些人？还是发给郑祖琛吗？"

咸丰沉吟一会儿，说道："郑祖琛为官三朝，从知县做到总督，颇有清誉，朝廷对他不薄，为什么现在昏聩到如此地步？此人快有七十岁了吧？唉，真是越老越糊涂！两广的事情还得靠徐广缙把舵。此人五十出头，年富力强，去年虽曾违拗先皇旨意，不让英夷进城，可他那一闹，还真把英夷唬住了，先皇还不得不给他嘉赏。"

"皇上的意思，是给徐广缙下旨？"祁俊藻问道。

"向荣应该上任了吧？朕记得，他和杨遇春都是四川人吧？川人能征善战，想必他一到广西，就会有捷报传来。对了，张必禄走到哪里了？此人也是籍隶四川，朕记得他在新疆平叛时出过大力，任过四川、云南、贵州三省提督。难为他七十出头，还要再次出山效力。把朕的意思，告诉徐广缙、向荣和张必禄。朕初登帝位，不依靠他们出力，还能依靠谁呢？"

民众的上访提醒了咸丰，他意识到民情和民心的重要。官员不作为，民众呼吁他们剿匪，可见广西百姓渴望平定动乱。咸丰指示：上谕中要强调民间蕴藏着巨大的积极性，官员必须重视，不论是绅士、商贾还是普通百姓，只要出钱出力，朝廷都要给予表彰，甚至可以授予官衔。他向南方的国民发出一个重要的信息：靠着战功或捐饷，就能从朝廷换来官位。

退朝以后，咸丰还是放不下心来。广西盗匪打出了“替天行道”的旗帜，这件事令他非常不安。他越来越觉得天地会那帮盗匪不可小看。他们不是奸淫掳掠而已，还要颠覆大清的政权。一群草莽蟊贼，竟然想把他这个皇帝掀下龙椅，怎能掉以轻心？想了一宿，他决定向广西大量增兵。徐广缙从广东调去的那点兵力太少了。广西周边的省份都要动员起来，必须把反贼扼杀于萌芽之中。

第二天朝会，他向军机大臣咨询：“广西附近有什么得力的部队？”

祁俊藻回答：“回皇上，湘西的镇筸兵骁勇善战。”

咸丰说：“马上给裕泰和骆秉章发一道上谕，叫他们从镇筸等标营中选派精兵二千名，挑选得力将官分别统领，迅速驰赴广西，听候徐广缙等人调度。朕还得准备一支预备队。叫乔用迁从贵州绿营中预选精兵二千名，以备调拨。”

祁俊藻问道：“增调部队，军饷从哪里出？”

咸丰说：“广东不久前不是往湖南解运了二十万两银子吗？叫骆秉章拨银十万两，迅速派人解赴广西。户部也得拿钱，筹拨一二十万两，立即运往前线，以解燃眉之急。”

这时，殿下有人说道：“皇上，微臣有本要奏。”

咸丰抬眼一看，原来是兵科给事中袁甲三。此人身任军事监察之责，想必所奏之事与广西军事相关，于是叫他呈上折子。

袁甲三道：“微臣奏参广西巡抚郑祖琛和广西提督闵正凤。广西盗贼充斥，蜂屯蚁聚，形势严峻，已非一年，郑祖琛却一手隐瞒。他八月三日曾奏称军务告竣，请求来京陛见，可是只过了十几天，他就加急奏报修仁和荔浦等县失守。如果说十几天前毫无察觉，岂不是漠视封疆，形同木偶，罪莫大焉！闵正凤纵贼养寇，畏葸无能，也应一并查明严参。”

咸丰心想：这个袁甲三奏得好。朕正想树一两个反面典型，借以树威，苦于没人呈递参折。他立马说道：“军机处拟旨，传谕徐广缙，令他对袁甲三所参各条，秉公查核，据实奏参！”

咸丰调兵筹饷，一道又一道圣旨发往各地。他刚刚松了一口气，不料九月十三日，又看到通政使司通政使罗惇衍的一份奏报，不由心中一懔：广东也有盗贼，怎么没见徐广缙奏报过呢？

罗惇衍的职位相当于内阁秘书长，有一些情报来源。他给皇帝讲了一个故事，点明广东盗贼横行的实况。六月间，几千名匪徒围攻肇庆府所属的广宁县城。知县倒是有心为朝廷保全此城，却又担心打不过匪徒，竟然别出心裁，叫人跟匪徒谈判：你们不是要抢财物吗？本县不劳你们来抢，送你们二千五百两银子怎么样？这总可以放过广宁了吧？这一招还真管用，匪徒同意撤走，放出话来："弟兄们，广宁不打了，咱们去英德和清远一带活动。"

咸丰看到这里，气得直拍案几："成何体统！成何体统！堂堂七品朝廷命官，一县主宰，竟然向盗匪行贿，放任他们去攻其他城市！"

罗惇衍说的另一件事更气人。七月初，还是那股匪徒，直扑韶州府所属的英德县。驻防军队的千总梁恩升，还算对得起朝廷，能够带领民兵抵御。可是此人武功太弱，成了匪徒的阶下囚。奇就奇在匪徒并不杀他，竟然拿他做人质，向官府索取几百两银子。

咸丰向军机大臣们吼道："这个梁恩升，究竟是剿匪，还是送给人家绑票？"

大臣们面面相觑，不发一言。他们知道，这份报告后面还有更奇妙的内容，皇上看了，指不定会气成什么样子。

广州府所属的清远县，是出行者的水陆必经之路。匪党们看中了这个地方，从七月十五日开始，公然在各个隘口设卡，拦截往来船只，对行李货物抽取重税。

这股贼匪头目不少，名字奇奇怪怪，有黎东狗、单眼德、大鲤鱼、大头羊等名目，号称有八千子弟，与广西沟通一气，枪炮武器"各极精良"，肆行无忌。本年以来，没有听说地方官严办过一个案子，所以贼匪无所忌惮。

通过罗惇衍的分析，咸丰对广东的干部队伍有了清醒的认识。广东官军的诸位军长出卖空出的军官职位，中饱私囊。师团营连级军官克扣部队军饷，虐待士兵。府厅州县的地方官放纵盗贼残害百姓。前任省级大员养痈贻患，现任督抚派了高级将领攻剿盗贼，但对付不了贼寇的游击战术。天地会部众越打越多，官兵越来越单弱，难操胜券。广东要想剿灭盗匪，必须大力征兵。

罗惇衍反映了情况，却想不出有效的对策。他说，朝廷的规章制度，也许是无法约束南边的那些官员了，只能请他们扪着良心想一想。他吁请广东高官严令部属"激发天良"，为民除害。这种激昂愤慨的呼喊，咸丰听得多了，听上去满腔忠义，其实有气无力。

出乎大臣们意料之外，咸丰皇帝看完奏报，没有再发脾气。事情到了如此地步，雷霆大怒也无济于事。官场必须整肃，剿匪迫在眉睫。他身为一国之主，必须做出冷静的决断。

那一夜，年轻的皇帝彻夜未眠。广东广西的官场，已经彻底糜烂，很难指望原班人马打败匪徒。徐广缙指责郑祖琛隐瞒匪情，放任逆贼，他自己不是一样吗？这样的官员，怎能替朕挽回大局？他连广东都搞不定，岂能靠他摆平广西？一定要派一名能干的大忠臣去广西，才能迅速打开局面。可是，谁能担负起这副重担呢？

事有凑巧，第二天上朝，祁俊藻奏道："内阁中书左宗植向微臣推荐一人，或许可以办理广西军务。"

咸丰忙道："快说，是谁？"

"林则徐。"

咸丰一听这个名字，顿时龙颜舒展。对呀！朕怎么忘了这位肱股老臣呢？这是一个众望所归的人物。先皇虽然处分过他，但据说王鼎死后，先皇经常听到空中有人呼唤他的名字，所以不久就赦免了这个功臣，重新起用，委以重任。林则徐未将个人荣辱放在心上，仍然忠心效力。陷害林则徐的穆彰阿，朕在削夺他的权柄，也算是替林则徐出了一口气。如今朕令林则徐出山，他定会替朕把广西的差事办好。就这么定了！

咸丰年纪不大，对前朝的事情却有自己的是非判断。他不喜欢穆彰阿，憎恨他保位贪荣，妨贤病国；小忠小信，阴柔养奸；伪学伪才，逢迎主意。更可恶的是固宠窃权，在鸦片战争中倾排异己。有碍于己，必欲陷之。耆英无耻，丧尽天良，穆彰阿同恶相济，尽力保全。他仗着道光爷的恩宠，怙恶不悛，竟然对新皇怀有二心。咸丰登基之初，他遇事模棱两可，缄口不言。几个月后，则渐施伎俩，用心阴险。潘世恩等人保荐林则徐，穆彰阿却多次从中作梗，硬说林则徐体弱多病，不堪录用，妄图蒙蔽新皇。咸丰把穆彰阿赶出权力核心，林则徐已经得知，无疑感到快慰，如今皇帝遇到难处，需要林则徐效力，相信他一定会万死不辞。

咸丰拿定主意以后，向内阁颁发上谕。他首先提到广西的民生，把广西剿匪的意义提到前所未有的高度。他说，广西的匪情已经十分严峻，各地民不聊生，令他寝食不安。

民生一日不安，朕心一日不释。

他接着说，为了解决广西的问题，他要派出最为得力的大员，任命前任云贵总督林则徐为钦差大臣，颁给关防，令他火速驰赴广西，会同郑祖琛、向荣、张必禄三人，督率藩司劳崇光，悉心剿抚。林则徐前在云南办理汉回军务，快刀斩乱麻，平息事端，才干超群。相信他此次赴任广西，定能荡平丑类，绥靖岩疆。

咸丰选定了广西戡乱的大帅，决定让徐广缙留在广东剿匪。徐广缙此时也不敢再隐瞒匪情，他和广东巡抚叶名琛奏报，佛冈剿匪的官军，遭到匪军打击，部队溃散，文武官员都遭围困。

咸丰看了奏报，叹息一声，对大臣们说："匪徒竟然围困官军，也太猖狂了！为今之计，惟有大集兵力，四面兜剿，才能迅速扑灭。徐广缙就不要去广西了，专办广东军务吧。"

起用前朝勋臣

▲ 福建人林则徐在鸦片战争中的强硬态度，对许多湘军人物产生了极大的影响，而他对新疆边防的关注，与左宗棠率湘军收复新疆，具有前因后果的关系。

道光三十年（1850）九月底，六十五岁的林则徐在福州家中拜领圣旨，以及钦差大臣的关防。展开圣旨一看，不由一阵晕眩。林则徐一直卧病在床，对于广西动乱知之不详。可是圣旨令他"星驰就道"，就任广西剿匪大帅，可见年轻的天子心急如焚。

这些天，天气转凉，林大人又犯了脾胃虚寒的老毛病，正在拉肚子，身体虚弱得不行。但他接到圣旨，并无推辞之意。他对儿子林汝舟说："朝廷有难，天子还记得我这个老臣，信赖有加。可惜为父病入膏肓，只能勉为其难了。"

林汝舟说："广西的情形委实不妙，皇上也是被逼得没办法了吧。可是父亲身体欠佳，此去广西千里迢迢，怎能担此重任？朝廷难道就别无人选了？圣旨已经接下，父亲究竟去不去上任呢？"

林则徐道："唉，皇上命我为钦差大臣，交付兵权，那是对为父莫大的信任啊。二百多年来，朝廷从未轻易把兵权交到汉人手中。像为父这样得到皇上信任的汉人，能有几个呢？既然国家有难，朝廷倚重，为父怎有推辞之理？"

"天下岂无干才，非得父亲出山不可？可惜藏匿民间，不为朝廷所识。父亲，您老记不记得，去年十一月间，我们从云南回家，途经湖南，您老特意派人前往湘阴去找左宗棠，请他到长沙一见。左季高不就是难得的干才？唉，可惜他如今还只是一个举人，无法为朝廷出力。"

"为父当然记得！"林则徐说，"左宗棠虽然屈居山野，却难得一身傲骨。记得为父发配到新疆九年之后，蒙道光爷赦免，道光二十八年出任云贵总督，代理安顺知府胡林翼就曾向为父推荐他。胡润之说，湖南有个左宗棠，品学为湘中学者第一。为父叫润之转告左季高，请他来云贵总督署任职。那一次，他婉言谢绝了为父的邀请。”

提起左宗棠，林则徐的精神突然清爽了许多。父子二人回想起左宗棠跟他们一家人在长沙的那次会见。

那一天，画舫在长沙停泊，林则徐不想惊动湖南官府，只派人向湖南巡抚借了两匹快马，派人去给左宗棠送信。左宗棠在天将晚时飞马赶到长沙，来到小西门码头。只见码头已经被群众围得水泄不通。原来林则徐借马后，禁烟大臣来到长沙的消息就已走漏风声，官民齐集小西门，要一睹林大人的风采。

林则徐的跟班见左宗棠无法穿过人墙，叫了一只鱼划子，驶到码头上游，将左宗棠接到船上。林则徐站立船头迎接，眼看着划子就要靠上画舫，不料江波推涌，颠簸几下。左宗棠迫不及待，抬步过船，一个趔趄，扑通落下，跌进江水。几经挣扎爬上船，浑身滴水。林则徐将他一把搀起，笑道：“这就是你的见面礼？”

左宗棠说道：“晚生拜见林大人，岂能失礼？听说古人对待士子，有三薰三沐之礼。现在三沐我已拜领了，三薰则还未受领。”

林则徐笑道：“还讲什么礼数啊？快快更衣，免得着凉。”

左宗棠换上干衣，与林则徐重新施礼相见。宾主坐定，林则徐打量着眼前这个中年人，身材矮胖，一副儒雅之相，举止倜傥。圆圆的面庞，机警的双眼，不时投出两道探究的目光。从他上船时的几句交谈，可知他反应敏捷，口才不俗。

林则徐说：“季高贤弟，看来你跟老夫一样，是个急性子。老夫任江苏巡抚时，曾手书匾额于听事之堂，曰‘制一怒字’，颇有受益。”

左宗棠连忙揖道：“林大人雅量，宗棠领教了。”

林则徐跟左宗棠聊了几句，初次对面，如见故人，引为忘年之交。

道光末年的中国，笼罩着对外战败的阴影，积极探索国防问题的读书人犹如凤毛麟角。那一刻在长沙碰头的林、左二人，便是全国国防研究的代表人物。他们很快就进入圈内的话题，着重讨论东南海防和西部边防。世人皆醉，林、左独醒，同道切磋，兴致盎然。两人说出彼此的共识：中国必须加强军备，保卫漫长的海岸线；西域有大片的国土，迫切需要国家派人经理，不能闲置，更不容落入他国之手。

林则徐既是海防的先驱者，又是当代研究西部国防的第一人。他真是没有料到，左宗棠这个“湘上农人”，竟然以巨大的热情，不懈地研究他所关心的国防课题，关注着西方列强的动向。一介寒儒，抱负宏大，目光高远，才情毕显。林则徐眼睛湿润了，心想此人一定能够实现自己未竟的心愿。他激动地说：“老夫在新疆考察，对西北情势略知一二。老夫担心的是，中国的忧患，恐怕不在英国，而在俄国啊。胡润之说你左季高二十一岁就提议在新疆置省，真令老夫钦佩！”

左宗棠答道：“不才俗务缠身，未曾涉足大西北，新疆的情况，还望林大人赐教一二。”

林则徐转向大儿子：“舟儿，你把为父在新疆期间搜集的材料，还有为父预拟的战守计划，以及沙俄在中国边疆的动态，全部拿出来，我要送给左季高。”

林则徐亲手把一个个饱含自己心血的卷宗交给左宗棠，注视着对方的眼睛说：“东南洋夷，或许有别人能够抵御，而日后西定新疆，非君莫属！”

那一刻，他从左宗棠眼中看到了狂喜，看到了激动，也看到了真挚的承诺。他发觉自己跟这个湖南的后生有太多的共同语言。湘江夜话，林、左江中宴谈达曙，无所不论。天亮后，宾主依依惜别。临别前，林则徐还写了一副对联相赠：

苟利国家生死以，岂因祸福趋避之。

林则徐为了表达他对左宗棠的敬重，上款书“季高仁兄先生大人法正”，下款署“愚弟林则徐”。

湘江夜话的情景，林则徐至今记忆犹新，只是为左宗棠久久未能出头而惋惜。

“舟儿，你还记得吗？我回到福州之后，即命聪彝代写奏折，向朝廷一再推荐左季高，说他是绝世奇才。也不知为何，朝廷并未重用他。”

林汝舟说：“如今正当朝廷用人之际，父亲何不写信给左季高，邀他到广西效力？”

“到了广西再说吧。”林则徐说罢，叫儿子准备笔墨，当即缮写奏折。是否邀请左宗棠，他要等到抵达广西以后再作决断。此话含有潜台词，说明他对自己来日无多已有预感。

林则徐在回复圣旨的奏折中写道：

臣在福建省城本籍，因旧疾未痊，正在赶紧医治，特蒙恩敕，给臣以钦差大臣关防，令即驰往广西接办军务。

臣但能稍离枕席，即不敢藉病迁延，惟有矢敌忾之夙诚，冀以答绥边之至计。

十月二日，林则徐拖着病躯，从福州勉强起程。他选定了一条前往广西的捷径：从驿路经闽南的泉州、漳州，取道广东的肇庆。他打算沿途访查匪情，星夜兼程，争取早日到任。

这是一次悲壮的旅行。旅行者对自己是否能够走完旅程毫无自信，但他为了报效那个曾一度辜负他的朝廷，已将生死置之度外。

林汝舟目送父亲离去，目光里透露出无限的悲凉。

临危受命的四川老将

林则徐对自己的健康状况已经失去自信，咸丰皇帝却很庆幸还有林则徐这么一位重臣可以倚赖。给林则徐派差的谕旨发出之后，他心里轻松了许多。现在是时候惩办广西的失职大员了，他要杀一儆百。九月二十二日，他颁下谕旨，将广西提督闵正凤革职，押解京城，听候查办。

咸丰不再指望郑祖琛办什么事情，五天后，他接到广西的军报，阅罢只是冷冷一笑。郑老头还是跟他玩老一套的把戏，先报一个无关紧要的小胜仗，声称击毙陈亚贵的部众多名；然后才说真话，承认官军两次失利。广西东部的贺县有一股游匪，向西南方奔窜，抵达一百多里外的昭平，分为两股，将官军围住，加以痛击。广西的西南角上又有匪情，明江匪徒向西北奔窜，袭击几十里外的龙州。龙州同知竟然又是下落不明。郑老头拿不出任何得力措施，无非下几道空头指令，要求部队"分路进剿，力遏寇氛"。

咸丰想，林则徐未到之前，广西的匪情只会越闹越凶。林则徐到广西之日，就是郑祖琛下课之时。朕还得为林则徐多调一些兵力。不久，云贵总督程矞采和云南巡抚张亮基奉到圣旨，立即在广南府境内就近选调两千名标兵，火速开往广西。

林则徐还在路上勉力挣扎，咸丰寄托厚望的另一个人物已经出现在广西战场。五十八岁的向荣，在九月秋风的习习吹拂之下，从湖南来到桂林，从闵正凤手中接过广西提督的大印。

向荣是一位非常爱惜羽毛的将军。他知道自己身上承载着新皇帝的殷切期望，不由踌躇满志，浑身洋溢着必定大功告成的自信。他没把广西那些蠡贼放在心上。造反派他见得多了，一生的战功都是从平乱中得来。不久前他在新宁镇压李沅发，没费多大的力气，就把那股逆贼剿灭净尽，充分说明他武功正盛。

向荣的确是一员百战老将，运气向来不错。他在一次又一次胜利中养成了刚愎自用的性格。这造就了他性格中一个致命的缺陷，只能顺风跑马，不能逆水行舟。胜利是他最好的春药，每逢大捷，他必定意气风发；失败却是他不能沾的巴豆，一打败仗，他的自信就会一泻千丈，自暴自弃，趴下装死。他在逆境中的心理承受能力，只能达到小儿的级别。

向荣刚到广西时，运气仍然不错，屁股还没坐热，就捞到了一个向皇帝报捷的机会。胜仗虽然不是他打的，但他一到广西，下面就来了捷报，他就可以跟郑祖琛联衔奏报。他不免暗自得意：老夫真是吉星高照，未上前线，声威已将逆贼震倒。

这场战斗在向荣离开湖南时便已打响。陈亚贵从修仁和荔浦撤出之后，向武宣转移。当时闵正凤朝象州转移，正好可以堵住敌军，但他按兵不动，听任陈亚贵南下武宣。

陈亚贵跑到武宣的三里墟，纵部抢掠。官军副将李殿元闻讯，带兵进剿。陈军过河时，李殿元令水陆两路开炮攻击，把他们逼到河里，溺死不少。陈亚贵一看不对，立马率部奔逃，又遭到浔州乡勇的追击，损失了几百人。

李殿元作风顽强，猛追猛打，第二天四面围攻，陈亚贵又损失四百多人，另有一百多人缴械投降。陈亚贵带领余部翻山逃跑，抵达湾龙、尚岭一带，又被官军拦截，吃掉几百人，俘虏一二百人。陈亚贵跟搭档郑廷威逃得快，躲过一劫。

陈亚贵遭到重创时，太平及右江河下的官军击退了另一股盗匪，分头搜剿，汇报的战果是“斩获甚多，匪势涣散”。

官军好不容易打了胜仗，郑祖琛和向荣飞马报捷，奏折于十月八日就到了皇帝手里。得知向荣已经到任，咸丰的焦虑释放了一些。他欣赏向荣实话实说，胜败都报。官军在贺县与昭平遭遇两股土匪，吃了败仗。广西东部的永安、平南、滕县、郁林、贵县以及广西西部的宜山各个州县，还有匪徒四路窜扰，河池州境内也有匪情。这些不利的情况，向荣都未隐瞒。咸丰看完奏折，面露微笑。向荣比郑祖琛强多了，敢于奏报实情，这才叫人放心。

咸丰此刻要做的事情，就是给向荣上发条。他对祁俊藻说：“向荣刚到广西，林则徐和张必禄还在路途。陈亚贵逆党虽然已被打垮，但他本人还没抓到。发一道上谕，叫他们不要因为打了胜仗而稍存大意。向荣一定要严令部队，在匪徒往来之处扼要搜捕，悬赏购线，务期必获。绅民缚献贼首，朕必立加重奖。三省援兵，要催令迅速到位。其余各地，匪徒四窜，也要分头往剿，不可顾此失彼。”

咸丰登基以来，第一次听到广西方面报来一个较大的胜仗。他不等广西大员请赏，主动提出：凡是在这次胜仗中奋勇出力的文武官员，你们都可以酌量保奏。

咸丰一天天计数着日子，估算林则徐何时起程，现已走到何处。十月十六日，上任不久的军机大臣赛尚阿兴冲冲地进得殿来，手里拿着一份折子，竟然忘了君臣礼仪，大声喊道：“皇上，林则徐有消息了！已在路上。”

咸丰从他手里抢过折子，打开看了几行，说道：“朕就知道，林则徐会不负重托。”接着叮嘱赛尚阿：“林则徐对广西的情况不熟，尔等必得告诉他，广西盗匪遍地，千万不可轻敌！朕已从贵州、湖南和云南调拨援兵六千名，已从广东、湖南和户部筹拨军费四十万两。如果还不够用，可以找郑祖琛和劳崇光一起预筹。”

咸丰顿了一顿，又说道：“朕还要林则徐切实调查，替朕排解疑惑。广西匪徒如此之多，究竟是怎么来的？督抚们说，有的是外来匪徒，有些是土匪勾结，是否各股之间根本没有联系？还是有一个总头目在号召他们反对朝廷？为什么他们四处抢掠，同时并发，究竟是从何时何地开始？文武各官有没有激起民变的行为？郑祖琛在广西待了五年之久，怎么没能把祸患消弭于未萌之时？是否办理延缓，不能振作？还有那个闵正凤，拥兵不出，已经革职，平素是否还有其他劣迹？叫林则徐一定为朕查明，据实参奏！各地官员，若有贻误，一经查明，一并严参。至于那些实在出力、素娴韬略、得到百姓爱戴的好官，以及团练义勇互相保卫或者捐资助饷的绅士，林则徐也要替朕查明，据实保奏。"

咸丰提出一连串问题，都是心中想弄明白而得不到信息的。清廷的情报系统至少在南方已经运转不灵。这时候的咸丰，对于广西造反派势力的日益强大，已有隐隐的预感。他很担心两广存在一个组织严密的造反团体，以颠覆大清为宗旨。如果情况真是如此，单靠一介武夫向荣，绝对无法彻底消除匪患，必须有林则徐这样的文职大员才能妥善处置。

现在第一位重要的是情报，有关造反组织的情报。咸丰指望着林则徐为他解开心中的困惑，但他没有想到，就在他接到林则徐奏折以后的第三天，他想依靠的那位汉人大臣就已经告别人世了。

广西的浑水深不可测

林则徐离开福州以后，尽可能加快速度，沿着海岸线一路南下，只用了十几天时间，就到了福建最南端的诏安县。

然而病中的老人哪里还经得起如此折腾，未出福建境内，肚子拉得更厉害了。但他不顾劝阻，执拗地前行，向西南方向走了两百里，抵达广东潮州的普宁县，就再也走不动了。万般无奈，只得向朝廷写了请假报告。报告写完不久，便于十月十九日早晨在行馆病故。野史记载，他在临终时大呼三个字，根据发音判断，当为"星斗南"三字，人们不知其解。

崇仰禁烟大臣的粉丝们编了一个段子，炫耀林则徐的威风。话说太平军听说朝廷任命林则徐到广西剿匪，慑于林大人的威名，无不心惊胆裂，有心解散。忽然听说他已去世，不由信心陡增。这段野史可信度不高，因为直到林大人去世时为止，拜上帝会还未打出太平军的旗号，清廷也未将拜上帝会当作主要的敌人。不过，无论天地会还是拜上帝会，都不乏敬仰林则徐的会众，如果林大人寿命再长一点，到广西就任了剿匪总指挥，会党会不会自动偃旗息鼓，林大人会不会对他们严酷镇压，倒是未知的变局。

林则徐客死他乡，随行的家人将钦差大臣关防交给地方官收存，马上写信给林汝舟报丧。林汝舟顾不得悲恸，立即向福建巡抚徐继畬报告。徐巡抚考虑到广西军情紧要，不敢耽搁，连忙奏报朝廷，请求另派大员前往广西接任。同时命令沿途地方官：林大人的灵柩回籍时，尔等要妥为照料。

但是，徐继畬的报告要过十天半月才能送达北京，在此之前，咸丰又向林则徐发出了多道指令，都等于是放了空炮。

林则徐未到广西，郑祖琛还是这里的一把手。他的手下，并非个个吃斋念佛，都如郑巡抚一般慈悲为怀，也并非个个都如闵正凤一般无能懒散。有几个忠诚能干的官员，很想在剿办贼匪的作战中一展身手，可惜他们官职太低，无法影响全局。

大约在林则徐从福州动身的前后，桂平知县李孟群得到情报：陈亚贵遭到官军重创，钻空子逃走了。李孟群有心抓捕这个钦犯，率领浔州府的民团四处搜捕，果然手到擒来，同时抓到其弟陈火交。

陈亚贵在这一年两次攻城杀官，被官府视为凶悍的大敌。他耳目众多，在官军追击时总能逃脱。这一次落在李孟群一干人手里，他的路就走到了尽头。

经此一仗，李孟群崭露头角。郑祖琛奏报了他的战功。后来他的名字频频出现在报捷的奏折之中，引起了京官曾国藩的注意。曾国藩在咸丰四年改组湘军时想起了这个名字，把他罗致到自己帐下，使他在湘军征战史上留下美名。此是后话。

陈亚贵的就擒并未扭转广西的局势。郑祖琛奏报捕获陈亚贵的折子，又给咸丰报了新忧。西部的河池州遭到匪徒袭击，知州被匪徒拦截，守备吏目也被围困。郑祖琛派参将岳龄带兵援应，可是岳龄手下兵员太少，只能“稳慎进取，协同剿洗”。

尽管河池州出现了新的贼情，但官军毕竟抓到了匪首陈亚贵，咸丰总算松了一口气。这件事发生在向荣到位之后，又记在了他的功劳簿上。咸丰估计林则徐也快到任了，那么广西就有了两位能臣，一文一武。只要能把援兵催到，应该不难把盗贼全数扑灭。咸丰表扬此仗打得还算漂亮，决定奖励有功人员，悬赏鼓励绅民绑拿其他匪首。

咸丰非常欣赏李孟群那样对造反派毫不留情的官员，无法原谅郑祖琛的软弱无能。他正在考虑调整广西的省级班子，十月二十四日接到徐广缙的一份折子，促使他最后下定了决心。

徐广缙虽然不是军事干才，但他镇压造反的态度跟咸丰一样坚决。他再次请求皇帝把郑祖琛赶下其位。他指责郑祖琛只用怀柔政策，竭力粉饰太平，在州县一级则是上行下效，以致于酿成巨患。咸丰知道，其实这也怪不得郑祖琛，都是先皇倡导一团和气落下的病根。但是，郑祖琛在新皇登基以后，未能跟紧形势。

咸丰再三下诏，要求用铁的手腕平定动乱，郑祖琛却辜负他的一片苦心，军务办得不如人意，那么让这个年老多病的老官僚下课，也是迫不得已了。

咸丰把赛尚阿召来，对他说："赶紧传谕，将郑祖琛革职，由林则徐以钦差大臣暂代广西巡抚。徐广缙说，陈亚贵的同伙郑廷威尚未抓获。林则徐到任后，令他专办广西剿匪，督促各部，将郑廷威并各股匪首设法购线擒获，如此才能瓦解伙匪，肃清全省。"

为了给林则徐上任提供更有利的条件，咸丰于十月二十七日下诏，主动提出为广西民众减负。用政客们的话来说，新皇要在广西收买民心。百姓不问政治动机，只看有没有实惠，自然希望有人收买。地方官员若能将减负落在实处，未必不是一个良策。

咸丰怀疑广西存在一个严密的造反组织，但在他得到的情报里，只有陈亚贵是头号匪首。现在陈亚贵已被铲除，他终于过了几天轻松的日子。他没料到，陈亚贵刚刚被捕，就有另股盗匪攻城掠地。十一月三日，赛尚阿呈上一份奏折，说道："皇上，徐广缙奏报，广西贼匪杀进了永康州城。"

咸丰问道："知州是谁，他干什么去了？"

赛尚阿回答："代理知州高汝霖正在陇东一带防守，一闻贼信，立即赶回堵御，没想到贼匪在他赶到之前先已窜入州城。高汝霖赶紧召集团练，亲自带到州城，四面用火围攻，贼势不支，纷纷遁去，现在正筹划派兵追剿。"

咸丰怒道："这个高汝霖，他不在永康州城防守，却跑到陇东去了。他说是防匪，防的究竟是哪一股土匪？贼匪都打进州城了，他为何事先毫无知觉？依朕看，恐怕又是逃避于前，装点于后吧？高汝霖先行革职，是否与其他官员一起临阵逃脱，着林则徐确查参办。"

赛尚阿说："郑祖琛咨会徐广缙，称此股贼匪即系前次拥入明江龙州之匪，可是郑祖琛上次奏报说，太平的官军节次攻剿，贼锋大挫，这前后情形不符啊！依臣之见，莫非又是郑祖琛……"

咸丰打断他的话："别提那个郑祖琛了。丢城失地，不见他的奏报，倒是徐广缙的奏报先到了。朕既已将他革职，对他已不指望。朕现在只想知道，这股贼匪的头目是不是陈亚贵的同党？叫林则徐查核确情，一并奏闻！"

四天以后，咸丰才接到郑祖琛和向荣的奏报，又是一些七零八碎的小胜仗。广西的匪情仍然是云山雾罩。土匪究竟是何人为首？游匪又从何而来？一会儿说余匪无多，一会儿又有大股出现，攻城占地，广西那边浑水究竟有多深？

咸丰皇帝耐着性子，等待林则徐到任后为他理清头绪。

继续挖掘前朝勋臣

林则徐去世的噩耗，几经往返，在林大人归天二十三天以后，才由徐继畬报到朝廷。

听到林则徐去世的消息，咸丰脸色大变，或许是为这位忠心的官员悲哀，或许是因为他对这位能干的忠臣指望落空了。

咸丰沉默半晌，对身边的赛尚阿说："朕听人说，林则徐在官时，经常自诵一副对联：苟利国家生死以，岂因祸福趋避之。他倒真是身体力行啊。这句诗究竟是他自己所作，还是别人所作？"

"这个，微臣无从查考。"赛尚阿回答。

咸丰不愧是清朝皇帝中文学最好的一位。他略一沉思，提笔写下一副挽联，吊唁林则徐：

答君恩清慎忠勤，数十年尽瘁不遑，解组归来，犹自心存军国；

殚臣力崎岖险阻，六千里出师未捷，骑箕化去，空教泪洒英雄。

他让祁俊藻拟了一道上谕：

林则徐着加恩晋加太子太傅衔，照总督例赐恤。历任一切处分，悉予开复。伊子编修林汝舟、文生林聪彝、文童林拱枢，均着俟服阕后由吏部带领引见，候朕施恩。

咸丰给了林则徐以优厚的身后待遇，他更操心的事情是委派何人接替已然逝去的大臣。林则徐身兼钦差大臣和广西巡抚二职，朝廷必须尽快选派两个合适人选前往广西。

咸丰见过的前朝大员实在不多。几个月前，他为了熟悉人头，曾召见朝中文武官僚，查阅高官档案，有个人给他留下了较深的印象。此人名叫李星沅，湖南湘阴人。咸丰发现他有三大优点。

李星沅从道光二十五年调任江苏巡抚起，所办的差事，件件都很令人痛快。他洞察漕务积弊，严惩奸吏，根除陋习，不但利国，而且利民。此后调任云贵总督，代理云南巡抚，大力整顿边防，严惩以权谋私的腾越镇总兵。此为第一大优点：敢于惩治贪腐。

道光爷于两年后将他调任两江总督。李星沅到任两江时，鸦片战争的阴影仍然笼罩着江南半壁。李星沅整顿水师，建造船舰，肃清盗匪，拒绝沙俄商品进入上海，大力护卫海疆。道光爷将他倚为江南屏障，同时命他兼代河道总督，敕封荣禄大夫、太子太保、兵部尚书、都察院右都御使。此为第二大优点：留心军事。

道光二十八年，江淮水灾严重，李星沅发赈收抚，稳定粮价，折银完漕，大利民生。此为第三大优点：爱民如子。

李星沅能有经世之才，跟道光朝名臣陶澍的熏陶很有关系。陶澍是李星沅父亲的故交，知道这个年轻人出身孤寒，开敏沉毅。于是将他招入川东幕府，委以书记。每当口授大略，援笔万言，曲尽事理。

陶澍喜形于色，说："你呀，是个实干家，但要多读书啊。"

陶澍看好的人，大致不差。林则徐、胡林翼、左宗棠，经陶澍相中，无不出息为一代名臣。李星沅名气差一点，但他对陶老师心存感激，奋发为官，也有不俗的政绩。

李星沅的履历很有说服力，咸丰认为他是接任林则徐所遗钦差大臣一职的最佳人选。可是此人于道光二十九年告病卸任回籍。咸丰早就有意重新起用这个人才，查明他母亲的诞辰，派人带着几枝长白山的特大人参，前往湖南湘阴，为他的老母祝寿。同时转达口谕，希望他继续为朝廷效力。李星沅叩谢皇恩，恳请为母亲养老送终。咸丰当时没有勉强他，但是这一次，无论如何也不会允许他推辞了。此人只有五十三岁，年富力强，有什么理由辜负皇恩呢？

咸丰定下了钦差大臣的人选，广西巡抚的候选人还需斟酌。他决定召见军机大臣讨论人事。这时穆彰阿已经革职，陈孚恩失去恩眷，主动辞官回家养病。咸丰最信任的是祁俊藻和赛尚阿，何汝霖与季芝昌也得到了提拔。

咸丰问道："现已退休的前朝老臣，有何人熟谙兵略？"

祁俊藻等人揣摩圣意，皇上有心起用一些在前朝因种种原因归隐家乡的能臣，为自己所用。这样做不但有助于改善官场风气，也会使老臣们感恩戴德，鞠躬尽瘁。于是奏道："皇上，周天爵现在山东原籍，可否起用？"

咸丰说："周天爵？朕记得，此人乃三朝老臣，不是年纪很大了吗？"

祁俊藻说："皇上好记性！此人年事已高，过了七十八个春秋。不过，臣听说他精神还很健朗。"

"周天爵现在何处？"咸丰问道。

"回皇上，在山东阳谷家中。"

"他可懂得打仗？"

"此人乃嘉庆十六年进士。当过漕运总督、河南巡抚和湖广总督。道光二十年，因儿子代人说情，他偏听偏信，犯了庇护罪，先皇将他革职查办，遣发伊犁。翌年英夷犯我粤东，先皇将他调赴前线，在将军奕山和钦差大臣耆英手下差遣。又两年，因抗夷有功，先皇赏了他二品顶戴，起任漕运总督，兼河南河道总督。不料又出了岔子。漕运书办私刻总督关防，周天爵失察，被降四级留任，后来他自请免职，以二品顶戴致仕。”

“哦？此人既能打仗，广西倒是用得着他。”

咸丰沉吟一会儿，终于下了决心。他先前启用林则徐，不仅看重他的声望，也是因为林则徐熟谙军务。启用李星沅，同样有这方面的考虑。当他听说周天爵抗夷有功，是个办军务的料子，就下定决心启用这位老臣了。

“你们拟旨吧，传谕李星沅和周天爵：命李星沅为钦差大臣，颁给关防，驰驿前往广西剿办逆匪；令周天爵署理广西巡抚，一并驰驿前往。李星沅从湖南前往广西，程途较近。别忘了告诉他，朕叫林则徐查访的那些事情，他都得给朕查个水落石出，如实奏来。周天爵程途较远，到任尚需时日，就让劳崇光暂代广西巡抚吧。”

咸丰算了一下，他已从湖南、贵州、云南等省，向广西调派六千兵力，都会陆续开到。李星沅和周天爵两名文官到任，加上武将向荣和张必禄，班子够强大了，没有理由平定不了广西。

可是，咸丰刚刚敲定广西的剿匪班子，前线就有了新的变数。老将张必禄好歹是走到了广西，但是未跟匪徒交手，便步林则徐的后尘，在浔州走完了人生的最后一站。好在武将还有一个向荣，已经上前线领兵打仗。他手下的兵力已经大大增强，因为张必禄留下了他带到广西的三千云南兵。

向荣一到前线，便亲手打了一个胜仗。他探知武缘、宾州和庆远等处都有土匪活动，亲督官兵驰往庆远一带，发现二千多名会党驻扎在龙门司的索潭圩。向荣用了一点心计，担心会党闻风逃走，一路偃旗息鼓，打算出其不意，打个措手不及，将其聚歼。他令部队马不停蹄，火速进攻，一举击毙几百名会众，又火攻敌营，烧死不少会众，逃跑者坠落山崖，伤亡惨重。向荣俘虏了几十名会党，缴获枪炮器械多件。武缘和宾州方面，官军同时发起攻击，也颇有斩获。

向荣一打胜仗，就会有雄赳赳的自我感觉。他摆出了前线统帅的架势，告诉皇帝：在他的统一指挥下，可以很快完成广西的剿匪战役。

向荣的自信感染了咸丰。他立刻对这位四川老将提出表彰。

向荣甫经到粤，即能身先士卒，激励将弁，实属忠勇可嘉，均堪嘉奖。

向荣的自信误导了皇帝。咸丰认为广西剿匪已完成第一阶段。平乐和柳州一带，自从陈亚贵就擒，已经安定下来。现在，如果集中兵力围攻浔州、庆远、思恩一带的贼匪，就能使其他匪股望风披靡，溃不成军。只要两广交界处严密设防，匪徒就无法四处逃窜了。

咸丰远在北京，遥控南方战事，顾虑到方方面面，发布的指示，都很中肯。

只是他没有想到，那个趾高气扬的向荣，还没有找到真正的劲敌。大规模内战的序幕，其实还没有揭开。

劳崇光也在进一步误导最高决策者。他接到暂代广西巡抚的谕旨以后，揣摩皇上已经原谅了招降张嘉祥一事，积极性大为提高。不出十天，咸丰接到他和向荣的奏报，声称庆远一带的匪徒经过官军追剿，基本上已经肃清。

向荣真是神了。咸丰想道。怎么他一到广西，柳州周边和庆远等地的匪徒就已歼除殆尽？看来只要用人对路，一省的动乱不难平定。咸丰的错觉形成了：广西剿匪可以速胜。浔州和南宁两地，固然还有盗匪作乱；但有了向荣这员老将，战斗将会十分顺利。李星沅和周天爵这两位能臣还没出场呢，他们到任后，广西军务定会办得更为顺手。

咸丰心里夸着向荣，发出的上谕却颇为慎重。他指出，左右江一带的匪徒势力尚在蔓延，浔州府的大黄江和桂平的金田村，以及附近的平南和郁林等地，贼踪出没，人数甚多。他叫李星沅不去桂林，直接赶赴柳州，与劳崇光和向荣互为声援。周天爵也不要待在省会，必须驰抵军营，集结兵力，分路围捕。他相信，如此部署，广西这个多事的省份，很快就会看到和平的曙光。

这道上谕强调了浔州府的大黄江和桂平的金田村，算是触及了广西大造反的症结。但咸丰并不知道大黄江一带的大山里隐藏的对手是谁，也无法估摸对手的能力。他认定广西剿匪可以速胜，几乎是毫无根据的判断。

清廷闹腾了大半年的广西剿匪，因为前线将帅的误导，造成中央政府的盲目，因而埋下了巨大的隐患。

一个想当将军的四川兵

在咸丰大举向广西调兵的同时，一个二十二岁的志愿兵投入了广西的剿匪。

这个年轻人名叫鲍超，来自天府之国。大约在张国梁向官军投诚的时候，他就离开了长江三峡下游出口处的家乡夔州，千里跋涉，踏上了湖南红色的热土。

鲍超怀着在战火中发迹的梦想，决定离乡背井。他此来湖南，不是淘金，也不是寻情，只是为了战争。他听说湘南正在打仗，朝廷的军队正在打击李沅发领导的一伙反贼。鲍超渴望投身军旅，在战火中镀金，由一介草民上升为军官。

乱世给许多原本前途无望的人提供了机会。清廷把投降的强盗张嘉祥引入了官场，说明仕途的大门，对于从前没有资格担任一官半职的各色人等，已经打开了一条缝。新皇帝虽然并没有刻意要从科班取士以外的途径去寻找信得过的臣子，但是身处内战前线的官员，已经在劝说他对作战勇敢却没有功名的草根人士委以官职。

所以，鲍超的梦想，很可能在这场战争中实现。鲍超想在军旅之途飞黄腾达，算是抓住了时机。

关于鲍超的这次投军之行，有一些无法证实的传说。有一段野史，说他在这次旅行中并非孤身一人，而是有一位女性陪伴。此女有可能是他的妻子，也可能是别人的太太。这是一次类似于蜜月的浪漫之旅，不论男女主人公是合法夫妻还是野合鸳鸯，都给小说家留下了很大的联想空间。他们可以将鲍超此行打造为一段罗曼史，任意改变鲍超的初衷。然而正史并不支持这种说法。给鲍超写传的人认为，他此次出山是为了当一名捍卫朝廷的英雄。即便经过查证，他的此行确有异性相随，掺杂了儿女私情，那也只是一个男人在追求功名时捎带爽一把。

老派中国人的身份符号除了姓氏以外，还有名和字。鲍超姓鲍，名超，字春霆。他的字是他当上武官以后，湖北巡抚胡林翼给他改的。原来的字不是如此生猛，书生气很浓：春亭，春天的亭子。胡林翼认为亭台楼阁不足以象征这位英勇无双的武将，给他改字春霆，把他比喻为振奋人心的第一声春雷。

鲍超的确是雷霆一般的猛将，是千军万马之中的雷人。凡是对他的战争事迹有所风闻的人，都很容易误解他的形象，以为他是个五大三粗的汉子，其实大谬不然。见过鲍超的人都知道，他只是中等个头，生就一副文弱书生的模样。看到他你会产生一种印象：稍重一点的衣服，似乎都能把他压垮。

就是这么一个人，却有万夫不当之勇。

湘军大佬里面，很有几个不可貌相的典型。湘乡人罗泽南没有英武的外表，近视眼，还不善驰马。谁也看不出这个学者还能上阵杀敌。

衡阳人彭玉麟，恂恂儒者，和蔼可亲。看到他随和的表情和打扮，无法想象他在战场上凌厉无前，在官场上执法如山。

善化人杨载福也是军魂的化身，敢于顶着炮火冲锋，重伤不下火线。但他浑身没有一丝猛男的粗鲁，言语间意味深长，相貌也很儒雅。

鲍超和他们一样，外表跟行为风格取向相反。其内在的风骨和性格，不熟悉他的人，无法根据外表揣摩出来。

鲍超出生在夔州府的奉节县。传记中没有关于他父亲的记载，只知道他的继父鲍昌元是夔州协标的骑兵。因此，他算得上军人的后代。

童年的鲍超跟着生母刘夫人，生活清贫。成人后过了一段独居的日子。他没有念过书，少年时代缺乏宏大的理想。为了能够填饱肚子，他只想当一名下级军官。这个追求显然和他继父的职业有关。他很羡慕继父军营中的那些小军官，每月有几升米的俸禄。有了这点米，他就得以奉养母亲。

抱负虽小，也能鞭策年轻人进步。鲍超知道当军官必须有一身好武艺。于是他专门致力于练习枪法，朝夕苦练。每次持枪，都用砖石悬吊在前肘上，起初悬吊一二斤，逐渐加重到十几斤。练得久了，百发百中。

道光二十五年（1845），鲍超十七岁，去考协标的守兵。缺额只有一个，参考的却有六十人，中选的几率，比科举考试的录取比率高不了多少。幸好他本领过硬，每次考试都是名列第一，将官和营官几次淘汰挑选，都无法把他刷下去。于是得以入伍。

人的愿望总是具有阶段性。鲍超虽然是为了几斗米参军，但一旦有饭吃了，愿望就开始升级。人是贪得无厌的高等生物，他们心中的梦想似乎是没有止境的。

鲍超在部队里待了些日子，想法就不安分了：想我小鲍武技虽精，却只是匹夫之勇，何以出人头地？于是他开始了文化追求，给自己开了励志课。他要从书本中寻找奋斗的楷模。

嘿嘿，鲍某我得读一读那些大人物的传记了。

不知从哪里找来一本《说部》。云台阁、凌烟阁供着画像的那些功臣将相，他们做过的事情，不是都记在这本书里么？郭汾阳、岳飞的事迹，书里面都写得清清楚楚。

哎，鲍某我不识字，怎么办？那就请读书人来给我讲解吧。有空就去请人给他念书。一经入耳，就牢牢记住，再也不忘。还要咀嚼思考，悟彻当时成败得失的原因。

世上只听说过读书郎，没有听说过听书郎。其实听书同样可以成才，只是或许比读书成才需要更多的天赋。听了，能够记住，能够思考，能够彻悟，不是比读书背书更难一点么？

鲍超就是这么一个难得的人才。他大字不识几个，读书比较难，走了听书这条路，不仅确立了志向，有证据显示，也为他今后成为将才提供了军事谋略。

鲍超听书听了十九个年头，到了同治三年（1864），和他同时代的名臣沈葆桢（林则徐的外甥加女婿）给皇帝上了一道折子，盛赞鲍超的军事才干。

沈葆桢做了一个总结。鲍超带兵打仗，都是谋定而动，从来不打无把握之仗。即便是仓促遇敌，也要挖掘深沟，加固壁垒，向四面八方派出探子，尽快掌握敌情。然后亲自率领部属勘察阵地，对于敌营的前后左右、山川向背、途径纡折，了然于心。回营后，询问诸将："谁愿出战？立下军令状！"

这时候，总有将领自告奋勇。鲍超将任务一一派定，在大厅的地上画出地图，标明敌垒，令诸将讨论进兵路径，行动次序，各部任务，让大家犹如亲临战阵。

第二天进行实战。军令一出，部队悄然无声，胆大的不会冒进，胆小的不会退缩，奇正分合，万众如同一身。发现有人退缩，哪怕是副司令，也要当即军法处置。鲍超身临前敌，将士功过，历历在目，中下级军官个个称职。每战一地，将士不用当地人。他很懂得人性的弱点，将士在战场附近有家室，就会有所眷恋，不能舍生忘死。他的部队中，官兵彼此没有亲友故交的关系，这是防范人性的另一弱点：将士彼此庇护，就会违反军规。

沈葆桢这段话，很好地总结了文盲鲍超的军事谋略，说明鲍超取胜不是单靠莽撞，而是有强大的智力因素作为支撑。有人简单地把他的才干归之于“天生”，其实是忽略了他靠耳朵深造的这个事实。

鲍超以一个四川粗人的身份，投效湘军，战绩煌煌，跻身于湘军大佬之列，应该说，耳朵帮了他的大忙。鲍超的事迹告诉我们，千万不要忽略了靠耳朵来吸收知识、掌握本领的人才，不要用会不会读书写字来划一条杠杠，把听书人从人才库里面遗漏掉。

且说鲍超听了许多名人传记，更加羡慕古人忠荩之名，羡艳将帅号令风雷的宏伟气象。他毅然决定：我要冲天飞起，挥舞鲍字大旗，号令千军万马！

小鲍的愿望大大膨胀了，但仍然比较单纯，就是盼望打仗。不打仗，怎么出得了英雄？不打仗，在部队里窝一辈子，也别想四海扬名。

鲍超运气好，他想打仗，很快就有仗打了。

前面说过，道光二十九年九月，新宁人李沅发造反，官府调兵剿捕，长久无功。鲍超听说此事，立马辞去吃粮的兵额，骑上一匹快马（也许还搂着一位美人），星夜驰往湖南，希望马上立下战功。

然而好事多磨。鲍超赶到湖南，李沅发已被官军抓住。湖南这地方是没有仗可打了。

鲍超好一阵失望。可巧，不久就听说新宁南边不远处，广西境内盗匪四起。皇帝为了对付那些逆贼，命令湖南提督向荣前往广西会剿。

好啊，向提督是咱们四川人，何不立马跑去投效？于是鲍超加入川勇营，跟着部队向广西开进。

鲍超很快就来到了广西前线。在早期镇压广西会党的官军队伍里就有了鲍超的身影。

第九章

基督显灵

拆字童谣（拆解“咸丰”二字）：

一人一口起干戈，二主争山打破头。

两个明白人

李星沅从湘阴出发，程途不远，在道光三十年（1850）年底就抵达了广西。这位钦差大臣具有超强的政治敏感性，大致一摸匪情，就知道桂平县金田村的那些对头不是等闲之辈，顿时感到肩上的担子有千钧之重，以至于寝食不安。他老是对僚属们说：“此贼了不得，眼前诸公不是对手。”

野史中有个段子，虚构历史场景，把李星沅奉旨当钦差的地点放在了北京，安排了他跟京官曾国藩的多次会面。

段子说，李星沅奉旨当天，李曾二人深为国运担忧，彻夜交谈。第二天，李星沅出京，临行前，他按着曾国藩的肩头，让曾国藩坐下，拜道：“我看天下人，只有曾君真能打败粤贼。星沅老了，无足言者，这一拜，是为了将此重任托付给曾君。”

这个段子的创作者，意在渲染李星沅的识人有术，以及他对太平天国的造反有先见之明。当然，也铺排了曾国藩镇压太平天国运动的宿命。虽然这是无稽之谈，然而，但凡野史的野笔，总有着落于正笔之处。

李星沅的确是个明白人，他到广西不久，就为咸丰挖掘出了隐藏得很深的心腹大敌洪秀全。咸丰把他派到广西主持军政，看来还是没有用错人。

事情凑巧，李星沅“星驰”到广西的时候，正好赶上了历史记载太平天国在金田举事的那个日子：道光三十年十二月初十，西历1851年1月11日。

由于李星沅的奏报，咸丰元年正月五日颁发的清廷圣谕，第一次出现了洪秀全的名字。不知是有意贬低还是情报有误，洪秀全的名字被写成了“洪秀泉”，而且排在韦政之后。

韦政又叫韦昌辉，他的后一个名字，在历史读物中更为流行。他是广西武宣的地头蛇，洪秀全从广东来他这里做客，主客有别，因此在广西官府的黑名单上，很自然地把韦昌辉排在了首位。

咸丰终于弄明白了，广西浔州府属的金田村，窝藏着两个贼首。他们兵力不弱，有水陆两栖作战的能力。但广西既有向荣在，咸丰倒也不很担忧。只是向荣一人未免还嫌单薄，张必禄去世了，还得另派一员虎将前去协助向荣。

咸丰对赛尚阿说：“贵州总兵秦定三不久前刚刚来京陛见，此时已经出京，叫沿途各地查一查，无论他现在走到了何处，令他立刻赶赴广西，协同向荣督兵分剿。还有，让乔用迁给向荣添调贵州精兵一千名，秦定三一到，就可酌量调遣。对了，再叫徐广缙从关税款内筹拨饷银二三十万两，派员迅速解往广西，以资支应。”

这时又发生一件巧事。咸丰刚刚叫贵州巡抚乔用迁调兵，他这位昔日的老师就主动来给皇帝学生汇报了。乔用迁是湖北杨店人，但他做过南宁知府和广西的道员，在广西颇有根基。虽然如今他身在贵阳，但他对东边邻省境内造反组织的了解，似乎比广西本地的官员们还要清楚。咸丰元年正月十日，皇帝接到他的一份奏报，又喜又忧，喜的是乔老师为他勾画出了广西造反势力的大致轮廓，忧的是广西的动乱远不如向荣报告的那么简单。

乔用迁这份情报虽然重要，却是得来全不费工夫。广西有四十名盗匪被官军驱赶到贵州，被贵州驻军拿获。匪首瞿召保供称，他是张满股匪中的小头目，曾在庆远与河池两地抢掠，对广西各处股匪的情况知之甚详。

瞿召保说，广西天地会都是随地纠聚，自愿入伙。从广东招募来的会众叫做“广马”，在广西招募的叫做“土马”。谁有枪炮器械，拥兵较多，就是大头目。他们立了山头，便从自愿入伙的会众中，挑选孔武大胆者充当小头目。

广西是天地会的乐园。东部的平乐府与浔州府，中部的柳州府，南部的思恩府与南宁府，西南部的太平府，都有天地会活动，组织机构有“大胜堂”和“福义堂”等堂口。每堂都刻有大印，发布公文都以印章为凭。

天地会的首脑，有陈亚贵、大头羊、大鲤鱼、覃香晚、郑廷威、杨捞家、黄晚、钟亚春、颜大、陶八等人，派系约有二三十股，其余首脑的姓名暂未探明。各股人数多寡不等，每股各有暗号，或用竹牌布旗传信，或在衣带上用红布红线做标记。

乔用迁这位三朝老臣是个有心人，为了对咸丰负责，他从贵州派出差探，到广西侦察匪情。探子发现，南宁和太平二府境内，天地会发展最为凶猛。来宾、贵县、宾州、宜山，都有天地会往来劫掠。武宣、上林、平南、郁林州及所属的兴业县，还有其他会党，人数从一千到几千不等，沿村勒索抢劫。

乔巡抚最重要的发现，在于浔州桂平县境内的金田村一带。这里有个尚弟会（上帝会），啸聚万人，乔用迁认为这些人是乌合之众。而金田附近的大黄江地区存在一股水匪，船多匪众，聚泊江中，拦截商船，与金田村的那些人并不联络。

乔用迁一个外省巡抚，对广西的匪情了解如此之多，足以令广西所有的官员汗颜。他有心帮衬新皇帝，同时也有搞情报的天分。他第一个向朝廷揭露上帝会这个宗教组织，甚至报告了这个组织拥有上万兵力。至于他判断上的失误，例如将洪秀全的部下称为“乌合之众”，考虑到他本非广西官员，这个错判是完全可以原谅的。

李星沅和咸丰昔日的老师为皇帝敲响了警钟，也留下了甚多的悬念。广西的贼匪究竟有多少股，怎么查不出确切的数字？那些头目究竟是些什么人？金田村以韦政为首的那个什么尚弟会，纠集那么多人，究竟想干什么？看来广西的形势向荣还是不甚了了，官军千万不能轻敌。从贵州和广东潮州派去的援兵，都要迅速发文催调。还要分别通知云南、贵州、湖南、广东四个邻省，要求交界地方的官员，协力同心，互相堵截。

咸丰元年年初，从贵阳到北京，对广西的形势都有了新的认识。然而在广西前线，惟有李星沅一人了解事态的严重性。周天爵到位以后，跟着向荣一起傻乐观，认为李钦差胆子太小，夸大匪情，不以为然。李星沅只得叹息一声：“诸位等着瞧吧，以后会知道本钦差所言不差。”

一个神秘的客家人

李星沅和乔用迁都是忠心为咸丰效力的汉人官员。他们能够揭开拜上帝会神秘的面纱，尽管情报有许多缺陷和失误，但眼光之敏锐仍然值得钦佩。须知直到今天，拜上帝会早期的活动，仍然是一个没有完全解开的谜团。就连一直跟太平军作战的湘军大佬，如曾国藩、胡林翼、左宗棠、彭玉麟等人，至死也未能完全明白其中的奥妙。现代人通过对史料的发掘整理，也未能揭示出它的全貌。

人们对太平天国缺乏了解，根本原因在于无法揭开洪秀全的神秘面纱。而这层面纱是由一系列宗教活动交织而成的。此人于咸丰三年（1853）在金陵立国建都，很难说是因为他有超群的军政才干，宗教氛围的烘托是他得到万民拥戴的关键因素。

洪秀全是客家人的后裔，居住在广东的花县，距离广州不远。他出生于嘉庆十八年（1813），比江忠源、曾国藩、左宗棠、胡林翼等人小一到两岁。他有两位兄长。父兄操持生计，供他念书，直到成年。他几次参加乡试（省级考试），次次名落孙山。

从这时开始，洪秀全的遭遇就有了宿命论的神秘色彩。据说他在第一次赶考的途中，遇到一个算命先生，叫他不要为考试浪费时间，因为他注定是个大人物，他决不可能获得常人的学位，他应该只靠自己来完成使命。

算命先生的一番话，对他影响很大。随着时间流逝，他开始对自己的宿命深信不疑，不再费神去努力影响命运的进程。

道光十六年（1836），二十六岁的洪秀才在省城参加考试。此时他的身高已超出中国人的平均高度，面目清朗，鼻梁高耸。即便按照西方人的审美标准来看，也算得上一个俊男。有一天他在街上行走，基督教传教士派发给他一套宣传小册子，他毫不经意地收了起来，懒得阅读。

这又是一个宿命性的事件。这几本小册子当时虽未引起他的重视，却将影响他的一生，同时影响到中国的命运，还间接地催生了湖湘人才的崛起。

第二年，他再次考试落第，卧病不起，亲友用轿子抬他回家。他时断时续地昏迷了七天，进入幻境，看到了一些幻像。多年以后，他十分肯定地告诉大家：那是上帝给他的启示。

根据他的讲述，他在昏迷中被带进了天国，在天河中受洗，换了一颗新心。天使引领他去拜见端坐于帝位上的庄严老人。那人说："你是洪秀全，你来了，我很高兴。世上的人都是我所生所养，他们吃我的粮，穿我的衣，可是无人有心纪念我，膜拜我。更有甚者，他们用我的赐予去膜拜妖魔，故意背叛我，惹我生气。你不可效法。"

接着，老人给他一把斩魔之剑，一方镇妖之玺，还有一个香甜可口的黄果。洪秀全当即着手劝化站立在大厅内的众生。即便在此天国之地，居然也有人不听劝化，甚至采取敌意。老人领他走到天国的胸墙边，叫他注视尘世，邪恶腐败尽收眼中，令他深为震撼。

洪秀全多次进入类似的幻境，接受了进一步的指示。他频繁遇见一位中年男子，天使告诉他，这是他的兄长。他还遇见了古代的圣贤，有一次他甚至听到那位老人亲口谴责孔夫子未在经典古籍中宣扬他的事迹。

洪秀全从幻境中醒来，对凡人的邪恶行为和虚伪信仰充满愤怒。他激情满怀，要斩杀欺骗世人的妖魔，把中国带回正途。每当他慷慨激昂之时，亲友们关切地照看他，惟恐他变成疯子。

洪秀全在病中所有的幻觉，是这个人物神秘性质的核心部分。这些幻觉成为太平天国的信仰基础和根本起因。如果说，这些幻觉只是洪秀全的一些梦，那么根据日有所思、夜有所梦的规律，我们找不到任何令人信服的依据。如果说这纯粹是洪秀全编造出来的故事，那么一个在中国传统文化熏陶下成长的秀才，突然间虚构出西方宗教宣扬的天启，然后致力于传播他所理解的基督教教义，的确是匪夷所思。

直到20世纪70年代，我们才有可能对洪秀全的那些幻觉做出至少有一些科学依据的解释。美国医学家雷蒙德指出，在濒临死亡的病患者中，普遍都会产生类似于幻觉的真实经历，而洪秀全的那些幻觉，是一种典型的濒死经历。许多宗教领袖都有过这样的经历，它对人们具有极大的改造作用。

洪秀全在昏迷中看到的情景，生动鲜活，效果强烈，对这个卧床的病人产生了直接而有力的影响。然而，他在病愈之后回到现实的学业生涯，这种影响就完全消退了。从外表上看，这场疾病对他发生的作用，只是使他从一个欢快活泼的青年，转变成了不苟言笑的教师。

六年以后，一件偶然的事情唤醒了他对那些濒死经历的记忆，此后成为他内心永恒的动力。

他有一位姓李的表弟，来到他的书斋，浏览他的藏书。完全出于偶然，表弟翻阅了洪秀全于道光十六年在广州得到的那一套基督教宣传册。他对其中的内容非常好奇，征得表哥的同意，借回家阅读。他来还书的时候，建议表哥不妨一读。洪秀全一读之下，立刻激动起来，他明白了大病之中濒死经历的意义，或者说，他为自己的濒死经历找到了一种称心的解释。

洪秀全把自己的濒死经历与基督教的教义两相比较，他见到的老者无疑就是上帝；那位兄长便是耶稣；站立在神殿庙宇中的那些偶像就是虚伪的妖魔。他本人被赋予了神圣的使命，要恢复对真神的膜拜。濒死经历与书中的内容两相对照，完全吻合，双管齐下，把重任交到他的手中。

洪秀全欣然接受了使命，与表弟互施洗礼。他开始传播新的教义。他首先劝化了邻居冯云山和自己的族弟洪仁玕。此二人在洪秀全后来建立的新王国中都当上了王爷。冯云山是前期的南王，而洪仁玕是后期的干王和执政者。洪仁玕执政不久，太平天国就灭亡了。

然而，洪秀全的传教活动遭到了本村人的反对。他和冯云山结伴而行，到别处传教。他们于道光二十四年（1844）出发，一路西行，抵达广西东南部的贵县。他们找到一家姓王的亲戚，受到热情的款待。洪秀全不愿长期享受王家的慷慨好客，打发结伴而行的追随者返回花县。

冯云山这时做了一件莫名其妙的事情。他事先未跟洪秀全商量，突然离他而去，前往桂平县北端的紫荆山。在接下来的若干年内，他把紫荆山区变成了自己的大本营，培植宗教结社，名为“拜上帝会”（也有人认为就是“上帝会”），取得了巨大的成功。当他们后来揭竿而起时，这些宗教结社已经遍布广西东部的几个州县，分布在流向广州的黔江和浔江两岸。在起事的队伍中，至少有若干学者和头面人物，但基层成员主要是客家农民和山上的苗民，他们都是上帝的信徒。

冯云山不辞而别之后，洪秀全以为他回家了，于是返回花县。他惊讶地发现，冯云山不在家中。他定下心来，重操教书的旧业，工作之余，从事宗教思考，写成了几本小册子，后来成为太平天国的理论教科书。他文才不俗，写作风格冷静而简洁。他的传道文章很少发泄自己的激情，主要照顾读者的阅读兴趣和理解能力。或者说，他按照自己的理解，撰写了适合于中国人阅读的基督教通俗读物。

洪秀全正在潜心做他的学术研究，从广州的基督教教会来了一位姓穆的传教士。洪秀全通过他了解了传教士和他们的工作，于是在道光二十六年或二十七年，洪秀全及其族弟洪仁玕前往广州的教会去听布道。然而，穆教士觉察到洪秀全有政治野心，入教目的不纯，因而拒绝为他们施洗。于是，他们没有接受洗礼就离开了广州。

客家人的宗教组织

大约在道光二十七年（1847）中期，洪秀全决定再去一趟广西，到他三年前曾经传过教的地区看一看。在这里，他首次了解到冯云山所取得的巨大成就，决定去紫荆山看望这位朋友。可是进山以后，他得知冯云山正在蹲大牢。于是他立刻前往广州，为此事与总督交涉，他以中国政府与外国所签的条约中允许宗教自由的条款为依据，请求总督下令放人。

洪秀全的请求没有获得批准，他急忙赶回广西。他得到一个消息：冯云山已经出狱，并在四处寻找他。洪秀全又返回花县，却得知冯云山已经回过家乡，现在又前往广西了。洪秀全不想一次又一次地错过冯云山，干脆留在家中等待。他一直等到道光二十九年（1849）十月，冯云山才重返家园，把洪秀全带到广西，请他领导太平天国运动。

根据上述情况，可以得出一个结论：在建立拜上帝会宗教组织的过程中，洪秀全并非积极的因素。太平天国的忠王李秀成在他被捕后所写的自述中明确指出：“谋立创国者，出南王之谋，前做事者皆南王也。”他还说，除了天王之外，只有六个人知晓立国的大策划。洪秀全在初期也许并不了解冯云山心中的大目标，即便他知道，也极少参与为了实现这个大目标所做的实际工作。

道光二十六年和二十七年，南方盗抢成风，来自饥荒地区的盗匪横行无阻，官府没有足够的武力资源来加以遏止，各省乡村的百姓自行团练，保卫桑梓免受侵害。冯云山新建立的宗教结社趁此机会组建民团，有了自己的军事组织。不过，他们谨慎地将没有入会的志愿者拒之门外。不同会党之间有强烈的门户之见，还有敌对的阴影。不过，拜上帝会总体上还是显著地扩充了队伍。

早在道光二十八年（1848），这些民团组织就与官军发生了战斗。不过，这只是一些很小的冲突。这一年，拜上帝会的事业闯过了严重的难关，他们差一点遭到灭顶之灾，然后奇迹般地得到解救。其中的详情很难探明，从结果来看，此年出现了两大情况。其一，拜上帝会与官府发生了一系列冲突；其二，他们的运动从内部发生了转化，变成了谋划立国的大业，需要洪秀全来担任最高领导。

上帝也在这个过程中发挥了作用，他把灵感赐予了后来的东王杨秀清，而耶稣基督则通过后来的西王萧朝贵向凡人训话。如果这两件事发生在冯云山离开紫荆山的时候，就很容易令人怀疑杨秀清和萧朝贵有造假之嫌。然而，拜上帝会的追随者们对此深信不疑，使杨萧二人能够利用迷信巩固和增强自己在组织内的权势。

冯云山离开紫荆山返回广东期间，拜上帝会的男男女女当中，许多人发生了在昏迷中被神灵附体的现象。会员们记录了神灵的指示，有些杂乱无章的言辞，但大部分都是韵文。洪秀全抵达紫荆山以后，就成了最高裁判。所有的神谕都要由他来审查，确定真伪，宣布哪些是来自天国，哪些是出自妖魔。他把杨秀清和萧朝贵传达的神谕归于天国一类，他说杨秀清传达的是天父上帝的旨意，而萧朝贵口中吐出的则是天兄耶稣的指示。

那时的拜上帝会，究竟有些什么人在争夺领导权，也是一个谜团。但不管是谁在玩弄阴谋，洪秀全承认杨萧二人分别是天父上帝和天兄耶稣的喉舌，就平息了所有的异议，把运动的控制权交到了这两个人手中。但他们还需要一位领袖，这个人非洪秀全莫属。他是这场运动的源头，大部分的宣传，都是凭借他那段传奇故事的巨大力量。

拜上帝会内部这场争夺领导权的斗争是非常激烈的，有可能断送洪秀全的前程。他用这个办法暂时平息了争斗。

天父附身的杨秀清是桂平县的一个山民，住在平隘山，在家种树烧炭为业，并无见识。他在膜拜上帝之后仿佛脱胎换骨，变得精明能干，几乎无所不知。组织内部传说，这是天意的杰作，是敬拜上帝的神秘结果之一。洪秀全后来对他信任备至，将军国大事全部交付于他。但明眼人都知道，此人命运的转变与其说是从无才变为有才，不如说是因为发生了天父附身的神秘事件。

天兄的喉舌萧朝贵是武宣县卢陆峝人，农民出身，在家种田种树。洪秀全把义妹洪宣娇嫁给他为妻，两人的关系便有了家族色彩，所以他得到洪秀全重用。洪秀全对他显然有拉拢的意思，因为他已成为天兄的代理人。此人打仗勇敢刚强，冲锋身先士卒，是太平军早期最杰出的前线指挥官。

太平天国政府在将近三年之后才真正组建起来。但是，在此之前，拜上帝会曾将冯云山从桂平县官牢中解救出来，这是一个接近于奇迹的重大事件。由于这一年拜上帝会与官府进行了几次有预谋的战斗，武力解救冯云山很可能就是战斗的目标。因此，太平天国造反运动的起始，可以从这时算起。这是可以算作太平军起事的第一个日期。

显然，洪秀全那时还没有真正投身于这场运动。虽然他早在道光二十五六年就对一位亲戚提到过他要推翻满清的秘密志向，但他在实践中朝这个目标行走得很慢，至少比冯云山晚了几年。

▲广东花县人洪秀全领导的太平天国运动，为湘军的崛起提供了历史舞台。此像名为“天王洪秀全画像”，是从A. F. Lindley (Lin-li，呤唎）所著的《太平天国》一书的封面上临摹下来的。该书出版于1866年。洪秀全这副装扮跟天德皇帝大相径庭，其侍卫打的旗帜上所书字样为“天父天兄天王太平天国”，说明了天国的归属不是明朝，而是天父皇上帝一家人。

洪秀全虽然已经成了神灵托言的最高裁判者，但是直到道光三十年（1850）的上半年，拜上帝会的军事组织还分属于几个领导人指挥，正在接受军事训练，洪秀全在其中的地位类似于教主，而非军政领袖。直到六月份，各支队伍才首次在桂平县境内的一个小村庄——金田村集结。这个行动是因客家人和本地人之间的纷争而起。

争执的诱因是一个女孩。一位富有的客家人要娶她为妾，可是她却属意于一位年轻的本地人。客家富人给了女孩的父母一大笔钱，不让她嫁给本地的追求者。本地人纷纷向官府告状，官员们无法摆平这件事，他们建议本地人用武力来捍卫自己的权利。

在这场小规模的战争中，客家人起初占了上风，因为他们勤劳活跃，能够吃苦耐劳。可是本地人在数量上占了压倒优势，又有官府撑腰，客家人被他们逐出了家园。愤怒的客家民团从周边的村庄涌入金田，寻求避难，为了躲避仇家，情愿接受任何形式的宗教崇拜。杨秀清在村子里将他们全部接纳。

洪秀全与冯云山没有参加这次行动，他们当时身陷囹圄，被关在平南县花洲镇的监狱里，西距金田有上百里之遥。

据说他们的被捕，是因贾知县察觉他们图谋不轨，将为大患。

贾知县得到密报，称洪秀全用黄金铸造天主像，高约三尺，供奉高台之上，率徒众礼拜。第二天，发现天主像被盗，洪秀全大怒，处死二十余人。

另有一种说法，洪秀全未塑天父金身，只是雕刻木像一尊，高约二尺，人身虎头，说是天父派来传话的天使，众人叩拜，极为恭敬。

每逢礼拜日，给木像裹上黄绸，置于台上。他们找来气象预报的高手，提前三天挂牌预告阴晴，诡称天父下凡，告知气象。

密报还称，拜上帝会的间谍无所不在，五人一小队，百人一大队，身贴指头大的小布一块，腿上和手臂上各有暗号，分道而行。有的扮成僧道，有的伪装成乞丐，有的假作货郎。每到一处，就在城墙上画一白圈为暗号，想使愚民相信是天神下降。

贾知县感到问题严重，查明洪冯二人为头目，便用计将他们诱捕，同时搜获“逆书”数卷，入教名册十九本。有了证据，贾知县便向郑祖琛报告，请求发兵剿灭此会。

郑祖琛高谈镇静，自诩慈祥，每杀一人，诵佛三日，得到贾知县的报告，踌躇不决。

贾知县说：“洪秀全耳目众多，大人如果觉得他们有罪，可杀即杀，不可杀，就不如放掉。如果长久关在牢里，防不胜防。在下死不足惜，只是不想连累城内的百姓。”

郑祖琛说：“追究到底，株连太多，人命关天，还是立即释放吧。”

贾知县叹道：“我花了一年时间，才将此二人购捕到手，放掉他们，不过一瞬之间，正是所谓放虎归山，为患无已！”

于是洪秀全和冯云山出狱了，赶紧制造武器弹药，开始造反。

但这只是野史传说。洪秀全与冯云山是不是被官府释放，是令人怀疑的。事实更可能是，杨秀清在八月份指挥一支联军把他们营救出来。这次战斗，有人称之为“首义之战”，或称“迎主之战”。这是对太平军起事日期的第二种定义。

在被捕的人当中，也许还有日后太平天国所封的翼王石达开。此人出身秀才，富甲一方，羡慕游侠，喜欢结纳四方豪杰，交友不择人，门下食客繁多，多数是两广无赖之徒。他常与几十名健儿驰马骑射，击剑舞槊，乐在其中。

石达开居所十多里以外有一座山，交通要道从此通过，可是一群剧盗窃踞山上，杀人越货，过客无一幸免。一名福建商人携带巨款从此经过，听到盗情，忧心忡忡，手足无措。他早就听说过石达开的大名，于是前往拜访，备陈所苦，请求保护。

石达开答应下来，将福建商人留家居住，打算挑选壮士护送他过岭。

盗魁大怒，率领一百多名部众，找到石达开门上，打算抢劫。石达开听说强盗老大来了，立刻开门请入，说道："壮士所要的是货财，但我想，福建客商携款离乡背井，行走万里之外，只是为了赚取十分之一的利润，也很辛苦。现在壮士要夺为己有，他丢了这些钱，何以东归？只有跳崖自杀了。我于心不忍，所以为他求情。"

于是询问福建客商带了多少钱。客商回答："五千两。"

石达开打开钱箱，拿出五千两银子，摆在几案上，对山大王说："聊备不腆，敬以为献，代客请命。大王若能放过此人，石某感同身受。"

山大王跟部众面面相觑，叹息道："人人都说石先生重义轻财，我们算是亲眼看到了。我们这营生真不是人干的。既然石公有令，这位客商请上路吧，不必担心。但这些钱，我们实在不敢要，告辞了。"

石达开大悦，竭力把山大王挽留下来，设下酒宴，既是为客商饯行，又是为款待强盗。酒到酣处，倾吐胸臆，相见恨晚。宴席散后，客商告辞而去，强盗也要辞别，石达开坚持给他们五千两银子，强盗再三推却，最后收下一半。

山大王回到山中，感慨不已，总想报答，查明石达开的生日，带着金玉锦绣之类前来祝寿。石达开宴客三日，山大王也在座。有对石达开怀恨者，密报县令，说石达开藏盗于家，恐不免为害地方。县令也垂涎石达开的财富，打算侵吞，立刻率兵前来。

座客尚未散去，官兵将石达开与山大王一并捕获，扔进牢房。石达开与杨秀清早已是莫逆之交，杨秀清听说有此变故，带领部众去劫狱，随后跟随洪秀全起事，举旗造反。

总之，杨秀清率拜上帝会救出了领袖和至交，部队西进萧朝贵的家乡武宣县。他们此举是为了招齐武宣的会众，同时派人北上象州，把那里的会众召到武宣集结。

拜上帝会在武宣的大集结，有一些意外的收获。天地会有几名精英分子在此地参加到运动中来。其中有六十岁的壮族人林凤祥，此人老当益壮，后来于咸丰三年（1853）担任北伐军总司令，从金陵向北京挺进；还有四十来岁的水盗罗大纲，他是天地会的头目，手下有一支二千多人的水军；最重要的新加入者是天地会首脑洪大全，他把所有的家财都献给造反活动。据说他后来成了太平天国的天德王，与太平王洪秀全平起平坐。

也有史家将洪大全与朱九涛视为同一个人。据说朱九涛在广东境内的一个山头上建立了反清的江湖组织，洪秀全与冯云山在开始传道之前曾去投靠他。但是洪冯二人认为朱老大的反清主张不如他们的基督教容易争取信徒，于是告别朱老大，去广西从事他们的传道事业。如果说洪大全就是朱九涛，那么在金田起事的时候，他与洪秀全和冯云山已是老相识了。但这是一种得不到有力证据支持的推测。洪大全在被捕后的供词中的确声称他与洪冯二人相识是在广东花县，时间也确为金田起事之前，但他并没有说自己就是占山为王的朱九涛，而自称是一名游方僧侣。关于洪大全的身份之谜，本书下文还会有更多的探讨。

天地会头目大头羊张钊和大鲤鱼田芳，都是跟罗大纲一起活跃于大黄江口的盗匪，他们也有加入太平军的意向。但是张钊去金田考察过拜上帝会，认为太平军不够强壮，成不了大事，临时改变了主意。不久，他就投降了官军，在向荣手下打击昔日的同类。罗大纲与张钊素来不和，所以他投到了与官军对立的大阵营。

天地会本名为三合会。由于天地会三字比较通俗，会中人也就用了这个俗称。也有人说，天地会就是三点会、清水会、匕首会、双刀会等等，因为这些组织都是它的分支。

天地会成立于康熙年间。它的组建，据说是因为少林寺的僧侣被官府焚烧杀害，志在复仇。事情也许并非如此，但因会众遵守神秘的仪式，可以推想，该会是由僧道创始。

其后，在乾隆年间，天地会开始公开对抗官府。林爽文率会众反抗地方暴政，攻击官军，以失败告终。嘉庆十四年（1809），天地会的支派清水会，有胡炳耀等十七名会员，在江西崇义被捕，官府以叛乱煽惑的罪名，将他们处以死刑。

八年后，到了嘉庆二十二年（1817），天地会增加到一千多人，会员中有人被官府判刑。第二年，会众在广东的梅岭被官军击败，但仍然经常以武力与广东官府对抗。江西也有很多会员，常常干涉行政，令官吏闻名丧胆。

道光十二年（1832），两广和湖南各山的瑶族人反抗清廷，据说是受了天地会的影响。官军出兵镇压瑶族武装，同时征讨天地会，屠杀二千人。天地会本来作为第三种势力，夹在瑶族武装与官军之间，摇摆不定，官军一动手，天地会便迅速选择了立场，与瑶族人联手对付官军。

一天夜里，瑶族人仿效田单火牛之计，在羊角上燃火，把羊群赶进山内。官军迷惑不解，发兵进击，瑶族人趁机从后方突袭，大败官军。官府无计，决定采用怀柔政策，收买了瑶族武装，让他们退入山中，于是天地会独当前敌，损失了许多生力军。

那时候，台湾、两广和赣南一带，天地会势力最为强盛，福建也在酝酿之中。

官府严令制止，也未能将之扑灭。

这种秘密社会，不仅令清廷官吏头痛，他们的组织发展到海外，也成为外国政府的心头之患。天地会从福建和广东输出，在马来及南洋各岛以及暹罗、印度等国发展，所到之处，都有盗杀行为。他们党羽众多，致使不愿入会的人也对他们有所顾忌，不得不寻求天地会保护，很多人因此而勉强入会。

道光三十年（1850）两广各地的乱局，首先是天地会造成的。这对拜上帝会震动很大。洪秀全与冯云山等人趁机迅速加强武装，宣布与清廷为敌。

洪秀全的部队虽然吸收了天地会的部分组织，但洪秀全本人并非天地会成员。天地会志在复明逐满，他也赞同；他主张蓄发易服，天地会也无异议。但两者的宗教信仰存在根本的分歧。三合会信奉道教和佛教，拜上帝会则信奉基督教，他们的信仰风马牛不相及。在洪秀全的组织中宗教狂热达到高潮的时候，他们有意识地在自己的组织与持有不同信仰的天地会之间划分了一条不可逾越的界线，警惕地阻止了彼此的渗透与融合。

洪秀全说过："天地会的目的是反清复明，它的创始在康熙年间，主义虽然正当，但必然要等到二百年后的今天，才能进行反清之举。至于复明，则又似是而非。既然把我旧有的山河还回来，那就必须另建新朝。如今号召复明，怎能得到人心！我们的真教，全靠上帝的威力为援助。有了上帝的帮助，我们几个人就可以打败他们百万人。我不明白，既然有了孙膑、吴起、孔明各位名将，天地会还有什么价值呢？"

他的这番话颇有见地，但不利于团结天地会的广大会众。他过于迷信自己的那些幻觉，以至于未能珍惜天地会的宝贵资源。

不过，在武宣的日子里，拜上帝会逐步地获得了武器和其他军用物资，太平天国的政府和武装组织已有雏形。当人数得到扩充以后，他们又回到了金田村。

于是就有了本章开首所说的金田举事。史书记载，此事发生在西历1851年1月11日。这是第三个可以视为太平军起事的日子。

春节那一天，金田造反派开创了他们的新政府，称之为"太平天国"。洪秀全至少是这个政权名义上的主宰者。这个政府虽然还只是一个纸上的架构，但只要条件成熟，它随时有可能投入实际的运作。

谜团人物洪大全

武宣聚义时投靠拜上帝会的天地会首领洪大全，在这个宗教组织公开向清廷宣战的初期，是一个举足轻重的人物。随着对太平天国历史研究的深入，他在这个时期扮演的角色，得到了越来越多的重视。由于他在历史舞台上藏匿自己的真名实姓，甚至伪造身份和籍贯，给后人探寻他的人生轨迹制造了障碍。太平天国高层出于某种目的，抹去了他在加盟之后的作为，不肯承认他在太平天国前期的地位，使他的真实事迹显得更加扑朔迷离。

洪大全的真名是焦亮。他的籍贯不是很多史书上记载的湖南衡山，而是湘南的兴宁（现为资兴）。他自称明皇室的第十一世后裔，也可能是一个谎言。他伪装明室正统，是为了吸引更多的民众加入推翻清室的战争。

焦亮是 19 世纪湖南民间的一个天才。他出生于道光三年（1823），自幼敏慧，读书过目成诵，九岁能背诵《十三经》。但他长久被科举制度埋没在山野之间。他屡应童子试不第，连秀才也没做上。他生性豪迈，不讲假斯文，由于无缘做秀才，他更加落拓不羁。他不再用心于八股，而是埋头阅读兵书，研究地理，思考天下大势，培养军政才干。

焦亮成年后，家境贫寒，生活没有着落。他把怀才不遇和穷困的现状，归咎于满人的压迫。他爱喝酒，爱发牢骚，爱与贩夫走卒、流丐小偷一起畅饮。酒醉之后，大骂官府，抨击时政。

有一段野史，把焦亮说成富家子弟，刻意渲染他的豪放。故事说，同里人张绅，曾任湖南衡永郴桂道，年老还乡，八旬寿辰，摆设盛筵，焦亮送礼祝贺，价值一百两银子。

焦亮带了平日里的一帮酒友赴宴，个个衣衫褴褛，见踵露肘。走到门口，门人把他让进去，却把酒友们挡在门外。焦亮厉声斥道："这班奴才，狗眼看人低！"将门人推开，拉着酒友们一起进门。

焦亮走到堂上，向寿星作揖，指着酒友们说："这些都是焦某至交。承主人招饮，不敢违命，但焦某非得他们同饮，不足尽欢，恐负主人盛意，便带他们一起来了。"

言毕，跟酒友们一同入席，畅饮欢呼，声震屋宇。满堂宾客，衣冠楚楚，看着焦亮，目瞪口呆。焦亮那帮人尽兴喝醉，踉跄而出。

野史刻画了焦亮的侠义心肠，但篡改了他的出身。其实焦亮本来就生活在社会底层，广交草根朋友，很快就接触到当地的天地会。他认同这个秘密结社反清复明的主张，无须更多的思想斗争，他已经把自己摆在大清王朝的对立面，树立了推翻清廷的志向。

道光末年，湖南和两广的天地会纷纷起事，此起彼伏。焦亮进入了秘密社会，凭着他的才能，在天地会里开了个山堂，号称"招军堂"，密谋起事。

道光三十年（1850），焦亮只有二十七岁。他已成为一个思想成熟的叛逆者，心中怀着建立新王朝的大目标。他的理想打动了弟弟焦玉晶，也感染了妻子和弟媳。

焦家兄弟的婚姻是一段佳话，他们娶了本县的许氏姐妹。哥哥娶了姐姐许月桂，弟弟娶了妹妹许香桂。

许氏姐妹出身书香门第，从小在父亲许佐昌指点下练字作文。年纪稍长，两姐妹时常习武。焦家兄弟应试路过许家，许佐昌见他们才情不俗，当下把两个女儿许配给他们。焦家兄弟娶了一对女中豪杰，这两对男女，从爱侣发展为同志。焦家兄弟在湘南组织天地会武装，许家姐妹也在永丰乡聚众响应。四个年轻人都是地下社会响当当的人物，而焦亮是他们的核心。

焦亮通过一段观察，对天地会失去了信心。他认为，多数帮会烧杀抢掠，各自为战，没有得力的统一领导，无法吸引民众，很难成就大业。听说广西那边的拜上帝会，尚未发起武装暴动，光凭着嘴巴传教，就吸收了众多的会员，这种强大的号召力，引起了他的注意。

焦亮决定去拜访一下广西教会的高人。但他不知那里的水究竟有多深，此去吉凶未卜，不敢贸然把亲人全部带去，他决定只身前往考察，让妻子、弟弟和弟媳留在兴宁，等待他的消息。

焦亮从事的事业是需要用性命博取成功的，为了家人的安全，防范官府和仇家，他不能随意暴露自己的真实身份。他自称明皇室后裔，改名洪大全，自封天德王，伪造籍贯，很可能都是为了隐蔽真相。也许他在天地会中便已采取了这种保密措施，也许这是他到广西之后才披上的伪装。但不论他的履历造假发生在何时，都是为了维护亲人。而他为自己改的姓名，与洪秀全只有一字之差，这个巧合，为外人揣摩他跟洪秀全之间的亲密关系，留下了很大的想象空间。

▲ 天德是所有天地会造反组织理想中的皇帝，画中人物完全是明朝皇帝的打扮。这幅画是天地会创作的宣传画像，其原型或许是一个虚构的理想人物，或许就是与洪秀全合作的天地会领导人洪大全，也就是湖南资兴人焦亮。此图曾被许多书籍的作者误认作洪秀全像，但也有人为之改贴了正确的标签。

焦亮只身来到广西，一路考察，对拜上帝会以宗教吸纳民众的显著效果颇为钦佩。跟明朝的后裔相比，上帝似乎对民众具有更强的号召力。他对源于西洋的宗教毫无兴趣，只是渴望团结广大民众，开展反清运动。他说服了自己，决定与上帝的信徒合作。他来到桂平县，找到这个宗教组织的发起人和主要组织者冯云山，发现此人是个有头脑的实干家。除了冯云山以外，这个组织中的骨干韦昌辉和石达开的才智也令他钦佩。他决定跟拜上帝会联手，掀起大规模的武装斗争。他相信自己的才干能够指导这场斗争取得成功。

焦冯两人会面之时，拜上帝会正在广泛网罗人才，其中多数是天地会的头目。除了焦亮、罗大纲和林凤祥几人以外，其余草莽英雄都受不了教会严格的纪律约束，失望而去。

焦亮与冯云山、韦昌辉、石达开等人相见恨晚，共谋大业。他们为刚刚打出旗号的太平天国制定了组织规划、军事谋略和政治纲领。焦亮杰出的才能，使他得以与冯云山抬出的教主洪秀全平起平坐。洪秀全能够坐在拜上帝会的权力顶峰，只因为他是教主；焦亮之所以能够与他平分秋色，是因为他具有政治领袖所必需的素质。焦亮被捕后的口供中称，洪秀全掌握的用兵之策和治国方略，都是向他学习的。

对于咸丰皇帝而言，焦亮无疑是最危险的对手。如果说焦亮所控制的军事组织是一把狙击枪，那么这把枪的瞄准器就正对着北京的皇帝，而能够一枪致命的狙击手就是焦亮。不过焦亮是藏在暗处，广西的官府没有合格的情报系统，在相当长的时间内无法向咸丰提供他的姓名，甚至包括他的存在。

金田附近的战事

咸丰元年（1851）正月，揭竿而起的基督信徒离开了金田，向东侧的大黄江推进。这里说的大黄江并非村镇之名，而是指桂平县城和平南县城之间的浔江段。他们抵达的位置在江北一带，包括地势险要的牛排岭。由于冯云山和焦亮位于军事指挥层，这支军队的行动此时已有明确的目标。他们此举固然是为了避开向荣所部的进攻，也是为了走出山地，扩充部队，获得给养，不排除渡到浔江以南向广东推进的企图。

李星沅和乔用迁的情报促使官军开始重视拜上帝会的存在。由向荣担任总指挥，官军向金田村搜索前进。官军把太平军逐出了金田，向荣下令就地驻扎，向前方派出搜索队。正月十八日，侦察部队在牛排岭一带找到了对手的驻地，后续部队开到，第一次与敌方展开较大规模的野战。

冯云山和焦亮分兵迎敌，双方从早晨战到中午。官军只是从远处开炮轰击，用器械抛掷火具，并无近战肉搏。太平军损失不大，只是营房遭到严重破坏。向荣高估了官军的战果，以为前方已无阻力，下令向前推进。官军大摇大摆地踏上敌人的营地，许多官兵踩中了地雷，只听得爆炸连声，前队官军哭爹叫娘。太平军左右抄袭。官军靠着枪炮抵挡，将余部撤下战场。

两军首战，互有胜负，李星沅、周天爵和向荣却向朝廷报捷。咸丰于半月后接到奏报，心里很明白是怎么回事。他给向荣敲响警钟，叫他不要轻敌，一定要集结重兵，尽早攻破反军营垒。他还通知向荣：徐广缙奏报，广东潮州土匪纷起，一千名潮州兵必须留在本地，无法调来广西增援。

徐广缙此时自身难保，打算为广东多留一些资源。他给咸丰算了一笔账：单是广东一省，为两广剿匪拨用的银子，已经多达一百二十万两。广东的银子已经用完，可是广西军务还看不到尽头。他希望朝廷安排广西的其他邻省早做筹备。咸丰预感到大黄江这股反军不易对付，不同意徐广缙保留广东的兵力。他给李星沅和周天爵授予特权，允许他们从湖南和广东各地调兵，可以先斩后奏，一面征调，一面上报朝廷。

咸丰既已决定向广西调发重兵，便有些担心事态失控。广西战场上，文武决策者都是汉人高官，首席军机大臣祁俊藻站在满人的立场考虑问题，建议他调派满人将领前往广西掺沙子。朝廷于二月二十二日形成决议：令穆特恩与徐广缙把广州卫戍区的满洲副都统乌兰泰迅速调往广西，帮同李星沅等人办理军务。理由有两条：一是广西重兵云集，需要增派将领；二是乌兰泰系火器营出身，是个专门技术人才，希望他能把自己研发的火器，带一批前往广西军营，增加那边的火力。

咸丰的这个决定，看似老谋深算，却埋下了一个祸根。也许他不很了解向荣的性格，也可能他即便了解向荣，也谅他不敢有什么逆反情绪。但从事实来看，祁俊藻这个山西人绝对是给皇帝出了个馊主意，正如他后来提醒皇帝要提防曾国藩一样。乌兰泰的参与挫伤了向荣的自尊。向荣觉得自己不被信任，受到了钳制，积极性一落千丈，情绪极不稳定。他跟乌兰泰发生龃龉，主将失和，致使广西的战局对官军大为不利。

向荣的敏感使他把乌兰泰当成了对手，乌兰泰却不是心眼狭隘的人。此人生性豪爽，为人忠厚。但他既是武官出身，自然也有不服输的血性，向荣翘尾巴闹情绪的时候，他也不会谦让几分。

乌兰泰出生的年份有待查考，从可见的履历来看，只知道他是满洲正红旗人。他从前在京城火器营干得不错，从一名小小的护军，一直升到正三品的营翼长。道光二十七年升为广州副都统，官居二品，只比广西提督向荣低了一个等级。由于他是满人将领，自然更得咸丰信赖。他在接到命令之后，率领五百官兵前往广西。

为了加强广西的文官队伍，咸丰又派湖北盐法道姚莹和江苏淮扬道严正基前往广西，交给李星沅差遣。严正基是曾国藩推荐的五贤之一，可见咸丰相信曾国藩的眼光。

乌兰泰抵达广西之前，向荣已经部署了四路兵力，开始对牛排岭等处太平军营垒进行围剿。太平军占有地利，但大黄江无助于他们振作军力，他们必须设法离开这一地区。

离开大黄江对于冯云山和焦亮来说并非难事。他们的军事智慧已经显露出来，太平军这一时期的作战很有章法。但是他们没有料到，官军在攻击部队里掺入了投降的盗匪。这些土匪熟悉地势，善于游击，给太平军造成了若干损失。

以盗制盗，以毒攻毒，是劳崇光招降纳叛的结果。他是湖南长沙人，此年四十九岁，在官场中说不上有很大的政绩，正因为四平八稳，在道光朝从知府升到了广西布政使。但他在广西动乱的特殊环境中得到了锻炼，他与盗匪周旋，瓦解对手，摸索出一套行之有效的办法，加上他遇事不慌的性格，竟然从此大得其道。

劳崇光自从招降张国梁以后，信心大增，认识到自己有瓦解敌手的天赋。他加大工作力度，派人查访各路匪首的底细，终于查明了一些匪首的真实姓名。他的案头上摆着几份可信的情报：匪首大头羊名叫张钊，大鲤鱼真名田芳，卷嘴狗的大名是侯志，大只具则是关巨的绰号。

劳崇光与他们取得联络，准许他们投首，叫他们杀贼自赎。这些盗匪对正统的官位都很垂涎，接受了劳崇光开出的条件。劳崇光把候补知府刘继祖找来，令他指挥投诚的盗匪参与金田的战斗，竟然击毙了冯云山手下的一百多人。然后，他们被调往大黄江作战，又击毙二百多人，夺获一批武器弹药。

焦亮发现天地会的叛徒加入了官军，决定用计分散他们的注意力。他于二月三日派出几路兵力迷惑对手。向荣只得分兵应对，把云贵营队派往佛子口，防止太平军渡江，自己率领湖南营前往夹洲，搜索前进。叛将张钊等人随同官军追击。当官军自以为咬住了焦亮的主力时，焦亮令牵制部队假装收缩，令主力突然从金匏村出击，扑向官军的瑶壮营盘，另派兵力进攻向荣的大营。可是这次突袭受阻于官军猛烈的炮火，焦亮为了保存实力，不得不下令稍稍退却。但是向荣已被对手搅晕了脑袋，对敌情毫无把握，只得采取守势。

二月五日凌晨，焦亮派出三路大军出击，企图冲出官军的包围。他在正南方的竹林内埋伏了一支生力军，以备不时之需。突围开始后，向荣和总兵李能臣等人分路阻击。北面是一个理想的突破口，只有向荣的儿子向继雄率领乡勇堵截。焦亮的伏兵随时可以投入战斗，加强对北面的冲突。可是向荣发现了这支伏兵，下令向他们开火，把他们赶出了竹林。这一仗一直打到中午。太平军无法突破官军的炮火封锁，被迫撤出了战斗。官军趁机缩小包围圈，于二月八日火烧大黄江的牛排岭。张钊等人首先施放火箭，摧毁了太平军的营地。

向荣迫不及待地向皇上奏报战果，声称击毙身着红袍的敌首一名和手执蓝旗的军官一名，先后歼敌一千数百人。向荣的统计数字自然不大可信，但炮火无情，太平军在冒死冲锋时有将领阵亡，是很自然的事情。

咸丰于二月二十四日接到广西的捷报，认为其中多有夸大之词。但是向荣对敌情的判断渐渐符合实际，他承认了对手的顽强善战。咸丰宁愿相信，要彻底镇压这股“逆匪”，恐怕还有一场持久战要打。向荣提到了敌军首领韦政、韦元介和洪秀全，承认他们都是强大的对手。根据探报，太平军有不少兵力分别驻扎在各地，彼此暗通消息，互为救援。官军专驻金田，无法分头攻击，恐怕顾此失彼。向荣没有更多的兵力可供调遣，他打算将金田这股反军先行歼灭，再图节节扫荡。

向荣亲临前线，冒死作战，轻狂之态也有所收敛。咸丰将他表彰一番，为他打气。咸丰还为向荣安排下后备兵力，叫张亮基和乔用迁各选精兵一千名听候调用。又令骆秉章预选精兵，整装待发。只要向荣觉得兵力不足，随时可以调用，一边征调，一边奏闻。为了收买民心，他进一步给广西百姓减负，将广西本年应征的地丁兵折等银，一并缓征。

第十章
门户之见

野史：李星沅遗疏

李星沅昼夜兼程，抵达桂林，调兵集饷，都无速效。共事者意见分岐，累月无功。忧愤之余，旧病复发，密求朝廷换帅。勉力来到前线，终于不支。口授遗疏：贼不能平谓之不忠，养不能终谓之不孝。临终前睁大眼睛说："广西宿将，只有向荣靠得住。"重复三遍，便已气绝。

战争筹码越加越重

咸丰元年（1851）二月，咸丰接到向荣从广西前线发来的奏报以后，整整十天，一直在思考战争的局势。官军跟拜上帝会的交锋刚刚开始，未能大伤对手的元气，他总觉得单靠眼前的兵力，无法迅速剿灭这股逆匪。他最怕广西的战争旷日持久地拖延下去，不但要耗费大笔银子，还会有损朝廷的威望。更重要的是，夜长梦多，广西的造反，有可能引发相邻各省的叛逆之火。最好的办法，莫过于集中优势兵力打歼灭战，速战速决。

经过一番斟酌，他决定继续向广西增兵。

但是，一个省内大兵云集，连带问题不少。广西带兵的那些汉人将领，令他实在放心不下。单派一个乌兰泰过去，级别还是不够高，无法镇住汉人提督和总兵。一定要有满人文职大员坐镇前线，才能牢牢控制统一的指挥权。

然而，派谁去合适呢？咸丰一边从各地调兵，一边琢磨统帅人选。

三月五日，咸丰发出几道上谕。两江总督陆建瀛和安徽巡抚蒋文庆，必须在安徽军营内迅速挑选精兵一千名，派往广西军营。陆建瀛还得从盐课关税中预筹几十万两银子，候旨拨解。同时，云南、贵州和湖南的预备部队必须立即开往广西，交给李星沅调遣。

咸丰一下子向广西再次增兵四千名。他把自己的心思形成上谕：

朕眷怀南服，亟思一鼓荡平。

李星沅和向荣不是说打了胜仗吗？广西的官军要乘胜截追堵剿，把叛乱彻底扑灭！

兵马云集，军饷要紧。咸丰于三天后命令江西、湖北和湖南加紧催运军饷。他下了死命令，邻近省份只要接到李星沅要饷的告急公文，必须一面筹解，一面奏报，不能借口未奉谕旨或未收到部里的文件拒绝输送。

该发的上谕都发了，咸丰召见赛尚阿，说道："告诉李星沅他们，朕已为他们提供了所有的方便，要兵有兵，要饷有饷，还有邻省的紧密配合，他们切不可劳师糜饷，坐失事机！"

接着，咸丰话锋一转："朕急需一名亲信大臣前往湖南，办理防堵事务，不知有无合适人选？"

赛尚阿立马明白了皇上的深意，奏答："皇上圣明。皇上所派之人，身在湖南，要替皇上看住广西的军务，自然是要派信得过的臣子。"

咸丰说："朕的意思，你倒是看得明白。朕记得，道光二十一年，英夷逞强，先皇派你去天津及山海关一带设防，你给朝廷献策多条，先皇把你大大夸了一通。翌年英夷进攻江浙，沿海危急，先皇授你钦差大臣，赴天津加强海防，你也办得妥当。"

赛尚阿一听此话，心里便明白了九分。皇上看重他略识军务，有意派他去南方督战，当即跪下，叩首奏答："奴才无能，蒙先皇擢拔，臣虽肝脑涂地，不足报答万一。奴才对皇上一片愚忠，自愿前往湖南，为皇上分忧。"

"如此甚好，"咸丰瘦削的脸上浮现一丝笑容，"朕立刻传谕内阁，任命你为钦差大臣，另派都统巴清德和副都统右翼总兵达洪阿随你前往，协同办理军务。直隶天津镇总兵长瑞，也可随同前往湖南，听你调遣。"

咸丰一口气道出胸有成竹的人事安排，赛尚阿不免有几分惊讶。他没想到皇上如此年轻，凡事都有深谋远虑。皇上叫他带领一班高级武将驻扎湖南，显然做好了两手准备。朝廷为李星沅等人提供了优厚的条件，如果他们还不能取得广西剿匪的彻底胜利，那么，皇上就要动用亲信旗人大臣，从汉人大臣手里接过兵权。

但是咸丰企图对满朝文武掩盖他的企图。他将此任命传谕内阁，公开的讲法，是为了让广西前线将士知道有重兵在后，更加振奋军威。咸丰特地做了附带说明：朕担心中外臣民不了解朕的用意，特意加以阐明。可是，明眼人都能读出其中的潜台词。汉人大臣的无能令皇上失望了，他想让旗人大臣出来一显身手。汉人执掌重兵，皇上终究信不过。赛尚阿到了湖南，可以就地监督，也方便随时取代。

赛尚阿必须手握重兵，才能对广西那边构成威慑。这一点，咸丰也替他想到了，已有上谕，令福建巡抚徐泽醇在本省邻近湖南的驻防军中拣选一千名精兵，派得力将领统带，开到湖南与广西交界处，听候赛尚阿调遣。同时，令内阁发给赛尚阿钦差大臣关防，让他代表皇帝本人发号施令。

赛尚阿临行前拜别皇上，咸丰语重心长地叮嘱一番，赐给他一把对中下级官员可以先斩后奏的宝刀。此刀名曰“遏必隆”，以康熙朝的权臣遏必隆命名，早已尝过大臣之血。

此刀的旧主人遏必隆以战功著称，后因鳌拜伏诛，受到株连，罪当处死。康熙因其为顾命大臣，不忍诛杀，只是将他削职，后来又赐封为公爵，令他入宫侍卫。他的女儿就是孝昭后。

乾隆时期，遏必隆的遗刀犹存内府。金川之战，遏必隆的孙儿指责讷亲贻误战机，乾隆下诏，用这把刀将讷亲斩于军前。于是，遏必隆刀就有了皇命之威，此刀一出，杀气腾腾。相传此刀有雌雄各一，风雨之夜，便会现出紫色，那是杀人如麻的血腥之色。

咸丰将此刀赐予赛尚阿，给了他一把尚方宝剑，为他树立至高的威望。赛尚阿可以在广西前线以刀立威，整肃军纪，甚至开罪同僚，就看他是否心怀杀机，并有用刀之妙招了。

冷静的头脑也会发热

咸丰登基之后，在人事路线上表现出了一定程度的改革精神。从道光三十年五月，直到咸丰元年二月，在十个月的时间内，他简用大员，委以重任，似乎未受重满轻汉的拘囿。他不仅让汉人掌管中央的军机大事，也把一批汉人名臣调任广西前线的最高指挥官。从向荣、张必禄到林则徐，从林则徐去世到启用李星沅和周天爵，他都表现得非常大度。

但是，随着清军调往广西的部队增多，却未能发挥充分的效率，他开始对汉臣的忠诚程度和作战能力产生了怀疑。他身边的重臣祁俊藻是用满人的脑袋考虑问题的汉人臣子，惯于换位思考，老是把自己摆到咸丰的立场上，往往暗示让汉臣执掌军权是多么可怕的事情。他的提醒令咸丰的思维变得狭隘。咸丰认为，派出一批亲信的旗人大臣去广西收拾烂摊子是个绝妙的主意。

在对汉人大臣失望之余，咸丰又开始怀疑他一贯倡导团练的乡勇。咸丰本来希望由地方绅士出资出力组建的武装，能够补充朝廷兵员和财力的不足，协助正规军剿匪。但是乡勇可左可右，若操控不当，也会威胁到大清政权。地方士绅与造反派勾结的事情时有所闻，倘使乡团头目别有用心，便可借团练之名，行造反之实。事实上，金田的农民军正是借着团练之风组建了自己的武装力量。

对于乡勇的不信任，自然也是植根于满人统治者提防汉人的门户之见。各地的士绅多为汉人，他们组织起武装，如果不跟朝廷同心同德，就有可能成为第二、第三势力。当湘军兴起之后，祁俊藻提醒咸丰要多留个心眼，就是基于这种考虑。他这种担心并非毫无根据，乱世之中汉人势力纷纷崛起，洪秀全的第二势力几乎推翻了清朝，安徽人苗沛霖则是第三势力的典型代表，也曾坐大一方。

咸丰把宠臣赛尚阿派往湖南，监视广西，从大清统治集团的角度来看，确是明智之举。赛尚阿是蒙古正蓝旗人，对皇室决无二心。他于嘉庆二十一年中举，授理藩院笔帖式。历任内阁侍读学士、头等侍卫、哈密办事大臣、都统、户部尚书等职，阅历丰富。此年五十六岁，在位极人臣的官员中，算得上年富力强。他已在军机上行走十年，咸丰元年正月授文华殿大学士，位居臣相，资历颇深，足以服众。

从军事角度考虑，赛尚阿不但办过抵御外侮的军务，也办过整肃官场的差事。道光十一年以后，他到一些地方核办过多起被参官员的案子，惩处了贪官，给被诬告的官员平了反，赢得了办事公允、认真负责的名声。

咸丰为自己的这次人事安排兴奋不已，得意之色溢于言表。此后的一段日子里，他一直沉浸在自己大手笔的军事筹备之中，对广西前线的军报不大留意。他把全部的希望寄托于增派的大军，以及他最信赖的钦差赛尚阿。

赛尚阿奉旨出行时，前线的军报显示，官军已将金田太平军压缩在一个狭小的地区，随时可以发起致命的攻击。太平军撤出牛排岭以后，官军封锁了东面的通道，南面是江水，北面是大山，太平军唯一的出路在西面。如果他们二进武宣，仗着良好的群众基础，就有可能突破包围。咸丰虽然不知道洪秀全的妹夫萧朝贵是武宣卢陆峒人，但他接到报告：对手已经西进到武宣境内的东乡一带驻扎。

此后咸丰对前线的了解出现了一段空白。焦亮兵分三路牵制官军，得以金蝉脱壳。向荣对各部调度不灵，追击缓慢，用了十来天才推进百十里。太平军趁机在武宣四处活动，征集物资，大力扩军。向荣抵达攻击位置时，对手已经得到充分的休息和补充。

咸丰于三月十七日才接到前方的奏报。向荣说他派兵分路进攻敌军营垒，从中午打到黄昏，不但没能打败敌军，反而差一点败下阵来。危急时刻，代理巡抚周天爵率领广东勇队冲上前去，鼓舞了官军士气，各部转身向前，才将敌军击退。

咸丰阅罢奏报，哈哈大笑：“这个周天爵，说话就是八十岁的人了，还能手刃两名逃跑的闽勇，亲自指挥东勇进攻，歼毙贼匪几十人。此人精神矍铄，并非老到不能打仗了！周天爵既在带兵，就让他专办军务，广西巡抚一职，由劳崇光暂行代理。哈哈哈！”

祁俊藻却没有陪着皇上开心，有些紧张地说：“皇上，匪徒到了武宣境内，北上桂林就方便了。省城重地，一定要加强防守。”

咸丰说道：“不要紧。叫李星沅他们一面围剿，一面严防，断不能让匪徒钻了空子，杀到省城。朕昨天又给他们增派了三千名四川兵，还让户部另筹一百万两军饷。官军兵多饷足，贼匪一定闻风丧胆，攻剿更易得手。对了，叫徐泽醇再从靠近湖南的驻军中选派精兵两千名，加上前次选派的一千名，一共三千名，前往湖南广西交界处，交给赛尚阿调用。”

自从派出赛尚阿以后，咸丰似乎有了必胜的把握，斗志格外旺盛。此后几天，他又连续几次下令向广西增兵，从各地调拨的兵力超过一千四百名。他还给赛尚阿调派了二十尊劈山炮，又令四川凑足五千石大米，从水陆运到湖南，交该省转送广西。他担心户部承担不起大额的军费，又令内阁安排内务府广储司拨发内帑银一百万两，迅速解赴广西大营备用。

咸丰的这些举措，为广西前线提供了最优厚的作战条件，所以胜券在握的感觉绝非虚妄。他特别得意的是，他已经造成了官军各部之间相互牵制的局面，建立起了满汉官员互相监督的机制，足以预防军队发生内乱和哗变。

但是任何事物都有正反两面。咸丰处于亢奋状态所办的这些扎实事，在某种程度上可以说是为自己种下了苦果。他从各省抽调兵力，另选将领统带，势必造成官兵互不熟悉，难以协调，临阵观望，败不相救。而高官同处一地，共办一事，难免互不买账，彼此掣肘。这些弊端影响了终极效果的获得，导致官军在作战中屡屡失利。

弊端虽在，却未进入咸丰的视野。此时他心情很好，颇有游戏心态，决定把已经撩发少年狂的周天爵用作军事指挥官。三月二十六日，他给周天爵赏加总督官衔，叫他会同向荣专办军务。此时他有些后悔将李星沅委派为钦差大臣，他认为这场战争应该在满人指挥下圆满结束。

咸丰的做法和心情很好理解。这个皇帝正处在好胜逞强的年龄。皇族的本能使他急欲为满人挽回面子。他在给赛尚阿创造一切有利条件，迫不及待地想让这位宠臣指挥一场漂亮的歼灭战，提升大清统治者的气数。他越想越兴奋，激动得脱出了稳重的轨道。四月二日，他突然发出上谕，叫赛尚阿行抵湖南与广西交界处以后，不要停留，立即驰赴广西军营接办军务，并通知李星沅返回湖南，会同骆秉章办理防务。以前颁给李星沅的钦差大臣关防，即由驿站传递缴回北京。

这个突然的决定，很有些让亲贵大臣抢班夺权的味道。这里可以看到满汉门户之见的明显痕迹。但也不能否认，咸丰在此表现了未雨绸缪的预见性。广西的高官们平均年龄太大，周天爵老迈了，李星沅身体不好，体力上能够挺多久，令人放不下心来。

何况广西战事的最新动态，又令事态变得颇为复杂。武宣的太平军已经向外界发出求援的信号。他们指望与凌十八的土匪武装会师。这支土匪位于东南部的陆川，拥有相当大的能量。东北部的贺县也有一股盗匪趁机活跃起来。三月初，他们杀到与广东交界的里松镇，两广的官军不得不会同进剿。交手之后，盗匪从两侧包抄官军，击毙了副将（师级）以下军官多名。

咸丰最为担心的是凌十八，如果他的部队与武宣的太平军或贺县的盗匪会合，反清势力就会迅速壮大。好在徐广缙此时已经剿灭了广东的匪帮，咸丰令他率领得胜之师专门对付凌十八，并叫乔用迁调拨一千兵力，急行军前往广西百色增援。

咸丰不断向广西增兵，不断把高级官吏调往广西，为了事权统一，给他们指派一名自己信得过的统帅，可谓明智的做法。广西的剿匪领导班子年轻化也是势在必行。如果皇帝致力于消除前线领导班子和各部队之间内耗的因素，而不是加强这种趋势，也许能够保证用正确的办法取得预期的效果。但是为了杜绝权力失控的可能性，咸丰只能维持不利于团结的格局，而这就使他采取的一系列积极措施在效率上大打折扣。

团队精神的比拼

洪秀全的部队占据武宣东乡以后，冯云山与焦亮根据这里的地势，决定主要驻守两个据点。东乡的东西两面都有六七十里的崇山峻岭，是天然的屏障。只要守住南北两面，太平军就有了生存的空间，也有了撤走的出口。焦亮派兵抢占了北面的双髻和南面的三里墟。

周天爵老当益壮，对军事颇为在行，他看出了焦亮部署兵力的意图。双髻是一个北上的口子，可从陆路通往象州、柳州和桂林。周天爵认为，官军必须把大营扎在双髻以北，阻挡太平军北上的陆路。

但是太平军还有另一条北上之路。他们只要牢牢控制三里墟，从这里派兵打通江路，也可从黔江北上，抵达以上三座大城。何况三里墟还给他们提供了充足的粮食补给。从这里可以看出，太平军的军事指挥员确非泛泛之辈。

周天爵洞察敌军的意图以后，派兵抢先控制了水路。他跟金田农民军交手过招，发现先前大大低估了对手。他乐观不起来了。对手中明显隐藏着高人，运用古代的兵法作战。此人首先藏匿实力，然后稍露锋芒，接着出动主力，最终取得大捷，由此而形成一败二胜的规律性。周天爵认为，这就是孙子兵法的实践。

他在作战中得到了太平军的一本小册子，其中记载了一个军的组织结构。他判定这种军制是从古代的周武王那里学来的。他们的一军总人数为一万三千二百七十人，只比周武王麾下一军的人数多出一百人。

这种军制显示出一个庞大复杂的系统。班长称司马，每班十人，十个班设一百长；百长以上采取五进制，五百人组成一旅，旅长称为旅帅；五个旅组成一个师，师长称师帅；五个师组成一个军，军长称军帅。由此可以算出，每军统辖一万二千五百人。实际人数多出七百七十人，这应该是军官的人数。

对手的总司令号称洪大元帅。他既可能是洪秀全，也可能是洪大全。他将全部武装力量分编为九个军。这本小册子只记载了他手下第一军的具体情况，末尾说明，其他各军正在按照同一军制组建之中。可以推测，此时他只有一个军的兵力，但胃口不小，企图大肆扩军。

周天爵将这本小册子寄给了北京的内阁。与此同时，他惊奇地发现，对手的兵力不断增强，官军却越战越怕。周天爵认定对手绝非乌合之众，而是一支纪律严明、战斗力非凡的军队。与之相比，官军纪律松弛，难进易退，屡经劝诫，仍然疲弱不堪。

周天爵既已奉旨专办军务，不敢怠慢，振奋精力，对武宣剿匪的战局做了一番研究，跟提督向荣和总兵秦定三一起部署兵力：北路由秦定三把守，南路由向荣防堵。但控制水路的官军并非向荣的部队，而是张钊等九名投诚的天地会头目，统领七百水勇在江上巡逻守备。向荣的部队不善水战，全在陆地上驻扎。

由于物资匮乏，太平军遇到了头痛的问题。他们虽有粮食，却无食盐和烟硝。焦亮与冯云山决定拼死速战，攻下秦定三的黔军大营，突围北上。

太平军集中主力在三月二日向秦定三发起猛攻，重创镇远营，但未能实现突围的意图。但只此一战，却造成了官军高层领导人失和。秦定三孤军奋战，拼却损兵折将，也未放跑敌军。向荣的兵力部署比较分散，明显存在问题，战斗打响后，又未及时派兵增援秦定三，显然负有责任。但他反咬一口，指责秦定三临阵退缩，导致失利。周天爵年老昏聩，信以为真。他心直口快，当即把秦定三训斥一通。但调查结果表明，镇远营作战并无退缩情节，周天爵回过头来指责向荣推卸责任。周天爵的这一通胡搅，他自己倒是颇为坦然，秦定三对他却心已不服，向荣对他也很恼火，加上他家公子周光岳从中干预，周天爵更是大失威信。至于秦定三跟向荣之间，就因此事结下了梁子。

焦亮无法突破秦定三的北面防线，打算派出一支兵力向南突围，牵制官军大营的兵力，大部队乘虚北上。这支部队的任务是攻打旧县墟的江口，强行渡到黔江以西，然后南下贵县，去迎接凌十八和刘八的两股天地会。只要此战成功，就能扩充一万多人的兵力。

官军于三月八日得到探报，得知太平军打算西渡黔江，迎接天地会。周天爵认为，控扼水路是当下的关键。可是，向荣称陆军不善操舟，又无法在船上用炮，"断难抵御"。周天爵无法调动向荣和秦定三的积极性，感觉到自己脚陷泥沼，无法自拔。在此困境下，他只好做出"按兵不动"的决定。

好在还有投降过来的张钊，愿意听从调遣。周天爵知道他长于水战，决定用以毒攻毒的老招，让张钊去跟敌军决一死战。投诚的天地会多一点伤亡，周天爵一点也不心痛。

三月十日，张钊果然用炮火压制了在东岸抢渡的太平军，击毙几十人。周天爵等人登山瞭望，看得一清二楚，扳着手指点数太平军的尸体。

太平军在分遣队抢渡的同时，主力扑向秦定三的兵营，攻击部队布满山谷，却无法突破镇远营的防线。周天爵看穿了对手的谋略，对向荣说："此贼派一股南出，以偏师牵动大营，同时乘虚北上。我等必须多派兵力，昼夜水陆巡逻。"

向荣未当大敌，巡逻还算认真。官军搜索树林、山谷和江畔，抓到敌军的一些探子。有人招供，太平军计中有计。他们的南路派遣军明攻旧县江口，暗攻勒马渡口。周天爵令张钊等人严加守备。张钊拨出少部分船只防守勒马，把大部分船只藏在山脚，严阵以待。南路太平军果然中计，折损二十多人。

在这一时期，官军的谍报工作毫无进展，纯粹依靠俘虏口供来了解敌情。俘虏供称，太平军头目共有几十名，周天爵一一登记，韦昌辉、洪大全、冯云山、杨秀清、胡以晃、曾三秀等人都出现在他的黑名册上。俘虏还说，洪大全和冯云山是最有谋略的指挥员，把部队分散在各处，分头出击，即使打了败仗，也不会遭到重创。

这些口供令周天爵和向荣更不敢轻举妄动。他们一致认为，官军兵力不足，只能坐守待攻，一定要等到兵力大增，才能连营逼近，缩小包围圈，步步进逼，迫使敌军退缩。那时候，只要能把敌军驱赶到罗渌洞，就能聚而歼之。

他们为保守战略寻找借口：如果急于发起猛攻，即便得胜，必定会有敌军逃窜；我在明处，敌在暗处，敌人在交战时分头逃跑，又成了游击局面。结论是，现在出击，致使敌军四出，得不偿失。正确的办法是不求速战，只求固守。以静待动，以逸待劳，才能稳固军心，保持士气。

周天爵、向荣等人用投降的天地会来对付太平反军，究其动机，就是不愿消耗官军的兵力。因此，在针对拜上帝会的早期军事行动中，张钊等天地会叛将贡献甚大，以毒攻毒可以说是这一阶段作战的主要特征。这份功劳应该归于劳崇光的招降纳叛。劳崇光虽未因此得到朝廷的褒奖，但咸丰已对他另眼相看。咸丰看重面子，认为靠叛将取胜有失朝廷颜面。不过他也知道，此法效果非常显著。这是劳崇光后来得到重用的原因。

广西的天地会在这时已经分化为三个阵营，第一阵营积极地为官府剿匪，充当先锋打头阵，献计献策。张国梁和张钊是其代表。其中有些人要求在消灭太平军以后解散回家，徐广缙和咸丰担心他们重新落草为寇，都认为不妥，要求采取更稳妥的办法。第二阵营加入了金田农民军，林凤祥和罗大纲是其代表，他们后来成为太平名将，一时叱咤风云。第三阵营没有投降官军，也未加入拜上帝会，而是继续当他们的草头王，凌十八是其代表。他们反朝廷的意识刻骨铭心，不愿向异族统治者投降，但又受不了基督教组织的严厉管制。洪秀全一些极端的做法，确实造成了内部的军心动摇，也失去了外部的一些同情者。从冯云山和焦亮的角度看来，这未必不是一个好结果。他们对部队的要求是宁缺毋滥，与其让那些害群之马进入内部捣乱，还不如让他们对森严的约束望而却步。

这个组织要求会众绝对服从借上帝之口发布的命令，萧朝贵是一名严厉的纪律监察官。在起事之初，会众同进同退，互相支援，团队意识远在官军之上。组织在增募兵员时，宣传口号很简单。征兵负责人告诉饥饿的民众，参军便能吃饱饭。但是入伍者必须烧毁家舍，自断退路，坚定造反的决心。对于中国的农民而言，离乡背井，抛宗弃祖，尽毁家业，首先就革了自己的命根子。那些下不了决心的人，自然不会跟从，而一旦选择了加入，就会死心塌地。因此，这支农民军队最坚定的军人，一直是广西老兵。太平军的后期大将李秀成，参军时年纪尚小，就是为了果腹，放火烧掉自家房屋，糊里糊涂跟着“上帝”的部队离开了家乡，从此再也未能返回家园。

官军一方最欠缺的品质恰好是团结一致。周天爵和向荣想把太平军困死在东乡一带，采取守株待兔的战法，等待援兵，李星沅未必赞成。也许他更倾向于主动出击。如果真是如此，广西高层的意见可能并不一致。研究这段历史的人很容易相信，官军之所以未能在桂平和武宣境内消灭拜上帝会，是因为文武不和，各怀其志。其实，高级指挥员提出不同的作战方案，是很正常的现象。问题在于，拍板的钦差大臣无法协调各方意见，明确方案，统一号令。

军队的问题比司令部更为严重。官军各部仿佛不是在一口锅里吃饭，彼此之间若非暗中拆台，便是阳奉阴违。部队来自不同省份，兵勇繁杂，正规军与民兵相互轻视，正规军内部也互不买账。中高级将领统辖关系不明，指挥体系紊乱，有令不行，有禁不止。这跟司令部意见分歧并无很大的关系，而是朝廷玩弄权术造成的局面。李星沅抵达广西之后，已经身心交瘁，生命力正在衰竭，哪里还有精力排解派系之争和门户之见。何况他当时并未在前线指挥，对军事的干预非常有限。

尽管如此，李星沅仍然给向荣出了个难题，令他在湖南营的官兵中失去了威信。向荣带到广西的湖南绿营，一开始连获胜仗，给向荣的黑色帅旗增威不少，令造反军望而退却。湖南营如此舍命效力，是向荣重金收买的结果。他们每打一次胜仗，向荣就给每名士卒赏银一两。当时兵员不多，官府还能负担得起。可是，等到李星沅抵任时，军饷告罄，若要维持这个制度，省府拿不出庞大的奖励开支。他只得下令，将赏金减为三钱。湖南官兵顿时哗然，发誓不再出力。向荣向李星沅陈情，李星沅只得改回一两，但朝令夕改，无法取信于士卒，人心已经涣散。

向荣知道自己的部队战斗力锐减，所以坚持采取守势。周天爵与他意见一致。他们说，敌情不明，地势险恶，援兵未集，无法发起攻势。就连咸丰也未对这个领导班子寄予过大的希望，他把所有的赌注都押在赛尚阿这个满人亲信大臣身上了。

咸丰同意了周天爵奏报的作战计划。天子心想，周天爵随军亲征，身在前线，定能明察秋毫，不会信口开河。但是，咸丰担心官军即便是守株待兔，也有可能被敌军冲突出去。他同意官军采取守势，但强调必须严密封锁道路，万不可百密一疏。如果敌军突围成功，与凌十八和刘八会师，那是咸丰最不愿意看到的结果。

然而，正是这个静围待援的决定，把主动权交给了太平军一方，使得冯云山与焦亮有时间谋划主动出击，战争的天平再次向金田农民军倾斜。

能臣难过做人关

凌十八在广东遭到官军打击，从石城县进入广西陆川。接着向北挺进，围攻郁林州城。李星沅和周天爵不得不派兵前去应战。云南临元镇总兵李能臣统带滇军，会同代理按察使杨彤如督率的本地各路杂牌军，于三月二十五、二十七、二十九日，三次分路进攻，歼灭了凌十八的一支部队。广东乡勇重创了凌十八的另外一部，击毙了他的军师王晚。

凌十八遭到官军阻截，并受重创，暂时无法继续北进，无望与金田农民军会合。而拜上帝会能否南下，则取决于武宣的战局。官军也看出了这一点，朝廷委派的高官，都在向武宣集中。

乌兰泰于四月三日抵达武宣军营。向荣立刻意识到身边有了一个令他不安的因素。这两名武将今后的相处，都会感到颇为艰难。

第二天，李星沅也拖着病弱的身子到了武宣。这位钦差大臣抵达广西以后，从桂林南下柳州，如今才抵达前线。这一路走来，真是难为他了。他于四月一日从柳州登船，两天后抵达象州。有人上船拜谒，看到钦差大人已双腿发软，无法站立。

李星沅一到武宣，周天爵即赶来相见，只见钦差大人精神委顿，言语不清，连忙为他找医生调治，却不见效。李星沅已经不行了。他到广西之后做了两件大事，查明了最大的匪患在金田，并且已向桂平和武宣前线调派一万多兵力。不过，兵力派出之后收效不大，他自觉责任在肩，只好强打精神应付差事，不敢置身于军事之外，更不敢向皇帝请假，导致军心动摇。

这个湘阴人还不知道皇上对他已经失去信心，早已另有安排，他还怀着强烈的责任心，担心钦差关防丢失，被别人拿去乱用。他将关防放在枕边，一觉醒来，还是放心不下，决定暂交周天爵行营保管。

乌兰泰得知李大人到了武宣，连忙前去报到。但他只能在卧榻旁参见钦差。他也发现李大人神志不清，无法深谈公务。

李星沅病重的奏报，一点也没使咸丰感到被动。他早就安排好了赛尚阿这颗棋子，于是他乐得就汤下面，叫内阁传谕：让赛尚阿火速驰赴广西，接办钦差大臣事务，并通知邹鸣鹤日夜兼程，前赴巡抚新任。

据说李星沅病重时，将关防交给周天爵以后，给皇帝写了遗折，举荐乌兰泰和向荣，说这两人可以接任钦差。但是咸丰早有成见在胸，不可能接受他的建议。

李星沅在武宣待了九天就离开了人世。四月十一日，他将钦差关防交给周天爵封存，第二天就病故了。李星沅带来的湖南官兵，由周天爵接手指挥。

咸丰派往广西的大员，继林则徐之后，又一名钦差大臣病逝。如果算上云南提督张必禄，清廷派往广西的大员，已有三位去世。他们的死因主要是劳累和紧张。咸丰把这些前朝老臣派往剿匪前线时，不顾他们年迈体衰，说明当时他确实没有更多的选择。他最终将赛尚阿派往前线，确是下了很大的决心。

乌兰泰的到来使官军多了一个熟悉军事的头脑。他认为，周天爵和向荣根据地势和敌情所做的部署，大致称得上严密。

官军指挥员已经知道，武宣也是金田农民军的一个发源地，他们在这里有很深的根基。他们选择东乡为根据地，很有军事眼光。此处群山环绕，西临黔江，但中间是五六十里的平地，还有小山重岭。山谷中大小村墟共有六十多处，都被他们占据。东乡的村头村是韦昌辉的地盘，从这里向西行走三十里，就是东岭三里墟。拜上帝会把三里墟当做东乡的门户，利用台村灵湖的淤田作为自然屏障，不许官军跨越山鞍岭。而他们的大部分精锐部队，就埋伏在莫村一带的十多个村庄里。

官军的围守并未切断拜上帝会的所有退路。他们从凉亭新路口西行，可以攻击武宣县城，如果从二塘墟的大林小林北行，则可攻打象州州城。向北一路山径崎岖，官军很难设防，他们最容易从这里溜走。

江路自然也是太平军突围的一个途径。从武宣县城到桂平的碧滩，一百多里的江路，就有十多个渡口，他们只要占据一个渡口，就能从江北渡到江南。

乌兰泰对隐秘的道路并不熟悉，他高度评价了周天爵和向荣的兵力部署。根据他的观察，这两位老人都不是外行，确实分拨兵力堵住了四面的隘口，只要援兵开到，就能分路进剿。

官军已有部队轮流在北面的山径上巡逻，从二月二十日起，抓获了二十二名基督信徒，其中有大小头目，也有打过仗的老兵。江防还是交给张钊的七百名水勇，另派三百五十名福勇昼夜沿岸巡逻。江岸巡逻队也抓获了敌军的一名右先锋。这段时间，六处渡口发生了争夺战，官军的防卫毫不疏忽，金田农民军为争夺渡口付出了几百人的生命代价，却未能得手。

官军虽然没有主动出击，却采取了一些下作的手段。以周天爵为首的前线指挥官，确信太平军食盐奇缺，急于突围。他们订下毒计，派人把毒盐卖给敌人，太平军每天都有士兵中毒身亡。

拜上帝会没有在官军的饮食上做文章，但官军的减员人数跟太平军不相上下。他们虽然没有中毒，却因水土不服，不少人死于瘴病。向荣不肯轻易进攻，这也是原因之一。他给皇帝奏报的计划是：等到云南和贵州的援兵开到后，休息一两天，再将各处卡哨的兵勇挑选到进攻部队，一攻东乡，一攻东岭一带的敌军根据地，将敌军一鼓逼入罗渌洞。

乌兰泰不失为一位认真办差的武将。他从广东来到武宣，一路查探敌情，发现了十多股土匪，在他眼里都是不堪一击的乌合之众。他认为凌十八的天地会比土匪强不了多少。但是，他一到武宣就悚然警惕。东乡的农民军给他的印象非同一般，他们明显在政治上大有图谋。他们的首领称王称官，会众全蓄长发，换了服装。部队人数超过一万，打仗有勇有谋，是广西的心腹之患。他坚信，只要将这股敌人歼除，其余各股土匪不难分头剿平。

乌兰泰所带的兵员只有五百人，加上向荣原有的兵力，也不过与对手相当。他同意周天爵的意见，以现有兵力只可相持严堵，以待援兵到来。

乌兰泰是满人高级将领，但他做人低调，来到武宣后并未指手画脚。可是官军的首脑们仍然出现了奇怪的现象。周天爵单独向咸丰奏报他的战情分析，乌兰泰也是单独奏报他的视察结果。咸丰已经看出一点苗头，前线的大臣们似乎都在单干，而没有形成集体领导。他们为什么没有联衔奏报？向荣为什么保持沉默？他连忙发了一道上谕，规定在赛尚阿未到以前，凡有军事陈奏，都要由周天爵会同劳崇光、向荣、乌兰泰联衔奏报，不许各搞一套。由于联衔奏报的基础是集体讨论，咸丰的意思显然是要求前线的臣子们统一认识，形成合力。

咸丰的嗅觉非常灵敏，前线果然发生了他不愿听到的事情，而事情的起因正是臣子们之间闹出的龃龉。由于总兵级高官不听命令，太平军从东乡突围而出了！

冯云山和焦亮指挥的这次突围成功于四月十七日，但官军松懈的迹象早在一个月前就已显露出来，却无人能够弥补这个漏洞。

三月十七日，贵州镇总兵秦定三在东乡北路扎营，周天爵派人给他送去书面命令，令他向北推进，到大林扎营，以堵截太平军北上象州之路。

周天爵的信使对秦定三说："秦镇军，周大人说，从二月到三月，逆贼多次打探前往大林和小林的道路，都被官军擒获。贵部应当移驻大林，阻挡逆贼北上象州。"

没想到，秦定三一口回绝："本镇所部在此驻扎，足以防堵会匪，为什么非要再向北去呢？请回报周大人，末将恕难从命！"

秦定三不肯移营，似乎谁都拿他没办法。四月十日前后，连日大雨，周天爵派到敌军营内的探子回报："这几日天气恶劣，贼军打算趁我不备，北走东岭，从落梅取道东乡、大林、小林，奔赴象州的庙旺镇。"

周天爵一听，大惊失色，立即派人飞马传令，叫秦定三派兵在大林和小林倍加防堵。可是秦定三未发一兵。

四月十六日凌晨，军士来报：夜间望见大林和小林一带灯火齐明，敌军已经开始突围！周天爵与向荣、乌兰泰紧急磋商，立即派练勇和黔军前往大林驻扎，一定要截住敌军北上之路。秦定三接到命令，推说天色未明，不肯派兵接应，迟至七点钟还未出营。周天爵亲自赶到黔军兵营，当面督促，秦定三才带领一千人向北追赶。周天爵又叫贵州平远协副将周凤岐出兵接应，没想到周凤岐也不遵令。

周天爵派出多批探子侦察敌情，有了回报：十六日下午四点，先前派出的刘季三所部练勇已经抵达官桥塘，与敌军接仗。敌军无心恋战，丢下两门大炮，仓皇逃走，官军当即追杀。这时秦定三所部与贵县勇、桂林马平兵勇共计三千多人，已经全部赶到，开炮轰击，才打出了官军的威风。

官军已占上风，秦定三本应乘胜追击，无奈部属不肯行动，他们叫喊着要吃饭喝水，秦定三无法满足他们的需求。部队出动时未带锅帐，无法烧水做饭。秦定三不得已，下令折回军营，其余各部也随之南返。都司常启云对秦定三言听计从，湖南靖州协副将博春、湖南永绥协副将和春，也跟秦定三一个鼻孔出气。周天爵和向荣发了好一通官威，秦定三才于夜间三点钟再次离营追赶。这一耽搁，太平军已经全部突至庙旺。两夜一昼，已经足够他们顺利完成突围计划。

这一仗，彻底暴露了总指挥周天爵和向荣在下级将领面前毫无威信，各部队懒散畏战，将剿匪大业视同儿戏，根本不愿为朝廷卖力。尽管有满人将领乌兰泰督阵，也拿他们无可奈何。

周天爵大发雷霆，当即请旨，要将秦定三与周凤岐先行治罪，将常启云革职拿问，还要惩办湖南官兵。周天爵说，湖南营兵来到广西，历时三月，并无一战，玩忽职守，请将博春与和春革职，仍留军营效力赎罪。

可是周天爵此事做得并不周全。秦定三的防区内，还有一个张敬修，统领着八百名东勇，也没有出兵追击。周天爵参了秦定三和周凤岐，却未参张敬修，被参官兵心中自然不服。

周天爵除了与向荣、乌兰泰联衔奏报失利的消息，还向皇帝打了一份小报告：向荣其人本有才气胆略，但他总是帮着儿子向继雄说话，引得湖南官兵不满，跟他消极怠工。向荣还不懂得反省自己的过错，反而打击报复，以致失去人心。周天爵提出屯兵固守的方针之后，向荣又未积极支持他部署兵力，才导致堵截失利。看来周天爵已经失去跟向荣合作的信心，请求皇帝简派湖南提督余万清率领三千人来广西作战，言下之意，就是要用余万清来取代向荣的地位。

周天爵反映的情况也许都是实情，他对朝廷的忠心也毋庸置疑。但是咸丰看问题的方法大不相同。在他眼里，向荣虽不是尽善尽美，但周天爵问题更大。他虽然勇于任事，却不能团结下属。秦定三不听指挥，向荣也跟他不和，他自己却不反省，一下子就参劾了几员大将，却不设法调动众人的积极性。咸丰想，若是朕依了他的意思，把前线将领全部罢黜治罪，就得派人接替他们的职务。这一番折腾，就会留下几十天的空当，谁来替朕带兵打仗？

咸丰算是抓住了问题的症结，但他也想不出万全之策。看来广西的事情，还得等到赛尚阿抵达才会有起色。咸丰传谕赛尚阿，叫他加速奔赴广西，一路上要预先筹划对策，火速与乌兰泰、向荣和秦定三通气，叫他们同心合力，捕捉战机，断不可稍有延搁。赛尚阿一到广西，就要详查主帅为何不能服众，将领为何不听指挥，据实参奏，如有剿匪预案，也可以随时密报朝廷。

对于前线将领，咸丰决定和稀泥。他对抗命不遵的将领只是警告了一通。他强调，惩办违纪者事小，如何积极打击敌军，才是重中之重。将领不遵令，主帅有责任，他叫周天爵返回桂林，代理巡抚，部署省城防御。追剿武宣逃敌的军事行动，责成乌兰泰和向荣共同指挥，也给抗命的将领留下改正错误的机会。

咸丰对于这次军务失利，给了当事人一点象征性的惩罚。周天爵被革去了总督衔，不再暂代钦差大臣的军务，立即返回桂林；向荣和秦定三都被拔去花翎，与周天爵一并交部议处。

咸丰现在最为留意的是情报。他有一肚子的疑问，可是前线大员没人能给他满意的答案。贼匪突围北上象州，到底想干什么？东乡的贼巢是否已经平毁？桂林和平乐一带如何防堵？象州一带有无险要可守，可以堵截贼匪奔窜？向荣素来打仗勇敢，秦定三也以勇略著称，何以坐拥重兵，任贼远飏？

在赛尚阿到位之前，靠谁来查清这些问题呢？想来想去，只有依靠乌兰泰了。

周天爵建议用余万清取代向荣，这引起了咸丰的注意。如果这个湖南提督果真比向荣更强，那就要立刻发挥他的作用。咸丰根据骆秉章的报告，知道余万清已带兵驻扎湘南边界上的江华，提防太平军北进湖南。咸丰命令他探出敌军的确切去向，防止他们与贺县的贼匪会师。如果桂林有警，则应该立即前往，协同广西官军作战。

第十一章

主圣臣直

野史：评价曾国藩

陈广敷本是一名医生，却有预测人生的本领。刘蓉未发迹时，陈广敷根据他的颧骨，推断他能成就一番大事业。曾国藩在京城做官，陈广敷无缘得见，凭着众人的描述，预测此人是杜衍、文彦博一流的人物，却比不上韩琦、范仲淹。这个预测，比后人对曾国藩的评价低了一截。

老虎屁股何时能摸

咸丰元年（1851）的第一个季度，广西战争的局势逐步明朗。从金田村出发的太平军，表现出少见的纪律和谋略，与官军周旋于大瑶山与黔江、柳江之间的狭窄地区，成为咸丰最头痛的对手。其他各地的小股会党先后遭到官军镇压。张国梁和张钊投诚后得到重用，引发了天地会首领的一系列投降事件。咸丰政权已经找到了最强大的敌手，朝廷正在调集重兵，把主攻矛头对准拜上帝会的农民武装。

三月底，官军在广西西部的百色厅境内镇压了一个盗抢团伙。四月上旬，在广西东南角上的博白县，以刘八为首的天地会部队在遭到官军沉重打击后，部众纷纷投降，官府统计，解散不下二千人。四月十日，他们的头目黄锦泗与冯子材各率部众向官府投降，反戈打击刘八，击溃了刘八余部。三十多年以后的抗法名将冯子材，从此摘掉了造反的面谱。

咸丰接到战报以后，对黄锦泗和冯子材的投诚做了肯定的批示，他对投诚的天地会头目已不再反感。此战中发挥主要作用的游长龄，是周天爵曾向咸丰举荐的中层官员。如今他独当一面，打败了两股盗匪。咸丰很高兴看到，对郑祖琛和闵正凤的处罚，对优秀中层干部的表彰提拔，取得了明显的成效。

武宣前线失利的战报尚未报到京城之前，朝廷发生了一件令咸丰皇帝盛怒的事情。就事情的性质而言，也许不比广西的败仗更严重，但就它对咸丰脾气的影响而言，即便是丢失了整个广西，也不会令咸丰如此恼怒和沮丧。

这件事的主角是湘乡人曾国藩。

咸丰可以感觉到，曾国藩自他登基以来，一直积极向新主子靠拢。他主动献计献策，就是一个明证。咸丰投桃报李，对他颇为器重。尽管他有些话说得比较坦率，咸丰也不见怪，鼓励臣子们多进忠言。

曾国藩在三月九日呈上了一本很有趣的折子，名曰《简练军实以裕国用》。咸丰十分高兴。他很希望臣子们针对广西的军事发表意见，而曾国藩又抢了先机，而且很有点直言不讳的味道。他公然批评朝廷的正规军，把国家当前面临的最大困难概括为两条，第一是财力不足，第二是军队不精。何以见得？广西剿匪战争开始后，朝廷从各处征调军队奔赴前线，竟然没有一支正规军能打胜仗。其他省份官军的战斗力可推而知。然而朝廷能够支出的军饷已捉襟见肘，为了摆脱困境，只有适当裁军，对保留下来的部队痛加训练，既能节约军饷，又能提升军队的战斗力。

曾国藩在咸丰不断向广西增兵的关头，提出裁军和大练兵的建议，虽然颇有见地，却毫无可操作性。全国官军的总兵力约为五六十万人，广西一省发生战事，朝廷已从七八个省份调兵前往，已到广西和正在赶往广西的作战部队，已达两万多人，而周边省份还有几万名驻防军处于戒备状态。这些作战部队和警备部队的兵力统计，还未包括补充正规军兵力不足的民兵。咸丰此刻深感兵力不够用，而曾国藩却要求他裁减兵员，岂不是釜底抽薪？如果战争规模进一步扩大，咸丰很可能还要向更多的省份征调兵力。咸丰也希望精兵节饷，但眼下的局势却很可能迫使他不得不下令增募兵员，所以在他看来，曾国藩的建议只是一纸空谈。

咸丰看了他的奏疏，不仅能够容忍他批评军队，也能原谅他过激的言论。官军在广西并非没有打过一个胜仗，曾国藩对官军的指责不尽切合实际。但是瑕不掩瑜，咸丰看重他的一片忠心，以及他对军务的关注。咸丰召他进宫陛见，表扬他的看法切中时弊，表示等到广西事定以后，再行办理。这几句圣训说得非常委婉，就是要让曾国藩明白：现在朝廷用兵孔亟，现有兵力尚嫌短缺，裁军一事就免提了吧。咸丰还告诉他，他的这份奏疏留中不发，以免动摇军心。

曾国藩再次受到最高统治者的鼓舞，有心加大劝谏皇帝的力度。四月二十六日，他上奏《敬陈圣德三端预防流弊》一折，借着预敲警钟之名，针对他在年轻皇帝身上看到的缺陷，直接提出批评。咸丰孜孜求治，朝廷的臣僚世故太深，都以为皇上只是图一时新鲜，摆个广求直言的门面，其实还是想听歌功颂德的赞美之音。所以，几乎没人敢以逆耳忠言上达天听。曾国藩却不随大流，意图独树一帜。他经过缜密的思考，认为新皇帝面对着一个烂摊子，确有集思广益的诚意，希望朝野之间形成批评与自我批评的风气。

这固然是一个犯颜直谏的有利时机，然而议论朝政、评价军队是一码事，把批评的矛头直接指向皇帝，即便是“敬陈”式的劝谏，也仍然要冒杀头的风险。曾国藩不得不掂量规避风险的把握究竟有几分。他看到了一个对自己有利的证据，广西的军务已到难以收拾的地步，皇上不得不把枢密大臣派往前线去指挥作战。赛尚阿奉旨出行，朝野上下无不震惊，感到了战争局势的严重性。既然皇权都到了摇摇欲坠的地步，难道皇帝还会因为一个臣子提出坦率的忠告而削掉他的脑袋吗？

不可能，绝对不可能。曾国藩想。不管皇上是否叶公好龙，他决定做一条真龙给皇上看看。他拿性命做赌注，要做一回骨鲠之臣，亮出风节，显露威棱。如果皇上不畏真龙，他必定以直言敢谏闻名朝野，而皇上也会对他更加倚重。

曾国藩决心既下，奋笔疾书，写下了这份著名的奏疏，“所陈多切直之语”。他指出新皇的三大缺点，第一是心思琐碎，第二是爱做表面文章，第三是刚愎自用。这些指责是否切合实际，并不十分重要。一个二十岁的年轻人，在一个年长二十来岁的臣子眼中，总会显出许多有欠成熟的品质，你可以称之为缺点，也可以说是成长的过程。任何一个爱护后生的长者，都可能善意地提出建议，矫正他的偏向。但咸丰不是普通的后生，曾国藩也不是泛泛的长者。这是君臣之间的一场政治游戏，一场挑战和较量，也是一场押注甚大的赌博。

咸丰是一位颇有修养的君主，但他仍然是不可一世的天子。他看完这份奏折的第一反应合乎常情，勃然大怒，脸色煞白，把折子扔到桌上，不停地来回踱步。

这哪里是劝谏，分明是对新皇权威的挑战，太伤皇帝的自尊心！咸丰忍无可忍，用朱笔在奏折上批道：曾国藩逆言犯上，着即缉拿问斩。

咸丰在盛怒之中召见军机大臣，将朱批折子扔到他们脚下。

祁俊藻一看朱批，知道皇上气昏了头，做出了不明智的决策。他叩头如捣蒜，连声说：“主圣臣直，主圣臣直啊。”

季芝昌是曾国藩的会试座师，极力为门生求情：“这个曾国藩，是微臣的门生，生性愚憨，恳请皇上宽而宥之。”

军机大臣都是一个口径：曾国藩奉旨直言，此人杀不得。咸丰冷静下来，经过激烈的思想斗争，没有将这个不知天高地厚的臣子治罪，还“优诏褒答”，把他夸奖了一番。

咸丰当然也要让自己有台阶可下，维护天子的颜面。上谕说：曾国藩此折意在预防流弊，虽然迂腐欠通，意尚可取。朕自即位以来，凡大小臣工章奏，凡对国计民生、用人行政等大事有所补益者，无不立刻采纳施行；即便是阐述理学之道，有益身心的奏疏，朕也会摆在身边，随时浏览。对于不具可操作性的建议，朕有时加以驳回，有时则说明理由。朕广求直言，绝非沽名钓誉，而是身体力行。你所指出的问题，除了有关广西军务的问题朕已查办以外，其余各条都不免偏激，有失公允，或者是以偏概全。念你的初衷是为朝廷建议，朕也不加斥责。至于你说君主一有骄傲自满的念头，必然导致喜谀恶直，倒是说中了要害。朕知道自己德行尚薄，时刻反省自身的不足，若是因为臣子说了几句过当的话，便不听劝谏，以至于不能集思广益，那就是骄傲自满的萌芽。君主应当自省，臣子也当自勉，互相鞭策，才能治理好国家。

曾国藩犯上直谏，咸丰宽容不究，成就一段双赢的佳话。咸丰保持了从谏如流的贤君风范，曾国藩则在满朝文武中赢得了直言敢谏的名声。如果说这件事的赢家还有大小之分，那么曾国藩显然略胜咸丰一筹。此人连皇上的过错都敢评说，皇上也拿他无可奈何，他在官场中的地位，岂不是非常特殊了么？

据说，由于这件事情，咸丰对曾国藩怀恨终身，未能释怀。准确地说是又恨又怕，恼火几分，佩服几分，忌惮几分。

直言须向亲信求

在赛尚阿抵达广西之前，由于官军前线将领互相扯皮，咸丰只能寄望于派去掺沙子的乌兰泰提供真实可信的情报。乌兰泰跟皇上绝对同心同德，官军将领中唯有他对敌军的脱逃最为心焦。皇上跟他的密件往来透露了不少隐衷，乌兰泰深知皇上对他寄予厚望。这时官军在广西分散剿匪的压力已大大减轻，可以集中精力对付从武宣朝象州方向突围的金田农民军。乌兰泰急于报效朝廷，却苦于手下无兵。他向周天爵要来两百多人，加入向荣的追击行动。

四月十七日中午，乌兰泰率部离开武宣，探知敌军驻扎在庙旺墟，屡次攻打古城的官军营盘，未能得手。乌兰泰认为这是一个良机，可以从敌军后方发起攻击。但他行至距离庙旺墟还有十多里的新远时，得知古城营盘已被敌军攻破。乌兰泰催促所有部队一齐前进，行至牛栏塘，太平军闻风撤退，返回庙旺墟等处。

乌兰泰心想：古城军营的败兵，如果回到象州，城内人心必乱。我必须领兵先进象州，发布告示，叫百姓不要惊慌。

乌兰泰很快稳住了象州城，展开地图，考察敌军可能进兵的路线。如果敌军从象州城以东北上，最可能行走庙旺—寺村—中坪—罗秀—大乐一线。他们通过这些村庄之后，即可取道桐木，进入四排。此地北上桂林，就只有约二百里的路程了；敌军也可能朝东北方挺进，进入大瑶山的八排，那里的地势易守难攻，很难找到聚歼敌军的机会。

敌军继续北上，后果不堪设想。乌兰泰当即决断，必须拦头将敌军阻截在寺村以南。但是巧妇难为无米之炊，乌兰泰手下只有二百人，再无兵力可派。只有取得向荣的支持，才能实施他的战略意图。他派出一名通信兵，飞马给向荣送信，请他设法部署兵力防守。

向荣未曾主动派兵去寺村设防，但他没有理由拒绝乌兰泰的请求。可是对手比官军行动快了一步。四月十九日早晨，乌兰泰接到探报，敌军已陆续开入寺村。向荣此时才开始动作，带兵从象州东门外驰赴罗秀、桐木一带堵截。乌兰泰为了构成夹击之势，催促秦定三拔营尾追。第二天，探知敌军仍驻寺村，顺带占领了附近的大井、白石等小村庄，显然是在征集补给。四月二十一日，敌军从寺村奔向中坪和百丈。

太平军现在的位置在象州城以东偏南。他们占据的百丈、新寨、中坪一带，都是傍山依险，可以作为根据地。不过，照乌兰泰的推测，这里地势虽然有利，可是粮米无多，敌军一定不会久留此地。

乌兰泰赶紧跟周天爵和向荣会商，桐木是东路的总汇之地，越过桐木，就到了修仁的石墙，是东路通往桂林的咽喉；罗秀则是西路通往桂林的咽喉，从这里途经塞沙、鹿寨和运江，一路可到省城。毫无疑问，桐木与罗秀是两个重地，必须派重兵列营拦截，才能抵御敌军的突围行动。

向荣重兵在握，主动要求扎营桐木，控制北路，秦定三的黔军则在南路看守。四月二十七日上午，太平军从鳌村和马鞍山分七路进兵，攻击贵州三镇营盘。总兵重纶认为，与其出营应敌，不如坐守防御。将领们一致同意，令各营部署兵力打防御战。官军用九节大炮瞄准敌军，等到太平军逼近，开炮轰击，将太平军前锋几十人全部炸死。太平军受创撤退，稍作休整，发起第二轮攻击。由于连续遭到炮击，太平军失去了进攻力量，撤兵回营，双方形成对峙局面。

乌兰泰身在象州，密切关注着太平军的动向。几天后，他接到一份密旨，拆开一看，皇上向他提出了一大堆问题。乌兰泰感慨不已，皇上年少，竟一心扑在国事上，为广西战事呕心沥血。他把前线奏报一份份对照着看，心里仍有许多疑问解不开。乌兰泰好一阵内疚，深感没有尽到为臣的本分。皇上如此伤神，都怪前线臣子提供情报太少。

咸丰远在北京，还在研究秦定三、周凤岐等总兵抗命不遵的真实原因。他向乌兰泰掏出了肺腑之言。周天爵说向荣包庇儿子向继雄，以致部队不服，不肯卖力，是否属实？博春与和春统带的湖南兵，为什么时历三月，并无一战？周天爵素来敢讲真话，应该不会诬陷向荣。可是向荣奋勇争先也是人所共知啊。如今连徐广缙也参劾向荣推诿责任，观望不前，到底是怎么回事呢？朕对秦定三缺乏了解，乌兰泰啊，你刚到军营，用不着维护任何人。这些官员为什么不和，你要亲自访察清楚，找出真相。是不是周天爵不善驭众，致失兵心？或者是向荣与秦定三等人都有自己的小算盘，打仗观望不前？查明之后，据实密陈，不要掩饰。赛尚阿未到以前，你要仰体朕意，调和诸将，使之尽释前嫌，共图决胜。朕对你了解最深，知你素来沉毅，一定会不负委任。这是密旨交查的事情，千万不可泄漏！勉之慎之。

咸丰的难处在这封密信中透露无遗。他对向荣已有疑心，但他不想公开流露。他想把余万清调往广西，可是骆秉章未必愿意放人。湖南的永州和郴州的确需要高度戒备，还要防止湖南土匪接应广西，余万清一时确实走不开。所以，在问题查实之前，咸丰还得依靠向荣。

钦差肚量不如皇上

广西官军在象州以东与拜上帝会胶着时，新任钦差大臣赛尚阿刚刚进入湖北。他奉到谕旨，不得不预先筹划广西的战事。但他既非神仙，也非军事奇才，不可能比前线将领考虑得更为周全。他的复奏毫无新意，只是重复周天爵和乌兰泰的看法，认定拜上帝会为主要敌手，只要把此敌歼除，再去攻剿余匪，就能势如破竹。

赛尚阿于五月四日抵达湖北应山县境，接到周天爵的信函，得知自己将要面临的对手十分顽强，不由得有些心虚。他想，官军在广西打得如此艰难，如果不大量增兵，我一个文官，去了又有何用？他统计了一下，朝廷前后向广西调派的兵力，只有一万五千名。已经开到前线的部队，投入实战以后，战斗力并非很强；续调未到的兵力，应该还在途中，即便开到广西，还是不够调配。于是他连忙向皇帝请求增调二千名湖北兵为他撑腰。

赛尚阿的请求令咸丰颇为不快。他对祁俊藻说："古人用兵，有人以多胜少，也有人以少胜多。官军的战斗力在于团结，要靠统兵大员指挥得当，如果都像秦定三等人那样，兵力再多又有什么用？叫赛尚阿不要一味强调兵少，官军的恶习要靠他铲除，必须号令严明，信赏必罚，才能迅速殄除丑类。朕这一次就给他壮壮胆，叫程矞采和龚裕在湖北各营内挑选精兵二千名，赶赴广西军营，听候调遣。"

咸丰顿了一顿，问道："赛尚阿要骆秉章把前任秀水知县江忠源派往广西，只说他以前因为湖南匪徒滋事，团练颇有成效。此人还有些什么才干？"

"回皇上，其实这人还是微臣推荐给赛尚阿的。"

"哦？你这个大学士，又如何识得一个浙江的知县？"

"回皇上，微臣并不识得，乃是内阁中书左宗植向微臣举荐。左宗植是湖南人，熟知江忠源，说此人颇有军事才干，足以对付逆匪。他担心赛尚阿身边无人辅佐，特意推荐此人。"

咸丰道："既是如此，朕便准了赛尚阿所请。"

赛尚阿五月九日渡过长江，行抵武昌，兼程前进。朝廷所调的四川官兵，已有部分赶到武昌，赛尚阿令他们陆续从水路行军。他自己与达洪阿、巴清德分别从陆路前进。

赛钦差离了湖北，很快进入湖南。他所带的文武官员，多达上百人。如此庞大的钦差队伍，令沿途地方接应不暇，接待的规格不免简陋一些。赛钦差倒不觉得有什么不妥，可是他那帮手下在京城舒适惯了，又想借跟随赛大人出差之机捞点油水，结果到湖南一看，食宿有所不周，油水也不大，于是对湖南州县的接待牢骚满腹。

钦差的大队人马刚到洞庭湖畔，总管便向钦差报告："大人，地方官员的招待，比北方各省寒酸得太多。"

赛尚阿说："不得胡言！各省州县接待兵差的规格，都有明文规定。若是有人故意讨好京官，浪费开支，我不但不会领情，还要一并严查，随时奏办！皇上临行前特地叮嘱，我们一行人数众多，经由驿站行进，不免给各地增添麻烦。我早就跟你们传达了圣旨：随同人员不得多带跟班，对兵役人等要严加约束，沿途行走，不许找由头勒索。皇上说了，从前征兵过境，往往包带客货，多用民夫，甚至广占民房，凌辱州县，种种弊端，皆所不免。你们难道不知道，本钦差从来都不到地方上揩油？从前出差，哪一次不是公事公办？此次皇上让几名大员分起出京，特意安排我最后起程，就是要我沿途探访，看看其他大员有无劣迹，一旦查出滋扰地方的行为，无论是谁所带的随从，立即截留，依法惩办，并将管束不严之人指名参奏，不得稍有徇私隐瞒。难道你们还要我多说吗？"

赛尚阿嘴上如此说，心里却有些犯嘀咕：骆秉章是如何教育下属的？为何一进湖南，接待规格就降下来了？难道地方官不知我是当朝宰相，还有皇命在身？不知其他府州县的接待规格如何？不妨再看看。

五月十七日，赛尚阿行抵长沙，在省城待了四天。他以为下面的官员不懂事，巡抚总该明白事理。谁都知道，我赛尚阿如今恩眷最隆，来到你们南方，总得拿出过得去的排场吧？

赛尚阿遇到骆秉章，这个心愿就很难实现。他应该知道，此人在道光爷治下就以节俭而闻名，道光爷派给他的差事，多数是监察地方官员浪费公款的不良行为，如今骆秉章自己任了封疆，自然更守规矩。他来到湖南以后，在巡抚衙署的门前摆了一个检举信箱，专门供人举报贪腐。可想而知，他绝对不会随便动用公款，大事铺张，借以讨好钦差大人和他的随从们。何况从湖南再往前去就是广西，那里正在进行战争，官军的粮饷都难保障，作为臣子，更应当为皇上节约每一个铜板。所以，骆秉章并不担心对钦差的接待过于寒酸。

赛钦差对骆巡抚照章办事的接待方式颇为失望。手下人老是在他耳边嘀咕，他也难免愤愤不平。他哪里会理解骆秉章忠于朝廷的一片苦心，反而以为骆秉章对他有意怠慢。瞧他那一副满不在乎的样子，十有八九预先跟地方官打过招呼，叫大家不要把这位过路钦差太当一回事。

果然，赛尚阿从长沙起程后，一路南下，发现湖南省的接待规格处处偏低。难道真是天高皇帝远，钦差一到南方就掉价了？赛尚阿越想越气，他的脾气超过了修养程度的极限。

湖南巡抚是怎么管理干部的？当朝宰相，钦差大臣，身负剿匪重任，为何在他的辖区内处处受到怠慢？赛钦差提笔草疏，参了骆秉章一本，说他疏于管理，吏治废弛，干部队伍松松垮垮，巡抚和布政使难辞其咎。

从骆秉章的角度来看，他对赛钦差毫无轻慢之意。像他这样的好脾气，如果说他有意怠慢钦差大人，借他一百个胆子也不敢。他和湖南的各级官员，只是遵照皇帝的旨意，按照规定接待钦差一行。湖南是个穷省，连年灾害，财政收入不多，加上多次剿匪，底子更薄了。沿途官府接待赛钦差一干人，也许是尽了最大的财力，可是人家还不满意，把账都算到巡抚身上。骆秉章自然也不会刻意为自己辩白，以为装个糊涂就过去了，没想到赛尚阿会借题发挥，参他一本。

对于赛尚阿的参奏，咸丰未予重视。大约他也料到，赛尚阿指责骆秉章御下不严，只是因为接待上出了纰漏。咸丰此刻哪里顾得上如此鸡毛蒜皮的小事，他只希望赛尚阿早日赶到广西，解决所有的难题。

正在此时，咸丰接到广西的奏报，在两广交界地带，有两股匪徒与官军交手。一股是温大与货五领导的武装，遭到官军打击，从怀集逃回广宁，官军正在合围剿捕。另有一股四百多人的会党武装，从广宁的周分冈奔向怀集县所属的南坪村，遭到官军拦击，被歼一百多人。但是还有残余四散逃窜，从广宁及附近的德庆州界内逃出。

广西南部的宣化县境内出现了另一股会党武装，驻扎在丁当村。百姓事先已将财物和牲畜搬运过河，会党为了得到供给，分兵夺得五艘民船，渡河掳掠。张国梁奉命率领几百人偷袭丁当村，正好遇到已经渡河的会军，当即开火。可是会军拥有几千部众，占据了有利地势，张国梁无法强攻，只能智取。他率部坐上快艇，从小河悄悄驶往丁当村附近，另派几十人沿河诱敌。会军发现了张国梁的陆上部队，蜂拥而出，开炮射击，击伤官军几人。张国梁已到村左，枪炮一齐开火，轰击村内房屋，瓦片纷纷坠落，造成敌军大批伤亡。会军为了躲避炮火，躲在屋内，不肯出战，炮火也伤不到他们。第二天，张国梁派出敢死队，携带火罐，绕到村后，攀登山岭，从高掷下，其余部队仍分水陆两路进攻，前后夹击。经过一天激战，会军抵挡不住，撤往思恩府的武缘县境内，又被官军拦住。张国梁又率部追到，俘虏会军二名，击毙一百多名。这时，又听说广东巨匪颜品瑶将要杀进广西，张国梁奉命返回南宁驻守。

咸丰接到奏报，大为头痛。广西的匪情层出不穷，真可谓群盗如毛。象州的拜上帝会是最大的一股。此外还有凌十八、刘八、温大、货五等股，往返于两广交界之处，此拿彼窜，蔓延日久。从两省的奏报来看，大员们都有互相推诿的意思，不知一致对敌。看来必须集结重兵，合力围捕，才能将广西会党彻底铲除。赛尚阿不思前方吃紧，却因一点小事给骆秉章穿小鞋，实在令皇帝失望。咸丰给他发去上谕，令他看清形势，权衡轻重缓急，妥善部署兵力，将各股著名匪首抓到，然后解散党羽。

求功心切反中计

话说冯云山和焦亮将部队带到象州的中坪、百丈、新寨一带，知道官军大兵将至，正在紧急筹商应对之策。他们最大的困难是缺乏铅弹，有炮不能开，危急时只能勉强用铜钱代替。把铜钱发射出去，效果不好，而且令人心痛。他们认为，在炮火不足的情况下，跟官军硬拼，肯定是不明智的做法，只能另想对策。

幸好官军也未采取积极的攻势。周天爵、乌兰泰和向荣三位总指挥，加上秦定三、重纶等各镇总兵，往返磋商。他们既担心敌军钻空子突围，又不敢挥军贸然深入，恐怕会折损有限的兵力。他们决定步步为营，徐徐进逼，进一步弥合包围圈。

乌兰泰身负咸丰的重托，主张不失时机，积极进攻。他多次向周天爵进言，请求拨给他一支部队担任主力，由其他各部配合，及时围剿当面之敌。官军高层经过磋商，在四月底将部队的统属重新划分。贵州官兵划归乌兰泰指挥，他手下终于有了三千多人。

四月二十九日，乌兰泰驰赴西路的罗秀军营，查点兵数。他的主力为秦定三的镇远镇官兵，共有一千六百三十四名。此外还有重纶的威宁镇官兵一千名，李瑞的古州镇官兵八百名。

乌兰泰从镇远镇挑出一千名年轻力壮的士兵进行训练，分发抬枪、鸟枪、长矛等武器，教他们如何排兵列阵，同时加强纪律教育。

经过调整的官军，形成三路兵力，乌兰泰统领一路，向荣统领一路，经文岱与张敬修统领一路，约定对敌军进逼合围。

周天爵仍然担任前线总指挥。五月七日，他命令各路官兵拔营，逼近敌营驻扎，克日四面围剿。这一天，乌兰泰驻扎罗秀，位于太平军西北面，屏挡北上桂林之路；向荣驻扎桐木，位于太平军东北面，封锁北上平乐的通道；经文岱驻扎在太平军的西南面，切断南下象州和桂平之路；张钊驻扎运江，位于太平军之西，切断西进柳江的通道。

官军计划从西北、西南和东北三面向太平军驻地逼近。周天爵要求乌兰泰从罗秀拔营，向东推进到独鳌山的南梁山村，驻扎在中坪之西；向荣从桐木拔营，向西推进到界岭，扼守中坪之东；经文岱从林村拔营，向寺村东进。三路兵力抵达指定位置后，彼此距离不出十里，便于互相声援。各营周围还有乡勇护卫，真可谓无缝可钻。

乌兰泰于五月九日从罗秀拔营，挑选得力战士一千名为前锋，招募乡民为向导，推进到指定地点，距中坪约四五里。乌兰泰察看地势，只见眼前一片平阳，东边有一条大河，河东就是中坪和仁义等村，历历在目。中坪村北面的第一个山头上，太平军设有望楼，他们的将领在上面摇旗指挥。

官军步步进逼，冯云山和焦亮必须迅速反应。他们决定，集中兵力吃掉官军中的一路。他们很快调集了几千人，悄悄向乌兰泰的三镇大营逼近。

乌兰泰将主力调到山南，令古州、威宁二营各分六队列阵。仁义村冲出敌军三四十名，进行试探性冲击，官军发射抬枪，击毙二人。敌军撤回村内。

这时，望楼之下，太平军已集结六七百人，用大炮向官军射击。乌兰泰向旗营下令："瞄准望楼开炮！"乌兰泰的炮兵训练有素，几炮打去，击中太平军望楼，望楼下的太平军顿时溃散。乌兰泰担心有诈，令各部坚守阵地，严密警戒，直到夜幕降临，才下令整队回营。李瑞的威宁营驻扎在西边山头，佟攀梅的古州营居中驻扎，秦定三的镇远营驻扎在东。

对于双方而言，第一次临阵对垒，只是试探性的交手。

第二天凌晨五点，乌兰泰正在营内睡觉，一阵急骤的马蹄声把他惊醒，他连忙出帐察看。探子下马报告：太平军几千人渡河而来，直扑威宁镇营盘。乌兰泰集合三镇官兵排队出营，太平军四五千人分为十几股进行攻击。他们显然集中了炮火，炮子如雨点一般落在官军阵地。

乌兰泰唯恐部队溃散，严令官兵排成队列，用大炮与火箭还击。他令佟攀梅向东推进，用炮火压制敌军。太平军主力已在桥南建立阵地，向官军倾泻密集的炮弹。但是官军占了有利地势，居高临下，枪炮火箭齐发，杀伤力颇大。太平军前队倒下，后队又进，从稻田里奔向鳌山西角，直扑官军营盘。乌兰泰下令排枪射击，太平军前锋倒毙，后队撤回。乌兰泰认为敌军已经势衰，令各部整队过桥追杀，大获全胜。

但是，一个小小的意外扭转了战局。

西南面高山上的太平军炮兵已被威宁营的炮火击溃，十几名太平军从山上逃下，奔向梁山村。威宁营对他们跟踪炮击，硝烟散去时，太平军只剩七名，奔向西面山梁，逼近威宁营。威宁炮兵手无长兵器，不敢近战，向步兵队撤回。太平军主力正在回撤，见官军炮兵已退，反身直扑威宁步兵，威宁营主力几乎没有抵抗，全部退回营盘。太平军乘势追扑，威宁营抵挡不住，弃营奔溃。

威宁营拥有上千名官兵，竟然被七名太平军吓退，乌兰泰怎么也想不通。尽管后来有人说，太平军还有伏兵突起，多达几百人，但一千人被几百人击溃，仍然说不过去。由于威宁营全军奔溃下山，南面山头的太平军也猛扑到西面，用威宁营的大炮轰击乌兰泰的军营。

战场形势突变，乌兰泰还算镇定，连忙入营指挥防守。他估计东南一面可以保住，便亲临西北面督战。旗营和镇远营大声呐喊，率先上山，富珠隆阿集合威宁营的溃兵随同拥上。太平军放弃刚刚夺得的威宁营盘，向南撤退，官军恢复了原有阵地。

乌兰泰好不容易扭败为胜，大大松了一口气。他想，威宁营的损失，好歹可以弥补了。但他没有想到，焦亮和冯云山给他布了一道陷阱，就在前面等着他，只要他稍不留意，就会上当。

太平军此次打不赢就跑，是因为预设了诱兵之计。他们在撤退路上的稻田里，已经预先灌水，将田泥浸泡得稀软，只要官军踏入，就会深陷泥淖。他们又在田边的林中预伏了兵力，到时候起而砍之，陷在田内的官军断无生还之理。

战场已经安静下来，乌兰泰抬头一看，只见西南山头还有几十名敌军。参将马善宝大呼一声："逆贼哪里跑！"马鞭一挥，率部追击。乌兰泰担心有诈，正要制止，却已经来不及了。

乌兰泰试图制止马善宝，是他自己的说法。后来有一个调查结论，认为他非但没有制止部将，还命令他们乘胜前追，催令马善宝等人率兵渡河。但不管乌兰泰当时的态度如何，结果还是不可避免地发生了。

官军策马竞渡，过河之后，奔驰了约莫一里路，逃敌忽然站住，西南山谷间冲出几百人，将马善宝一行归路拦断。官军再向前冲，战马陷入田泥之中，动弹不得，只能等着挨刀。马善宝当场阵亡，官兵二百多人，有十分之二成为刀下鬼。太平军又放水灌淹，官军其余的十分之八，全部死于激流之中。

乌兰泰发现中计，催兵力救，将敌军击退。乌兰泰目睹官兵的尸体，痛不欲生，拔刀自刎，被军士拉住，好一番劝慰，才返回营内。

这一仗从凌晨打到中午，官军固然打退了太平军的进攻，也造成了对手的伤亡，但是两次失利，本身损兵折将，阵亡大小军官十五名，编制外的骑兵和步兵二百四十二名，广州驻防旗兵七名；受伤官兵四十四名。若说此战官军取胜，未免牵强附会，但广西大员还是按照“先胜后败、败后又胜”的基调报告朝廷。这是乌兰泰初次指挥官军与金田农民军交战，怎么说也是一次小小的失利，使他对敌手再次刮目相看。

官军对此战失利的原因，进行了多次调查和总结。关于威宁营溃败一事，结论比较一致，归因于主将缺席。威宁镇总兵重纶当天不在营内，据说是在象州城内治病。他生病在前，开战在后，所以并非临阵借病离营。但由于他的缺席，代他指挥的将领佟攀梅和庆禄等人，无法约束部队，致使部队一触即溃。

经文岱那一路，张敬修于五月九日率部向寺村一带推进，太平军三四百人开炮阻击。官军用大炮轰击，太平军伤亡几人，为保存实力，撤回营中。第二天，张敬修部从庙旺进至寺村，太平军稍作抵抗，即行撤走。

五月十一日，总指挥周天爵也带兵来到寺村，张敬修部已于上午九时从桥东山口进兵。太平军分三股迎敌，每股约七八百人。张敬修在涧谷间设下伏兵，也分三路进攻。官军火力猛烈，击毙太平军上百人，迫使他们撤退。张敬修部追出几里之外，又有一支太平军阻击，副将常禄亲自点放抬枪，击毙两人。官军乘胜冲杀，击毙几十人。

张敬修部推进到寺村以东的长烈岭。此路进军之所以顺利，显然是因为太平军未将主力部署在寺村一路。五月十二日，张敬修分兵多头进攻，遭到太平军主力阻击。

中午时分，太平军从东南方向杀来，张敬修令福勇迎战。太平军分为两股，布满山岭。福勇与张钊所部先行接仗，东勇在后，开炮迎击，炮轰之处，太平军坠下崖谷。西股太平军沿山杀来，冲向刚从桂平与平南调来的英勇。这支官军大声喊逃，立刻溃散。

太平军一击得手，东涧与西涧之中的伏兵蜂拥冲杀，与官军短兵相接，双方伤亡几十人，太平军才暂时撤走。冯云山本来有一支较大的兵力绕到官军之后，但迟到一步。他们抄袭官军后背时，经文岱和张敬修已腾出手来，领兵迎击，大战良久，双方伤亡二百多人，相持不下。

张敬修跑到经文岱身边，气喘吁吁地说："好险！倘若逆贼伏兵同时四起，我等就败定了！英勇尚未接仗，就大声喊逃，队中必有贼匪细作，必得小心提防！"

经文岱道："所言极是。英勇仓卒调来，我等并不熟知，如此东拼西凑的部队，我等统兵之将，怎能得心应手！如今兵勇已无心恋战，恐怕只能撤退了。张兄先令各部整队，我去向周大人禀报。"

周天爵同意了两名下属的意见，经文岱和张敬修部连夜撤回象州，寺村一路已经空虚。不过，周天爵还没有糊涂到只顾自己，他已派人给乌兰泰送信，叮嘱他权衡形势，如果独鳌山势难守住，也可撤回罗秀防堵，等到援兵到齐，再行会剿。

官军的这次围剿已经宣告流产。向荣进兵缓慢，五月十一日才推进到都金岭。周天爵已经撤退，乌兰泰所在的独鳌距中坪很近，孤军临敌，举目都是敌人。乌兰泰知道，此地可战不可守，硬着头皮坚持了几天，也于五天后率三营黔兵撤回罗秀，仍归旧营。向荣停留在界岭，与罗秀相距六七里，互相声援。

乌兰泰遵照密旨，调查向荣的情况。官兵普遍反映，向荣来到广西以后，统带湖南兵攻剿流匪，屡战屡捷，骄傲大意。向继雄依仗父亲的权势，在湖南营中作威作福，代替向荣发号施令，众心不服，导致官兵消极怠战，寻找借口出难题，不愿出力。向荣还向朝廷保荐儿子赏戴花翎，不管是不是他自己出面保荐，终究是靠着他的影响。周天爵老了，精神不济，没有及时解决部队存在的问题。向荣知道湖南兵跟他离心离德，自己无法挽回，不敢依靠这样的部队作战，所以在执行任务时迁延推诿。

向荣确实存在问题，但此人号称老将，以前战功卓著，别人都治不了他。乌兰泰只能指望赛尚阿抵达广西之后，对他激励劝勉，或者更换他的部队，才有一线希望。

官军进行战斗总结，失利的教训，总是牵扯到许多人事问题，而这些问题又是无法在短期内解决的。从根子上看，自战事一起，朝廷从各省军营抽调将领和部队，拼成一锅杂烩，统军将领无法选择参战的部队，致使官兵互不了解，互不服气；作战部队之间又毫无默契，无法协调，致使战场总指挥调度不灵，部队纪律松弛，斗志涣散，没有被太平军全数歼灭，已是万幸。乌兰泰此次失利，固然有他自身轻敌的因素，但主要原因是他没有指挥自己熟悉的部队作战。他对威宁营的情况一无所知，没有料到重纶病休，部队便失去了起码的战斗力。

第十二章
乌江联手

> 摘自曾国藩《江忠烈公神道碑铭》：
>
> （江忠源）既至，则大为副都统乌兰泰公所宾敬，事无巨细，必再咨而后行。人无疏戚贵贱，必察公意向而厚薄之。

一份丰厚的见面礼

赛尚阿心怀对骆秉章的不满，离开湖南，进入广西。一到这个动乱的省份，他立刻感到爽多了。骆秉章没有巴结赛钦差，广西前线的大员对他却不敢怠慢。六月初，赛尚阿抵达临川县，立刻接到向荣的一份书面汇报。向荣被周天爵参过一本，又觉得乌兰泰压自己一头，周乌二人议事颇为融洽，他有受到冷落的感觉。风闻余万清要来取代他的位置，如果他再不寻找靠山，恐怕就混不下去了。他知道周天爵早已给赛尚阿去过信函，为了搞好跟新任大帅的关系，他也单独向上司汇报，争取留下一个好印象。

向荣不善于用文字表达效忠之意，他的长处是打仗，所以他在信中陈述了自己指挥的一场大捷，作为给钦差大人的见面礼。向荣的描述多有夸大之词，实际战况大约如下。

向荣屯兵桐木、界岭一带，已经沉寂很久。为了迎接赛钦差的到来，他决定有所行动。他命令绥靖镇总兵李伏等人，分带湖南和广西官兵一千七百名，加上本地乡勇，于五月十三日一同渡河，攻击中坪的敌军。代理参将成安在河水上游攻击敌军伏兵，先行开仗。成安吸引了敌军的注意，掩护其他官军部队涉水而进。

冯云山和焦亮没料到向荣会突然发起攻击，仓卒调集主力应战，从岭后蜂拥而出。向荣令各部用枪炮连环射击，从早晨打到中午，击毙敌军一百多名。李伏带兵率先抢上山梁，又歼敌几十人。焦亮派出十几股兵力，向官军反扑，镇筸左营把总熊士贵手刃几名敌兵，杀入敌阵，登时阵亡。李伏见敌众我寡，无法抵挡，只得撤过小河。太平军也不追赶，随即收兵。

中坪和仁义等村水田环绕，田埂路窄，小河阻滞，进退不易。向荣感到兵力不足，飞调援军一千名，于二十二日赶到界岭。

向荣的这次攻击刺激了太平军，冯云山担心官军援兵近日开到，决定提前突围。根据地盐粮已经吃完，早突围一日，便能早一日脱困。

向荣得到情报，派飞马通知乌兰泰及各总兵严密堵截。五月二十五日，探得洪秀全把突破口选在界岭，要带兵攻扑湖南兵营盘。向荣连夜部署兵力防堵，令民兵埋伏在架村左右，以备分路截杀。

第二天凌晨，太平军约四五千人果然从中坪、仁义、邓村拥出，来到古磨黄岱岭上集结。该处水田及小河甚多，不利于官军作战。向荣决定将敌军诱出，在有利场所打伏击。他令潮勇埋伏在下官村背后，又派出几百名民兵诱敌，正规军各营则隐蔽等待。

诱敌的民兵打响了战斗。太平军见官军人数不多，出动二千多人蜂拥而来。民兵将他们诱到伏击地段，潮勇齐起，一拥而出，排枪射击。太平军措手不及，纷纷倒地，先锋骑马首领三人当即饮弹阵亡，余部惊惶撤退。潮勇紧追到小河口，太平军已经涉水奔回古磨岭上。潮勇被小河阻隔，担心前有埋伏，不敢深入。

焦亮见民兵后撤，立即调整部署，分出三股，试图实行多点突围。一股奔向架村，一股隐蔽在寺叶村，另一股越过苦瓜岭，企图抄袭官军营盘。其余部队在岭上集结，作为预备部队，准备增援各处。

向荣看出了太平军的意图，下令："湖南和广西各营分为五路，齐头并进！潮勇、仁勇从瑶山脚下进击。"

中路太平军二千多人开进架村以后，焚烧民房，烟光弥漫。向荣的提勇从左边山脚横冲攻击，和春督带几百名湖南兵，联合潮勇和仁勇一千多人，抢过架村，围攻寺叶村，开炮毙敌几十人。官军又追到小河口，担心敌军已有埋伏，再次撤回。

苦瓜岭一路太平军遭到游击瞿腾龙率领的五百名湖南兵攻击，见中路败走，也缩回古磨岭。只有要村一股太平军，大约一千多人，还敢鸣角舞牌，攻击向荣大营，也被官军包围击溃。官军还是只追到河岸，便又鸣金收兵。这一仗，官军以伤亡几人的代价，打破了洪秀全突围的企图。

向荣打了一场给赛尚阿看的政治仗，也是为了向皇帝表明他并非无能之辈。所幸此仗算得上小胜，他向赛尚阿报捷，给了钦差一个向皇上报喜的机会。他在信中吹嘘兵勇踊跃用命，一日之间三战三胜，只要等到大兵云集，声威更壮，似乎不难剿灭金田农民军。

向荣的这封信，使赛尚阿感受到了前线大员对他的尊重，也鼓舞了他的信心。他于六月四日抵达桂林，与先到两天的达洪阿会合。两天后，巴清德也赶来向他报到。

事有凑巧，就在赛尚阿抵达桂林的同一天，金田农民军突然有了大动作，全军从象州中坪一带南下近百里，回到东乡老根据地。赛尚阿从敌军的这一行动中找到了良好的自我感觉：哈哈，本钦差一到，敌军就闻风丧胆了。

洪秀全及其共事者的这一举措，动机其实很明显。他们在象州境内已经无法补充供给，突围北上的道路也被官军堵死，返回东乡和金田一带，既可以寻找新的补给源，也有可能趁官军兵力调动之时，钻个空子突出包围圈。

太平军回到东乡之后，立刻派部队东进，袭击了桂平县的新墟。乌兰泰和向荣跟踪追击，于六月九日逼近东乡。在这里，官军高级将领全部投入了战斗，而且配合默契。乌兰泰亲自指挥发射火箭，未能击败敌军的反扑。向荣见敌军如此顽强，怒不可遏，披挂上阵，策马当先，手执鸟枪，击毙敌军两名军官。

向荣正杀得痛快，忽觉身子向下坠落，一个跨步跳下马来，见坐骑已被炮子击中，马腿上血流汩汩。向荣跑得太快，随从尚未跟上，山头上冲下的太平军，距他只有几步之遥。正在危急之时，守备蔡庞龙跃马而来，下马说道："向大人，请上马。"向荣也不推让，上马再战。蔡庞龙步行护卫，短兵接战，击毙敌军三名。眼看两人寡不敌众，潮勇赶来接应，开炮轰击，击毙几十名敌军。潮勇队中，忽然冲出一人，手执短刀，抢上山梁，连斩几名敌军。太平军终于不支，败退山后。向荣挥军掩杀，又斩获十余首级，夺获许多炮械。太平军退回村内，困守不出。

官军抓到俘虏，经审问得知，太平军分为两路，前路攻占了新墟，韦昌辉、胡以晃、萧朝贵和杨秀清便在此股之内；后路占据东乡，洪秀全在此军之中，由冯云山任军事指挥，将部队向紫荆山内转移。

官军获得的情报很快就得到了验证，六月十一日，韦昌辉露面了。他指挥二千多人从思盘抢渡，突出包围，却被乡勇击退，只得改从盘龙河偷渡。他们遇到了老对头李孟群。这个小小的代理县令请守备李进荣带兵堵截下游，自己率领八百多名练勇驰赴盘龙水口。上午九点，太平军袭来，只见韦昌辉手执白扇，居中指挥，几名将领手执黄旗，呐喊而来。李孟群下令开炮，连续轰击，直到下午五点，才将敌军击退。清点战果，毙敌四十多人。

第二天，太平军又试图偷渡，李进荣率部抵击，得到增援，将敌军挡回。六月十三日，韦昌辉出动二千多人，在天坡排开阵势，分兵埋伏在竹林内。官军四路并进，开炮夹击，迫使太平军退入上蒌村。

李孟群官微职卑，却总在关键时刻发挥重要的作用。捷报传到赛尚阿那里，令钦差对他另眼相看，连忙向皇帝保举，请求将他升为知府，先换顶戴。

奇怪的是，东乡之战以后，官军只是防堵，却未发起攻击，听凭冯云山部向紫荆山内转移，坐失战机。韦昌辉、杨秀清等人率领前路军，在新墟、安众、莫村、盘龙一带牵制官军，洪秀全、冯云山已经率领后路军占据了紫荆山内的花雷茶地和大坪村等处。焦亮派兵驻扎在北面的双髻山顶，扼险防守；再往北去，又派兵驻守猪仔峡天险。更重要的是，他们已经建立了可观的粮食储备。

冯云山和焦亮依据陡险的山势，修筑牢固的防御工事，各个要口的道路已经挖断，垒石架木，设栅堵守。

赛尚阿投桃报李

官军激战东乡的那一天，即六月九日，江忠源来到了桂林。他在向赛尚阿报到之前，先行拜访好友严正基，与他商谈一件要事。

江忠源从新宁出发之前，接到曾国藩的来信，劝他在守丧期间，不要出山担任公务。曾国藩知道广西正在打仗，急需人才，料想官府会强迫江忠源从军，劝他早作打算，不要轻易出山，以免有损于孝道。江忠源感谢曾国藩一片赤忱，爱人以德，但他已经是箭在弦上，不得不发了。曾国藩的来信迟到了一步，因为他已给赛尚阿复信，答应前往广西效力。江忠源从来不会失信于人，何况对方是朝廷的钦差大臣。于是他怀着些许愧疚，租了一辆马车上路，准备到桂林之后，与严正基细商，再决定去留。这就是江忠源造访的原因。

严正基听江忠源说明来意，当即表明与曾国藩不同的看法，极力劝江忠源出山。他慷慨激昂地引用严家前辈官员的事例，说明为国效劳，大可不必拘于小节。

江忠源听从了严正基的劝告，离开严家，便去钦差行辕报到。但理学家曾国藩的劝诫，仍然左右着他的情绪，令他感到自责。

江忠源将名帖递进之后，赛尚阿立刻召见。江忠源叙礼已毕，说道："忠源父孝在身，应中堂大人之召，前来效力，已是有亏于德操。忠源与大人约法三章：不任职，不带兵，不穿吉服。还望大人成全。"

赛尚阿道："你能墨绖从戎，报效朝廷，又能洁身自好，本钦差岂忍拂你一片孝心？你说的三条，自然依了你。"

江忠源揖道："忠源谢过大人，请大人派委差事。"

第二天，赛尚阿交下一项任务，令江忠源前往象州前线查看地形。当时赛尚阿以为太平军还在象州一带，其实他们已经南移。江忠源遵命赶到象州时，太平军已经到了桂平的新墟和紫荆山内。

江忠源没有拘泥成命，继续赶路，来到新墟附近，找到军营，参见乌兰泰。

乌兰泰打量着眼前这个湖南人，一眼看出他手臂长得出奇。此人手臂垂放时，两手直达膝部，真是奇人异相。又见他双目炯炯有神，顾盼之间，心胸坦荡。乌兰泰秉性耿直，也是性情中人，平生自负，看不起身边的将领，但他立刻就对眼前的这个中年小官产生了好感。

江忠源自我介绍之后，乌兰泰得知此人是赛钦差向皇上要来的人才，更加刮目相看。但他的好感，更多的是出于直觉。他从见到江忠源的那一刻起，就从他的两眼里读出了军人非常欣赏的气质：豪爽而重义气。

寒暄过后，江忠源说明来意："忠源奉中堂大人之命，察看象州地形，如今战场转移，忠源也得四处看看，也好回去交差，还望乌帅提供方便。"

乌兰泰道："江兄既是为军务而来，目下并无专职，何不留下参赞戎幕？中堂大人那里，由我禀知便可。"

江忠源初到前线，遇见这位满人二品大员，见他对自己礼敬有加，快人快语，也有一见如故之感。乌兰泰既有意留他，江忠源便痛快地答应了。他主动写信向赛尚阿报告，说他留在乌兰泰营内帮办军务。

六月天气，广西时有雨水。江忠源发现，乌兰泰冒雨出巡，不打雨伞。江忠源问他为何如此，乌兰泰说："我等将领，应与部属同甘共苦。军士没有雨伞，我也不能打伞。"江忠源很快发现，乌兰泰治军有方，善待军士，如同父兄对待子弟。他从来没有余钱，所得的军饷，全部用来赏赐给有功的军士。江忠源在这个满人将军身上，看到了值得敬重的品格。

乌兰泰领着江忠源考察了敌情和地势，江忠源说："只要四面合围，定能将逆贼一举歼灭！"乌兰泰说："此言正合我意。倘若在事诸公同心协力，何愁逆贼不灭！"

乌江二人力主合围，但官军的调度，由不得他们做主。太平军躲进紫荆山后，官军反应迟钝，十多天后才发起攻势，让太平军能够从容布置防御。

官军的兵力部署，还是由乌兰泰和向荣分带兵力，南北驻扎。乌兰泰率领一部，分为西路和东路，驻扎在紫荆山南面门户新墟两侧。向荣率领一部，驻扎在紫荆山北面门户猪仔峡外。

乌兰泰要想进山，必须拿下新墟。他打算率秦定三部从思盘过河，从西面攻击新墟。经文岱和张敬修从马鞍岭、鸡公岭出兵，进攻新墟和莫村的东面；李能臣和王锦绣从罗塘和瓮窑出兵，进攻新墟的东南面；上瑶十八村乡勇一千多人推进到罗旺，过河直扑莫村后背的护甲村。为了扰乱山内敌军，他知会向荣，请北路官军派兵上山开炮。

攻击时间定为六月二十七日，以号炮火箭为令，各部同时行动。

临战之前，乌兰泰得到探报：护甲村地面积沙壅塞了河道，部队可以浅涉，正可以绕到敌营后面，攻其不备。他决定修改原定计划，留下部分兵力防堵思盘，自率一千五百人从护甲悄悄过江。

乌兰泰令几名士兵扮成百姓，到敌占区内侦察。两个时辰后，哨探报告：莫村前方有个竹园村，树木丛杂，没有敌军，便于埋伏。乌兰泰与秦定三耳语一阵，秦定三率领一队士兵，前往竹园村实地勘察。

秦定三抵达竹园村，令士兵断树截竹，抛弃到各条道路的要隘。部队埋伏在村子里，只留一条路出入。又令百名士兵改换装束，假装砍柴的农夫，引诱太平军深入。

攻击的日子到了。上午九点，乌兰泰率突击队来到莫村外围，突然发起攻击。刚一接仗，太平军便向后撤，忽聚忽散。遥见林内设有伏兵，忽出忽入，显然有诈，乌兰泰心下大喜：幸亏竹园村埋伏了官军，敌军若从竹园村迂回，就会落入秦定三的口袋。

乌兰泰下令发射火箭，燃烧莫村北边及大莫村东南的房屋，要把太平军赶出来。果然，五六百名太平军奔入竹林，打算抄袭乌兰泰之后，被乌兰泰的枪炮击退。另一股太平军从竹园村对面的平网峰冲出，直奔竹园。秦定三部已从竹园村潜出南面，进入第二片竹林之后。乌兰泰传令过去，叫他们严阵以待。

太平军进入竹园村后，四处冲突，但各条小路都被竹木阻塞，只得从秦定三留下的那条路进入两片竹林之间。秦军从南林后面出击，枪炮齐发，太平军仓皇，且战且走。一顿饭的工夫，太平军前锋尸首遍地，后队迅速撤离，跑到村后清理道路，落后的太平军都被官军刺死。乌兰泰挥军冲击，大有斩获，趁势穷追，四面合围。太平军拼死抵抗，发起七次反冲锋，官军抵死不退，一直杀进莫村，歼敌几百名。新墟的太平军派兵接应，莫村太平军部分逃散，其余全部撤入新墟。

李能臣那一路，于当天五更出发，会同王锦绣部，从白鸠、石角一带前进。行到离干村四五里处，遇到两条溪河，部队涉浅而过，快到岸西时，几千名太平军蜂拥扑来。李能臣令部队卧倒不动，开火射击，太平军纷纷倒地。从上午九点战至下午三点，毙敌数百人，把太平军赶回了干村。

李能臣还想扩大战果，亲率部队烧毁村外哨楼一座。太平军埋伏在竹林内开炮，滇黔兵两路夹攻，太平军无法藏身，后撤至三里村。官军猛力直攻，太平军分三路迎战。李能臣一鼓作气，于下午五点将太平军赶回了新墟。

经文岱接到乌兰泰的命令后，也于当天会同张敬修率部进攻。部队来到古扫村，被古秀河阻隔，无法过渡。太平军出动几百人在对岸阻击。官军发射枪炮，将敌军击退。经文岱令部队砍竹扎排二十多架，用作浮桥。部队过河后，逼近到距离新墟约四里之处，看到一片蔗田。经文岱把张敬修召来，说道："此地可以设伏，我等伏兵在此，派一支兵力诱敌，如何？"张敬修赞同，当下派兵前往新墟诱敌。

诱敌之兵逼近新墟开火，太平军良久不见动静。官军再三挑衅，杨秀清终于按捺不住，出动二千多人迎击。官军诈退，太平军果然涉水来追。官军忽进忽退，一直退到蔗田，伏兵尽起，奋力攻击，从中午开战，打到下午五点，毙敌几百人。恰好代理武宣知县把粮食押到阵地，按人头发粮，军士一片欢腾。

新墟之战，三路官军各有斩获，但都未能攻破新墟。天色已经昏黑，官军鏖战一日，饥疲不堪，只得收兵回营。据各部上报的数字，当天歼敌二三千人。乌兰泰预计达洪阿的部队第二天可以抵达浔州，决定等到援军到来，再作计议。

北线的向荣所部也于当天开始行动，但他给自己规定的任务只是配合南路官军，虚张声势。部队推进到双髻山下。该处左山右水，羊肠小道起伏不断，十分险峻。部队连爬三座山岭，大约推进十多里。太平军吹响号角，放炮滚石，阻断隘路。向荣下令开炮轰击，相持一时许，但部队不再向前推进。

第二天，向荣亲率部队进至山脚，在屯应村扎营，派人上山，攀藤附葛，直上山巅。并派潮勇入山探路，连烧敌军五处哨卡，砍倒五座木栅。哨探终于抵达猪仔峡，举目一望，前方便是天险，两山并峙，抬头只见一线天。太平军已用大石堵塞道路，官军仰攻，定是有去无回。向荣接到报告，叹息一声，说道："今天到此为止，日后另觅路径，再图进剿。"

新墟之战的胜利进一步鼓舞了赛尚阿的信心。自他坐镇桂林之后，官军没有吃过败仗。秦定三、李能臣、经文岱等人，在周天爵手下都是刺儿头，如今周天爵奉旨走了，将领们个个服从号令，不但同心戮力，还巧用心思，设计用伏，大创敌军。赛尚阿想，各镇总兵既然都给我面子，对于他们过去所犯的错误，又何必穷追细究呢？若是追究过严过细，难免打击大家的积极性。于是他决定宽大市恩，上折请求皇上，对所有将领既往不咎，旧账一笔勾销，一切功过，从他抵达广西之日算起。如果还有谁敢不听从钦差的指挥，他便要请出遏必隆刀，将之在军前正法，先斩后奏，以肃军令。

赛尚阿为了笼络人心，为前线将士大请战功，请求给乌兰泰和秦定三赏戴花翎，将李能臣、王锦绣、经文岱、张敬修和向荣交部从优奖励。他还有一个得意之处，便是援兵已经抵达前线。他决定将达洪阿部派到乌兰泰的南路，将巴清德部派往向荣的北路。他想，此两路平添劲旅，战事的前景，已是胜算在握，不久之后，他这个钦差，就可以向皇帝邀功请赏了。

赛尚阿的情绪感染了咸丰，皇帝非常庆幸把乌兰泰调到了广西前线。当时广东官军已经抓获了刘八和曾亚昌两名盗首，凌十八也逃到了广东的化州，如果官军在新墟再加一把力，消灭了太平军，两广合力剿灭了凌十八，那么广西的平定就指日可待了。

咸丰一喜之下，决定给乌兰泰赏戴花翎，并赏还秦定三的花翎。李孟群则以知府升用，先换顶戴；其余有功官员，都有奖赏。唯有江忠源是个例外，他已约法三章在前，赛尚阿自然不会为他请赏。

狭路相逢勇者胜

第一次新墟之战，官军小胜，主要功臣非乌兰泰莫属。这位副都统与麾下的各镇总兵经过一段时间的磨合，已经有了默契，加上江忠源到来之后，凡事积极参谋，乌兰泰如虎添翼。此次投入作战的官军，主要是乌兰泰指挥的南路部队，大部分战果都在南路取得。因此，新墟的胜利其实与赛尚阿没有多大关系。但是，钦差大人过高地估计了自己的影响力，也过高地估计了达洪阿与巴清德两名满人高级武将的本领。他这种沾沾自喜的心态，注定要遭到现实的挫折。

官军都是老爷兵，一战之后，休整了十多天。将领们不断争论作战方案，乌兰泰和江忠源的合围之策仍然没有得到足够的重视。将领们拖到七月十日也没能统一认识，在赛尚阿的催促之下，南路官军单独发动了新一轮的攻击。

此时达洪阿加入了乌兰泰的南路，两人经过协商，调整进攻路线，开始攻击。李能臣和王锦绣带领一千七八百人，从新罗塘等处攻打新墟东南；经文岱和张敬修带领二千多人，从马岭等处攻打新墟正东；李瑞和王梦麟拨兵八百，在新墟东北面截擒逃敌；达洪阿率部过思盘渡，取道安乐塘，攻打莫村之北、新墟之西南；乌兰泰督率秦定三部过思盘渡，攻打新墟西北，并堵住紫荆山口，兼防金田敌军。各部且战且进，自上午七点战到下午三点，歼敌四百多人。太平军撤回寨内休整，不再出战。

南路官军出动八千兵力，打了一整天，并未取得显著的战果，多半是由于副都统达洪阿从中搅局。此人是个地道的蛮汉，只知个人冲锋在前，不顾身后的队伍。幸亏他跟乌兰泰从同一路线进攻，否则全军覆没也未可知。在进攻途中，每与敌军交手，他不等部队做好作战准备，自己已催马向前，导致部队乱成一团。他带的京兵和四川兵在混乱中伤亡不少，乌兰泰、秦定三和江忠源不得不时时照应。他带兵无能，却爱耍大牌，脾气火暴，对官兵无故打骂，赏罚无定，号令不明，部队未上战场，军心早已涣散。若非乌兰泰等人好言相劝，他的部众早已溃散。

战斗结束以后，达洪阿自知闯祸不小，致信赛尚阿，要请病假，自愿交出部队。赛尚阿令他去浔州府城内养病，将达军交给乌兰泰指挥。赛尚阿对此人已失去信心，唯恐他病愈后又要带兵，拉不下脸面来禁止他，只得请求皇上将他召回京城，也算是给他保留一点颜面。

北路官军为巴清德与向荣的部队，五天后才向紫荆山区推进。太平军在山内修筑的营垒星罗棋布，各处进山隘口都有守兵。巴清德与向荣对山内路径和敌情侦察了一番，令两营兵勇分三路攻击。

攻击从七月十五日凌晨开始。前锋部队行动隐秘，走小路翻山爬岭，乘着夜色抵达猪仔峡、双髻山等处隘口，绕到敌军上方，预备与山下部队合击；刘长清带领四百名川兵，由崇响翻山攻打猪仔峡；巴彦布带领一千二百多人的混合部队，攻打冷田黄矛岭；松安等人率领八百名安徽湖北兵攻打猪仔峡中路；其余各个要隘，分派官兵和潮勇攻击；巴清德统领京营及汉屯兵勇会合向荣，直由中路进攻。

冯云山在正面山峡内设伏阻截，木石滚落，枪炮连射，官军被压制在险窄的山路上，伤情严重。巴清德督战严厉，催令士兵分由两旁推进，不准退缩，直攻峡穴。

由于太平军炮火猛烈，官军各部观望不进，只有潮勇冲上前去。游击瞿腾龙对手下的镇筸兵说："潮勇号称能战，我镇筸苗兵岂甘落后！孩儿们，跟老夫冲上去！"话音刚落，只见勇队中冲出一个瘦小的身影，大喊"冲啊"，领头向峡口奔去。

瞿腾龙笑道："好小子！必是鲍超！"

旁边一名千总说道："大人好记性，连勇丁的名字都记得。"

瞿腾龙道："老夫年届花甲，脑子不管用了，手下几百勇丁，老夫一个都不识，只认得这个四川小子。人人都说镇筸兵和潮州勇乃向大人手下的王牌，独这小子不服气，要跟王牌争锋斗勇，次次冲在头里，咱们也不得不服气啊。"

鲍超的冲劲带动了众勇，官军从两侧小路冲杀下山，势不可当。太平军放弃隘口，撤上双髻山。官军终于夺得猪仔峡要口。

战斗间隙，瞿腾龙把鲍超叫来，拍拍他的肩膀，对镇筸兵说道："这小子是远方来的人才，老夫定要让他出人头地。"

双髻山介于新墟与猪仔峡之间，是新墟北面的最后屏障。冯云山丢了猪仔峡，令部众凭借制高点抵抗，铳炮齐射，木石如雨，官军很难前进一步。巴清德下令：

"等逆贼枪炮放过，我部齐心迎击！"

官军暂停进攻，向山头发射火箭，将太平军望楼焚烧。火箭命中一桶火药，爆炸声惊天动地，山头守军惊惶失措，军心大乱。这时官军已绕出敌后，上下夹攻，敌众纷纷逃窜。官军抢上山顶，仍然穷追不舍。太平军熟悉山径，由小路南奔新墟。官军追出三十多里，多有杀伤。

巴清德对向荣笑道："此逆扛不住多久了。他们之所以死踞新墟，皆因晚稻将熟，企图抢收入山。我看，只要严防鹏化、大樟二路，逆贼插翅难逃！"

官军在不同的时间从南路和北路攻击拜上帝会，据险临高，势若建瓴，捷报传到北京，咸丰极为高兴。但他担心敌军拼死抗争，而地处险要，要求官军在乘胜进攻时，提防敌军抄袭后路。一定要步步为营，声势联络，计出万全。他最关心的是能否抓获包围圈中的韦昌辉、洪秀全和冯云山。他提醒前线将士，不要将这些头目放走。直到此时，他还以为韦昌辉是拜上帝会的一号人物。

官军的这次胜仗，是在赛尚阿到位以后取得，咸丰对这位宠臣更为信任。为了表示慰问，他奖给赛尚阿御用黄辫珊瑚豆大荷包一对，珊瑚松石豆小荷包二个，四喜白玉扳指一个，小刀一把，火镰一个。巴清德赏加军功三级，取消向荣的降三级留任处分，赏加军功一级，并各赏给大荷包一对，小荷包一对，白玉扳指一个，小刀一把，火镰一个。刘长清赏换花翎。达洪阿与乌兰泰及各镇总兵都得到表扬。

罕见的同心协力

巴清德与向荣在北路得手，将太平军全部压缩到新墟。乌兰泰听从江忠源的建议，推进到三合水扎营。江忠源探听到，洪秀全、冯云山所部全部逃出山外，与韦昌辉、杨秀清会合。巴清德与乌兰泰约定，于七月二十八日南北对进。

约定日期一到，乌兰泰从下窑过河，发现一座小村庄内有敌军旗帜挥舞，立刻率部返回河北，派代理副将清长带贵州兵过河，朝西列阵；令秦定三率参将巴图带四百名广东兵过河，朝南列阵。河内有沙冈一道，江忠源建议留一支部队在此埋伏接应，乌兰泰依计留下一队湖北兵和一队贵州兵。

官军分布已定，一千多名太平军从四面冲来，离清长的贵州营不到半里。江忠源说："保持队形，不要开枪！"官军得令，稳扎不动，形成一股静默森森的气场。太平军不知深浅，不敢遽然冲击，退到南边树林之后观察动静。

官军营地的西面和南面各有一片树林，生在高坡之上。西面林内也有太平军埋伏，忽然冲下五六百名太平军，直扑湖北营。香山勇和湖北营开炮轰击，毙敌七八十名，太平军被迫撤退。忽然，南面树林又有五六百太平军绕出来，攻击沙冈旁边的官军伏兵。两队官军抵挡一阵，眼看支持不住，忽听一阵喊杀声传来，张敬修与王锦绣所部陆续赶到，毙敌二三十名，才将太平军击退。官军过河追赶，太平军已无踪影，乌兰泰下令收兵回营。

巴清德和向荣领兵深入紫荆山中，遇到风门坳险关，只见两峰并峙，敌军工事坚固。坳口已经垒砌石头，安放大炮，山下小路已被挖断，两边山梁搭建了几百间望楼和草棚。

巴清德召集各路总兵商议，决定三路齐进，攻上山梁，拔此险隘。中路由潮勇打前锋，四川营和湖北营殿后；东路由提勇打前锋，湖南营殿后；西路由团勇打前锋，广西营殿后。三路攻击力量，都是由编外武装当炮灰，正规军在后面督阵。巴清德又通知乌兰泰，请他的部队舞旗开炮，分散敌军注意力。

八月二日，三路官军衔枚疾走，行至山脚，一齐杀进，枪炮一阵紧似一阵。太平军放弃关隘败走，官军夺占了风门坳隘口。太平军慌乱之中，许多人滚落悬崖而亡。官军追到古调村外，太平军拼死阻击，官军抛掷火弹，将村房焚毁，太平军从村后撤走。官军四处放火，将太平军占领过的村庄全部烧毁。此处距离新墟已经不远。

第二天，巴清德和向荣于凌晨督率部队拔营，进至平山，正在查看地势，选择营地，探兵飞报：一千多名敌军藏在古林社内。巴清德当即分拨兵力进攻。长瑞和刘长清率领四川营和湖北营从山梁横冲杀入，枪炮火箭齐射，毙敌十人。太平军从村后撤走。

乌兰泰如约行动，令开隆阿、李能臣、张敬修炮击新墟，将敌军轰毙五六百名。新墟以南，大黄江口一带，到处都是官军营盘，鹏化要隘也由乌兰泰部封锁，太平军似乎已无路可逃。

官军在北路得手以后，休整六天。巴清德和向荣通知各路官兵，约定于八月九日围攻新墟。但他们自己提前一天派出一千多兵力，偃旗息鼓，悄悄奔赴前线，抛掷火具。太平军看见火起，冲出一千多人，开炮抵抗。巴清德和向荣派兵接应，太平军占据树林，官军四面包抄，多有杀伤，迫使对手撤回新墟。

八月九日，开隆阿和秦定三向孔村推进，听到紫荆山口炮响，探报向荣已与敌军交火。开隆阿派兵侦察，发现莫村以南都有敌军炮台，北面的三家陇、大墩岭、干村一带都有埋伏，古城一带还有木寨、炮台和望楼。江忠源说："南路兵力不足，应请援兵。"乌兰泰派人通知总兵刘长清，请他领兵接应。秦定三带兵分路埋伏。乌兰泰率部居中，徐徐推进，向莫村放炮。

太平军深藏不露，不予理睬。官军将大竹园一带烧毁，干村也烧成了灰烬。

太平军失去外围的藏身之所，撤回新墟。官军一路未遭抵抗，追至墟口。

北路的巴清德和向荣在此日向两翼分兵，沿河而进。部队刚刚抵达古林社外，太平军倾巢而出，约有三千多人，分七队奔到新墟数里之外，开炮轰击。副将奚应龙逼近开火还击，发射火箭，太平军望楼顿时燃烧起来。长瑞和李伏派兵焚烧村庄，击毙太平军执旗将领一名，击毙军士十名。

陶昌培的仁勇正在过河进攻，风雨骤至，只得徐徐撤退。太平军冒雨赶来，短兵接斗，因雨路滑，他们也未敢恋追。雨止后，陶昌培听到东面炮响，知道是乌兰泰部正在作战，便派兵接应，但天色已晚，走到半路便撤回营地。

八月十日，巴清德接到探报：敌军数千人倾巢而出，直扑大营。巴清德严令部队不要轻举妄动，搭起手篷瞭望，只见左边山脊有五名敌将骑在马上，十几面黄旗迎风招展，敌军分踞山梁，开炮轰来。右边山梁也有二三百人摇旗助威。巴清德和向荣即令提勇上山，截其退路，又派部队从营后上山助威。太平军集中兵力攻击湖南营盘，向荣急派援兵助战，双方短兵相接，各有斩获。太平军突围无望，撤回新墟。官军一直追到古林社，才鸣金收兵。

乌兰泰和开隆阿率部在步安桥一带扎营，忽然听到炮响，以为敌军迎战，立即下令前进，但太平军还是不露踪影。官军烧掉三家陇木寨，才有一百多名太平军冲出，交手一个回合，立即撤退。

八月十一日，几十名太平军试图过河，刘长清带兵渡河追捕，太平军立即撤回新墟。两天后，太平军六七百人突至孔村，乌兰泰带兵前往，太平军飞奔回营。乌兰泰追到干村，开炮轰击，太平军不敢复出。孔村练长接连报告，太平军七八百人从护甲过河南奔，乌兰泰约巴清德和向荣于十四日同时进攻，一面调配兵力，一面挖沟筑垒。

八月十三日，官军从南北两路向古林社发起攻击。几千名太平军预先埋伏在新墟外面的挡墙之内，巴清德和向荣指挥部队冲上去射击，毙敌不少。相持四时之久，太平军不肯出战，傍晚时分，巴清德下令收兵。

太平军经过几天的试探，于八月十四日发起了突围总攻，方向在南路，乌兰泰首当其冲。一支太平军从新墟扑出，另一支从莫村扑出。乌兰泰令胡俸伸、赵荣升、刘长清等人分路进攻或埋伏，乌兰泰与开隆阿各自带兵接应。秦定三在北面督战。太平军主力一分为二，一扑湖北营，一由竹林绕扑，在半里之外就用枪炮射击。官军等到太平军渐近，用小炮射击，击倒十余人。太平军拼命冲上来，官军枪炮同时开火，太平军招架不住，且战且退约一百多步，又用枪炮还击。

竹林后的一股太平军，遭到庆福的伏兵连环射击，倒下一片。庆福追出竹林，太平军也在林后留兵接应。乌兰泰见正南吃紧，留下开隆阿照料西边，调严承恩赶赴南面接应。太平军的莫村主力一半扑向正南，一半藏匿在大茶亭后。南扑的太平军见官军开枪，立即转向西去，两股合力攻击。官军枪热药尽，乌兰泰飞速将田学韬部调来增援，太平军力不能支，又后撤一百多步，稳住阵脚。

这时东南枪声又紧，开隆阿飞赴接应。但见莫村之敌分为两股，一股被庆福击退，一股冲向刘永钧的阵地，开隆阿横冲过去，太平军又扑向广东队阵地。开隆阿操起鸟枪射击，击毙二敌。太平军为避免伤亡，退入坡下沟内，伏身射击。官军稍退，企图诱敌出沟。

这时李能臣、张敬修所部赶到，太平军刚刚探出身子，又缩回沟内。官军兵力增强，下坡追杀，沟内太平军与林后太平军会合，约有四千多人，且战且退。北面丁村又有五六百太平军赶来会合。天已阴沉，乌兰泰令部队向北迎击，以便就近撤回。不料太平军尽数追来，而乌兰泰的前军回走已远。乌兰泰大怒，下马提刀，要拼死一战。官军见主将下马，回身援救，一通砍杀，把太平军逼回。官军追至后岭。这一天转战四时之久，前后毙敌三四百名。

太平军撤出紫荆山之后，遭到两路官军连日围攻，情势十分窘迫。他们内部发生了冯云山和焦亮等人最不愿意看到的事情，太平军将士们人心浮动，许多人在官军的包围圈中失去了希望。他们不明白拜上帝会为什么要与朝廷为敌，以至于遭到如此严酷的围剿。他们更不能忍受失去家园的哀痛，不理解首脑们为什么要断绝他们最后的退路。在这个关键时刻，天地会反清复明的理想对部众们显得非常空洞，无法激发他们以死相拼的斗志。

太平天国领导集团中主张政治谋国的理性派首脑们面对这样的局面束手无策，宗教派首脑们却自有妙计。据说杨秀清和萧朝贵搞了三次天神附身的把戏，由于演得十分逼真，收拢了涣散的人心，重新唤起了天国战士们的斗志。宗教的伟力令焦亮等人瞠目结舌，不得不由衷地钦佩。他尽管已经意识到这种古怪的宗教有可能令这场政治运动无法得到广大国民的理解，但他不得不承认，这种宗教在会众中具有不可估量的凝聚力。从这时开始，宗教狂热派在领导集团中占据了主导地位，焦亮若想让权力的天平朝理性倾斜，就不得不从长计议了。

但是天国的部队光有斗志还不行，天国的领袖们必须靠军事智慧把他们带出困境，以兑现天父和天兄的许诺。好在新墟地势险峻，竹木茂密，沟埂极多，加上密设木垒炮台，筑墙固守，虽不能说固若金汤，官军在短时间内也难攻入。于是理性派首脑们赢得了时间，积极地探讨突围之策。

官军抓到的俘虏供称，太平军正在拆取房屋竹木，扎造排筏，企图从石嘴渡浔江南逃。乌兰泰赶紧令南路水勇拨船防堵，并派专人负责，在石嘴一带巡逻。

冯云山和焦亮告诉部众，他们将从南路突围，未必不是故意放出风声，实施声东击西之计。他们也许早就计划从东北面的鹏化一路突围。那里是他们的老根据地。巴清德和乌兰泰都没有忽视此路防御，他们派李瑞和王梦麟两部在占城坳埋伏，又派经文岱领兵在邓塘水守候，乌兰泰尽管兵力不足，还是调兵前往接应。

鹏化里有七十多个村庄，官府已令居民将积谷转移。巴清德和向荣认为，即使新墟一时难以攻破，敌军粮尽思逃，但石嘴和大黄江处处都有官军埋伏，断难飞越。鹏化一路业经周密布置，即便敌军从此处突围，官军前伏后追，较之困围死斗，更易得力。

官军从象州追到东乡，又从东乡追到新墟，乌兰泰是最辛苦的将领。他在鹏化等处严密设防，又昼夜指挥进攻新墟，劳苦功高。赛尚阿上一次着力奏报巴清德和向荣的战功，对乌兰泰的成绩没有给予充分的肯定，不符合一碗水端平的原则。赛尚阿意识到这一点，此次奏报战功，请皇上赐给乌兰泰头品顶戴。开隆阿作战勇敢，攻击时身冒矢石，赛尚阿为他请赏头等侍卫，先换顶戴。

乌兰泰在新墟战役中打得颇为顺手，非常感激江忠源的辅佐。他要向皇上单列保荐江忠源，可是江忠源牢记着曾国藩的叮嘱，他以守孝之身出山参战，本已有失于伦理，如果再领受官职，那就简直是大逆人伦了。在他极力推辞之下，乌兰泰只得作罢。可是乌兰泰背着江忠源，又把夹片悄悄放进折子里，事后才向江忠源说明，江忠源叹息一声，只好作罢。

咸丰接到广西军报，并未十分兴奋。他虽批准乌兰泰和开隆阿的升迁，但又谆谆叮嘱，官军前一系列作战，好像占了上风，但并未重创敌军，最大的战果是将敌军压缩到新墟。但是敌军纷纷向后路高岭转移，虽经官军冲杀围攻，但敌军股数众多，恐怕又是分兵牵制官军兵力，其中必定有什么诡计。因此，他强调兵贵神速，应当乘胜进攻，一鼓作气，扫平反贼。

第十三章
起死回生

李星沅咸丰元年正月二十九日《与向欣然提军书》：

武宣获犯邹观南，据供贼目适通湖南吴姓，邀匪二千人，须三月到此，好与官兵打仗等语。

常胜将军惨败官村

拜上帝会在新墟被各路官军攻逼，似乎已到了穷途末路。这支已经残破的农民武装，被困在弹丸之地，盐粮将尽，只能拼死突围，才有一线生机。他们做了两手准备，首先扎了竹排，企图从南渌和石嘴渡江。如果此路突围成功，便可潜往贵县和郁林等处，与天地会军会合。但是，官军早已觉察他们的这一企图，在沿河严密设防，过渡难度太大。他们的另一个方案是从陆路突围，而他们选定的路线，正是官军将领认为已经严密封锁的鹏化和花洲一路。

咸丰元年八月十六日夜晚，拜上帝会的会众放火烧毁新墟一带村舍，全军从大简翻越山岭，向东北方向开进。

太平军向东北方向突围的企图，很快就被平南团练及东勇发现。这些编外部队比绿营兵更为强悍，对着太平军横截过去，一通冲杀，打乱了敌军阵势。正规军闻信追到，四面围攻，昼夜开炮轰击。太平军依托山地与官军周旋，两军之间展开了游击战。

第二天，乌兰泰通知各路部队严防佛子岭、登高庙和胡村，又通知李能臣会同张敬修搜剿敌军，令刘长清带兵赶赴莫村和新墟搜捕余敌，然后从登高庙进山。

乌兰泰带兵来到黄茅界，接到探报：几百名敌军冲到平山，夺占了练勇营盘。乌兰泰连忙赶去围剿。到平山交手之后，才知情报有误，面对的敌军是一支主力。官军刚到山口就遭到炮击，太平军一共开了几十炮。乌兰泰命令抬枪抬炮向山下还击。由于射程不够，部队向山下推进，只见道路已被挖断，只得返回岭上开火。太平军没有恋战，向东撤去。

官军炮击时，敌方倒下了四五十人，其中有五六名执旗骑马的首领，可见这支敌军中有重要人物。为了掩护他们撤退，村内冲出五六百人，与官军对射。官军后队从一旁横击，将他们击退。官军在西边找到一条小路，鱼贯而下，绕过山头，但前方道路又被挖断，只能开炮轰击村庄。太平军全部撤下山顶，从南北两路撤退。忽然，黄茅界出动一股太平军，抄袭乌兰泰后路，乌兰泰只得将接应后路的部队撤回黄茅，令其攻上西山，遥见山腰有敌军埋伏，便留下开隆阿照料这一线，把秦定三的部队调到登高庙接应，自己转回平山扎营。

这一天的战况令人眼花缭乱，官军似乎在任何地方都能碰上敌人。李能臣和王锦绣率部跟追一股，在新罗村交手，太平军落败而走。张敬修率部赶到水枧村，太平军绕了一圈，又杀了回来。张敬修下令开炮，太平军抛弃辎重，爬山越涧。张敬修追杀二十多里，也到了新罗村。眼见得前方有一名乘轿的敌军首领，张敬修策马紧追，由于山径崎岖，马行不稳，被掀下马背，脚骨受伤。知州冯玉衡率队冲击敌军后队，毙敌二百多名。敌军尸体内，有一名头戴红风帽，身着黄衣，据俘虏供认，是军师周锡能。还有一名女官，头戴黄风帽，身着黄绸衣。

杨继昌率领的团练在独峰山遇敌，交手之后，毙敌几十人，正规军赶来接应，开炮轰击，毙敌一百多人。太平军共有几千人，回身反扑，分三路抄截官军。杨继昌退到冷水冲，与乌兰泰会合。王锦绣追到罗碧村，毙敌二百多人，再也无力追赶，下令扎营。

经过一天折腾，官兵饥乏已极，乌兰泰令部队暂在黄茅界、登高庙一带分别驻扎。

经文岱负责东面防御，从古狼渡河，发现满山都是敌军。他只带了一千名贵州兵，不敢抵敌，慌忙撤走。巴清德和向荣闻信，连夜拔营，企图赶到佛子岭堵截。

这是一场令官军晕头转向的游击混战。太平军为了突围，从所有缝隙往外钻，同时留下部队缠住跟追的官军。主力不时绕回来打突袭，敲一下就走。领导核心所在的部队，一直朝东北方向挺进。

八月十八日，太平军突围已有两天，巴清德和向荣得到探报，敌军取道石门，已抵达思旺。两人会商，打算率部东去横岭拦截，但见天降大雨，便暂缓行动。乌兰泰的追兵游击一圈，又回到了平山口，探知营盘村驻有敌军，赶紧催兵前进，果然有七八百名太平军从村内冲出，被官军堵住，又撤回村内。

乌兰泰不愿绕道，下令将道路填平，部队鱼贯下山，忽闻风门坳炮声响起，太平军五六百人开火阻截。乌兰泰部无法通过炮火封锁，只得在平山驻扎，开炮与敌军对射，虽然杀敌三百多人，却被拖住在平山口一带。王锦绣等部当天毙敌几十名，也无法向前追赶。

经文岱没有挡住敌军，跟在造反军后面，伺机小打一下。这一天，见敌军正在过河，下令枪炮齐射，毙敌二十多人。太平军不理睬他，继续东进。经文岱追到大旗岭，看到山径陡险，不敢跟追，在风门坳驻扎下来。

八月二十日，乌兰泰对面之敌撤走，官军终于能够拔营前进。又据探报，敌军尚有十之三四在山内游击。这时乌兰泰才嗅出了太平军的策略。江忠源叹道："逆贼之中，确有高人。他们既已预留兵力牵制官军，节节阻击，主力恐怕已前去甚远。逆贼既然是向东突围，就看巴都统和向军门能不能挡住此贼了。"

乌兰泰说："向荣兵力最厚，想必能将逆贼遏止。我部且将山内余逆搜剿干净，再往前追。"于是乌兰泰一路追剿山内余敌，颇有斩获，一直追到龙街，才扎营休息。张敬修一路东追，从下窑赶到平南县境内的得胜桥，探得太平军已从思旺东行，号称要打藤县。

巴清德和向荣为避雨耽搁了一天，拔营后向横岭推进，前锋已经渡河，探得树林中有敌军埋伏。巴清德催促后队迅速过渡，抵达距思旺墟六七里的官村庙，正要扎营，太平军主力已从思旺扑来，双方互射枪炮，激战一场，各有伤亡。忽然，松林中有七八百名太平军冲出，欲抄向荣之后，向荣急忙调兵从岭后压下，枪炮连环射击，却无法击退敌军。

湖南营由于火药全部被雨淋湿，遭到攻击时失去还手之力，全部退回选好的宿营地，太平军紧追不舍。官军营盘未定，工事未竣，当即溃逃。赶来接应的部队也被溃兵冲散。太平军又从左边山梁抄袭后背，巴清德和向荣所部突然遭到几路夹攻，不得不拼死突围，从都统到总兵，一概上阵，千总杨成贵中枪阵亡。

巴清德与向荣且战且退，担心敌军趁势杀进平南县城，于是迅速撤进城内。一路上，他们丢失大量锅帐武器。东路官军遭此沉重打击，几乎一蹶不振。鹏化团练也撤退到蚺蛇界内。洪秀全主力毫无阻碍地离开了思旺。

巴清德和向荣的这路官军暂时瘫痪了。达洪阿已被咸丰根据赛尚阿的建议调回北京，金田附近的战场上只留下乌兰泰这一路官军。太平军放出风声，说他们要东进藤县，使官军误判了他们的进军意图，实际上他们从思旺脱身以后，行抵藤县的太平墟，便迅速地分水陆两路北上，朝永安方向推进。

赛尚阿总结官军未能阻止敌军突围的教训，将之归咎于古城坳和邓塘水的驻军；至于巴清德和向荣的官村惨败，则被描述为一次意外。他说，敌军从新墟焚烧根据地奔向思旺之后，占据鹏化七十余村。巴清德和向荣绕道拦截，前路扎营未稳，突然被敌军冲扑，致使帐房军械全被敌军夺去。副将李瑞和王梦麟带兵驻扎古城坳，是敌军必经之路，却任其兔脱。经文岱驻扎邓塘水，兵力单薄，一见敌军满山，不敢抵抗，都负有不可推卸的责任。他请旨将李瑞和王梦麟先行摘去顶戴，交部严加议处，湖南营管带李伏及经文岱交部严加议处，均责令留营戴罪立功，以观后效。巴清德、向荣、长瑞也请旨交部议处，以示惩儆。

战略性转折悄然发生

巴清德和向荣在官村大败之后，暂时废了武功。向荣照例患了失败综合症，意志消沉，借酒浇愁。官军只有乌兰泰部还在活动。他们在山内游击了一天，于八月二十一日冒雨向思旺前进，从尖石顶大山抵达马头山口，遥见四处火起，立即派兵爬上左右两岭，令贵州兵从中路出击。拜上帝会断后部队五六百人见官军登上山峰，全部撤回思旺。乌兰泰部开抵龙门，驻扎两日，从山内追出，搜杀了敌军余部几十人。

不抵抗将军李瑞从古城坳退到佛子岭，接到探报，敌军已行进到界水。平南县和藤县团练预先在水冲埋伏，等到敌军开来，从两边发起攻击。太平军没有恋战，撤到大合水驻扎。乌兰泰、秦定三、张敬修等部当日驻扎在平岭，其余各镇部队驻扎思旺，巴清德和向荣暂时驻扎平南大将桥一带，理由是防堵平南要路。他们借口部队需要补充武器锅帐，迟迟不肯拔营，赛尚阿紧催硬逼，这两人仍然毫无动静。

乌兰泰虽在尾追敌军，却不知他们要去往何方。他率部追到麻油坪，终于看到了敌军的影子，探知敌军前锋驻扎在大旺墟，另一股分往南行。此地是分叉路口，南可通藤县，北可通永安。巴清德和向荣既已驻扎南路，乌兰泰为防北路不测，提议派刘长清带兵到修仁和荔浦一带堵截。他担心北上兵力单薄，令李能臣一同前往。

乌兰泰急于探明敌军行踪，跟踪追击。他听从江忠源的劝告，派出大批哨探，得知敌军已到藤县的太平墟，很可能北上永安。乌兰泰决定从山上绕路到北面堵截，八月二十八日拔营前进，得知有翻山小路可通永安，边开路边行军，行走七十多里，抵达豆田，又翻山越岭，来到马林市。闰八月一日进入二江峡、藤洞峡等处，越过了六梅岭。上午九点，只见远处尘土飞扬，一匹快马疾驰飞来。来人是永安州的衙役，翻身下马，跪在乌兰泰跟前："启禀大人，州城被围，知州吴大人请乌都统救急。"

乌兰泰二话不说，催队急行。第二天赶到夏宜村，正在造饭，探子来报：永安州已于昨日被敌军攻破。永安州兵力单薄，代理知州吴江指挥守城，坚守了三天，被敌军攻入，文武官员全部阵亡。

乌兰泰不再等待各部到齐，率领已到部队前进，抵达离州城十多里的文墟，听说城外的水窦还有敌军据守，忙下令赶筑营垒，一面派人前探敌情。几个时辰后，探子回报：敌军占据了州城，以及城外的莫家村、卫龙村和水窦村等处。乌兰泰部连续行军三百多里，马匹已经累倒，乌兰泰和江忠源都要每天徒步行走二三十里，何况兵卒。将士体力实在难以支撑，只能让部队休整几天。

乌兰泰沉沉睡去，开隆阿和江忠源强打精神，料理营务，派人前往桂林，向赛钦差禀报军情。由于乌兰泰部走的是山路，第二天炮械还未赶到，部队无法投入作战。

在太平军后面追击的另一路官军，是张敬修率领的东勇。他们没走山路，跟乌兰泰的行军路线不同。他们行抵华锦村时，探知敌军在永安以南八十里的大黎也驻扎了部队。大黎距华锦村只有十几里，张敬修立刻提高了警惕，派人继续打探。

哨探回报，敌军分成两股，各有一二千人，分赴三江口和藤县所属的太平墟，主力部队及首领等三四千人，已先从大黎进入永安州境内，但大黎也有部队驻守。第二天，哨探又报，敌军纷纷拔营离开驻地。根据浔州府知府张其瀚的情报，敌军进入永安州城以后，城外还有三起，一起在距平南百里之处的大黎，一起在距大黎九十里的榕树江口，一起在距榕树江口三十里的太平墟。

从大旺墟前往大黎的太平军，八月二十八日于上坡村遭遇平南县令倪涛的团练部队。太平军乘坐三十多艘船只，沿河陆地还有一千多人。两军交战，各有伤亡。太平军继续行走，在藤县三江口又遭团练截击，太平军弃船而逃。

三路太平军左冲右突，在官军截击中各有伤亡，最终都到了永安，跟大部队会师。

永安州城失陷以后，巴向二人才有了动静。巴清德于闰八月一日起程，从平南赶到东北方约六十里的太平墟，向荣也于当天起程，从平南赶到东南方约六十里蒙江镇。他们一北一南，相距约五十里，两地有蒙江水路可通。这条水路从太平北行近两百里，便可抵达永安。

藤县代理知县张鹏万接到情报，说洪秀全打算从蒙江前往广东，他赶紧令乡勇在三江口蚺蛇岭旁埋伏。这是一条虚假的情报，也许是太平军故意散布的。虽然确有一股太平军走此路线，但洪秀全不在其内。闰八月二日，太平军有十三艘船开到，乡勇开炮击沉五艘，太平军上岸逃走，其余船只仍从上游驶回。大坡乡勇当天也跟太平军遭遇，交战之后，太平军直奔永安州。

张敬修在官军各部将领中算得上积极的一个,可是此次追击,他也陷入了绝境。他于闰八月二日从锦华村开拔，企图追击太平军，因地势险窄，乡勇前后拉开了距离，张敬修竟然无法集合部队。乡勇害怕悬崖陡壁，一个个开了小差。三天后进抵樟村，探知山门有敌军船只，第二天早晨下令出战，竟无一人敢进。张敬修领头追赶一里，还未见敌军踪影，乡勇呼喊“贼军来了”，纷纷四散。张敬修愤懑填胸，情急投河，经乡勇救起。虽然捡了一条性命，但部队锐气尽失，张敬修的武功，算是暂时被废掉了，朝廷前次对他的奖赏也已作废。赛尚阿只好将他的部队裁撤，需等广东增募的潮勇和东勇开来，交给他统领，他才能立功赎罪。

闰八月四日，乌兰泰恢复了体力，急不能待，不等炮械到来，便领兵向永安州城前进。行至佛子村，距水窦仅八九里，听说水窦有一千多名敌军驻守。江忠源说：“全军去攻州城，恐怕水窦逆贼抄我后路。大人不妨留下几百兵力，由经大人和我带队，在此村后岭驻扎，以防水窦之敌。”

乌兰泰说：“此计甚好，可无后患之忧。”

安排妥当后，乌兰泰、开隆阿和秦定三率兵前进，行至佛子村中间，忽见八九百名敌军从圞岭蜂拥而来。江忠源领兵抵挡，将敌军击退，乘胜追过圞岭。城内太平军闻警，派兵救援，水窦太平军也赶来增援，共有二千多人，从两旁抄袭。江忠源指挥若定，将抄出之敌击败，直追至永安南关。太平军撤入城中踞守。这一仗，先后毙敌七八百人，俘虏十一人。乌兰泰目睹江忠源的身手，对身边的开隆阿赞道：“江岷樵不仅多谋，领兵打仗也是一把好手！”

开隆阿哼了一声，并不答言，满脸不忿之色。此人现在已是头等侍卫，官居正三品，擅长骑射，在马上发枪射箭，无不命中，曾经射杀十几头老虎，在军中有“打虎将”的称号，深得乌兰泰和军士们的好评。江忠源一到军营，就抢他的风头，令他心中十分不快。还记得这个七品小官初次见他时，只是一揖而过，并未给他充分的尊重。因此，每当听见乌大人夸赞这个湖南人，他心中就不服气。

乌兰泰微微一笑，也不跟他理论。他想，终有一天，开隆阿会懂得江忠源的价值。

直到闰八月上旬为止，开到永安州城外面的官军，只有乌兰泰一部。他们在永安城外孤军作战。闰八月六日，部队开到圞岭。乌兰泰查看地势，此处共有三座山峰，圞岭居中，又名秀才岭。此岭以北十几里处有个莫家村，遥见村内驻有敌军。乌兰泰令副将和福带兵在松岭后埋伏，令开隆阿带兵驰往新村，秦定三等人随同接应。

太平军得知官军占据了秀才岭，从各处出动迎战。乌兰泰令火器营发射火箭，击中敌军，官军乘势而进，将中路敌军压退到山脚。西面山岭的太平军齐扑而下，湖北营冲上前去，连续开枪射击，击倒敌军一片。黔滇营轮流射击，将山根太平军击败。中路太平军被湖北营击退，只有莫家村的太平军隔河抗拒，坚守不退。东南面的太平军包抄过来，立即被官军赶走。太平军合而为一，用大炮轰击，经文岱赶来接应。秦定三所部勇气倍增，奋力冲杀，毙敌颇多。太平军中有一红衣黄帽将领骑马督战，也被官军击毙。太平军群龙无首，阵势大乱。官军趁势渡过蒙江，追杀到永安城下。守军关闭城门，败军无法退入，多被官军杀死。乌兰泰大获全胜，收兵返回秀才岭。

冯云山见官军两次冲到城下，找出外围阵地的纰漏，令部队连夜在各要隘赶造木垒炮台，加固阵地。

赛尚阿连次飞催向荣前进，向荣心情沮丧，迫不得已，于闰八月十日拔营赶赴昭平驻守，口上承诺将要进攻永安。赛尚阿又迭催刘长清和李能臣迅速拔营逼近州城。他认为，只要把这三路兵马催到，加上乌兰泰的部队，官军便可四路进攻，一举收复永安。

闰八月十一日，乌兰泰尚未等到援兵，但他不愿无所作为。他决定利用秀才岭一线的地势打伏击。他在窦村附近设伏，交代伏兵将领："等到逆贼渐近，你们便沿左右二岭缓慢退过山脊，严阵以待。"分派停当后，他自率火器营在秀才岭最高峰建立中军旗鼓，帐前竖立红盖，向敌军显示大帅所在，预埋地雷，等待敌军来送死。

诱敌之兵出动之后，太平军五六千人分路攻扑，乌兰泰的左右营皆退。太平军争相扑来，都想拔掉官军大帅的红盖。他们接近秀才岭时，官军火机忽发，地雷爆炸，天崩地裂，太平军死伤惨重。官军大队从岭后突出，枪炮齐发，杀毙二三百人。太平军仍然退归木寨。

水窦太平军一千多人，企图乘虚攻扑官军营垒，乌兰泰的东面伏兵杀出。太平军一股从岭北抄后，一股直奔秀才岭，企图截断官军归路，都被官军击败。收兵时，秦定三臂膀被铅子击中，仍然督兵力战，官军大队出击，抓到大批俘虏。从此太平军一见乌兰泰的旗帜，就不敢靠近城边。

州城内的国家政权

永安州城在天国大军的锋锐之下轻易失陷，极大地鼓舞了金田农民军的将士。他们遵照上帝的旨意作战，终于攻下了第一座城市。杨秀清和萧朝贵表演的天启得到了事实的验证，巨大的胜利就摆在上帝的子民们眼前，山野之民竟然成了一座州城的主人。他们放声欢呼，感激天父和天兄的指引，宗教狂热在太平天国的组织中空前高涨。

太平军进入永安州城以后，他们的领袖究竟是谁，对于官军而言就不再是一个秘密。他们把旧政府的州衙改为王宫，洪秀全在三十多位嫔妃的簇拥下，住进了不大像样的宫殿。拜上帝会由八九个人组成的核心领导集团公开亮相，洪秀全宣称自己是太平王。

在太平军进城的最初一两天里，王号的确立似乎还在磋商之中。以丞相名义发布的安民告示，自称“大汉军师”、“开国丞相左”，对君主的称呼是“圣神文武皇帝”。这个大汉军师有可能是杨秀清，而左丞相则可能是冯云山；皇帝则有可能是两个人：洪秀全与洪大全。

这份告示并未染上多少宗教色彩，遣词造句充满了正常的政治理性。左丞相说，他们这伙人起事出兵，是为了安邦定国，发政施仁，特别强调是为了平定社会动乱，而不是为了扰乱社会治安；是为百姓谋福利，而不是损害百姓的利益。

这种说法，在逻辑上是说得过去的。当时的广西，按照江忠源的说法，的确是“无处无盗，无时无盗”。左丞相举出实例，把张家祥（张国梁）之流列为专政对象。这个强盗阻截江河，扰乱乡里，鱼肉生民，逞其虎狼之性，肆其狐狸之淫。

大军师和左丞相指出，张家祥树立了一个坏榜样，不法之徒纷纷仿效，召集匪类，凌暴黎民，沿江收税，到处抢掠，商民当之者迎刃而倒，士庶闻之者望气而逃。官府不肯镇压犯罪，猫鼠竟然同眠一床。人民处于水深火热之中，何以聊生？所以左丞相领导的组织忍无可忍，聚集天下义士，大举义旗，以清妖孽。既然如此，村乡市镇，不用惊惶，士农工商，各安本业。

事实上，当时不仅在广西，全国很多地方都有盗抢行为，官府无力制止，民众自行武装起来维护社会治安，也是为了上述目的。只是多数民间武装都没有跟官府对着干，更没有自立政权。那么，这位左丞相效忠的圣神文武皇帝，为什么要跟大清皇朝分庭抗礼呢？

布告借用天地会的口号，直接提出“满夷当灭，皇汉当兴”。左丞相说了一个“天地古今循环自然”的道理：久合必分，乱极思治。

天国的两位大臣讲述了道光一朝的现实：满清已经不行了，清帝软弱而昏暗，臣子们残暴而贪婪。朝中文武，首脑都是旗人；外省政府，掌权者都是用钱买来的官。大臣尽自贪赃，小吏能无索贿？天下的读书士子，一腔热血，雪窗勤学，终属徒劳，难抒抱负，虽有经济之才，岂有展用之日？朝无善政，野多遗贤。

这个提法，真是一针见血。对于全国所有读书无用的汉人，是振聋发聩的召唤。洪秀全和焦亮都是过来人，他们能写出汉人士子备遭冷落的愤懑和心寒，如果这个新的政权言行如一，虚心纳贤，重用读书人，他们的事业确实大有希望。

为了表明新政权的军队纪律严明，天国大臣宣布，从闰八月一日拜上帝会进入永安之后，左丞相深刻领会陛下待庶民如保赤子的圣意，不许部下妄抢一物，妄伤一人，倘有抗拒不遵，左丞相定必严惩地方官员。

这份告示比较明确地提出了进军目标：首先打下东南半壁江山，然后向北方进军，杀进京城，擒获清帝，清算清朝历代皇帝的罪过，光复中华一统的天下。

最后，告示命令所有臣民剪掉辫子，不穿左边开襟的衣服，表明与满清决裂的决心，以完成建国的大业。如果效力有功，一定会封爵拜官，大加奖赏。

几天后，又有一份文告发布，署名为“奉天承运太平天国总理军机天下大元帅万岁洪”，自然是洪秀全与洪大全，或者是二者之一。文告指控清朝各级官吏，滥征钱粮，盘剥民众，比强盗更为残暴，“无异虎狼”。这一切都是因为清帝没有德行，远君子而亲小人，卖官鬻爵，压抑贤才，以致世风日下。

文告声称太平军已经夺得广西，现在预先晓谕湖南、湖北二省，以及江西、江南一带。凡是普通百姓，不必惊慌，农工商贾，各安本业。有钱人要备办粮食，为太平军提供军饷，数量多少，自行申报，太平军打下借条，作为凭据，以便日后清偿。

洪大元帅号召民众有勇出力，有智出谋，同心协力，共襄义举。等到全国太平之日，都能得到荣封。清朝政府各级官员，“逆吾者斩，顺吾者生”，首先发还原籍，听候他日起用。其余豺狼差役，概行剿除，悬首示众。倘有乡民胆敢助清官为虐，与太平军为敌，天兵所到，必予诛夷。

这两份文告充分体现太平天国领导人的政治远见，起草者当属天国的理性派领导人，冯云山、焦亮、韦昌辉和石达开都有可能是执笔者。

后一份布告表明，太平军在此时就定下了北进湖南湖北的计划。也许焦亮的意见深刻地影响了最高决策层。焦亮曾向他们反复强调，湖南的会党已经做好了迎接太平军的准备，太平军在湖南可以得到大量的补给和兵员。

洪秀全的另一选择是东进广东。从客家人的角度来看，这也是一个不错的计划。客家人在自己的故土梅州一带很有可能调动较大的力量。但是他们进军广东东部难度较大，因为他们要在广东境内行进很远，必将遭到广东清军的重重阻击。

太平天国在永安宣布成立，三十八岁的洪秀全不久自称太平王，并未称帝。二十八岁的焦亮是否在此时自称天德王，姑且存疑。二十八岁的桂平人杨秀清为左辅正军师，三十一岁的武宣人萧朝贵为右弼又正军师，冯云山、韦昌辉、秦日昌、石达开为左右丞相。从官位和排名来看，前三位权贵都是具有宗教神话色彩的人物。

后来他们的职务又做了调整，除洪秀全与洪大全以外，其余各人大大升格。杨秀清受封为东王，萧朝贵受封为西王，冯云山受封为南王，韦昌辉受封为北王，石达开受封为翼王。秦日昌和胡以晃等人分别被任命为丞相与军师。

这是一个非常年轻而埋藏着危机的领导班子。杨秀清豪放无赖，为了权力可以不择手段，肆意煽动宗教狂热。韦昌辉是监生出身，经常出入衙门办事，见过世面，头脑冷静，善于权变，对神灵附体的无稽之谈颇为反感，洪大全的供词中称他极为善战，曾以千人之师击败官军一万人；石达开是个理想主义者，饱读诗书，文武兼备，富有激情，说话慷慨激昂，发誓要献身于天国的大事业，对神灵之说颇有保留；萧朝贵是一位杰出的军事指挥员，但缺乏政治远见，为争夺权力而搅进了杨秀清的迷信活动；秦日昌原来是个打工仔，并无才情，只因对天王忠心耿耿，深得洪秀全信任。

这些人凑在一起共建大业，起初就未必志同道合。在面临共同的大敌时，他们为了一致对敌，不得不互相配合。从新墟突围之前到进入永安之后，这个领导集团形成了两种泾渭分明的路线，并且开始了围绕运动控制权而进行的路线斗争。以焦亮、冯云山、韦昌辉、石达开为代表的政治谋国派，深为经过洪秀全改造的基督教背离国民主流意识形态而担忧，以洪秀全、杨秀清、萧朝贵为首的宗教狂热派，却试图依仗眼下在部众中非常吃香的天启迷信，把太平天国建设成一个宗教王国。

据说在宗教狂热派占了绝对优势以后，杨秀清对太平天国初期的王爷划分了等级，声称东西二王为一等王爷，南北二王为二等王爷，翼王与天德王为三等王爷，这就表明在这个组织内宗教已经凌驾于政治之上。

太平天国诸王以下，又设七等爵位。以下为六官品级，分别为天官、地官、春官、夏官、秋官和冬官，每种官又分正副。官僚以丞相为首，是一品大员，下至检点、指挥、侍卫挥御、将军、总制、监军、军帅、旅帅等职，都是武官。显然，冯云山和焦亮等人把太平天国构建为一个军人政府，以利于从事夺取全国政权的军事活动。将军分为总粮将军、坐关将军、巡狩将军，还有行营五将军，按水火金木土区分，各司其事。每省设文武首脑各一名。文官叫方伯，武官叫主将，副手叫做佐将。

太平天国为了最大限度调动可用的人力资源，同时为了用严格的纪律约束女性人口，他们设置了女官。官职分为女丞相、女掌教、女掌簿、女指挥、女百长等，也属于行伍之列。

太平军进入永安时的总兵力，各种文献记载不一，但至多不会超过一个军。随军家属没有计算在内，也许有三四万人。家属中哪些可以投入战斗，哪些是纯粹的平民，恐怕他们自己也很难明确划分。

在杨秀清主持下，天国宣布采用太阳历，每年定为三百六十六天，取消闰月，大月三十一天，小月三十天。他们还宣布，从明年起，改年号为“天德”。

这个天德年号为后世人留下了很大的悬念。年号既为天德，那么按照惯例，太平天国的最高统治者应当称为天德皇帝。可是洪秀全从来没有这个称呼。这个年号令人联想到从武宣集结以来一直与诸王并肩战斗的天德王洪大全，即湖南兴宁人焦亮。但是，此人跟随太平军进入永安之后，在天国的核心圈子内究竟是否占有一席地位，还是一个疑问。据说太平天国官制的奠基人就是焦亮，由于他改名洪大全，太平军告示上署名的洪大元帅也有可能是他。然而奇怪的是，太平军后期的大将李秀成在他所写的回忆录中介绍了太平天国初期所有的大人物，唯独对此人只字未提。

李秀成加入拜上帝会，是在太平军北上永安经过大黎的时候。他竟然根本不知道有个天德王的存在，这意味着洪大全也许在此之前就从拜上帝会的最高领导层消失了。如果说新墟之战中他还在出谋划策，那么在太平军北上大黎之前，他已经发生了不测。焦亮在被捕后的供述中说他进入永安后居住在宫廷内，身着绣袍，头戴黄帽，而另外的四王所戴的是镶红边的帽子，比他还低一等。他还说，虽然他在衙门里身着黄袍，但他并不想坐上王位。他的供述是否属实，似乎已很难得到验证。也许当时他已被反对派加以软禁。

天德王所遇到的变故，可能是拜上帝会领导集团发生的第二次权变。有人推测，这个集团中的一些人，特别是杨秀清和萧朝贵，不愿看到洪秀全身边有个人跟教主平起平坐。如果此人也效仿他们，利用会众的迷信制造出天神附体的事件，就会大大威胁到他们在集团中已经取得的崇高地位。

问题在于，洪大全非但不屑于去玩他们的那套把戏，而且还抵制他们的做法。他在道光三十年八月初到武宣加盟拜上帝会之时，给洪秀全的领导班子提交了一份建议书，纵论用兵方略，探讨军政形势和人心向背，颇有一番见地。令洪秀全最感兴趣的是，焦亮说，太平军只要占领了一个省份，向全国发出文告，就可以令全中国归附。他建议拜上帝会占领他的家乡湖南，雄踞潇湘而号令天下。他还自告奋勇，请求率领湖南的天地会打前锋。

看了这篇宏论，洪秀全知道此人不是等闲之辈，对他礼遇有加。通过洪大全的军事指挥实践，冯云山发现他具有卓越的才干，建议洪秀全跟他平起平坐。于是在那段时间里，洪大全进入了拜上帝会的领导核心，官军从俘虏口中屡屡听到天德王洪大全的名字。

前面说过，焦亮之所以加盟洪秀全，并非认同他的宗教信仰，他不相信洪秀全是天父之子，更不相信杨秀清的天父附体和萧朝贵的天兄下凡。他只是认为这个宗教组织比天地会更容易团结民众。但他看到这个武装集团的权力逻辑全部建立在宗教迷信之上，便试图劝说洪秀全多在文治武功方面下工夫。很明显，要成就一番拯救万民于苦海的大业，怎么能用这种可笑的把戏来蒙蔽军民呢？

焦亮和他同时代的左宗棠性情相近，心有所想，犹如骨鲠在喉，不吐不快。他苦口婆心地劝说洪秀全，叫他不要依靠妖言惑众，指出张角、孙恩和徐鸿儒之辈不足效法，开天辟地以来，未曾听说过有人用妖术获得了成功，应该立即改正。

真是哪壶不开提哪壶，抓痒抠到了伤疤上。难道洪秀全不怀疑杨萧二人玩的是哄人的把戏？洪秀全不敢深究，是唯恐坏了大局。如今既已靠通灵的把戏赢得了几万名信徒的拥戴，难道还要他打自己的耳光？

拜上帝会毕竟是洪秀全的宗教组织，焦亮的干预直接威胁到他们已经拥有的权力，这个不信上帝的人不管为他们的事业做出了多么大的贡献，都会被排斥到权力中心之外。也许洪秀全和冯云山不愿意这么做，但他们不能在事业发展的紧要关头失去信徒们的支持，或许就连焦亮自己也不愿成为这个集团新一轮权力之争的导火索。于是，焦亮此时有可能不再是这场运动的核心人物。

洪秀全和冯云山都不会残酷地对待这么一个杰出的共事者，焦亮得以平安地跟随太平军进入了永安。可是他出于对事业的忠诚，还在不断地向洪秀全进献忠言，彻底开罪了太平天国的权贵们。

永安建制以后，焦亮更加忧虑，他建议洪秀全不要反孔，不要修改历法。洪秀全考不取功名，错在清朝官府不识人才，怎能说是孔夫子的罪过呢？《论语》中没有宣传上帝的存在，上帝因此而怪罪孔夫子，简直是荒诞不经的理由。天王何必如此相信自己的一段幻觉般的经历，而不顾全体中国士子的感受呢？

焦亮说，反抗清廷大可不必模仿秦朝的皇帝！秦始皇自诩功德盖过三皇五帝，洪秀全则鄙夷伏羲和神农，非议尧舜。如果你不尊重中国人的祖宗，怎能指望赢得民众的支持？修改黄历，鞭挞孔子的遗像，将经史典籍投入污秽，无一不是丧失民心、侮没斯文的下策，必须马上纠正，天国的事业才能健康发展。

焦亮劝说洪秀全不要反孔，是一条最重要的忠告。洪秀全在皈依西方宗教之初，跟冯云山和洪仁玕一起砸了自家供奉的孔夫子牌位。他把科举不顺的怨气发在孔夫子身上，牵强附会地解释他的濒死经历。他一直为自己大胆的举动而自豪，号召他的属下毁文庙、砸牌位。这一个看似意义不大的举动，却触到了中国最大的雷区。这个雷区，连满人入侵后也不敢去碰，现在洪秀全踏上去了。

中国的儒学，早已不仅仅是一种科学流派，不仅仅是对人生和社会的思考，两千年来，它已经成为规范中国人精神和行为的圭臬。儒学之所以具有神圣的地位，因为它承载着世代中国人对人伦和社会生活最美好的愿望和最坚定的信心。在孔夫子以后，许多代中国人通过对儒学经典的注释丰富了它的内涵。经典可以有不同的诠释，甚至可以曲解和阉割，但绝对不能诋毁或打倒。你可以把孔圣人的牌位制成不同的样式，也可以把学圣描绘成不同的模样，但你决不能烧毁他的画像。

连熟悉中国社会历史的西方人都知道，在孔圣人的国度，一个人若是追随儒家提倡的生活方式，不论他在当世会陷入多么凄苦的逆境，但绝不可能被永久地钉在历史的耻辱柱上；反而言之，一个人若是胆敢与儒学为敌，无论他在当世会受到怎样的追捧，也极有可能成为一个永久的笑柄。

然而洪秀全似乎缺乏对儒学地位的深刻认识。他对于自己的那次濒死经历深信不疑。他是一个真正的迷信者。他认为上帝能够指引他得到民众的拥护。不错，在饥民遍地的中国，在贫富悬殊、社会极为不公的局势下，他掀起的运动也许会得到饥饿和贫穷的拥护，但是他试图摧毁整个民族的精神支柱，也许会跟饥饿一样令中国人无法忍受，引起超出想象的激烈反弹。

焦亮对于反儒的严重后果有充分的估计，洪秀全却无法接受他这些带刺的批评。幸好太平王仍然保持着相当的肚量，没有过多跟焦亮计较。

焦亮为了维护共同的立国大业，不肯就此罢休。他又指责洪秀全大事未定，就迫不及待地建国称王，乃一大失策。把军政委托给杨秀清这样的投机者，简直就是罪过。

他给洪秀全讲了古代的教训。袁术在淮南，董昌在浙西，都占着几十座城市，妄自尊大，很快就灭亡了。洪秀全现在只占着巴掌大的地方，为何就追求虚名，而不顾实际付出的代价呢？打出金田不出两百里，就住进了宫殿，设立三十六宫，供自己取乐，而将军政大事交付庸人，所犯的大错，比李闯王和张献忠有过之而无不及，怎么可能成就大业呢？

焦亮再次挑战洪秀全的修养。天王肚量再大，也容不得别人把自己涂成漆黑。为了不再有人危言耸听，他一定得做点对不住朋友的事情了。在杨秀清与萧朝贵的主张下，焦亮失去了人身自由。他在被捕之前试图逃跑，却被守卡的部队拦住了。他之所以没有丢掉脑袋，是因为冯云山的力保，天王有所不忍，没有批准杨秀清呈报的死刑。

太平天国在初进永安发布的文告中提出了一个可以令天下汉族读书人振奋的口号，但他们所行的却是另一套。洪秀全不肯接纳焦亮的劝谏，已经把自己置于中国传统文明的对立面，并且为所有蔑视知识分子的天国官员树立了一个糟糕的榜样。

到了这一步，焦亮算是为太平天国尽心尽力了。他多么想跟志同道合的人一起，涤荡社会的一切污浊，可惜洪秀全这帮人不听忠言，恐怕是指望不上了。唉，本想造反，却沦为合作伙伴的阶下囚，这个世道真是荒唐！

焦亮被剥夺了发言权，但是不久之后，太平军还是按照他的建议向湖南进军了。这个计划被事实证明是正确的，太平军的确在湖南受到了民众的欢迎，并且在这个省份真正强大起来。但是事物都有两面性，由于洪秀全不肯放弃反孔的立场，太平军踏上三湘大地，极大地刺激了湖南读书人的抗争意识。他们唤醒了一群雄师，激发了这群孔圣人弟子骨子里怀有的野性。为了实现一生追求的功名，这些既有头脑又十分好战的潇湘才俊，将会站到清廷的阵营内，成为太平军最强大的对手。

不过，在太平军进入湖南之前，还有更加荒唐的事情在焦亮身上发生。

第十四章
楚勇参战

曾国藩《江忠烈公神道碑铭》：

（乌兰泰）叙公之劳，请擢同知直隶州，换戴花翎，公亦竭诚赞画，募楚勇五百人助战。湖南乡勇出境讨贼，自此始也。

官场智慧坏大事

永安失陷以后，赛尚阿和官军将领们认为太平军时刻有北上桂林的可能。李能臣和刘长清虽已抵达修仁一带布防，但赛尚阿还是觉得兵力不够，赶紧从湖南和广东增调官兵一千名前来增援。同时在省城召集团丁，增募乡勇。又将派往南宁和太平的部队调回临桂。据邹鸣鹤报告，桂林集结的乡团统计有五万多人，纪律还算严明。有了这些武力保障，赛尚阿松了一口气，紧接着就伸手向朝廷要饷要兵。

赛尚阿承认，他到广西的三个月来，调来的兵力不为不多，但是由于围困新墟功败垂成，导致敌军逃脱；又因军心不齐，以致尾追不力；向荣一军因雨受挫，顿兵平南十多天，只有乌兰泰一军翻山越岭追逐，又因军饷转运艰难，致使永安失事。赛尚阿认为，官军各部疲劳已久，具有作战能力的不过一半，难以得力，不得不添募撤换。而各地增募乡勇、赏犒乡团，需要的费用太大。粮台只剩几个月的军饷，广东关税还有六十万两没有解到，所以还要请户部多拨一些银子，以免前线停兵待饷。由于高级指挥官多已疲惫不堪，赛尚阿还请咸丰将河南的河北镇总兵董光甲、湖北的郧阳镇总兵邵鹤龄和湖北的镇标游击胡定国调来前线。

赛尚阿现在唯一的指望是乌兰泰。但是乌军独力连续作战，部队更需休整。秀才岭一战之后，乌兰泰让部队休整了七天。他派人送信给北路的总兵李能臣和刘长清，邀他们于闰八月二十日一同进攻水窦。

攻击之日的前一天，乌兰泰升帐分派兵力："秦定三、穆腾额听令：你二人各带所部，前往独水岭埋伏；田学韬、色钦额、戴文澜听令：你三人各带所部，前往龙虎岭一带设伏；开战以后，常禄、开隆阿分路接应此二路伏兵；经文岱、江忠源、和福严守各营，以备随时调派接应。"

分派妥当，设伏各部分头衔枚前进。开战当日，乌兰泰率领火器营来到石燕岭，距敌营不到一里。太平军发现官军，连续开炮射击，从南头营内扑出六七百兵力。官军分路迎击，抬枪射击，火箭发射。忽然，莫家村的太平军分两路绕到官军之侧，常禄带兵从山上压下，开枪连射，将太平军逼向南面。北面二寨的太平军一齐冲出救援，被官军击退。太平军来不及回寨，向东南方撤退。南面的太平军奋力扑向官军，常禄从山上压击，清长从山腰截攻，南北两面的太平军拼死闯关，仍然未能会合。北路太平军全部撤到南面的两座大营。穆腾额、田学韬挥师攻击太平军大营，乌兰泰令兵丁紧逼营墙，进入太平军火力的死角。官军一齐向营内抛掷火筒，屯官思达朋首先带兵爬墙而上。太平军滚木抛石，官军冒死冲入大营，早将北门堵住。太平军拥向南门，也被截住。营内太平军约六七百名全部阵亡。官军搜获枪炮旗帜器械多件，将三百多架辎重和板房、帐房全部烧毁。

官军攻营时，东南山头的太平军扑来救应，被清长击退。北面有大股太平军攻扑秀才岭，被开隆阿击退，并乘胜追击。莫家村太平军又出动七八百人前来接应水窦，被和福迎头截击，乌兰泰率常禄的云南兵赶来接应，太平军已经败退。秦定三也率部协助追击，顺便烧毁了卫龙村。

这时西北方烟火四起，伴有隆隆的炮声，刘长清等部从北面杀到。经文岱和江忠源带兵赶到秀才岭，乌兰泰随即飞调清长拦截水窦太平军，其余部队都来攻城。水窦的太平军出营来追，被官军击退。莫家村等处的太平军退入寨垒，用炮火压制攻城官军。守军各处炮台一齐开火，攻城官军用了一个时辰，未能推进一步。时间已近黄昏，官军弹药火绳已经耗尽，只得收兵回营。

刘长清和李能臣那一路从龙眼潭向州城前进，该处山险路狭，山下都是水田。北劳、六庙、竹枝等处都有太平军驻扎。刘李二人当即下令分路进攻，开炮轰击，放火烧村，直冲到永安西门外的西河村。太平军预先在山岭上安炮设卡阻截，见官军杀来，当即开炮射击。官军冒死逼近卡门，太平军同样顽强，不肯后退。官军只能靠猛烈的火力杀伤太平军。

太平军在水窦和莫家村的两处军营驻扎的都是精锐部队，火力配备也很精良。古今中外的军事观察家认为，太平军早期的武器装备比官军占了优势。他们信奉洋教，与洋人接触颇多，又由于起事之地在广西，可以通过两广沿海地区向洋人购得先进武器。这给兵器决胜论者提供了一个实证，他们之所以能够冲出广西，从湖南一直打到金陵，官军无法阻挡，是因为武器装备占了上风。至少可以说，清军绿营与旗营贪生怕死，军官腐败无能，加上兵力调配混乱，指挥机制落后，在武器装备不及敌军的情况下，进一步削弱了自身的战斗力。

在对永安州城的攻坚战中，乌兰泰虽在外围打了四次胜仗，但因攻城器械不足，兵力单薄的困难更加突出。由于没有部队接应，乌军攻破了水窦，也分不出兵力防守，所以乌兰泰只好放弃已经攻占的水窦堡垒。

江忠源见乌军孤军奋战，气愤不过，来见乌兰泰，说道："向军门相隔一百多里，坐拥重兵八千，迁延时日，究竟是胆小不敢进兵，还是什么原因？若非乌帅兼程追击，四战皆捷，大挫贼锋，省城恐怕已落入贼手了！"

乌兰泰说："向荣倚老卖老，以为朝廷拿他没法子。我早已不指望他出力，只望朝廷能多给我兵力，我也能攻下永安！"

江忠源道："乌帅不要想得太简单。逆贼据守永安州城及城外之东平、莫家村、水窦各处，与城中互为犄角。欲复州城，必先拔除城外据点。而城外各村都占了有利地势，逆贼经营已久，深沟高垒，守备极其完固。我军兵与勇关系紧张，兵与将互不熟悉，将与将又互不服气。我无合力致死之心，贼有凭险负隅之势。虽现调各省兵勇不下四万多人，有才干的官员未尝不会打胜仗，也只是杀贼数百名或一千多名。然而逆贼焚掠裹挟，愈杀愈多，官军疾病死亡，兵日添而日少。以忠源愚见，用现在这些兵力攻打守城之贼，至少要四个月才能成功！"

江忠源的愤慨不无理由。但凡明眼人都能看出，官军的另两员大将不知在跟谁斗气，都把自己关在病房里。巴清德在梧州养病多日，方才痊愈，正在赶赴昭平。向荣也称病已久，据说还不能骑马，只能乘船，正好在乌兰泰攻破水窦这一天抵达昭平。两员大将一败之后，同时病倒，是真是假，无人能够判断。谁都知道，官场中人告病不出，在中国的官场文化中具有非常复杂的含义，对于需要摆脱困境的当事人而言，也是最佳的借口。

两名高级将领做了缩头乌龟，他们所带的部队总不能跟着赋闲，赛尚阿令总兵长瑞和李伏暂时统领，叫他们一面留防昭平，一面分兵进攻永安。这两名总兵也跟他们的上司一样不想动弹。遗憾的是上司已经病倒，他们不可能也请病假，只得装死。死猪不怕开水烫，任你钦差如何严厉申斥，就是按兵不动。

不过巴清德和向荣显然都到了病患非好不可的时候，病了一个月，再拖下去，那就是病入膏肓了，无论钦差还是皇帝，都会出手来给他们开一副猛药了。这也是中国官场养病文化的底线。因此这两个官油子不约而同地把握住了火候，选择最恰当的日子病愈复出。他们不仅来到了部队的驻地昭平，还向钦差大人报告：日内即当拔营前进。

赛尚阿没有过多地追究巴清德和向荣的病因。前车可鉴，他不想像周天爵那样，给皇上落下一个御下无能的印象。他也不敢动用那把凶神恶煞的遏必隆刀，砍掉几个中级军官的脑袋，因为他担心军士离心。

严旨碰在棉花上

永安州失守的军报送达北京之后，赛尚阿只接到一道简短而严厉的圣谕，字字威慑，令赛尚阿感到冷气钻心：

逆匪被困，正可聚而歼旃，勿令一名兔脱。至洪秀泉等欲由水路潜逃，严密防范，若有首逆未能擒获，只杀余匪以塞责，朕唯知将赛尚阿重惩不贷。懔之。

内阁接到的上谕是：

此次巴清德向荣军械损失，未能即刻进剿，以致贼匪分窜，咎实难辞。巴清德向荣均着摘去顶戴，拔去花翎，带罪自效。赛尚阿调度失宜，亦着交部议处。

赛尚阿现在后悔自告奋勇来广西督战了。这里真不是适合官军作战的地方。部队长期待在湿热窒闷的空气里，运动在崎岖险峻的山路上，随时可能被敌军火力所吞噬。从将军到士兵，大家都不容易。一些部队作战经年，胜败无常，而一旦吃了大败仗，士气很难恢复。将士大多疲乏不堪，现在杀鸡给猴看，能起多大的作用呢？唯一的办法就是增兵添饷。他已命令广东巡抚叶名琛再募潮勇三千名，又叫张敬修就近募勇一千多名，统归乌兰泰指挥作战。

皇帝严令不许让逆贼头目从水上潜逃，否则就要赛尚阿的脑袋。那道圣谕已经刻在他的脑子里，一想到洪秀全可能从蒙江逃脱，他就不寒而栗。情报表明，太平军确实在蒙江备有船只，随时可以从水上南下。赛尚阿发出一道道指令，在蒙江下游两岸秘密部署团练，又密令张钊的水勇潜伏在蒙江中流，随时准备截击。

乌兰泰虽然连获胜仗，但他兵力太单。他很清楚，单靠他的力量，收复永安城毫无希望。李能臣和刘长清进扎古排，还要照顾荔浦的新墟隘口，兵力也感不够，只能与乌兰泰犄角相持，不敢轻进。他们等待巴清德与向荣的部队开到，才会发起新一轮的攻势。可是这两位大爷来到昭平之后，嘴里嚷着即日进兵，还是迟迟不动。赛尚阿一天一道手令催促出兵，他们回复说：山深路窄，部队必须另外选择行军路径。接着又返回梧州看病，往返迟延。直到九月三日，才绕路行抵永安以北一百里处的平乐。

赛尚阿松了一口气，官军总算是堵住了逆贼北上的另一通道，于是又催令他们立即南下攻打永安。谁想到，向荣派人送来一封信，说他病势加剧了，需要请假二十天。然后不等批准，他把部队交给巴清德，当即擅自离开军营，从平乐水路赶赴省城。

这一次，向荣也许真的是生病了。他虽已年届花甲，修养却还差一大截，未能弥补性格的缺陷。得胜之时得意忘形，一吃败仗，情绪就会一落千丈。官村之败，也许他在指挥上并无失误，由于部队冒雨行军，致使弹药淋湿，无法抵挡太平军的猛攻。但他觉得丢不起这个面子，意志消沉，起初是消极怠工，也借此摆一摆老资格。他知道自己劳苦功高，皇上也会给他一点面子。可是前线战事紧张，如果他老是待在后方，皇上终究饶不过他。他打算投入战斗，但是由于心理上的长久沮丧，他真的病倒了。

恰在这时，赛尚阿对向荣的容忍已经到了极限。这位老将反复无常，老是不肯把部队带上前线，永安城长时攻不下来，叫他这个钦差如何向皇上交代？向荣真是欺人太甚，一点面子也不给！于是他请旨将向荣先行革职，责令随营效力。广西提督一职，由总兵刘长清暂行护理。巴清德总算是赶到了永安，但赛尚阿在气头上，索性恶人做到底，也请旨将他交部严加议处，仍留营带兵，以观后效。李瑞也不像话，从黄茅界拔营，在龙寮岭翻山，行抵永安境内的古束村扎营，未回昭平，又不前进，赛尚阿请旨将他革职，拿问治罪。

赛尚阿如此处置，令咸丰大感意外。他更吃惊的是，向荣是身经百战的大将，素称骁勇，前次双髻山风门坳之战，都能身先士卒，多次立功，为什么官村一败之后，前后判若两人？他是广西提督，职责就是剿贼，就算有病，也要勉力工作，将功补过，为什么一言不发就到了桂林？他是不是跟巴清德合不来呢？巴清德为什么也称病退缩，与向荣如出一辙？咸丰很想了解其中的奥妙，但他不得不批准赛尚阿的处理意见，以便严明赏罚，鼓励士气，稳固军心。

赛尚阿为了给前线将士做出表率，力挽败局，决定亲自走出桂林，南移一百多里，坐镇阳朔，靠近前线指挥。他在临桂附近各支团练中挑选出二千名精壮，增募五百名乡勇，加上二百名京兵，以及新调的一千名湖南兵和五百名湖北兵，携带大炮，一起开往阳朔。

赛尚阿抵达阳朔之前，已经预先派飞马传信，令各营官军分路向永安靠拢，互相接应，发起攻势。九月十日，巴清德、刘长清、长瑞、李能臣等人的部队，从永安北路发起攻击，烧毁了龙眼潭、东山口及马背岭村等处的炮台和军营，同时将团官岭一带的炮台全部捣毁。乌兰泰率领田学韬等部从永安南路进攻，令秦定三与和春带兵接应，开炮轰击水窦一带石燕岭和铜盘村的敌营，前后杀敌四五百名。

这一天，江忠源接到曾国藩的来信，战斗结束才拆开一阅。他看了几行，不禁泪如泉涌。这个新宁人是铁打一般的汉子，可是曾国藩信上的几句话，令他惭愧不安，又有满腹委屈。曾国藩说，既然你应诏出山是为了忠于君主，那么不受荣衔，才能保全孝节，事后的一切提拔奖赏，都要辞去。

对于乌兰泰的保荐，江忠源确实是极力推辞了，他何尝不想按照曾老师的指点，做到忠孝两全？可是乌兰泰已经悄悄出奏，如同覆水难收。在新墟和草村等地的战斗中，官军迭次获胜，都有他的功劳。经赛尚阿保奏，皇上赏他头戴花翎，待服阕后免发原省，归部以同知直隶州知州遇缺即选。接着经吏部讨论，改由外补签掣陕西。

奖赏已经颁发了，木已成舟，他该怎么办呢？难道现在就告病归去？可是赛钦差和乌都统对他礼敬有加，诚挚相待，深相倚重，突然离去，又怎能对得起他们的知己之谊？既然已经得到保荐，升了官职，又怎么好意思逃离战场？叫他怎么开得了口？

江忠源顾不得夜深，去到乌兰泰的营帐，把曾国藩的信给他看了，说道："涤生师此言，令忠源惶悚无似。此处军务结束后，恳求乌大人不再保举，忠源方敢留营。乌大人若不答应，忠源即日整理行装回家。即便如此，忠源大节已亏，终究做不成完人了！既已失之东隅，只盼收之桑榆。"

乌兰泰见他说得如此严重，虽然有些不解，还是答应了他提的条件，江忠源便同意留在军营。

江忠源又道："我军东路空虚，乌帅还得请求增兵东路。"

乌兰泰道："增兵之事，我已多次禀报赛相，只可惜如石沉大海。"

据说江忠源多次劝说前线总指挥增兵东路，仿佛他已预见到后来的古东之败，但他人微言轻，乌兰泰爱莫能助，所以官军在永安的失败已经注定。

勇士不可貌相

咸丰元年九月十二日，官军终于对永安州城发起了迟来的总攻。巴清德的北路部队进攻州城，分队诱敌，三次毙敌二百多名。乌兰泰在同一天进攻南路，太平军坚壁不出，双方以炮战告终。十六日和十九日，南北两路官兵又发起了攻击，但仍然未能扫除永安的外围工事。

太平军首领分住水窦、莫家村等处，并非全部聚集在城内。他们将辎重船只顺流驶入蒙江，随时可能南逃。赛尚阿令新募的潮勇行抵梧州时，遇有敌船，即行截击。

官军九月份向永安发起了四轮攻击，都未能突破外围防线。乌兰泰总是跟江忠源叹息兵力不够。江忠源多次为他撰写报告，向赛尚阿请求增兵，如同石沉大海。十月初，乌兰泰把江忠源找来，说：“岷樵，常听你谈起楚勇善战，尤其擅长山地攻击，我想招募一批楚勇，不知你能否助我一臂之力？”

江忠源道：“楚勇是否能战，忠源并不知情，但忠源家乡的新宁乡勇，对付李沅发颇为敢战。若乌帅不弃，忠源可令舍弟招募数百人前来。”

乌兰泰说：“如此甚好！就有劳岷樵了。”

江忠源立刻写信回家，叫三弟江忠淑招募楚勇前来广西。他还说，一定要请刘长佑一起前来。

十月上旬，官军又发动了一次南北会攻，仍然没有进展。不过，新招的潮勇陆续抵达永安城外，乌兰泰的兵力得到补充。

十月十八日，乌兰泰再次对窦村发起攻击，派副将常禄带队攻敌之南，令秦定三带队在铜盘村一带接应；乌兰泰和开隆阿带队攻敌之北，令副将巴图在秀才桥设伏，另派一支部队在北荡村埋伏。守备戴文澜领队围攻诱敌，首先杀死四名哨卡巡更，将水窦村旁的屯粮小营和大瓮村一带敌屋尽行烧毁。州城和莫家村的太平军沉不住气了，分兵来攻，被巴图、经文岱和周凤岐等部包围起来，乌兰泰回兵截击，将太平军击退到奔石沟村。水窦以北的太平军也被开隆阿击退。官军统计战果，先后毙敌四五百名。

东南路驻扎的许祥光、张敬修、冯玉衡各部，开到古眉峡口，用火箭烧毁太平军望楼棚寮，将太平军逼进峡谷，对山的太平军也被北勇击毙二百多人。

北路的刘长清、李能臣、长瑞分三路进逼，红庙太平军鸣角开炮，官军攻击多时，未能得手。东平岭派出两股太平军增援红庙，被官军击退。

此次攻击仍未达到预期效果，乌兰泰到阳朔参见赛尚阿，请求重新部署兵力。他于两天后回到永安，一见江忠源，便气呼呼地说道：“向荣有意迁延避战，赛中堂竟然还对他敬若上宾，岂不令人寒心！”

江忠源问道：“乌帅见到向军门了？”

“见了！那向荣与中堂并排而坐，让我坐在下首。哼！若是败军之将都是这般供着，这仗还怎么打下去？”

江忠源道：“乌帅息怒，想是赛中堂正在劝说向军门领兵前来，也未可知。如今大敌当前，一将难求，向军门既已革职，仍留军中，朝廷还是指望他出力的。若是将帅不和，官军难有胜算。向军门居功自傲，颇像古代赵国的大将廉颇，乌帅为了国家大局，何不学一学蔺相如，暂且委曲求全呢？”

江忠源给乌兰泰讲了廉颇与蔺相如的故事，乌兰泰有所领悟，不再为此事生气。江忠源又劝他修书与向荣讲和。乌兰泰说：“岷樵所言虽然在理，但向荣恐怕没有负荆请罪的雅量，这个信，乌某不写也罢了。”江忠源又写信给向荣，语气非常恭敬，希望大帅和衷共济，但向荣并无反应，没有奏效。江忠源对向荣大为失望。

这时，江忠淑带着五百名楚勇来到永安城外。江氏兄弟此举，开创了湖南乡勇出省作战的先例，为后继者指明了一条道路。不过刘长佑未随楚勇前来，他托江忠淑给江忠源带来一封信，说他要为双亲守丧，无法出山。

新宁乡勇虽然在湘南颇负威名，但他们在广西的登场，没有得到隆重的欢迎与喝彩。官军将领一见这些乡勇，不禁皱起了眉头。这些湖南的乡下人，衣着土朴，颈项干瘦，不像接受过严格的军事训练。一些将领碍着江忠源的面子，不便明说，但心里却在嘀咕：罢了，这些人只能为官军大部队凑凑人头。

然而这支军队很快就令官军将领刮目相看。且不管战斗力如何，他们纪律严明，从不骚扰百姓，与官军各部形成鲜明的对比。

楚勇加入官军序列，江忠源没有夸耀这支队伍的战斗力。毕竟，究竟有没有真功夫，只能在战场上见分晓。江忠源令楚勇逼近太平军扎营，五百楚勇，无一畏怯。这些新宁的农夫，外表寒酸，身穿补丁衣，脚蹬草鞋，身材矮小。不仅绿营官兵私下里讥笑他们，连太平军也看不起这些刚入伍的乡勇，以为他们不堪一击，在他们立足未稳时，便迅速发起攻击，想把楚勇一举击溃。

江忠源按兵不动，命令部队沉住气，在营垒中守候。太平军认为楚勇胆怯，不敢迎战，放胆冲上前去。等到太平军逼近濠堑，距离不过一丈多，江忠源一声令下，壁垒大开，楚勇出击，势如破竹，首先是枪炮射击，接着是军士冲锋，刀矛砍刺，斩杀几百名太平军。结果是，几仗下来，令将领们大开眼界。江忠淑水土不服，时患腹泻，就是在这种情况下，楚勇也从未退缩。

江忠源走上战场之后，在短短几个月内，跃升四级，江忠信在作战中骁捷敢战，往往冲在前面，也被提拔为六品千总。咸丰对于立下军功的人才格外拔擢，也体现在江氏兄弟身上。湖南那些自负有经世之才的读书人，大约都不会看不懂清廷的用意。

楚勇的胜利令乌兰泰颇为激动，他搓着手掌对身旁的人说：“你们看不起楚勇，现在还有什么话可说？”

乌兰泰于十一月上旬再次对水窦发起攻势，焚烧敌营，搜获敌军的铸炮锅具。各路官军合力追杀，先后毙敌五六百名。

有一天，清军与太平军交战，开隆阿只带着十几人，遇到埋伏，被重重包围，子弹没了，箭囊也要空了，十分危急。江忠源登上望台，看到开隆阿深陷绝境，大惊道：“被包围的一定是开公。我军岂能失去这员大将！”他几步跑下望台，翻身上马，策马疾驰，杀入围中，将开隆阿救出，并辔而还。

回到营内，开隆阿下马拜道：“江君救了我开隆阿一命！开某惭愧啊！”

江忠源将他扶起，两人握手言欢，畅饮开怀，从此成为莫逆之交。

向荣经过赛尚阿的一番劝导，决定不再养病，于十一月八日移营浡亭，打算配合南路的攻势，从北路攻击永安。咸丰对向荣表现得非常宽宏，赏给他三品顶戴，令他迅速出兵进攻。

向荣于十一月十五日推进到上垄、横岭等处，扎营未稳，就遭到太平军的攻击。从这天以后，直到十一月底，南北两路官军对永安外围的敌营和炮台发起了一系列的攻势，每次都小有斩获，也扫除了城外的一些障碍，但还未能发起对州城的直接攻击。向荣走出了情绪的低谷，多次亲冒矢石，激励部队积极作战。虽然连日用兵，并未取得关键性的胜利，他还是从皇帝手里赢回了广西提督的官职，也赢回了头上的花翎。

咸丰不会一味地奖赏，他在十二月十九日的上谕中再次强调了赛尚阿手中那把遏必隆刀的作用，要求赛尚阿对于临阵退缩或守御不严致使逆贼窜逃者，用遏必隆刀当即正法，以肃军纪。

第十五章

围师缺隅

> 摘自《湖南通史·近代篇》：
>
> 太平军从永安突围，把焦亮交萧朝贵带走。这说明太平天国领导人对焦亮仍很重视，并非如某些史家所说的那样，只是太平天国的一个普通的犯人。

难堪的静默

当官军在永安城外对太平天国束手无策的时候，赛尚阿和新任广西巡抚邹鸣鹤认为必须继续增兵，并对原有官军进行换血，同时改善和增加官军的武器装备。要办成这两件事，需要大把的银子。他们经过核算，广西的军费开支，每个月需要七十万两白银。但是，库存银两和已拨未到的款子，只能维持七八十天的花费。于是他们联名向皇上请求再次拨发内帑银二百万两。

军费需求如此巨大，咸丰叫户部迅速拿出应对方案。他根据财政官员们商议的结果，决定由国家财政拨款一百万两，由皇家的内库中加拨一百万两，迅速解往广西。广西的内战从道光三十年七月以来，已经耗掉朝廷的白银八百二十多万两。这场战争进行了一年半，就耗费了全国财政收入的几分之一，但还看不到一点结束战争的希望。户部官员为筹款绞尽了脑汁，决定加大卖官的力度。他们请求皇上对自愿出资助饷的商民"破格加恩，以昭激劝"。凡是出资数额达到几万两甚至十万两的大款，都可以由所在省份的大员专折奏请，给予官职。咸丰同意了这个方案，于是卖官换饷成为一个主要的集资渠道。

赛尚阿向朝廷要到巨额军费以后，希望前线将士能有战功回报朝廷。可是向荣虽然回到了战场，官军对永安的攻击却没有明显的进展。向荣经过对太平军在城外据点的几次攻击，只是将各部营盘朝永安移近了一些。太平军见向荣逼近，在十二月发起了几次反击，双方各有伤亡。南路的乌兰泰与水窦太平军往返相斗，并无进展。许祥光和张敬修在东南面与太平军小有对攻，也是收效甚微。

江忠源认为，官军在城外与敌军进行拉锯战，起不了多大作用。乌兰泰和向荣自然也知道对永安攻坚远非想象的那么容易。尽管官军兵力为对手的三倍，但永安城地势有利于守军，易守难攻，而且太平军火力太猛，往往能压制官军。如何才能有效地歼灭太平军，是官军前线指挥官十分头痛的问题。

江忠源提出一个比较现实的办法。永安城四面有山，形势险要，城内守军突围，很难冲破大自然的屏障。他提议采用锁围战法，挖掘深沟，修筑高垒，将太平军困在城内，控制粮道，断绝援助，相信他们支撑不了多久，官军的伤亡也会大大减轻。

所谓锁围法，要求官军对永安城八方合围，严密封锁，不让一只耗子出入。江忠源再次指出，官军在永安东路兵力比较空虚，如果敌军困窘已极，试图突围，很容易突破官军的东面封锁口，这是非常危险的。如果让他们突入大山之中，无异于放虎归山，再也无法控制。可是乌兰泰本身兵力不足，不能向东面拨兵，只有向荣能够抽调部分兵力填补东路。于是他以乌兰泰的名义，接连给向荣写了十封信函，陈述自己的谋略，并提醒他警惕东路。但是向荣既未答复，也未给予重视。

官军大帅幕府中出主意的并非江忠源一人，许多谋士都在献计献策，为大帅们排忧解难。一位谋士自命颇通兵法，给向荣提议，既然攻坚太难，那就不妨故意放开一个口子，让敌军突围，然后在运动中将其歼灭。他说："向大帅，围城之法，最好只围三面，给敌人留一条退路，以免对手狗急跳墙，背水一战。我军何不网开一面，待逆贼从城内撤退时，我军以追为剿，不难在运动中将其歼灭。"

"哈哈，围师缺隅，穷寇莫追，老夫也曾在孙子兵法中见过。老夫正有此意。那乌兰泰说要把此城围个水泄不通，困死逆贼，要费多少时间！皇上可是等不及了。如今只要再将逆贼逼一逼，令他们窘迫不过，又故意卖个破绽，何愁他们不跑！"

向荣也许并不认为这是一个多么好的主意，但是他要跟乌兰泰斗气，乌兰泰主张锁围，他就要反其道而行之。当然，咸丰急于看到战果，一再催促前线将士早将此股逆贼剿灭，也使向荣产生了侥幸心理，他甘冒一定的风险，争取在运动中击溃敌军，就会立下奇功一件。

江忠源听说向荣竟然要采纳围师缺隅的办法，急得顿足。他又以乌兰泰的名义写信给向荣，指出围师缺隅是一种没有自信的兵力部署。实施包围的军队，没有把握全歼敌军，或者无法迫使被包围的敌军投降，为了避免己方出现不必要的伤亡，才会采用这种部署。现在官军的兵力是太平军的三倍，还会陆续有增援部队到来，这时不将太平军困死，更待何时？留一个缺口让他们遁入深山，谁有把握将他们消灭？

只要是乌兰泰的话，向荣根本听不进去，仍然我行我素。两种意见汇集到赛尚阿那里，钦差大臣偏袒老将向荣，对合围的部署掉以轻心。江忠源只好徒自叹息。他知道，永安之战的结果一定是纵虎归山，后患无穷。

前线两位大帅意见不合，江忠源费尽心力也无法调和，他知道官军必然战败。他不愿亲眼见到不利的后果，决定采纳曾国藩的意见，告病回乡。江忠源回到新宁之后，得闲时去看望刘长佑，说起向荣其人的刚愎自用，互相扼腕叹息。

赛尚阿见官军营垒越来越逼近永安，却总未能攻入敌军的土垒炮台，决定把自己的位置再往前挪，于十二月二十六日率同所有随员，从荔浦来到永安城北，距城三里安营。登高一望，敌军的炮台营墙历历可数。钦差一到，向荣立刻过来参见。赛尚阿要求他在第二天大举进攻，但天公不作美，隔日忽然阴雨连绵，只得将攻击日期推后。

这场雨似乎下了整整一个月，双方在一个多月内没有战事。直到咸丰二年(1852)正月二十七日,雨才停了下来。第二天,赛尚阿令各营兵勇扛运八九尊大炮,对准城内外房屋轰击，每击一炮，屋瓦皆飞。第三天继续炮击，将西门城楼击塌一角。官军连续两天炮击，太平军不予理睬。

正月的最后一天，赛尚阿仍然坚持炮击，叫向荣先派民兵诱敌，一定要把敌军引出来。太平军出动一千多人，官军才打了一场伏击，但只造成了五六十名敌军伤亡。莫家村及西炮台的太平军也出动大约一千人，被官军炮火击退。官军伤亡与太平军相当。

乌兰泰的南路官军，也从正月二十七日开始炮击敌营，没有取得预想的进展。

这场炮击一直延续到二月二日，太平军始终没有出动主力接战。从城内和莫家村突出的小股太平军都被官军赶回了营垒。由于大雨骤至，官军又停歇了几天。

二月七日雨停，向荣派兵出击，刚刚逼近敌垒，大雨又泼了下来。太平军趁雨出动一千多人，分四五路包抄官军，两军正在相持，守备王家冀带领潮勇赶到，用鸟枪连环射击，将太平军击退。官军一直追到西炮台外壕。

二月十日雨止，赛尚阿派总兵和春取道马背岭前往古東察看，以使南北两路官军互通声气。长瑞、长寿和邵鹤龄带三千人随后接应。不料太平军已先出动一千多人，向东行走。和春将部队分为几支，分头截击，太平军立刻回扑。官军通过马背岭前后的水田时，行走非常困难，太平军抢先占领了三座小山，居高临下。乡勇照例打先锋，从田间发起仰攻，太平军用猛烈的火力压制，潮勇与提勇勉力招架。

和春带领湖南兵在后接应。长沙协守备塔齐布说：“和大人，勇队撑不住了，我们冲上去吧？”

和春未及答话，只见队伍中一名小个子士兵大喊：“还等什么，弟兄们，冲啊！”声音未落，就领头冲出了队伍。

和春问道：“此人是谁？”

“回大人，他叫鲍超。”塔齐布回答，“此人本是一员勇丁，职下见他是个不要命的主儿，正月初一把他收到麾下，让他做了吃守卫粮的士兵。他对职下满怀感激，打仗格外效命。”

鲍超冒着枪林弹雨冲在前面，在他的带动下，兵勇一齐冲锋，将三座小山抢占。塔齐布赶上山头，拍拍他的肩膀：“好样的，下个月你就能吃战斗粮了。”

官军占领小山之后，乘胜追杀，击毙太平军八九十人。城中太平军冲出四五百人接应，旧县冲出七八百人截断官军退路，官军后队将旧县敌军拦住。前队官军追到马背岭前，然后在太平军后方的摩天岭列阵。太平营内黄旗挥动，有二三百人打算冲出。向继雄在对面小岭上开炮阻击，和春等部从水田冲去。太平军寡不敌众，退回营垒。

战事一直拖延到二月中旬，官军始终没能清除永安外围的太平军营垒。南面的水窦和莫家村，北面的东西炮台和红庙、摩天岭、旧县等处，仍然是永安的坚强屏障，跟城内守军互为犄角，给太平军留下了方圆三十里的活动空间。他们仍然能够从山僻间道偷偷将粮米、火药与食盐转运进城。官军的炮击也有弊端，大批的铅弹打进敌营，被太平军所利用，反过来打击官军。

如果官军不突破外围太平军的七个据点，就不可能直逼永安城下。但是积雨给官军的攻势造成了极大的阻碍，他们在泥淖中举步维艰，即便靠近了敌垒，也无法逾越深壕。赛尚阿心急如焚，只能望着连绵不断的暴雨叹息。他现在已经完全意识到，广西这趟浑水，他这个朝廷一品大员是真不该蹚进来。如今那些安坐京城的军机大臣和内阁大员，一定在悄悄地讥笑他这个主动请缨来到前线立功的傻子。

赛尚阿没有像样的战绩奏报皇上，索性保持静默，急得咸丰在大殿里团团打转。正月十日，他命军机大臣传谕赛尚阿与邹鸣鹤：上年十二月十七日赛尚阿奏报军务以后，迄今又将一月，不见续有奏报，朕心甚殷盼望，你们的捷报，怎么迟迟不见到来？

围师缺隅好突围

赛尚阿一筹莫展的时候，太平军的机会就到了。他们已在积极地谋划突围。

天国的领袖们无意于久踞永安。他们虽然不缺粮食、食盐和弹药，但迫切需要补充兵员。湖南的天地会有人前来联系，其中包括安仁县的李严通，希望他们赶快北上。

二月十日的那场战斗是一次试探性的突围行动，他们派出一千多人向东面突出，为主力突围探明了路径。官军的薄弱部位已经暴露出来，而连旬的大雨又为突围提供了有利条件。雨季是官军的自然克星，他们在泥泞的道路上走不动，不可能在运动中发挥强大的战斗力。

太平军在二月十七日夜间开始行动。天上还下着大雨，官军正在酣睡，他们分批向东路潜行。永安的大广，昭平县境内的大洞、龙寮，荔浦县的天平坳，都有太平军通过。官军万没料到敌军会冒着大雨在深夜出城，加上永安以东防堵力量薄弱，太平军全部成功地跳出了官军的包围圈。

根据焦亮被捕后的供述，那天夜里太平军将兵力分为三支。大约八点钟，韦昌辉率领六千人突出永安，杨秀清与冯云山率五六千人跟随其后，于十点左右突出。他们带着洪秀全和他的三十多名嫔妃，有人骑马，有人坐轿，还带走了所有的资财。大约在凌晨两点钟，萧朝贵带着焦亮和一千多名官兵突出城外，距离洪秀全大约十里之遥。

这是太平军高层在突围之前所做的巧妙安排。焦亮被安排在全军后队，没有去掉他的脚镣手铐。这支最后出城的部队很容易被官军追及，如果焦亮落入官军手中，那些安排这个环节的人就能达到借刀杀人、排除异己的目的。谋划者自然是巴不得焦亮再也不可能挡住其权力之道的造反权贵，他们很可能就是杨秀清和萧朝贵。洪秀全和冯云山的嫌疑不大，如果他们希望这个曾经的共事者从人间蒸发，大可不必采取如此阴险的办法。萧朝贵和焦亮一起行军，他没被太平军俘获，说明他事先就有准备。据说韦昌辉要回头营救焦亮，但被杨秀清制止。所以萧杨故意把焦亮送给太平军的嫌疑最大。如果有人愿意围绕这个计划写一部小说，将是一部很精彩的阴谋剧。

太平军离开永安不久，官军便发现敌情有变，急忙整队追击。向荣一直坚持围师缺隅，想趁太平军突围时在运动中将其消灭，现在应该是他大显身手的时候。可是他决没有料到敌军会选择这样的天气和时间突出永安，对他们突围的方向也无把握，所以官军的尾追和堵截并不成功。

乌兰泰组织兵力从大路兼程北上，希望赶在太平军前面拦头堵截。但是雨大路滑，云雾迷漫，军士们浑身湿透，十分疲惫，部队很难跟上。乌兰泰的前锋领队是一名十八岁的营官，名叫金玉贵。他领着一批贵州兵跑在最前面，截住了萧朝贵后队的末尾，一通冲杀，在仙回岭歼灭掉队的太平军两百人。战斗结束，金玉贵在山间草棚中歇息，军士押着几名俘虏走过来。金玉贵见其中一名俘虏戴着枷锁，头上也戴着红巾，不由感到好奇，指着他询问其他俘虏："他是什么人？"

俘虏回答："回官爷，此人名叫洪大全，原本是天德王。"

"他是天德王？"金玉贵冷哼一声，"骗到老子头上来了！他既是天德王，你们还敢给他戴头枷？"

"小的们不敢说谎，小的们只是奉命办事。此人的确是洪大全，听说是开罪了太平王，才被打下大牢。"

此人是不是天德王，金玉贵半信半疑。但如果此人真是洪大全，金玉贵就立下了奇功一件。他想了片刻，决定不再前进，先把俘虏押回永安，献给钦差大人。

焦亮被捕后的供词与此处的叙述有些不符。他说撤离永安时是他下令放火烧城，突出城外时又是他下令火烧东面的壁垒。由此可见他并未戴上枷锁，而且还在发号施令。他还说萧朝贵不听他的指令，以至于损兵折将一千多人，而焦亮自己也被官军俘虏。他们原本打算经苦竹前往昭平县，然后奔赴梧州，从那里前往广东。他陈述的路线与太平军主力的路线不符，也可能是萧朝贵欺骗了他。这些矛盾的说法令人莫辨真伪。总之关于焦亮的真实遭遇，仍然存在一些悬而未决的疑问。

向荣在太平军后面追赶，却没有金玉贵这样的好运。部队追上太平军主力时，冯云山和石达开组织兵力杀了个回马枪。在陡峭的山路上，太平军居高临下，指战员又是以山民为主，善于山地作战，占了明显优势。他们一阵冲杀，大获全胜，击毙了官军总兵长瑞、长寿、董光甲和邹鹤龄。这一仗，清军折损四名二品武职官员（少将），损失巨大。向荣设计的运动战不仅没有达到歼灭太平军的目的，反而使官军遭到重创。这位老将自尊心再次受到极大的挫伤，情绪跌到了冰点。在他精神恍惚之际，旧部将领杨遇春提醒道："逆贼必定乘胜北进桂林，我军必须从小道增援省城。"

杨遇春一句话提醒了向荣，他即刻挑选一千多名精兵，快马加鞭，向桂林驰去。

乌兰泰也探知太平军必是奔桂林而去，他哭泣着对部属说道："国朝二百余年，没有贼寇胆敢侵犯省城。现在逆贼攻打桂林，我辈还有什么脸面去见天子！"他举起匕首，刺破手臂，把血洒在水盆里，向将士们招呼道："共饮血水，随我援救桂林！"

萧朝贵处理了焦亮之后，就率领太平军前锋向北挺进。他们在离开永安三天后已经抵达阳朔县境内的高田墟。又过了三天，太平军主力几千人翻山越岭，抵达临桂县的六塘，距桂林只有六十多里。这时官军尚未追到。二月二十九日，太平军前锋二三千人在萧朝贵率领下，从六塘抵达桂林城下。萧朝贵刚到南门外的将军桥，乌兰泰率领一批死士撵了上来。萧朝贵担心桂林城内的官军出城夹攻，为了击退追兵，他下令对乌兰泰发起有力的反击。乌兰泰冒着猛烈的炮火冲锋，冲到将军桥上，膝上中炮，失去指挥能力。乌军没了主帅，南撤良丰，又从良丰南撤六塘。

萧朝贵占据了将军桥险隘，修立寨栅，堵击官军，同时向南门、文昌门和西门发起进攻。

向荣在太平军对桂林合围之前赶到了城内。城内存兵一千多名，加上向荣的兵力，也不过三千来人，与太平军攻城部队兵力相当。

萧朝贵有过奇袭永安州城的成功经验，以为桂林城没有准备，可以轻易拿下。但他没料到向荣已经率部进城，他的三千人很难攻破桂林这座大城。第一天的攻击被守军猛烈的炮火击退，他不得不后撤到炮火射程之外。

向荣自进城以后，就成了邹鸣鹤的主心骨。巡抚的满口夸赞和热情接待，使这个败军之将的心情略为好转。城内没有人可以跟他竞争，他是说一不二的守城总司令。他不仅积极地部署防御，还积极地部署反攻。三月一日，谢继超奉命出城，将城外被太平军占踞的空房纵火焚毁。第二天，湖南兵又奉命出城冲杀，小有斩获。萧朝贵不服气，在此后两天连续攻城，都没有占到便宜。桂林城内的百姓暂时安下心来。

不可估价的战利品

太平军刚刚离开永安，赛尚阿就在官兵和幕僚簇拥下进入城内，频频派人送出命令，调兵遣将，增援桂林。邹鸣鹤则派按察使姚莹火速驰入永安州城安抚百姓。

赛尚阿进城后满腹忧愁，琢磨着如何向皇上交代敌军从永安逃逸一事。忽有一名执事来报："乌兰泰所部营官金玉贵求见，有紧急军情禀报。"

赛尚阿连眼皮也没抬，懒懒地说道："什么事这么急？一个营官，为何不领队追剿逆贼，反而回到永安？"

执事回答："金某说，他们在仙回岭抓到几名俘虏，内中有个名叫洪大全的，可能是逆贼的伪天德王。朝廷重犯在手，金某不敢延搁，现已将俘虏押到行辕门外。"

赛尚阿一听"天德王"三字，眼里立刻大放光彩。他当即把幕僚丁守存召到密室商议。不一会儿，丁守存走出密室，命人传令，叫金玉贵将洪大全交给侍卫，带进密室审讯。

两名军士把焦亮押了进来，丁守存喝道："大胆逆贼，钦差大人在此，还不跪下！”

焦亮怒目而视，不肯下跪，被军士强按在地上。

“你就是洪大全？”丁守存问道。

“老子行不改名，坐不改姓。老子便是洪大全，狗官想把老子怎样？”

“何处人氏？年龄几何？”

焦亮不假思索，大声回答：“湖南衡州府衡山人，今年三十岁。”

“父母妻子何在？”

“父母俱已亡故，并无兄弟妻子。”

“一派胡言！你既叫做洪大全，岂能证明不是洪秀全的兄弟？”

“我本来实不姓洪，因与洪秀全认为兄弟，就改名为洪大全了。”

“如此说来，你就是那个胆大包天、大逆不道，跟洪秀全同称万岁的伪天德王了？”

焦亮不再言语。赛尚阿听到这里，挥一挥手，叫军士将犯人押下去。

密室的门再次关上之后，赛尚阿对丁守存吩咐道：“马上拟折，报告我军已俘获逆贼伪天德王洪大全。逆贼突出永安，我军折损四员镇将，皇上一定雷霆大怒，有了这个人，也算功劳一件，好歹对皇上有个交代。”

丁守存道：“卑职马上去办。大人打算如何处置这个洪贼？”

赛尚阿说：“先把口供做实，立刻槛送京师！”

这场秘密审讯所得的结果，只是部分符合实情。主审官赛尚阿无心进一步挖掘真相，犯人焦亮则乐得隐藏自己的真实身份。赛尚阿的动机是急于向皇上表明官军并非一无所获，焦亮则是为了保护自己的亲属。

由于焦亮始终以洪大全自称，并且声称自己是太平天国的天德王，清廷一直未能查明他的真实身份。洪大全究竟是谁？他的真实姓名叫什么？究系何地人氏？他同太平天国究竟是怎样的关系？这些问题的真实答案，直到五年之后，才会大白于朝野。

不过，焦亮自报的身份一开始就受到了质疑。在他被押送进京的途中，礼部掌印给事中陈坛提出了异议，请求皇上特降谕旨，将他交给沿途官府即行就地正法。陈坛提出的理由是，按照惯例，押解京城的逆反者，都是首领一级的人物，才能显天威而昭武功。但据他所知，洪大全不过是一名军师，属于胁从之列，并非著名逆首。赛尚阿把此人押解进京，是借着壮国威之名，掩饰自己的失败。他以为，京师之耳目易掩，而天下之耳目难欺，这样做不免被逃匪所讥笑，会使他们更不把朝廷放在眼里。

陈坛未能说服天子。咸丰览罢奏章，批示道：洪大全既已槛送在途，仍着解到京师，以凭讯究。很明显，皇帝和钦差一样，在剿匪不利的局面下，要用洪大全的被俘来给朝廷撑一撑面子。

赛尚阿派了两名心腹负责秘密押解焦亮进京。联芳和丁守存奉命之后，精心设计押送路线和程序。这名重犯既是湖南人，他们担心湘南的天地会在半路劫囚，于是在陆路虚张声势，一路传牌，要求各地预备护送。他们实际上所走的是水路，日夜兼程，不稍停留。这一招瞒过了天地会的耳目，即便天地会有心营救焦亮，也找不到他的行踪。

焦亮被禁锢在船的内舱，所有窗口遮挡得严严实实，不漏一丝光线。舱内点着一支蜡烛取亮。焦亮在船上埋头看书，读着朱熹的《通鉴纲目》。他已经走上了生命的末路，浏览儒家对古今兴废的评论，也许别有一番感慨。

焦亮心里还怀有一线希望，如果船到永州，他们一行改走旱路，天地会的弟兄们得到信息，有可能会来救他。于是他频频发问："船到永州，是否会改走旱路？"

丁守存笑道："你想走旱路？那就依你吧。"

焦亮越想走旱路，丁守存越是坚持不下船。这艘神秘的篷船顺流而下，很快就抵达长沙。丁守存对他说："永州到了。"

焦亮出舱一看，失望地说道："这是长沙啊，我没救了！"

这艘船从长沙起程时，焦亮怀着绝望的心情赋词一首，哀叹自己的遭遇：

寄身虎口运筹工，恨贼徒不识英雄，漫将金锁缩飞鸿。几时生羽翼，万里御长风？一事无成人渐老，壮怀要问天公。六韬三略总成空。哥哥行不得，泪洒杜鹃红。

这首词，表明他空怀一腔热血壮志，与拜上帝会联手造反，却被那一伙人无情地抛弃和算计。他对洪秀全彻底失望了。这种悲凉的心境，在一些投靠太平天国的穷秀才那里，都能引起共鸣。这也足以说明，为什么没有更多的书生去投入洪秀全的阵营。

焦亮是被金玉贵抓获的，赛尚阿和咸丰都把此人当做造反军的核心领袖，必然要奖赏金玉贵这个大功臣。朝廷给了他七百两银子的奖赏，还将他提拔为都司。

第十六章
蓑衣渡口

威廉·詹姆斯·黑尔《曾国藩与太平天国》：

太平军在道州驻留一个多月，吸收了成千上万的追随者，组织中注入了新鲜血液。他们增强了兵力，得以成功地进军南京。但是这个有利的因素，被蓑衣渡战役的深远影响所抵消了。

王闿运《湘军志》：

蓑衣渡一战，为保全湖南首功。

小小劲旅带动全局

赛尚阿尽管为自己巧妙地安排了一个向皇帝邀功的献俘之计，但这并没有改善他不利的处境。桂林受到太平军的威胁，仍然令他寝食难安。皇帝和前线大员们最担心的事情，莫过于太平军突破官军包围，攻打广西的省城。如今这件事却成了摆在眼前的现实。如果桂林真被洪秀全攻陷，赛尚阿恐怕就保不住项上人头了。

赛尚阿不敢久留永安，当即北上荔浦，然后统率本部兵勇，加上经文岱的人马，迁移到桂林附近的阳朔。他同时空前积极地向桂林调派增援部队。代理临元镇总兵王锦绣、代理徐州镇总兵松安、泗城府知府李孟群，都奉令各带部队赴援，并且很快抵达桂林城外。前任湖南提督余万清也带着湖南兵向桂林赶来。但是太平军的主力也在陆续向桂林开进，据说共有六七千人。邹鸣鹤向湖广总督程矞采求救，请他从衡州移驻零陵，以便就近策应，并防太平军北上湖南。邹鸣鹤又向朝廷请求增拨白银一百五十万两，用作广西的军费。

程矞采也感到了事态的严重性，他把余万清派到广西之后，又从湖南各地飞调一千五百名绿营兵，以五百名到永州设防，其余一千名待命，随时准备驰赴广西。另将已经调驻湖南的湖北兵六百名，交给湖南提督鲍起豹调配。

官军向桂林增兵时，萧朝贵也在等待洪秀全的主力到来。为了防止官军内外夹攻，他于三月六日夜间命令部队退驻漓江和桃花江对岸，只是向东西南三门和文昌门不时遥放枪炮，威慑城内守军。第二天早晨，他派出一千多人从南边绕到飞龙桥渡河，直扑北门。向荣派云南和安徽官兵出城反击，将太平军逼退到飞龙桥附近的各个村庄。萧朝贵中午改变打法，率大队冒雨攻打城外王锦绣的营盘。向荣赶到北城指挥，把他手下的潮勇精锐调来助战。李孟群的良勇和银沅的福勇、枪勇从北门外绕到太平军之后，对射多时，萧朝贵力不能支，下令撤退。各路官军追到飞龙桥，由于桥窄人多，太平军挤作一团，不少人落水淹毙。

萧朝贵攻打北门不成，第二天令部队悄悄潜入西门和南门外的空房，同时向漓江东岸调兵。另派船只载兵，停泊在文昌门的象鼻山下，接应主力到来。

向荣缩在城内，不明城外的敌情。他发现敌军并未逼近城墙，便于三月十日出城，督率城外的官军从丽泽门出发，一路察看敌军阵式和炮台，同时派哨探四出侦察敌情。

向荣行至城西圈门脚，发现后面的古牛山上有敌军集结。太平军在这个制高点可以窥见城中。向荣命令部队向山上发射枪炮，抛掷火罐，颇有杀伤，太平军撤到山背躲避。各处哨探给向荣发回情报，报告太平军男女共有四五千人，多半操广东口音，部分驻扎漓江东岸各村，部分驻扎西乡五里墟。花桥、四圈楼、将军桥、头塘等处也有太平军，文昌门外的张氏宗祠，以及临江的象鼻山上，太平军都设有炮台。还有大小船只四十余艘，停泊在紫家洲和象鼻山背，妇女辎重都在船上。太平军首脑有杨秀清和萧朝贵，驻扎西南门外，传说洪秀全和韦昌辉也在其内。

就在向荣出城视察的这一天，乌兰泰手下的秦定三和马龙已率四千兵勇赶到，张敬修也率东勇三千多名前来报到。官军已在桂林城内外大致部署停当。城内有向荣和刘长清的湖南广西四川官兵分门防守，城外有王锦绣、松安、李孟群的部队驻扎北门外，张敬修驻扎北门外西头的飞鸾桥；三千潮勇驻扎老西门外沿城一带，秦定三和常禄驻扎东门外对河的上关；余万清已带楚兵一千名驰抵省城北门外扎营，只有南路空虚。

官军援兵云集，本可以立即分路进攻。但向荣有了永安惨败的教训，不敢轻举妄动。他知道赛尚阿已令劳崇光和张国梁两部飞速增援桂林，他想等到这两支劲旅赶到南路驻扎后，再向敌军发起攻击。

这时的劳崇光，和一年前相比已大不相同。咸丰非常赞赏他在南宁、太平一带剿匪的作为，多次对他嘉奖，并赏给他头品顶戴。张国梁在咸丰眼中也不再是值得怀疑的叛降匪首，因军功当上了官军的千总。他们所率的部队名声大噪，已经成为官军剿匪的生力军。

向荣的等待策略又一次得到赛尚阿的支持。赛钦差有自己的小算盘。他驻扎阳朔，正当桂林南路。而桂林南面的将军桥一带，是太平军最先抢占的阵地，乌兰泰就是在这里负伤的。官军在南路兵力空虚，如果桂林城内外的官军过早地发起内外夹攻，那么太平军很可能向南路涌来，赛钦差和他二千人的卫队岂不成了太平军的靶子？劳崇光和张国梁的劲旅，其实是赛尚阿最盼望的护卫部队。他们未到之前，赛钦差自然不会命令桂林官军发动攻势。

赛尚阿和向荣的小算盘虽然打得好，但须承担来自上面的风险。在皇帝看来，这无疑是消极待援的措施。这两名臣子都知道，如果战局由于他们的明哲保身而恶化，皇上的雷霆大怒定会将他们劈碎。于是两人不约而同地显露出病态，并且放出风声，说他们在带病坚持工作，以为自己留下退路。

赛尚阿和向荣不想进攻，可是城外的部分官军按捺不住。三月十九日，塔齐布率队来到文昌门外，与太平军鏖战，试图夺取炮台，纵火焚烧得元楼。鲍超冲在最前面，被敌军炮火击中，身受重创，被抬往营内。经过查验，属于头等重伤员。

这一天，和春正在营帐中议事，只见江忠源一头闯了进来。和春喜出望外，说道："江知府来得正好！江兄不会是只身前来吧？是否带了勇队？"

江忠源端起一杯冷茶大口喝着，一边伸开左手五指示意。把茶水喝干后，他才说道："向钦差给我写信，说乌帅身负重伤，我当即带了五百人前来。后队还有几百人，过几日就到。"

和春说："如此好极！我等正愁兵力不够，没想到会平添一支生力军！"

原来江忠源在家接到赛尚阿的信函，得知桂林危急，乌兰泰重伤。他顿时甚感歉疚，后悔不该赌气回家。他当即找到在维新书院讲学的刘长佑，叫他招募乡勇，一同前往桂林。刘长佑起初推辞，理由还是要为父母守孝。江忠源说："江某也在守制，但此时国家有难，我等读书人当以国事为重。上次我劝你墨绖从戎，你未同意，我也没有勉强。这一次情况更为严重，桂林岌岌可危。逆贼若是占了广西省城，新宁岂会不受影响？我估计前线兵力紧张，单是你我二人前去，起不了多少作用，我们分头招募乡勇，各带一支队伍过去吧。"

刘长佑听了江忠源这番大义凛然的话，再也不敢推辞。

江忠源为了救急，拿出自家的银子，添募五百名乡勇，和二弟江忠济一起，率部先行上路。刘长佑抓紧招募乡勇，随后出发。

江忠源到达桂林之后第三天，听说乌兰泰已死在军中，他仰天哭叹："天哪！我本来要倚靠乌公有所作为，也算是报答了乌公，没想到乌公已先去了！乌公家本赤贫，数代单传，尚无子嗣，老天令他捐躯沙场，何其不公！”江忠源认定官军的失败和乌兰泰的战死，都是向荣刚愎自大的后果，此后对这员大将一直耿耿于怀。

刘长佑于三月二十一日抵达桂林，新旧两部楚勇会师，共有一千七百人，在城北扎营。从此江忠源自领一军，这就是楚军创建之始。他们自豪地打出了自己的旗号，蓝色的军旗飘扬在军营上空。

江忠源和刘长佑一到前线，都主张积极进攻，摧毁敌军营垒，使敌军无力攻城。楚勇扎营甫定，便跟随友军从飞龙桥进攻古牛山，在大花桥设伏诱战，击败太平军。三月二十五日，江忠源得知官军在城东兵力稍薄，率部转移到城东鸬鹚洲扎营。他们连续出击，从猫耳山分路设伏，三面包围敌营，斩杀并追溺大批太平军。

三月二十七日四鼓，太平军逼近东门和西门，用枪炮射击守军，牵制守军火力。此为萧朝贵的佯攻之策。与此同时，石达开出动多架四轮档车，乘夜直扑城下，攻势极为凶猛。守军大量抛掷火药火罐，档车起火，太平军在火焰中嚎叫翻滚，纷纷败退。黎明时，太平军又扑向西南门和文昌门，都被守军击退。

江忠源见敌军攻城急切，认为城内外官军不能坐待援军，应该分头合围敌军。他于第二天进城与城内守军将领商议此事。太平军恰在此日出动一千多人，从栖霞寺一带过东门渡河，从花园里绕过李家岭，向秦定三部和楚勇扑来。另有几百名太平军埋伏在五通庙后面。秦定三和刘长佑从猫耳山分两路迎战，秦定三一通炮击之后，刘长佑和开隆阿率部从两边包抄，部队呐喊冲锋，将太平军逼退。两路官军追到城南的大花桥，太平军纷纷坠入桃花江，淹毙不少。

秦定三担心敌军隔河埋伏，和刘长佑一起喝令部队站住，撤退到猫耳山后背，等待敌军反攻。不一会儿，太平军果然从花园里、杨家碑和菜园分头袭来，每股几百人。楚勇和潮勇迎击菜园之敌，博白勇迎击花园里之敌，开隆阿迎击杨家碑之敌。三路官军一齐杀出，再次击败太平军。官军又追到花桥河岸，迫使敌人跳河。开隆阿和刘长佑烧毁附近的敌营，余万清派兵过河接应，官军各自返回营垒。

第二天，太平军出动几千人，从栖霞寺一带攻扑官军营地。秦定三和江忠源商议，仍然从猫耳山分路出兵。太平军从福隆墟桥冲来，官军在各个小山头预伏抬炮，令博白勇出击诱敌。太平军一员大将手执大黄旗拼死冲来，部队成一字排开冲锋。官军迎头阻击，两边伏炮齐发，太平军招架不住，纷纷败走，但执旗大将挺立不动，两旁围绕数十名护卫。秦定三令部队抛掷火弹，太平军大将方才在护卫簇拥下后退。

秦定三一声令下，开隆阿和江忠源各带部队分路尾追，三面围杀，太平军纷纷倒地，官军俘虏几十人，太平军扑水过河淹毙者几十人。官军随即将杨家碑和菜园一带敌营烧毁。

这边的捷报传开，银沅和万明魁备受鼓舞，带领福勇和荔安勇从陆路攻击下关敌营，张钊的小船队分兵从水路协攻，邀约秦定三的湖南兵接应。太平军的十多艘船只停泊在斗鸡山西岸，张钊的船队驶到，开炮轰击，击破敌船。太平军败走后，张钊遥见两名敌将骑马飞驰在文昌门外雷祖庙一带，调出几十面黄旗，从斗鸡山下抄来。张钊令艇船顺流驶下斗鸡潭东岸，开炮轰击，相持约有两时。忽见敌后岸上火起，料系陆地官军接应，太平军果然仓皇撤走。

由于楚勇的参与，城外官军不再消极待援，而是主动出击，搅乱太平军的围局。太平军穷于应付来自城外的攻击，对桂林的围攻已经无望。四月一日，城内外炮声不断，太平军制造攻城的假象，积极准备撤围北上。夜晚二更后，他们从象鼻山向城内发射火箭，又在文昌门和西门外连续开炮轰城。四更时分，五里墟圈门脚忽起火光，向荣与邹鸣鹤上城查看，发现敌军已经撤走。

分裂的指挥系统

太平军从桂林撤围，意欲向何处进军？用官军的术语来说，就是“逃”向何方，“窜”到何处？向荣接到哨探的报告，太平军撤退时分两路行走。一走东路斗鸡山驾艇过河，焚烧欧家村，向江东背后而去；一经西路的庙头墟、黄塘而去。向荣一时傻眼，摸不清敌军走向。庙头墟路通义宁，那是一座无兵驻守的小县城，太平军很可能从此路迅速开抵龙胜，前往湖南武冈、新宁等地。江东一线可北走兴安，东走平乐、富县与贺县，从兴安可通湖南，从贺县可通广东，也可南下阳朔。这么多道路需要派兵拦截，官军主力究竟派往哪一路？

秦定三和江忠源驻扎城东，自然要追击漓江以东的敌军。向荣与邹鸣鹤还要留兵防守省城。其余官军，只得分头追击。在这种情况下，要想拦头截住太平军，已是难上加难。

劳崇光在三月三十日抵达了桂林。张国梁的部队在四月二日晚间才随后赶到，被派往桂林的东南面堵截。张钊的炮船被派往平乐。李能臣的部队被派往龙胜一路。由于太平军机动性很强，官军这三路兵力都是无的放矢，却又不得不派。官军成了无头苍蝇，在桂林的周围瞎忙。

赛尚阿、向荣和邹鸣鹤紧急磋商，决定集结七千兵力，跟在秦定三的后面向东北一路追击。向荣本来打算自己率兵追赶，但是在此关头，北京的上谕到了。由于永安的失误，皇帝给予他革职留用的处分。这无异于给他当头浇了一盆凉水，把他本来就不多的积极性彻底浇灭了。于是赛尚阿决定，那七千人统归代理广西提督刘长清和余万清督带追击。

赛尚阿本人此前也在惶恐地等待着朝廷的处分。他感到万幸的是，皇帝没有一棍子将他打死，只是将他降四级留用。其实咸丰对向荣也很留情，朝廷实在没有更合适的人选来取代他，否则连他闹情绪的机会也不会给他留下。乌兰泰得到的处分是拔去花翎，但他已因伤重去世，赛尚阿已经将他为国捐躯的噩耗报给朝廷，因此，乌兰泰所得的这个处分很快就被皇帝改为加恩奖赏。这位已经魂归冥司的战将获得了轻车都尉世职。

不过，皇上给予赛钦差和向提督的轻度处分，是在朝廷尚不知太平军已从桂林撤走时决定的。对于赛尚阿和向荣而言，他们头上还是悬着一把惩罚的利剑。

向荣感到自己颜面无存，成了行尸走肉。他打算躲在桂林城里喝一喝闷酒。邹鸣鹤也舍不得把向荣放走，邀集几个有头面的士绅出面挽留，然后向朝廷奏报。他精心编造了一番说词：三月二十七日夜间的那次防御战，敌军动用吕公车攻城，城内形势十分危急，幸亏向荣登城指挥，从半夜两点战至早晨七点，才把省城保全下来。可是向荣劳累过度，下城之后就发作了胁痛，寒热交作，至今气喘不止。可怜向荣年龄已逾六旬，精神疲乏，无法骑马星驰追敌。城内绅民纷纷向邹鸣鹤吁请，都说多亏向军门兼程赴救桂林，百姓得获再生。现在贼匪虽然逃走，仍然担心奸谋百出，诈去复来，一定要向荣留城坐镇，民心才会安定。

向荣有了官民盛情挽留的借口，也有了留守省城的由头，再次做起了缩头乌龟。

太平军主力从桂林撤围以后，于四月一日直奔东北方向的海洋坪，从这里折向北面，于三天后进至兴安，进城后征集物资，焚烧房屋，然后出城驻扎。刘长清统兵追到兴安的岩关口，赶上了秦定三和江忠源，正好余万清和常禄也同时赶到。

几名大员会聚一起，统计兵力，总共七千多人。刘长清说："邹鸣鹤把向荣留在桂林，还留下一万多兵勇，真不知是怎么想的！如今逆贼都在我们前面，重兵留守桂林有个鸟用！桂林城下，官军二万多人都未能剿灭逆贼，现在我们只有七千多人，必得小心从事。"

江忠源不以为然："官军七千多人，与逆贼兵力相当，只要个个奋勇，也能将逆贼拖住。我等既有三路兵力，何不兵分三路，前后夹击？"秦定三极力赞成，其余大员意见不一，刘长清勉强同意了江忠源的意见。

于是当下商定：秦定三和江忠源打先锋，从西边小路进兵；余万清、李瑞、王锦绣从中路进兵；刘长清、常禄、虎嵩林率主力从东路大道进兵。探得敌军全部拔营，开抵兴安和全州交界处的唐家司，官军立即拔营跟追。

刘长清的东路部队于四月五日追到离唐家司五里的瓦子铺，太平军分出兵力，摇旗呐喊，蜂拥而来。刘长清只有招架之力，鏖战四个时辰，双方都无进展。

秦定三和江忠源从小路来到碎井头，距唐家司大约五里，一面扎营，一面拨兵防备敌军偷袭，并在山冲内的蛇岭设伏。太平军派出一千多人冲来。秦定三和江忠源将敌军诱至伏击地点，突起猛击，将敌军击退。冯云山认为阻截官军的兵力不够，令一半主力分水陆两路北上全州，另一半回到唐家司，在各个村庄要路部署兵力，修筑工事，与官军对峙。

由于官军并未发起有效的攻击，唐家司的太平军第二天拔营北上，抵达全州的界首。镇安司和凤凰嘴等处的湘江上已有太平军的船只游弋，同时有四五十艘船抵达全州江面。全州官军架炮在河面轰击，将敌船堵住。太平军的先头主力在全州对岸扎营，分批进入各个村庄征集物资。

刘长清不想与太平军主力交手，他这一路远远落在太平军后面，迎头拦击的计划全部落空。全州能否守住，全靠驻防部队防御。

四月七日，太平军后队已过觉山，前队已在围攻全州。刘长清停止前进，在觉山扎营。太平军后队在当天中午来到全州城下，控制了东门、南门、西门外的盘石脚和飞鸾桥，以及北门城外一带。他们安设大炮，昼夜轰击。

全州守军原本兵力单薄，幸好宝庆都司武昌显率领五百人增援广西，路过全州，奉令留下守城，城内才有了一支生力军。太平军杀来时，武昌显采取了一些防御措施，城外附近民房均已拆毁，与湖南交界的黄沙河也有少量驻防军开到城内协防。但是仓卒之间，守城器具无法齐备，尽管营兵和团练昼夜合力防守，仍然难以长久挡住太平军主力的攻势。

赛尚阿在同一天从阳朔进驻桂林。他一接到前方战报，顿时六神无主。全州是广西的北大门，紧连湖南边界，太平军只要跨过全州这道门槛，一抬脚就踏入了湘南地界。如果湖南防御稍有疏忽，局面就更难收拾了。他知道前线官军兵力太少，将他从阳朔带来的一千多人交给经文岱与巴图统带，令其立即拔营北上。又将在桂林驻防的四川贵州广西官兵二千多名交给副将明安泰管带，令其一同赶赴前线。他总共派出将近四千兵力，加上此前增派的潮勇三千人，总共有七千兵力陆续开拔。赛尚阿派和春为前线总指挥，劳崇光为副总指挥。

邹鸣鹤在桂林留下重兵，致使前线兵力不足，令赛尚阿大为恼火。他向皇帝奏报了邹巡抚风声鹤唳、胆小如鼠的怪状。城外已无敌军，他还下令紧闭城门，留下劲旅坐守。赛尚阿还听到反映：太平军从永安攻扑省城时，桂林城内慌乱已极，毫无布置，如果向荣迟到几个时辰，太平军就会一举攻进城内。赛尚阿对幕僚说："省城这样的要地，还要靠劲兵骁将驰救，才得保全，其他府县的防御措施肯定比省城更糟！全州就是一个例子，逆贼虽未攻入，但已将城外房屋烧毁，扬言将由水陆两路奔赴湖南永州。邹鸣鹤身为堂堂封疆大吏，不能筹顾大局，一心自卫，贪生怕死，叫人哭笑不得！”

他叫人把邹鸣鹤召来，申斥道：“邹大人，追剿必须添派得力之军。如今城防稽查自然不能松懈，但城门也该逐步开放了。城外的东勇和良勇，你不派去追敌，也要逐步裁撤。”

邹鸣鹤说：“中堂大人此言差矣。分布西门、南门、文昌门三处城上的一千五百名湖南兵最为得力，万不可少，未便调遣出外。城厢内外每天都查获了奸细，要防大股逆匪混入，城门断不敢轻开。城外兵勇现在只剩下二千多名东勇和二千多名良勇、香山勇，加上开隆阿所带的一千几百兵勇，此三营兵力不过六七千人，必得留护省城，等到将逆贼痛剿干净以后再行酌裁。”

赛尚阿知道邹巡抚无可理喻，懒得跟他理论，令他退下，回到书房，提笔缮折，弹劾邹鸣鹤。但是对于向荣的评价，他却颇费思量。此人久历戎行，赛尚阿仔细考察过他的才干和胆量，认定他确是可用之材。他的名头也不小，自到广西以来，战功最多，百姓称颂，舆论翕然。但他存在两个最大的问题，一是年事已高，驰驱日久，备极辛劳；二是用兵能胜而不能败，一经挫折，立刻推卸责任。赛尚阿跟他打了一年交道，鼓励的话讲了一箩筐，这次带兵驰救省城，他还能倍道星驰，精神奋发。到桂林一月，力筹防御，城中士民感戴更深。但赛尚阿一提要他率兵追击太平军，他就自称年老多病，多方推卸。赛尚阿前往探望时，见他其实并无病容。赛尚阿表达了深切的慰问，他仍然无动于衷。跟这种孩子脾气的老将打交道，赛尚阿真是不得要领。他只得如实向皇上反映情况，借以说明他目前面临的内困。

天象与国情

赛尚阿向皇上强调客观困难，希望皇上能够体谅他的苦衷。可是咸丰自二月份接到太平军突出永安的奏报以后，对这位钦差大臣便失去了信心。他将焦亮押送北京，向皇上献俘邀功，咸丰夸他此事办得漂亮，其实心里十分清楚，这又是敷衍塞责之举。

不仅是赛尚阿，邹鸣鹤也没让咸丰省心。皇帝刚接到太平军攻打桂林的奏报时，就对邹鸣鹤生了疑心。他对祁俊藻说：“邹鸣鹤上任广西巡抚时，就以办团练为己任。现在会匪窜到省城，六塘、九塘一带，官军却毫无守御！他前奏省城团练乡勇五万人，看来也是吹牛。叫赛尚阿会同徐广缙密查，看看这个邹鸣鹤有没有夸大粉饰、遇事张皇的行为，倘有此事，马上据实参奏！”

咸丰来回踱步，接下来又说：“听说赛尚阿病了，精神不佳，朕更加忧心。令徐广缙遴选精兵，驰驿前赴广西，会同赛尚阿筹办军务。如果徐广缙行抵广西，赛尚阿病势难支，即将钦差大臣关防接领。邹鸣鹤举行团练，未有成效，经理粮饷，是否核实，也叫徐广缙留心查一查。”

咸丰正在为广西的班子不得力而发愁，那个戳穿赛尚阿献俘谎言的给事中陈坛又上了一道危言耸听的奏疏，令咸丰更是对用人问题忧心如焚。陈坛上次奏劾赛尚阿虽然没有得到皇上的表扬，但他显然从曾国藩向皇帝大胆进言那件事中得到了鼓励，于三月二十九日谏劝皇上对全国出现的衰颓之势公开做出自我批评。他给皇帝指出的毛病是：被臣子们一次又一次地欺瞒，任人不当，多次撤换广西前线的将帅，未能妥善地指挥这场战争。他希望皇上从军营和平民中破格奖拔人才，鼓励对手当中的胁从者弃暗投明，对于杀敌自效的人给予奖赏。

陈坛借天象来说明国势已经岌岌可危。他说，从去年以来，天象多次呈现诡异，而人事也多次出现不幸。最可怕的天象在去年二月上旬出现，太阳连日呈现橘红色，淡而无光。今年二月十七日九点，太阳旁边有黑子迸发，一个时辰后才停息。而这一天，正是洪军从永安州突围之时。广西全省如今已经乱成一片，湖南也有会党与广西逆匪勾结。江南的丰工决口尚未堵合，几十万民工游手无食，直隶、江苏、山东、河南都可能发生骚乱。江苏的水手被官府逼勒遣散，沿河一带也可能发生动乱。天灾人祸，都是上天在警告和开导圣人。若想克服灾难而获得民心，必须从皇上做起，面对灾难要有恐惧之心，更加勤劳发奋。

对于如此露骨的批评、指责和规劝，咸丰再次表现了他的容忍。陈坛的批评加深了咸丰的反思，或者说启发他重点思考自己在几个关键问题上的失策。年轻的天子在静夜中思考：朕究竟哪些地方做得不好呢？

第一是用人。咸丰反躬自省，广西将帅的更迭确实过于频繁，可是这能怪朕吗？林则徐没到战场就去世了，难道朕不该换人？张必禄和李星沅带病前往广西，刚到前线便已离世，难道朕也不该换人？这个陈坛，肯定是话中有话。想来想去，他的不满，一定是在林则徐和李星沅去世后，朕没有继续起用汉人重臣，而是把战场主导权交给了满人赛尚阿，同时向前线将帅中掺沙子，派出了达洪阿、巴清德等无能的满人统兵大员。唉，赛尚阿真是不争气啊。看来朕还得破除成见，不分满汉，大力提拔贤才。

第二是军队体制。几个月前，在官军包围永安时，咸丰看到赛尚阿大包大揽的奏疏，一度以为大功即将告成，要求预先考虑如何裁撤编制外的非常规部队——各地参战的练勇（现代的说法为民兵或国民自卫队）。他以前总以为勇队比不上常设的正规军，即旗营和绿营。现在他意识到自己的成见需要更新。来自广西的奏报多次提到潮勇、提勇和楚勇等部队在前线发挥的作用，也许这些奏报出于偏见，还没有公正而充分地上报他们的战功。这些勇队跨省作战，总是冲锋在前，勇猛大胜官军，有时竟成为战场上的中流砥柱。看来大力发展民兵，已是大势所趋，应该号召全国绅民大办团练，要在作战部队中掺入更多的勇队，才能保证剿匪的胜利。

第三是招降纳叛。咸丰从战争一开始就对劳崇光针对造反武装的策反活动不以为然。在官军包围永安时，他再次要求赛尚阿警惕那些从逆匪中反水的将领。现在看来，无论是张国梁还是张钊，都已成为广西前线朝廷一方的得力军官。劳崇光用瓦解敌军的手法，消除了很多地方的匪患。咸丰发现起用此人来主持广西军政事务，会比郑祖琛、周天爵、邹鸣鹤这些人强得多。

咸丰想清楚了这几个问题，对于陈坛的奏疏批示道：陈坛所奏，有利于君主改正缺点，正合朕的心意。朕肩负着先皇交托的重任，要维护列圣艰难开创的大业，让全国百姓生活安宁。朕自登极二载以来，每天都以敬天爱民为念，兢兢业业，夙夜不遑，怎敢稍有骄傲自满，以致萌生偷闲的念头！朕一心指望中央大臣和地方官员痛改前非，共图大业。可是许多人仍然改不掉腐败的作风，法令废弛，治民无术，以致盗贼横行，不得不动用兵力。

自从去年广西剿匪不力，朕调兵剿办，各地盗匪渐次解散扑灭，唯独金田会匪尤为狡诈凶悍，大兵多次进攻，相持日久，仍然被他们突围而出，甚至挫师折将，导致省城戒严。前次会匪攻陷永安，合城文武殉难捐躯。贼匪突出以后，永安州城及莫家村、水窦各处，只留下几个盲人和病人，城内居民，有的被他们强行裹胁而去，有的因为不甘心从逆而被他们屠杀。现在会匪又窜扰桂林城外及附近村墟，想必居民又会遭到逆贼蹂躏，伤心惨目，不言可知。赤子何辜，惨遭锋镝，想到这里，朕真是寝食难安啊！

反省前任封疆大吏，个个粉饰太平，腐败无能，深堪痛恨！然而劳师糜饷，连一些跳梁小丑都未能迅速荡平，都是我这个皇帝的罪过。江南河道丰工漫口，至今尚未堵合，灾民无家可归，四处游荡，更为可怜。朕自以为德量微薄，所以忧勤宵旰，内心的苦衷，本来很难令人理解，也不愿天下人知道。只有反省自己的过错，对自己倍加苛责。

广西军务，赛尚阿未能迅速奏功，朕多次给予薄惩，望他力图补救，将功补过。该大臣如能火速会合官军攻剿，不难复振军威，灭此群丑。如果还是旷日无功，朕又岂能宽宥！现在再次申谕赛尚阿及带兵大员，务必激发天良，不要复蹈故辙。国法俱在，不要以为朕不忍心执法！

广西的广大绅士居民，在水深火热之中举办团练，各卫身家，朕对他们十分挂念。如今会匪奔窜不定，望你们能够同心一致，敌忾同仇。如果有人被妖贼煽惑，或身陷逆贼之中，还能革心悔悟，自拔来归，朕不但准许你们自新，而且会妥为抚恤。有能杀贼自效者，更当加以奖赏。广东、湖南与广西交界，朕已多次谕令该两省督抚通令各地实力防堵，仍当号召士民团练乡民，并要加意抚慰，切不可驱良为匪，辜负朕除害安民的至意。

咸丰在做出自我批评的高姿态时，还特别指出，希望劳崇光能拿出出奇制胜的办法。对于向荣，则希望他能振奋精神。太平军尚未从桂林撤围之前，咸丰就预料到邹鸣鹤一心依靠向荣，而向荣又乐得坐镇桂林城。可是向荣做了什么呢？敌军来了，不能将敌军击退；敌军跑了，又怕他们卷土重来，一味困守待援，对桂林城外的战事一概都不过问。

咸丰和赛尚阿一样，很难理解向荣的情绪为何大起大落。朝廷待向荣不薄，难道他没有一点天良？如今他找借口株守省城，坐失事机，逆匪眼看就要打进湖南，他怎能撒手不管？桂林被围时，湖南的镇将立即带兵赴援，现在贼匪兵临楚界，广西岂可袖手旁观？如今桂林已经解围，还有巡抚坐镇，贼匪北上，追剿最为吃紧，向荣还待在省城干什么？如此重要的大将，坐在城里吃闲饭吗？唉，开隆阿也患了风湿病，右臂麻木，无法领军追击。看来还得叫赛尚阿给向荣加压，哪里最为紧要，就叫他带兵去哪里！

向荣的转变也许还需要一个过程，但是战事不待人，咸丰不得不做出应急的人事安排。邹鸣鹤顶风违旨，引火烧身，咸丰下诏将他革职，由劳崇光补任广西巡抚。前方总司令和春必须提高级别，才能号令全军，咸丰给他加赏提督官衔，令他和劳崇光一起统领各军。

咸丰一直希望加强广西的领导力量，甚至有心派一个能人取代赛尚阿。他下了一道谕旨，令徐广缙前往广西，就有这层意思。可是徐广缙还想等一等，不想过早介入广西的乱局，请求暂留广东剿灭罗镜的凌十八股匪，再去广西收拾残局。

生死相隔的渡口

赛尚阿所献的俘虏，化名洪大全的焦亮，在三月份就被押到了京城，四月份进入审案程序。军机大臣和刑部在四月二十六日会奏，维持了赛尚阿呈报的审案结论。

焦亮自称洪大全，承认曾经跟随太平军占据城池，抗杀官兵。为了保护家人，他供认的原籍是广东南海县。他还为自己编造了一份履历。下面是他的陈述。

本人幼年跟随胞叔洪云秀在湖南衡阳县读书，不久剃发为僧，阅读兵书，潜蓄异志。咸丰元年二月间，本人前往广东一带流浪，遇见洪秀全的党羽胡以晃。胡以晃将本人引到军营，与洪秀全见面，彼此投契，结拜兄弟。

焦亮把洪秀全的党羽开列了一个名单，除冯云山、韦昌辉、萧朝贵、杨秀清、石达开几位王爷以外，还有秦日昌、赖汉英、曾四、朱锡琨、曾玉秀、罗大纲和胡以晃等重要骨干。焦亮承认，他借着天地会名目，召集会众，到处抢掠财物，屡次与官军交手，都是他的主谋。他还亲自领兵与官军作战三次。

焦亮接着说：洪秀全自称太平王以后，封本人为天德王，冯云山也受了封号。闰八月一日，本人与同党韦昌辉等人攻破永安州城，与官军抗拒，后因四路接济不通，官兵围攻甚急，决定逃跑。洪秀全集结了大约一万二千人，带上随军家属四五万人，本年二月十六日烧毁民房，乘便冲出，韦昌辉等人护卫洪秀全，带领五千多人，与本人一并逃走。闰八月十八日，本人走到郁丛山，被金玉贵的部队追及，束手就擒。

会审官员根据焦亮的口供，判决如下：

查洪大全投入洪秀全贼营，代为主谋，抗拒官兵，攻破永安州城，复受伪封，实属罪大恶极，合依谋反大逆不分首从凌迟处死律，凌迟处死，枭首示众。

咸丰批复：

洪大全着即凌迟处死枭示，派刑部左侍郎书元、署右侍郎陆应穀前往监视行刑。

咸丰如此处理洪大全一案，意思很明显，是想给宠臣赛尚阿留一点面子，最后给他一次立功赎罪的机会。既然赛尚阿在广西抓到了一个钦命重犯，并且由军机处和刑部做了最后的鉴定，那么赛尚阿在广西也并非毫无作为，接下来就看他能不能指挥官军把洪秀全逆匪消灭在广西与湖南交界的地区了。

但是赛尚阿身在桂林，对粤湘交界处的战事已经失控。刘长清的官军主力迟迟不敢北进，太平军得以从容地攻打全州。萧朝贵率领勇悍的部队逼到城下，城墙上的枪炮射不到死角。太平军分兵扼守城西盘石脚的羊肠小道，刘长清也不敢进兵。守军指挥武昌显下令将松胶熬熔，浇沥在糠上，凝结为饼，点燃之后，从城上掷下去，杀死大批太平军。

江忠源不怕死，率楚勇赶到全州城外，但兵力太薄，被太平军阻隔，无法进城。每当太平军发起攻击，江忠源便率楚勇在旁侧鼓噪骚扰，牵制太平军的兵力，使太平军无法集中全力仰攻城墙。冯云山设计对付江忠源，令部队将湿柴烧燃，散布股股浓烟，烟雾和火焰阻挡了楚勇的视线，咫尺莫辨，战斗力大减。

赛尚阿派往全州的援兵也不敢冒进，都在十多里外扎营，或者找借口离开。

江忠源建议官军扼要部署，防止敌军四出，没有将领响应。

萧朝贵趁此机会加紧攻城。他对部众说：“加紧挖掘地道，一定要攻下全州，为死难的弟兄们报仇！”

地道挖好了，太平军填放火药，于四月十六日上午九点引爆地雷，炸裂城墙。太平军一拥而入。守军知大势已去,乘乱逃出。太平军满怀愤恨,在全州屠城发泄。

江忠源孤军驻扎城外，湖南已经在望，战火很快就要烧到他的家乡，他和他的楚勇都不免紧张起来。太平军将走哪条道路进入湖南境内，是江忠源十分关心的问题。新宁是他的家乡，他觉得自己有责任替新宁父老挡住造反军队，于是率部扼守富塘埔的桥头，阻截太平军进军新宁之路。但他又担心太平军乘着湘江涨水，抢夺船只，顺流向北进军，攻打省城长沙。

哨探的报告证实了江忠源的推测。太平军无法越过富塘埔，便征用了几百艘民船，将老幼妇女和辎重金帛全部载在船上，准备顺湘江水陆并进，北攻长沙。

江忠源和刘长佑走到江边，把江忠济和江忠淑找来商议。江忠源说：“大雨连日，江水暴涨，逆贼若顺流而下，三四天就可到长沙。为了拖延他们的行程，我们应在两岸伏击。”

刘长佑道：“伏击地点选在哪里？蓑衣渡如何？”

江忠淑问道：“蓑衣渡在哪里？”

“此处向北十里便是。”江忠源答道,“印渠所见极是,那里江面狭窄,水流湍急。两岸重峦叠嶂，树木参天，地势险要。下游三里有个弯道，我们就地取材，砍伐树木，在江中密钉排桩，构筑木堰，堵塞江道，就能拦截逆贼的船只。”

四人计议已定,决计火速控制蓑衣渡,在湘江西岸连营驻扎,阻扼太平军北上。

楚勇开到蓑衣渡后，刘长佑一挥马鞭，指着对岸说：“我军兵力不够，只能在西岸埋伏。若得一支劲旅埋伏在东岸，逆贼插翅难逃！”

江忠源道：“我立即给和镇台写信，请他调兵赶来东岸。如果他能照办，或能大功告成。不过据我的经验，和镇台刚刚奉到统兵的命令，别人买不买账，还很难说。那些贪生怕死的军爷，恐怕连他也调动不了。”江忠源说罢，摇头叹息。

刘长佑说：“既是如此，我派些人到对岸插上军旗，布置疑兵，虚张声势，迷惑逆贼，至少也能让他们恐慌一阵。”

江忠源派出信使，快马加鞭，给和春送信，请他调兵在湘江东岸阻击。

为了进一步迷惑对手，江忠源自领几百人攻击太平军的营垒，遭到顽强抵抗。江忠源策马当先，楚勇齐进，迫使太平军撤到水上。

太平军果然于四月十七日分水陆两路顺流而下，六七千人沿湘江西岸推进。二百多艘船载着辎重和妇女，在军士护卫下驶到蓑衣渡，被木桩拦住，挤作一团。

江忠源一声令下，楚勇枪炮火箭齐射，江上火起，岸上也乱作一团。但太平军兵力众多，前仆后继。

太平军前线总指挥是南王冯云山，他连忙调派精锐部队保护船队，仓促应战。部署停当后，对楚勇发起轮番攻击。江忠源与冯云山从凌晨拼到下午，鏖战七个时辰，毙敌无数。太平军放弃了向北的攻势。

太平军在蓑衣渡损失了几千人，尸体沿江漂下，直达湘潭和长沙，惨不忍睹。最令洪秀全痛心的是，冯云山中炮重伤，后来不治而亡。太平天国在战场上失去了号称七千岁的王爷，船只也被楚勇焚烧殆尽。

江忠源一战得手，又派快马给和春报信，请他火速率主力在湘江东岸连营，以防太平军从东岸逃走。和春由于指挥不动各部，迟疑未决，错失了战机。

太平军被江忠源打得心寒，不敢再从西岸进兵，全部撤出全州城，趁夜夺船东渡，以重兵掩护老幼妇女登上东岸，辎重船只一概抛弃。楚勇人数不多，又十分疲累，江忠源不敢挥军涉河追击。此时和春已经赶到，令部队用劈山炮轰击河流钉塞处，又派小分队潜到江中，烧毁敌船二只。

四月十九日黎明，和春尽力指挥官军分路攻击。太平军又抢来了船只，将二百多艘船停泊在蓑衣渡江心，如同营垒。两岸安设大炮，开炮轰击，阻止官军过江。楚勇鏖战一昼夜，又夺获敌船一百多艘。和春亲率部队四路攻击，太平军拼死阻击几个时辰，精锐部队消耗殆尽。这时候，尽管和春没有部署兵力在江东拦截，如果有一支湖南官军在边界防堵，前后夹攻，仍然有可能把太平军聚歼在全州附近。然而湘江东岸完全没有官军的影子，太平军从东岸走小路翻越山岭，向东北方行进四五十里，当天就进了湖南，朝永州方向行进。

蓑衣渡伏击战虽然未能将太平军全歼，却是官军抗击太平军以来取得的最大胜仗。江忠源的名字因此传遍大江南北。王闿运在《湘军志》中写道：

蓑衣渡一战，为保全湖南首功。

这次战役为咸丰同治年间的内战留下了深远的影响。就太平天国方面而言，冯云山在蓑衣渡负伤而亡，这个组织继损失焦亮之后，又失去了一位最可能令这场运动变得不可战胜的领袖人物。在他离开舞台之后，太平天国主张政治建国的理性派领袖只剩下韦昌辉和石达开，他们力量太小，无法对抗杨秀清和萧朝贵用以作为立国之本的不伦不类的宗教迷信。于是这场运动日益脱离广大国民，尤其无法得到知识阶层的理解和支持，甚至激起了普遍的反抗，直至走向失败。

就大清帝国而言，蓑衣渡战役是振聋发聩的一仗。在新墟和永安，那么多的朝廷大员，率领那么多官军，两度将太平军包围，却都让他们几乎是毫发无伤地逃走了。而江忠源率领一支小小的民兵部队，稳扎在蓑衣渡口，把乘胜前进的太平大军打得转向而逃，为官军在省会长沙部署防御赢得了大把的时间。咸丰及其重臣们从这次战斗中看到了征服太平军的新生力量，曾国藩、骆秉章、胡林翼、左宗棠等人则从新宁乡勇身上得到了莫大的启示。朝廷和湖南的有识之士，即将遵照江忠源开创的模式，克服现存体制中存在的致命弱点。

从蓑衣渡的失败中摆脱出来的太平军，于四月二十一日抵达距离永州三十里的水西桥，这是他们歇息的第一站。

根据江忠源的观察，太平军进入湖南以后，每天都有一千人投到洪秀全的旗下。湘南的会党群起响应，太平军的兵力迅速扩充。宿命论者洪秀全对于湖南的认识，此刻有些无所适从。湖南究竟是个什么样的省份？湖南人究竟是一群怎样的人？他在全州境内刚刚遭到湖南人的沉重打击，江忠源的楚勇是湖南乡勇的劲旅，官军总指挥和春手下也是湖南的官军，他们夺去了洪秀全亲密战友冯云山的性命，还击伤了他的妹夫萧朝贵，差一点把天国大军消灭在湘江之畔。可是，他刚刚踏上湘南大地，就发现洪大全所言不虚，这么多湖南人踊跃参军，使他的军力迅速复苏。潇湘大地和在此生息的居民，究竟是他的克星，还是他的救星？

第二天，洪秀全来到永州城外，在潇水西岸驻扎下来。他本来有可能攻下永州这个湘南重镇，但他的部队此刻处在一个三面环水的套子里。湘江从全州北流，进入湖南以后，折向东方，在永州以北与潇水交汇，于是潇湘二水罩住了太平军所在的区域。这支军队如果渡不过这两条江，就跳不出这个倒 U 形的水套。

洪秀全和杨秀清冒雨走到潇水江畔，看到潇水猛涨，水流甚急。他们的几十艘船载着战士驶向对岸，被官军击沉。永州城内，湖南提督鲍起豹及永州镇总兵孙应照在城头视察，指挥炮击。杨秀清看了一阵，说道：“若要强行渡河，须得多弄船来。”

洪秀全说：“天意不让我们渡河，天军只能南下，攻下道州，再作计议。”

太平军于四月二十三日向道州出发，当天抵达双牌。官军哨探从双牌奔入道州城，向代理知州王揆一禀报。王揆一连忙去参见余万清，恳求他迅速部署防御。

和春于第二天抵达永州，冒雨驻扎在城外河岸的山梁上。听说太平军已奔道州，当即拔营，跟踪追击。

空有城墙没有兵

道州是太平军在湖南攻打的第一座州城。这里坐镇防守的清臣是前任湖南提督余万清。他在桂林被围时，积极地率领湖南官军前往增援。太平军从桂林开往全州以后，赛尚阿令他返回湖南部署防守。由于永州已有现任提督鲍起豹坐镇，余万清决定担负道州的防务。就在洪秀全抵达永州水西桥的那天，余万清在夜间带领二百名营兵进驻道州城。他的兵力与千总唐得升带来的兵力相加，总计才有三百多名，若要对付太平大军，简直不堪一击。而且余万清并未采取积极的防御措施，他没有料到太平军会舍永州不攻，径直向道州扑来，现在他将要独自面对太平军的军锋。

四月二十五日上午九点，太平军开抵庄水塘，离道州城只有四十多里。消息传到城内，余万清慌了手脚，派人通知王揆一：逆贼向道州窜来，匪数众多。为保州城无虞，他要带兵出城，到城外十里处的蛇皮渡堵截敌军，城防就交给知州办理了。

王揆一听说余万清要溜，大惊失色，连忙赶到军营，将他拦住，陪着他登上城墙，巡查四门。王揆一边走边说："余大人，敌众我寡，不宜分兵。何况守城事大，我等岂可弃城不守？还望余大人留在城内部署防御，卑职当竭力襄助。"

余万清还是坚持要出城。王揆一认为，余万清主动提出出城截击，其实是为了方便开溜，所以坚持要留下余万清。他在城上看得清清楚楚，太平军从西北一带向城门扑来。城墙的西北角本是游击瞿我谦的防区，当时只有刚刚调来的千总唐得升在岗。王揆一叫唐得升乘势出击，一面去追余万清，请他指挥防御。可是，王揆一赶到西门时，守门卫兵报告："余大人已经出城。"

"部队呢？"

"回大人，防兵都被余大人带走了。"

正说话间，几名太平军冲来，王揆一指挥随从上前抵挡，被打伤左手腕。王揆一躲过太平军，当即出城，打算将余万清追回。城内文武官员都走了，毫无抵抗，太平军从容进入城内。王揆一在城外又愧又愤，跳入潇水之中，却被百姓发现，将他捞救起来。王揆一清醒后，又要自刎，也被绅民将刀夺弃，大家向他保证："我等一定组织义勇，为官府收复城池。"王揆一才同意苟活下来。

唐得升本来驻防道州境内的蒋家岭，接到余万清的命令回防州城。他进城不久，就见到太平军杀入，连忙率部迎敌，但寡不敌众，腿上和手臂都被矛刺伤，又被太平军击到城外的壕沟内，也被百姓扶救出来。

太平军占据道州已成定局，在水南门修筑营垒一座，洪秀全等首领都住在其中。斧子岭、洪家村、何家村、柑溪铺、百岭头各处要隘，都有部队驻防。

官军迅速在道州城外集结。和春与劳崇光任总指挥，还有常禄、秦定三、李瑞、经文岱、王锦绣五位总兵，以及副将邓绍良、参将德亮，统领湖北、湖南、云南、贵州、广东官兵，加上江忠源的楚勇和张国梁的捷勇，总兵力为一万五千多人，先后开进湖南，鲍起豹也委派游击傅振邦带兵六百名来到道州。劳崇光驻扎永州，与赛尚阿联络筹商。

五月五日晚，官军搭建好了浮桥，开始渡河。和春将部队分为中、后、左、右四路，一齐推进，令后路的四川兵在何家村山后埋伏，作为预备队。五月六日凌晨五点，各部一同抵达五里亭，逼近敌营。勇队照例打前锋，楚勇和捷勇用枪炮射击，诱敌出营。

大约半个时辰后，太平军分三路扑来，每路约二千多人，攻势极为凶猛。常禄等人分带部队迎击。双方枪炮对射，激战几个时辰。官军随后向前推进，岭右突然冲出太平军伏兵二三百人，拦腰阻击。后路官军赶上，将伏击的敌军击退。太平军绕到岭后撤走。

和春于五月七日召开军事会议，要求各位总兵率部扼要筑营，并添搭浮桥，增加进攻通道。江忠源列席会议，说道："和军门，逆贼在城外加筑土城，竖立木栅，并在进城隘口设卡，似乎要死守道州，暂无突围之意。我军正可趁此时机，调动所有兵力将此城围死，将逆贼一举歼灭。道州四面江河环绕，城中粮食甚少，只要我军严密包围，可期逆贼不战自毙。再也不能像永安那样，搞什么围师缺隅，致使逆贼逃脱！"

和春说："本镇体察皇上圣意，何尝不想在此一举歼灭逆贼，但如今兵力有限，恐难合围。我军兵力仅能扼守东面和北面，西面之路通往广西的全州、灌阳，南面之路可通本省的永明和江华，靠刘总兵的部队，难期得力。南面的水南有路东通宁远，尤为紧要。邓副将所带镇筸兵八百名，加上江兄的楚勇和张国梁的捷勇，共得二千多人，如果再添兵二千，在水南驻扎，或许能堵住这个要隘。而宁远县城还要添兵防守。我已咨请程制军酌拨兵勇二三千名从宁远前来帮同你们，分扎宁远及水南二处。如此部署，逆贼或难突出，再切断逆贼的供给，也许还有些胜算吧。"

官军计议已定，连日更番进攻，诱敌出战，但太平军不予理睬。

太平军打进湖南，烫手芋头落到了程矞采手中。这位湖广总督原本坐镇衡州，统筹湘南防御。太平军打到永州城外，他本该积极调配兵力，不料他闻讯即从衡州乘船北上长沙。衡州知府陶恩培极力请留，他也不肯留下。他说："逆贼军力太强，本部堂必须去长沙指挥防御。本部堂此去长沙，自会向皇上奏报，尔等不用多言！"

程矞采在太平军进入自己的辖区时，表现得惊慌失措，令湘南官员和百姓人心惶惶。余万清舍弃道州逃跑，也可能是受了总督大人的影响。

总督大人于四月二十八日行抵长沙，这时太平军已在道州站稳脚跟。骆秉章来到行辕参见总督。程矞采首先向他卖好："骆大人，去年赛中堂前往广西，路过湖南，跟随他的文武官员，对湖南州县的供应都不满意。赛中堂抵达广西以后，参劾湖南巡抚和布政使吏治废弛。皇上令本部堂查复，我是替你说了好话的。"

骆秉章忙道："制军大人一力维护，秉章心里明白。"

"长沙城防部署得怎样了？"

骆秉章回答："长沙城墙坍塌多处，草潮门已无门洞，城门无法关闭，城垛全无一座。去年秋天就打算修缮，丁学士认为一时很难筹款，竭力阻止。今年二月，我见形势一天比一天紧张，便带头捐银三百两，省城各司道纷纷捐款。又奏请借用公款二万两，动工修缮，请同年陈尧农担任总经理。如今草潮门已经竣工，其余各处，随拆随修。这几天，我正日夜到城墙上催工呢。"

程矞采清清嗓子，说道："长沙地势低矮，城墙必须加高，酌派官兵在城外扼要之处筑垒扎营，以壮声势。等到江西援兵开到，再行酌拨驻守，藉保无虞。还要团练壮勇，盘诘奸细，制造器械，添铸炮位。"

骆秉章正愁城防兵力不够，想借总督大人的春风增添兵力，连忙接口道："制军大人此来，正好可以增调兵力防守省城。我意先从湘西调来标兵四百名，练勇一百名，苗兵一千名，再向四川征调选备兵二千名。"

"行，我们联名发个咨文，请赛中堂选派几名有勇有谋的镇将来湖南，以供调遣。我等还须另派精兵几千名倍道赶赴衡州。"

程矞采在长沙待了六天。五月三日，一骑快马奔入长沙城内，报告道州失陷。程矞采得知永州无险，胆气升高几分，为了避免失职的罪名，星夜折回衡州。

咸丰得知太平军进入湖南之后，大为震怒，决定将赛尚阿交部议处，严令他迅速统带大军驰赴湖南，广西暂由向荣坐镇，由徐广缙前往桂林接替赛尚阿。咸丰又令刘长清将提督印派人送回桂林，由向荣接任提督。他号召湖南在籍官绅和士民一起团练乡勇，自固藩篱。为了加强湖南的领导力量，他令在家乡安化守制的前任湖北巡抚罗绕典迅速赶到长沙，帮同赛尚阿和程矞采指挥军事。赛尚阿未到湖南之前，由程矞采总管全局。

咸丰正在安排前线的人事，忽然收到道州失守的奏报，怒不可遏，对着军机大臣发泄对当事官员的怨气："湖南地方官员是怎么搞的？和春应在道州，为何道州突然失守？这帮人总是打乱仗，毫无章法！程矞采先回省城，又急忙奔回衡州，省城重地是否布置妥当了？和春现在哪里作战？程矞采、骆秉章咎无可辞，都要交部议处！余万清究竟跑到哪里去了？叫赛尚阿查明此人去向，据实参奏！"

太平军刚到湘南，咸丰便已感受到了他们对北京的威胁。湖北巡抚龚裕给他送来一份加急奏报：四月十八日，武昌揭获太平天国的两张告示，署名为"总理军机镇守湖北地方大司寇郭”，年号为“天德”。这个天国还没走出广西，却已任命了湖北的地方官，还发布了告人民书，他们的势力究竟有多大？咸丰感到气血直向头顶涌来。

更加可气的是，太平军离武昌还有几百上千里，就吓倒了湖北巡抚。龚裕向皇上告病辞职，说他连日筹商防务，昼夜焦虑，寝食难安，以致老病复发，目眩头晕，精神委顿。而他又不懂军事，勉强占着这个重要的位置，担心失误事机。

咸丰心想：父皇怎么提拔了这么一批窝囊废？平日里一个个冠冕堂皇，吃着朝廷俸禄，一遇战事就急于开溜。这样的官员，朕要统统撤换！他当即下令：龚裕交部严加议处，调常大淳任湖北巡抚。常大淳到任之前，一切防堵事宜，责成龚裕带罪筹办。为了进一步加强湖南的领导班子，他决定将年富力强的云南巡抚张亮基调任湖南巡抚，责成骆秉章在交卸之前不得懈怠，要与罗绕典积极会商湖南的防务。

咸丰急于知道罪臣余万清的下落，几天后有了他的消息。余万清自称带兵出城阻击太平军，谁也没有听说他在哪里打响了战斗。程矞采回到衡州后，余万清出现在他的行辕门前，坚决要见总督大人。程矞采命人放他进来，一见面就申斥道：“好个余万清！你临阵脱逃，还有脸来见本部堂？”

余万清跪下说道：“卑职糊涂，以为逆贼必在蛇皮渡一带，所以领兵去堵，没想到逆贼已杀入城内。”

程矞采说：“余大人，你驻扎道州防堵，道州城防就是你的专责。虽说你兵力单薄，也当固守城池。何况和镇军率大军在逆贼后面跟追，你只需坚守一两日，就可内外夹攻。你却自行带兵出城，致使官军错失战机。你前此来函，说要来衡州驻扎，防护长沙，本部堂因你舍近求远，已经驳回，现在你又说什么是想到蛇皮渡堵截，怎么又不是来衡州了？前言不搭后语，简直荒唐至极！”

程矞采没有原谅余万清，把应对道州失守负责的所有当事官员的情况奏报朝廷。咸丰下令将余万清、王揆一与瞿我谦全部革职拿问，而且一棍子打死，不准他们留营效力。程矞采和骆秉章保举了如此无用的官员，也交部分别议处。根据吏部建议，咸丰又将龚裕革职，责成他带罪筹办湖北防堵，赛尚阿则降四级留任。刘长清由于对全州援救不力，也被革职，责令带罪作战。

第十七章

湘乡练勇

> 曾国藩之前就有湘军。
>
> ——王闿运

湘乡勇团练的先驱

咸丰二年，太平军把战火烧进了湖南。这个省份的读书人面临着重要的抉择。第一个选择是要不要参与这场战争；如果选择了投笔从戎，那么在两个对立的阵营之间，选择哪一方去加盟？湖南的书生们开始躁动不安。多数人在积极地思考，不少人开始行动。

李续宾，曾经参加过镇压李沅发造反的湘乡人，此时活跃起来。

这时的李续宾，尽管小有战功，但还不是名人。不过，他的出身是值得自豪的。他生长于湘乡的名门望族，先祖可以追溯到唐朝的郑孝王李亮。宋朝和明朝，李亮的后代都有人出仕为官。李续宾的曾祖父李本桂虽未做官，却是富甲一方，生性慷慨，借钱给别人，一百两银子以下不记账。祖父李百诗也很豪爽，助人为乐，唯恐不及，生平捐资修桥修路，建造庙宇，花去数百两银子；为人也是宽宏大量，别人得罪他，他从不计较。有人问他为何如此，他答道："我只是可怜对方的愚昧。"

父亲李登胜是一位书生，擅长近体诗，精通书法。家乡有座关帝庙，悬挂"浩气凌霄"的大匾，就是他的手笔。李登胜虽然只是中产阶级，却继承了父辈的传统，仍然乐善好施。他特别爱惜人才，经常召集文人墨客吟诗饮酒，看重有道安贫之士，也以教授门徒为乐，但不肯收取学费。

李续宾共有兄弟五人。长兄李续宦，候选从九品；二兄李续家，国学生，道光二十年乡试不中，绝进取意，隐退从商；三兄李续宽，因团练乡民有功，授主事分部补用；老四就是李续宾；还有一个老五李续宜。后生可畏，老四和老五，后来都成了著名的湘军大佬。

老四李续宾出生于嘉庆二十三年五月十八日，西历 1818 年 6 月 21 日。前面说过，他与刘长佑同庚，年长几个月。出生地点是湘乡县上里崇信四十三都岩溪里李第。这个地方，现为涟源市荷塘镇古楼村西山组。清末的湘乡是个大县，分上里、中里和下里，如今分属于双峰、湘乡、涟源和娄底四个行政区。弄清这一点对于分辨和考证湘军的源流十分重要，所以这里交代得比较仔细。

李续宾出生的前三天，李宅前面的温江井，井底忽然涌出一线红色的水流，喷出井口，顺流而下百丈，纹丝不乱。用水桶汲取一看，还是清水。这线红色的水流，直到李续宾出生后才停止喷涌。乡人都来观看这个奇景，无不称异。还有一件事情也很怪。李续宾出生在早晨六点，母亲萧夫人室内忽然出现一道异光。那时日出已有三刻，但平日却从未见过阳光如此明亮。李宅后面有片树林，此时聚集了鸟鹊千百，共同和鸣，节奏明快。种种迹象，都成了烘托这个男婴问世的吉兆。

李续宾出生后的表现果然有些不凡。周岁便能下地行走，在长辈看来，已有龙行虎步之概。四岁跟随三位兄长入学，诵读《孝经》及四子书，并学习写字。六岁学算术，读《毛诗》。七岁学《尚书》，辨别百谷蔬果种类。八岁学《周易》。在春秋佳日，跟随父亲游山，了解花木昆虫的名字。

李续宾十岁身高已超过四尺，在当时算得上很高的身材。和刘长佑一样，他生来就有超人的力气，这时已能挑起百斤重担。李登胜每天为他讲解治乱安危的来由，以及什么是忠奸邪正。

李续宾一生有四大特长，从十岁开始已经表现出第一种兴趣。他开始认真钻研地理，二兄李续家是个方舆学者，对他影响很大。

李登胜很注重培养孩子独立生活的能力。这一年他叫李续宾单独去县城缴纳农业税。老师李白适说："续宾年幼，让他独自远行，恐有不妥吧？"李登胜说："我觉得这孩子能行，就让他试试吧。"

一个十岁的孩子独自出门，往返一百六十里，身上带着钱，还要跟衙门里那些狡猾的职员打交道，很少人会有这样的经历。而李续宾偏偏办好了事情，没让衙门占他的便宜。他在县城结识了同年的王勋。两个孩子一见如故，热情订交，约定岁时往还，互证所学。李续宾结交的这个王勋，就是湘乡勇元老王珍的哥哥。五天之后，李续宾平安返家。李登胜大喜，听说他还交了个读书的小朋友，更是笑得合不拢嘴。

第二年九月，王勋果然过来看他，拜谒李家父母，住了两天才走。这一年李续宾开始发展自己的第二个兴趣：骑术和相马。李登胜家里养着两匹马，李续宾一边学习骑马，一边当起了伯乐。这个本领在他投入湘军之后起了极大的作用，胡林翼和曾国藩得到马匹，常常请他鉴定优劣。

李续宾爱好广泛，一边读书，一边掌握实用的技能。十四岁时，家里来了一个精于射箭的少年，跟他一起念书。此人名叫彭昌侃，李续宾跟他共砚四年，同时向他学习射箭，进步飞快。

这个好学的孩子从十五岁开始担起了家庭的重担。由于父亲多病，医药费用大增。加上好客乐施，家境每况愈下。李续宾的诸兄发奋经商，而他则专门操持家政，此后二十年未曾卸肩。除了照料父亲，还要料量米薪，养鱼养猪，莫不躬亲。只要闲下来，便温习功课，照着家藏的米芾字帖，右腕高悬，每天临写，手抄《尔雅》。

十六岁那年，李续宾将夫人谢邦铠娶回家中。其时一位兄嫂已经故去，其余三兄尚未娶妻，只有谢夫人先嫁到李家，家务事便全部落到她身上。后来兄弟分别娶妻，主事者仍是这位谢夫人。门庭之内，唯有肃敬之容、欢乐之声，不知有所谓倦怠傲慢之态、诟厉嬉笑之事。在李续宾的主持下，李家在住宅四周开荒，广植果木，种了几百棵茶树，还种了二十亩棉花。

李续宾十八岁去县城缴税，顺便看望王勋，登堂拜谒王勋父母。正好县令考录武童。王勋说："你精于射技，如今碰上了，何不参加考试，夺个冠军呢？"可是李续宾自命为读书人，将练武作为业余爱好，他回答说："我不想以此求名。"

第二年四月，王勋来看望李续宾，告诉他一个好消息："本县中里有个罗先生，一介寒儒，坚持在家乡讲学，人们都说他迂腐，读书人却对他钦佩不已。我们既已结拜兄弟，道义性情相孚，互通有无，共担患难，何不一起拜到罗先生门下呢？"

李续宾欣然同意。他们约好时间，一起去听罗泽南讲学。后来两人都因家事缠身，没有坚持下去。野史介绍李续宾认识罗泽南的经过，另有一种说法。他和弟弟李续宜年轻时卖布为业，每天守在铺子里，老是坐在一个角落里读书，端直不倚。罗泽南多次从布店前经过，对这个年轻人刮目相看，给他讲解求学的方法。李家兄弟便拜他为师，成为他的门生。

从道光十八年开始，李续宾遵照父命参与团练乡民的工作，成为家乡团练的常务干事。从这一年开始，他发展出了第三种兴趣：打猎。这种本领，对他后来的军旅生涯大有裨益。

父亲久病，激发了李续宾的第四种兴趣：学医。二十三岁那年，他把给父亲治病的大夫刘君岂留在家里，拜他为师，开始钻研歧黄之术。此后他经常为乡人治病，以开具古方为主，药味少而分量重。他经常对病人说："病到中期，就要休息了。"他从此打下医学基础，从军后既是将领又是军医，士卒有病，他往往亲自诊治。统兵八年，军中没有流行疾病，全靠这位兼职军医采取了积极的防疫措施。

道光二十二年（1842），洋人再次侵犯浙江，进逼江宁，大学士耆英以五口通商为条件与之讲和，李续宾大为忧虑。他在大庭广众中可以终日不发一言，但他心中牵挂着国家大事，只是不肯轻易说出口来。胡林翼说他言简意重，渊默雷声，可谓山不言高，海不言深。

李续宾看到了满清武力的衰败，隐隐感觉到天下将乱。他运用自己的第一种特长，开始摹绘地图，作为军事资料的储备。此后的十来年中，他共摹绘地图九百多张。这是一笔宝贵的兵学财富，在他从军后为部队作战带来了许多方便，连曾国藩都曾借用他的安徽省全图。

李续宾一边心忧天下，一边务农自给。父亲为人排难解纷，周济贫乏，加上近年捐款团练乡勇，家用更加困难。父亲在本乡的名望日益崇高，来访的客人与日俱增，开销越来越大。他把自家的田地卖掉一多半，号召子弟们仿效先儒的榜样，从事农业生产。他留下四十亩田用于自给，令李续宾兄弟分灶吃饭，每人发给三亩田，债务也要共同承担，让儿子辈经历艰苦。

道光二十五年（1845）秋天，庄稼将要成熟，天下大雨，禾尽萌芽，湘乡遇到大饥荒。李续宾和诸兄都要借钱到外地买谷子回家果腹。李续宾的次子李光久在饥荒中出生。李续宾这个儿子后来成为湘军名将，在对日作战中出了大力。

李续宾从此没有多少时间用于读书。他要操持家政，还要给长子李光大当家教。他和王勋都让弟弟就学于罗泽南，而他们自己则只能抽空去向罗泽南请教。

为了偿还债务，李续宾冬季种麦，比平常所种收获多了一倍。他与诸兄一起，把上年的借款全部偿还。这时湘乡附近的县份都有强盗为患，广西边界劫杀更加猖獗。李续宾号召邻里以练团自固，唯独他的家乡十分平安。但李续宾深忧天下将乱，加紧钻研军事，经常用巨幅纸张摹绘地图。乡人有共同经商而争夺财产者，李续宾将他们召到团练营房，为他们排解纠纷。他还通过狩猎活动习武，猎得许多獐麂雉兔。

道光二十八年（1848）二月，李续宾到县城纳税，顺便参加有司考试，居住在涟滨书院。杨载福因军事抵达县城，李续宾前去拜访，两人定交。

这一年李登胜六十寿辰，李家宅第贺客盈门，未来的湘军大帅们齐集一堂。罗泽南率其门人钟近衡、王勋、王珍、刘典、杨昌浚、康景晖来祝寿。前来贺寿的亲戚朋友还有萧启江、刘腾鸿、刘蓉等人。这些人都是当世俊才。这次罕见的群贤盛会产生了一部诗集，罗泽南作序，王珍书写。作者有刘腾鸿的父亲刘象观，以及谢琇、杨昌浚、康景晖、李登墀、李续禋、李杏春和钟近衡。聚会上还定下了李家的两桩婚事，刘蓉将女儿许给李光大，钟近衡将女儿许给李光久。

李续宾兄弟努力开源节流，诸兄经商每年都有收益，李续宾总管家政，竭力节用，清偿了所有的旧债。李登胜所卖出的四十亩田，地名叫鸠鸡塘，买主因负债非常窘迫，也想卖掉那块田，开价五百千，比买进时的价格略高。李续宾打算收复故业，征得父兄同意，双方已订立合约。

岁暮，李续宾徒步前往宝庆取款。李续家因商号生意萧条，拿不出钱给弟弟。二兄还说，鸠鸡塘的田产贫瘠寡产，每年收成不过三四十石，既然已经放弃，又何必收回呢？

李续宾说："农民懒惰，怎能责怪田地呢？"回家之后，他再次前往宝庆，只拿回一百千。李续宾素重信誉，闻名四乡，不愿违背合约，以免有失于义道。他为此事郁闷不乐，常常深夜独自悲叹。最后，他决定独力承担这份负担，私下向人贷款，借得三百千，然后卖掉自己所有的财产，凑足金额，支付了购田款。

道光二十九年（1849），李续宾在鸠鸡塘那片田里盖了住所，雇用三人，养了两头牛犊，亲自耕种，还蓄水养鱼，在荒地上遍种蔬果茶麻。他同时还要亲自教授两个儿子。田地离家三里许，李续宾隔一天看望一次父母，风雨无阻。夏天又发大水，李沅发在新宁造反，李续宾应邀组建乡勇，前往新宁作战（见本书第二章），一个多月后返家。

李家兄弟经过三年的努力，迎来了家道隆盛的局面。由于父母健在，他们都以分灶吃饭为耻，认为兄弟不能持有私财。李续宾征得父母同意，在道光三十年（1850）重新合灶。人多了，房子没有扩大，大哥李续宜迁到别处居住，财产却没有分开。

咸丰元年（1851），广西时时传来战争的警报，湖南人心惶惶，乡人恐惧，李续宾加紧举办团练，维护乡村社会的稳定。他开始撰写《孙子兵法易解》，用通俗的语言阐释古代的军事理论，供乡团的团长及乡民讲习。可惜这本书未能付梓。

正是在这一年三月，他去参加县试，受到知县朱孙贻赏识。四月间，他抵达长沙，建议官军使用火器对付造反武装。十月份，王勋来探视李续宾，商议练团一事。李续宾说："以正人心为主，以固人心为先。"他们商议的办法是，乡人每三口壮丁中抽出一人报名参加，团长登记他们的姓名、年龄和住址，每人发给一件武器，守望相助。有事鸣锣召集，无事则各执其业。作战结束后，父老公议，决定赏罚。花名册由团长保管。乡民所捐的费用，用于作战时开办伙食，购买刀矛炮火。湘乡上里的团练由李登胜倡导创办，而实际的操作则是李续宾抓起来的。

这一年，李续宾捐钱买了一个从九品的官衔，表明他愿意在官方事务中发挥更大的作用。

咸丰二年（1852）四月，太平军进占道州，朱孙贻来到茯苓桥办理公务，召见李续宾，说道："本县听说上里的团练办得有声有色，想看看你们的操练。"

"回禀朱大人，上里团练，只订下了团规及章程，其实并无常备部队。"

朱孙贻说："本县需要乡勇搜捕本地会党，你们要抓紧组建部队，克日出发。"

过了几天，朱孙贻给李续宾发了个红头文件，催促他率部上路。李续宾只得招募二百人起程。朱知县只下命令，并未拨款，李续宾只能从自家拿钱充做军饷。部队开到朱清渡，听到几声枪响，以为会党杀来了，乡勇跑掉一多半。有三人平日号称胆大有力，此时也仓皇逃回家中。李续宾苦笑几声，只得增募几十人，补充缺额。

这次逃跑事件算不上坏事，胆小的逃跑了，留下的都是硬汉。第一次招募的兵员中，仍然有不少留下来，其中就有六个人后来成为大佬级的湘军将领，他们是胡中和、周宽世、蒋益澧、萧庆衍、李登辟、李续焘；增募的兵员中，又有五位日后成名的湘军大佬，他们是周达武、朱品隆、胡裕发、刘神山、李存汉。其中的周达武是个蛮汉，贩运时与人争道，负气伤人，被捕下狱。李续宾把他从监狱里保释出来，带到军中，加以教训，于是成材。

另一个创始者

湘乡知县朱孙贻在咸丰二年（1852）四月急于调集乡勇，没想到喜从天降，本县一个二十七岁的年轻书生主动向他请战。此人名叫王珍。他给朱知县写了一封信，请求团练乡勇，抵御已经杀入湖南的太平军。他说，广西造反军势不可当，只有靠乡勇堵御，才能将他们挡在湖南。如果知县能交给他几千乡勇，他愿领着部队去湘南杀敌。

王珍的运气不错，湘乡县的父母官不仅是一个团练迷，而且眼光看得很远，决不满足于干好自己的本职工作。他跟这个年轻人兴趣相投，不但没有像多数昏官一样申斥他痴心妄想，反而鼓励他团练乡民。事有凑巧，恰在此时，骆秉章正在积极部署湖南防务，命令湘乡县招募乡勇。王珍得到消息，邀约一些同志来开会讨论。

王珍的同乡友人刘蓉正遭丧母之痛，王珍前去吊唁。哀悼之余，他颇为兴奋地说："朱县令奉了骆巡抚的命令，要招募一千多名乡勇，前往衡州防堵。他让我们借贷军饷，用于训练。"

有了官府的支持，王珍立刻进城，在县衙门口招募乡勇。可是县民过惯了太平日子，加之太平军还在千里之外，大家并没有感到战争的恐慌。王珍只是一介书生，却比武官还要卖力，四处动员，号召人们武装起来，准备打仗。大家都觉得这个年轻人有点像痴人说梦，要不就是疯子。王珍后来回忆说："当时那些聪明才智之士，没有一个不笑话王某！"

王珍是湘乡团练的先驱者之一。从上一年开始，他就未雨绸缪。咸丰元年八月，他到长沙参加乡试，得知太平军进攻永安，湖南官军正在加强边界防御，不安定因素四处萌发。湘乡东南与衡山交界之处，盗抢活动猖獗。王珍回家之后，中秋刚过，他便着手暗查会党首领的姓名，辅助官府捕治。从那时起，他就呼吁乡民团练保伍，每天奔走在各家各户，给乡邻讲解办团练的好处。

王珍的说服工作做得实在辛苦。那时太平军还在广西，湘乡人对团练二字完全陌生，乍一听王珍的提议，个个充耳不闻。王珍仗着一副好口才，一副热心肠，不计成败利钝，不顾祸福生死，两月之间，悉心开导，任劳任怨，才使湘乡绅士普遍明白了团练乡勇的重大意义。他欣喜地看到自己辛勤的努力终于有了结果，各乡办起了团练，县境之内的盗抢之风基本肃清。

这一次组建乡勇，是在官府的直接领导下，又是在县城进行，比上一年顺利多了，却仍然办得颇为棘手。部队初建，军粮和武器都是空白，关键是缺乏银子。官府无款可拨，财政来源全靠乡绅捐助。要想让乡绅掏腰包，又要跟他们磨嘴皮。有些乡绅甚至抗捐闹事。好在朱县令大力支持，召集乡绅开会，大声训话："粤贼已经窜入我省，本县团练乡民，保卫桑梓，是何等的好事，又是何等的重要！有些人家财万贯，却心疼一点小钱，舍不得出钱资助，与愚氓何异！总想苟且偷安，忘了巨祸即将临头。有病不肯吃药，害怕药苦，那是三岁小孩的懵懂无知！今后再有人抗捐闹事，本县要治他们妨碍公务之罪，处以重罚！"

朱孙贻为了团练大业顺利进展，不惜剥夺乡绅的言论自由，抓了几个胆敢非议团练的持不同政见者，给予轻度的惩处。他还代表官方下令设置保甲，要求练团练族，制定团练操习章程十二条。于是，湘乡的勇队得以顺利地组建。

王珍在组建乡勇部队的初始，采用江忠源倡导的原则：将领只用读书人，募勇只招朴实的山农，将散兵游勇、老兵油子和市井无赖一概拒于门外。这个原则的确立，为湘军日后的纪律性和战斗力提供了基本保障。

什么叫团练？按照王珍的解释，"团"，就是团拢一气，彼此相救，生死相顾；"练"，就是练兵器，练武艺，练阵法，尤其要练胆；而练胆必须练心。胆子有大有小，人心则可以统一到保全身家性命的认识上来。人人都想保全性命和财产，但是怎样才能自保？只有打击盗贼；而要打击盗贼，就必须操练。然而一个人的力量太小，而盗贼却是很多人聚在一起行动。百姓要想击败盗贼，唯有众人一致，同心共死，互相保护，才能自保。这就是团拢的意义。

王珍募集团丁时，征兵对象都是农民。邻里乡亲，怎么好意思要求大家签署合同，用法律来加以约束？王珍不得不耐心地向大家解释，部队是需要纪律约束的，必须办理正式的手续。经过反复解释，大家才勉强过了这道关。

接下来又有新的麻烦。乡下人没有见过世面，觉得湘勇的制服，也就是所谓的号衣，样式非常可笑。大家一见王珍拿出这种戏服般的玩意，哄笑不止。他们觉得，穿这种奇装异服太丢人了，扭扭捏捏像个临出嫁的大姑娘，死也不肯换上。

王珍有火无处发。都是抬头不见低头见的乡亲，骂不得打不得，还是只能慢慢教化。他拿起一件号补，亲自缝在布袍上，大大方方地亮相，又苦口婆心劝说一番，大家终于同意统一着装。

这些问题解决之后，王珍便开始制定营制和号令。他每天跟老师罗泽南一起组建队伍，叫友人和师兄弟们分头带领操练。

王罗二人有时也亲自训导。王珍训话时，团丁们高声喧哗，一齐涌来，根本不知进退行止。王珍只好一个一个手把手训练，教他们操练步伐和技击。教好了一个人，就令他口衔一颗算盘珠，领着他站到队列中。然后另叫一人过来，从头教起。全部教完之后，他穿上军服登台，陈说忠孝大义，声情慷慨，听讲者也渐为感奋。

王珍是一个天生的说客，罗泽南弟子众多，就数他思维敏捷，口才不俗。他声音洪亮，爱发议论，争论时总是盖过别人一头。他的这些优点，加上他办事凭着一股冲动，好胜心极强，任何困难都会迎刃而解。他在军训中充分发挥演讲才能，每次训练结束，都要声情并茂、慷慨激昂地讲一番礼义廉耻。经过他反复灌输，湘乡勇的思想觉悟大大提高。

江西人朱孙贻是个懂得官场规矩的官员，他希望大办团练的群众性运动能够得到总督大人的支持。程矞采从长沙返回衡州部署防御时，他在总督大人过境的地方恭候，得到了谒见的机会。他向总督讲述湘乡举办团练的办法，然后恭候上峰指示。

他没想到，总督大人给他劈头浇下一桶冷水。程矞采回答道："区区贼寇，自有官军扑灭，用不着你们杞人忧天，劳民伤财！"

显然，程总督不赞成湘乡这样远离战场的地方兴办团练。朱孙贻发现总督大人竟是一个书呆子，心中暗笑：大人，你迟早会因为防守不力被朝廷罢官！

总督不支持，朱孙贻照样大干快上。他打着确保一方平安的招牌，解决了筹款的问题。当地士绅踊跃出钱。湘乡勇很快就增加到二千多人。朱孙贻不想浪费大家的捐款，他让勇丁们亦民亦兵，平时在家种田，十天半月集中训练一个日次，有警时召集起来，参加统一行动。平时不发饷银，打仗时才发薪酬。

在朱孙贻的支持下，罗泽南李续宾和王珍组建了两营湘乡勇。接着，他们又到各乡各都挨家挨户选丁训练，作为保卫县城的武装力量。县城里成立了八个团，每个团都有一名团总，每团选取壮丁二百人，共一千六百人，分为八班，轮流执勤。

在朱孙贻、罗泽南、李续宾和王珍的努力下，湘乡掀起了团练的高潮。不久以后，各坊各都团练的乡勇，熟悉阵法和战技的人，增加到十多万人。刘蓉也是积极参与者之一，在他倡议下，湘乡勇制订了连坐法：一人胆怯后退，同伍都要担罪。每个勇丁都要亲自纸写笔载，指天发誓，表示愿意接受连坐法的制约。

看到训练出了成果，朱孙贻踌躇满志，选择吉日，下令杀牛宰猪，犒劳湘乡勇。县令亲自率领全县有声望的绅士视察会操。操演完毕以后，同庭集体开餐嚼饭，众人欢腾鼓舞。

湘乡首开大办团练的风气，湖南各地纷纷效仿，宝庆、浏阳、辰州和泸溪等县，也纷纷办起了团练。

当团练大见成效时，湘乡人得知太平军已经进据桂阳州和郴州，抄小路从醴陵向长沙奔袭。王珍与罗泽南闻警即动，率领乡勇驻扎在县城以北的马托铺。敌人的靠近令乡勇们闻到了硝烟的气息，士气空前高涨。

尚武的理想主义者

王珍是团练的积极实践者，也算得上一个研究民兵建设和兵法的理论家。但是，以他生前担任的最高官职而言，严格地说，他在湘军大佬中排不上座次。如果我辈后人不让他在湘军的史册上登堂入室，曾国藩他老人家也许不会有什么意见，但是许多已经作古的湘军将领，包括本书记述的一些大佬，还有若干煮酒论史的文人墨客，恐怕会在阴司里骚动起来，为他打抱不平。平心而论，这个人在湘军史上的地位实在是不可或缺的。王闿运曾断言：曾国藩之前就有湘军。这个论断，就是因为在某种意义上说，王珍才是湘军的真正创始人。

王珍的姓名，古书中都写作“王鑫”。鑫是珍的异体字，为了现代人便于辨认，还是写作“王珍”为好。

王珍家有兄弟三人，他是老二，生于道光五年（1825）正月十二日深夜。出生地点是湘乡县下里同风五都，现在叫做湘乡市梅桥镇荫山湾村。

王珍的成长历程，对于重视家教的中国人而言，是一个非常有说服力的正面证据。

这个孩子三岁未满，母亲贺夫人就教他读经书。贺夫人采取的似乎不是填鸭式的教育，据说这个三岁的学生不但能够背诵课文，还能领悟课文的意思。有记载说他“过目不忘”，记忆力超群。

孩子的资质这么好，父亲王宗麓非常珍惜，在他四岁时便送他入塾读书。老师就是他的叔叔王宗余。王珍的堂兄王人树一同入学，他对这位堂兄极为友爱，而且对堂兄的训导恭谨顺从。

王珍生长在一个恪守儒家道德的人家。祖父王璨是秀才，对于孝道的执行，在现代有些骇人听闻。他在母亲（王珍的祖母）去世后，竟然居住墓庐，守丧三年。他不仅对死者尽心守护，对活人也是笃质厚道，乐善好施，为乡里所钦重。

父亲王宗麓也有两大优点，其一是求学不倦，其二是道德超人。王珍从军以后，他经常谆谆告诫儿子，叫儿子打了胜仗不要骄傲，更要有好生之德。另一方面，又让儿子以国事为重，不要牵挂小家。

母亲贺夫人也是妇女模范，既然她从儿子幼年就着手抓教育，可见相夫教子很有一套。

传统道德模范的家教环境，培养出了令天下老年人都会羡慕的大孝子。五岁的王珍，已经对祖父祖母表现得极为恭敬，赢得长辈们的“奇爱”。这个孝子贤孙，简直是一帖良药，老人家有什么不舒服，孙儿一到，毛病就蒸发了，心情倏然舒朗。

道光十一年(1831)，省城长沙举行乡试，王珍的家乡有人中了举。父亲逗他说：“这个举人，你是否羡慕他？”

六岁的儿子答了一句话，令父亲大吃一惊：“能不能中举，很难强求，我的愿望是能够造福于天下！”

九岁那年，王珍的个性已经十分明显。私塾中的小同学们，到了黄昏，都会跑出去游戏，只有王珍独自留在教室里。这孩子在干什么？父亲不放心，悄悄走过去窥视。只见儿子手捧一卷朱子的《通鉴纲目》，诵览不辍。再看他的表情，时喜时忧，不时把书页折上一角，做个记号。

父亲还想探出个究竟，等到王珍出了教室，便去把他诵读的书籍检视一番。原来儿子看到面露喜色的那些地方，写的都是圣君贤相；令儿子忧形于色的篇幅，便是记载的奸邪僭乱。看来这个小小读书郎，已经确立了自己的价值观和辨别能力，能够“辨忠奸，识治乱”，只是和所有小孩一样，还没有学会掩饰自己的内心活动，所以“心所领会，动形于色”。

王珍十岁就能照顾父母了。双亲有疾，他便侍奉汤药。这个亲生“保姆”一定要等到父母痊愈，才去吃饭睡觉。

一次，母亲手上生疽，痛得钻心，可是，看了好几个医生，他们都说治不好。

王珍说："娘，我来替你治。"

他轻轻拿起母亲的手指，放进自己嘴里，把脓血吮吸出来，然后用舌头舔掉烂皮腐肉，清洗干净，敷药包裹。然而，王珍没有料到，他这番孝心带来了不可逆料的后果。不一会儿，母亲生病的手指间"血溅如箭"，晕厥过去。全家人手足无措。

王珍对天号啕大哭，请求老天把他收去，让母亲活转。这一次，孝心非常灵验，伤口马上止血了，过了几天，母亲安然无恙。这件事传出去，感动了所有的乡邻，大家都说："这个小孩的孝心了不得，能够感天动地啊！"

王珍十三岁就成了书呆子。这个呆，不是说他傻，而是说他整天危坐，读书不辍。脱下鞋子之后，就扔到几丈之外，不许自己再穿。他通过阅读圣贤书籍，更坚定了九岁就曾立下的宏远志向。他曾在壁上写下几句话：

置身万物之表，俯视一切，则理自明，气自壮，量自宏。凡死生祸福，皆所不计。

第二年，王珍的表现就有些狂放了，大有拯救万民于水火的气概，常常说些豪言壮语："人生一息尚存，即当以天下万世为念。"祖父王璨常常打击他，叫他不要好高骛远，要注重自我修炼。王珍听了，才有所收敛。

这个胸怀大志的孩子十七岁就独立谋生，在绅士杨寅亮家当塾师，同时开始著述，写了一部《四书通义》。他这个教书匠当得很划算，顺便娶了杨家女儿为妻。其间是否有一个自由恋爱的过程，不得而知。即便有，也是热恋即婚，当年冬天就把新娘接到了家里。

道光二十四年（1844），湘乡县发大水，淹没了王珍的住所，家里贫困升级。他坚持在家乡开馆教授儒家经典，制定《书塾学约八则》，向学生公布。他的教学方法，不拘泥于八股文章，而从做人的大处着眼，注重端品行、正心术。

王珍总是以天下为己任，不但教育学生，还试图教化乡邻。他二十岁那年制定了《乡约十条》，在家乡推行。同时他开始从事公益事业，对乡党邻里以仁厚之心相待，凡有乡邻遇到迈不过去的门槛，他都会不遗余力，加以调护。遇到不平事，则不顾自身利害，为受害人伸张公理。

这个年轻书生总是活在自己的理想中。大而言之，他是忧国忧民；小而言之，就是热心公益；市侩的说法，则是爱管闲事，爱操闲心。他过于关心别人的疾苦，耽搁了自己的学业。他发现自己两年来功课长进缓慢，不禁有些后悔。"清夜自思，辄椎胸饮泣，恨学问之无成，叹光阴之不再"。二十二岁那年，他在自己的书房门上悬挂"自芸山房"的匾额，告诫自己不要再管别人的闲事，一心研究典籍，笃修躬行。然而他爱打抱不平，名声在外，犹如覆水难收，县令也常常找他协助公务。他既要教书，又要给自己进行知识充电，同时还要从事公益事业，日子过得非常充实。

道光二十八年(1848)是王珍人生的一个转折点。他此年参加府试,名列前茅,得到知府恽光宸的欣赏和提携,马上就补了县学生员。当秀才固然是大事,但他跟同县人罗泽南相识,对他的影响更深。当时罗泽南家居讲学,王珍从长沙回到乡下,拜在罗泽南门下,罗泽南对他深为器重。师生之间,日夜讲求明善复性、修己治人之道,王珍学道甚勤,每每恨自己拜师太晚。

这时候的王珍,体貌清癯,目光炯炯射人,声大而远,言语如出瓮中,滔滔不绝,常与诸位学友侍坐于罗泽南身边,阐发议论时,别人插不上嘴。罗泽南微微一笑,缓缓说道:“璞山,拜托你稍歇一会儿行不行?也让我们说上一句吧。”王珍一听此言,自己也忍俊不禁。

罗泽南身边聚集了一大批优秀的乡间学者,王珍结交了本县的易良幹、罗信东、罗镇南、钟近衡、钟近濂、朱宗程、康景晖、罗信北、翁赞登、易良翰、李续宾、李续宜、潘鸿焘、左枢、杨昌浚等人。王珍与他们互相勉励,共进学业。平时和他交流学术的朋友,同县人有谢邦翰、罗信南、刘蓉、彭洋中、周牧、贺雍、魏万杰、洪长龄;湘潭人有王士达、王荣兰;湘阴人有左宗棠、郭嵩焘;长沙人有丁叙忠;宁乡人有刘典。凡是读过湘军史的人都知道,这些人个个都是当时的才俊。

王珍置身于学者的圈子里,却以注重实践而闻名。他不喜欢空谈理论,给自己取字“璞山”,将居所命名为“返璞”,都是强调对理论的实践。

王珍在罗泽南身边待了一年,为了生计,道光二十九年(1849)在同县左仁先生家开馆授徒。这个左仁,是江苏铜山县的知县。王珍在教书时又有著作问世,题为《崇本编》。夏天大旱,几百名饥民啸聚,在县城以南抢掠粮食,居民惶恐不安。王珍按捺不住,又要管闲事了。他从学舍回家,立刻召集里中居民,按照兵法部署,率领邻友几百人出境打击抢劫,声言宝庆城的守军将要开到,饥民闻言,立刻解散。当时承平日久,百姓都不习武,湘乡人老实怕事。王珍如此年轻,能够带领众人抗暴,全靠着满腔的热诚,才能获得成功。

饥民闹事被强压下去以后,王珍认为还要从根本上解决问题。他要求知县开仓发谷,平抑粮价,并为知县起草告示,谕令富民捐赈,县境内赖以安定下来。当时湘乡的知县和手下那帮胥吏都是贪婪暴虐之辈,县民吃够了他们的苦头。王珍与县民屡次向巡抚告状,犹如石沉大海。大家商议,推举王珍进京上访。

王珍身负父老乡亲的重托,携带口粮,七月份从家里起程。途中夜宿小船上,夜半风雨大作,声响凄厉。他想到自己一路上看见许多灾民流离失所,如今他们不知在哪里躲雨?我还有小船能避风雨,比他们又好了何止万倍!胸中为悲天悯人的感慨所填塞,王珍失眠了,吟出六章绝句。

船过湘阴,王珍登岸,拜访好友郭嵩焘。主人不在,已去江边巡视各处的灾民。

王珍等待半日，四更才见郭嵩焘回家。听说王珍要进京告状，郭嵩焘请他捎带信函给曾国藩。王珍匆匆告辞，继续旅程。船过巴陵，他登上岳阳楼，读了范仲淹的《岳阳楼记》，强烈共鸣，吟出一首长诗，其中有句：夕阳出没成今古，天下安危系乐忧。船泊武昌时，他又登上黄鹤楼，作长诗纪游。此番旅行大开眼界，但他因病中途返回湖南，上访没有成功。

道光三十年（1850）十月，天下开始大乱，朱孙贻从鄘县调任湘乡知县，一到任上就听说王珍急公好义，派人把他请来，询问本县的基本状况，并请他协助整顿社会秩序。于是王珍废寝忘食，任劳任怨，辅佐朱县令剔奸除弊。他告诉朱知县，湘乡的钱粮税收都是由衙门的书记官征收，他们大大加码，任意妄为。朱孙贻决定将税收办法改为百姓自己缴纳，也就是纳税人主动报税缴税，由官府发给凭证，不再经过书记员之手。这一举措在几个月内就完全落实下去，废除了百年来的积弊。王珍提笔写碑，立在城门，记载这件大事。

在朱孙贻决定大办团练的时候，王珍又是最为积极的执行者。其中的故事，已在前面叙及。

一生坎坷的湘乡勇首脑

从道光末年到咸丰初年，湘乡县出了个声望最高的儒学家，不少有为的青年书生拜倒在他的门下。他就是王珍、李续宾等人的老师罗泽南。由于他和他的许多学生，在湘乡大办团练的群众性运动中带头响应，并且发挥了极为重要的作用，因此在湘军武装集团的组建过程中，他们都是元老级的人物，而罗泽南以老师之尊，自然成为大家尊崇的首脑。

罗泽南出生于嘉庆十二年十二月二十二日，西历1808年1月19日，属相为兔。在所有的湘军大佬中，他的年资较长，比曾国藩大三岁，比左宗棠和胡林翼大四岁。他不仅年龄大，军龄也长。在湘乡派系的湘军中，他属于资格最老的一批，因为他跟王珍等人一起负责创建了湘乡的勇队。

王闿运说过一句话：曾国藩之前就有湘军。另一位学者说过一个对仗的句子：李鸿章之前就有淮军。且不管李鸿章之前的淮军是谁干出来的，可以肯定的是，曾国藩之前的湘军，就是罗泽南和他的弟子们鼓捣出来的。后世人评价湘军，如果说湘军是反动的，那么这个反革命的根子，就要追到罗泽南身上；如果说湘军是进步的，那么罗泽南就当之无愧为一个伟大的缔造者。

罗泽南是个山里人，他的字与号都体现了出生地的特色：字仲岳，形容自己是一座高山；号罗山，是对当地峰峦罗列的写实。他的远祖是江西老表，从吉水迁到湖南的衡州，后来迁到湘乡县中里二十九都的湾州，这个地方现在是双峰县石牛乡湾州村。传到罗嘉旦这一代，他和夫人萧氏在这里生下了罗泽南。

罗泽南出生时没有留下奇异的传说，但他小时候的聪明却引人注目。四岁刚离襁褓，就进了学前班。老师就是他的叔叔，学校就在叔叔家里。这个小屁孩对汉字有超强的记忆力，每学一个，都不会忘记。看到比较难认的楹联，就仰着小脑袋，独自观览，一副若有所悟的样子。领着他去上学的祖父罗拱诗，暗暗称奇。外祖父萧蔗圃经常指着这个外孙对女婿说："这个小家伙不简单啊，家里再穷，也要供他念书，以后必定会光大家门。"

外祖父的意思，是要靠这个外孙来改变家族一穷二白的面貌。但他给外孙指出的道路是读书，而不是造反。如果说贫穷是造反的动力，罗泽南一家是赤贫，按说应该对现实不满。可是祖父对他的要求是"明大义，识纲常"。这个纲常，除了父父子子，就是君君臣臣，所以万万不能对抗长辈，反对朝廷。如此才能"不坠先人清德"。

罗泽南五岁正式入学，老师仍然是叔父。家里太穷，拿不出钱来供他读书，但是祖父和父母对他钟爱有加，无论如何不让他荒废学业，于是请他的叔父担任家教。他的表现比念学前班时更加优秀，读书过目成诵，每天可学习一千多字的文章。直到九岁，叔父教他的水平不够了，家里才把他送到一位族父的私塾就学。

那时候，祖父年将七十，家业零落，四壁萧然，甚至吃不起稠一点的稀饭。但是，老人家只要听到孙儿的读书声，便会拈须自喜，饥寒俱忘。罗泽南在学堂里吃不饱，家长便把衣服和家什拿去典当，换来粮食给他充饥。祖父的一件布袍，他老人家亲自拿去当铺质押了六七次，都是为了供孙儿念书。只要有了米，无论远近，祖父都要亲自送到学堂，反复对孙儿强调："我让你读书，是要你明大义、识纲常，不坠先人清德。"

然而，罗家属于赤贫，即便是全家人忍饥挨饿，也供不起孙儿的学费。罗泽南十岁又回到了叔父的私塾。这时他开始学诗，在穷得当当响的家庭环境里，表现得才气横溢。他住的那间屋子，外面是一间药房，左邻是一家染坊。罗少年提笔写了一副楹联，把药房和染坊夸赞一番，令人啧啧惊叹：

生活万家人命，染成五色文章。

孙儿展现出如此的天才，更坚定了家长们培育他成材的意志。第二年，他们又将他送进了私塾。罗泽南阅读《左传》，往往自己命题，模仿该书的篇法写传记，内容无非战守攻取之类，典型的秀才谈兵。凡是看过罗泽南作文的人，都知道他胸中有过人的抱负。

道光元年（1821），罗泽南十四岁。有一天，母亲得到一把米，舍不得吃，拿到私塾，交给泽南，叮嘱道："儿啊，今后可别忘了现在所吃的苦啊。"这句话，深深印在罗泽南的脑子里。

母亲操持着一个多子女的贫困家庭。罗泽南得到的家教，多半来自秉性淳朴厚道的母亲。这个女人夙夜勤苦，对公公非常孝顺，教育子女、整顿家风，井井有条。罗泽南每次从私塾回家，母亲便拿儒家先圣的格言启发他，叫他效法古人行事。母亲说："这些都是你外祖父教为娘的，你一定要牢牢记住。"

罗泽南在饥寒交迫中学到十五岁，开始显露独特的文风。他不求迎合大流，文中义理充足，浩气流行，比得上明末清初的散文家张岱。对于世道人心，他分析得十分透彻，往往自负有才，令人莫测高深。

贫穷未能消磨这位年轻书生的生活意志，他十七岁娶了夫人张氏，第二年二月参加童子试，回家后开始自食其力，在石冲的外公萧家教书。可是，他刚刚能够自立，母亲便撒手而去，卒年仅四十一岁。罗泽南满怀愧疚，恨自己来不及对母亲尽孝养之道，悲痛欲绝。

从这年开始，命运不断地打击罗泽南，令他接连遭受丧亲之痛。道光六年（1826），他在涟滨学院读书，五月份得到嫂子萧氏谢世的消息，七月份又接到哥哥罗清漪去世的讣告。

亲人接连死去，养家的担子落在了罗泽南身上。道光七年（1827），罗泽南在离家约十里的椿树坪开馆教书。每天黄昏，他带着学生馈赠的菜肴回家，供养祖父。如此过了三年，直到祖父去世。

罗泽南的世界是悲惨的，严酷的命运在继续考验这位儒生的承受能力。道光十二年（1832），他的两个儿子相继因病夭折。罗泽南想不通老天为什么要如此责罚自己。他既怀疑郎中开的药方不对，又疑心是自己克死了儿子。其实只有一个明显的解释，那就是生存条件恶劣，小儿营养不良。

不过，罗泽南仍然没有怨天尤人，而是逆来顺受，表现出达人知命的怀抱。他先后两次游历南岳，站到山岳之巅，扩展眼界和胸怀。

如果说老天对罗泽南不公，那么更为悲惨的事情还在后头。道光十五年（1835）六月，田土大旱，穷人无粮，乡间疫病流行。罗泽南省试落第回乡，徒步行走，半夜回到家里，见所种的田地已经荒芜。叩门时，听到屋内一阵呻吟声。那是侄儿庚日疾病加剧，哼哼不已。进门一看，又听到夫人哭泣，原来是刚满一岁的三子兆杰两天前夭折了。罗泽南饿得口中清水直涌，直问夫人："米在哪里？快煮饭！"

夫人哽咽说道："我看不见，你自己瞧瞧米缸吧。"

打开米缸一看，哪里还有一粒米？

"眼睛怎么啦?"罗泽南这才想起，夫人说她看不见，一定是眼睛出了毛病。

"哭瞎了。"夫人抽泣着回答。

罗泽南一捶额头：真笨！夫人为兆杰的死伤心过度，哭坏了眼睛啊。

饥荒年头，死人稀松平常，第二天，侄儿也去世了。

如此的贫穷，如此的哀戚，世所罕见，都摊到了这位未来湘军大佬的身上。他后来回顾自己的悲惨岁月，说他十九岁教书糊口，家庭就连遭不测。先是母亲去世，五年后祖父离去，十年之中，兄嫂姊妹相继十一人撒手人寰。妻子因三次丧子，伤心过度，双目皆盲，耳又重听。他自己也体弱多病，潦倒坎坷，几乎没有得过一天的安宁，整天为衣食而奔走。

罗泽南点背到头了，但他还要读书，完成祖辈的期望。白天为生存奔波，晚上借着萤火与糠火照明看书，他的学业不仅没有荒废，还在节节攀高。

罗泽南在私塾中有一位同事，名叫王筿云。他们经常讨论为学之道，取来《性理》一书阅读，大为感叹，认为自己往日的学问太肤浅，于是潜心钻研宋儒之学，追随圣贤之道，修身养性。此时他更加钦佩祖父教训有方。他改号悔泉，作《号悔泉说》。第二年撰写读书心得《常言》，后来改订为《人极衍义》。道光十八年(1838)，又写成《悔过铭》。

同县书生刘蓉博通经史，为文宏宕，奇气洋溢。罗泽南与他谈论《大学》明新之道，刘蓉叹服，与他成为莫逆之交。后来刘蓉闭门读书长达十年，时与罗泽南书札往来，彼此规劝，考求先圣先贤治学的要旨，身体力行，诚恳磊落，引得书生们羡慕不已。

理学的目的是道德修养，空谈容易，实践最难。一些理学家遭到世人攻击，是因为他们说一套做一套。所以一提理学，真伪不可不辨。一个人声称自己是理学家，社会不见得认同，要看他的言行而定。

罗泽南是一个罕见的真理学家，好友欧阳兆熊通过一系列观察，得出这个结论。罗夫人眼瞎了，罗泽南仍然是伉俪情深，不讨偏房。欧阳兆熊见他在长沙买了一副叶子牌，心想："此人不该有如此嗜好呀！"于是问他为什么要买牌。罗泽南回答："家父爱打叶子牌。"欧阳兆熊见他规劝朋友高云亭，苦口婆心，说得自己泪流满面，真情流露，表里如一。当家乡出现盗匪时，他也站出来维护安定。捕盗的差役与盗匪狼狈为奸，勾结豪强奸猾之徒，诬陷良民，企图让百姓拿出全部家产来昭雪冤案，弄得民不聊生，罗泽南牵头订立乡约，狠杀诬陷之风，端正了乡间的民风。

罗泽南的著作不仅谈理，还涉及天文、地理、历法、兵法、盐务、水利、漕务等实务，无不探究事情的原理。他的坐言起行，都是探索有用之学。

罗泽南如此刻苦治学，端正做人，却还没有取得秀才的身份。其中缘故，是因为他不愿随波逐流。他曾七次参加童子试，次次都未考中，都是因为作文不跟俗流，不愿苟且中榜。道光十九年(1839)，他再次参加府试，考题为《举枉错诸直》。他以古今贤奸进退为例，反复论证，文中包融经史。太守何其兴看了卷子，叹道："此人是个奇才！"于是将他取为第一名，收入县学。罗泽南泫然泣下，说道："祖父和母亲辛劳一辈子，资助我读书，生前期望我考取秀才，如今我熬到了出头之日，他们却看不见了，好不叫人心痛！"

第二年，罗泽南就学于长沙城南书院，著写了《周易朱子本义衍言》。当时宁乡人刘典、浏阳人谢景乾与罗泽南是同窗，一起讲习讨论，互相砥砺。

此后九年，罗泽南一直以教书为生，其间为了传宗接代，娶了一位副室，正副夫人又生下两个儿子和一个女儿。他为两个儿子订了两门好亲事，一个聘了胡林翼的妹妹，另一个聘了曾国藩的千金。在生儿育女的同时，他又出产了几部著作，其中包括《姚江学辨》《孟子解》《小学韵语》《西铭讲义》《皇舆要览会》。他还跟前云贵总督贺长龄、太长寺卿唐鉴讨论学问，过从甚洽。

道光三十年（1850)，新皇登基，大搞道德建设，提倡孝顺、廉洁和品行端正。那时的道德标兵称为"孝廉方正"。各地都要推选标兵，朱孙贻把罗泽南报了上去。舆论没有反对票，都认为名实相符，罗泽南当之无愧。

罗泽南渐渐摆脱厄运，前途已然开阔。咸丰元年（1851)，广西战事大开。此年他已有四十三岁，在善化贺长龄家设馆教书。贺长龄已经去世，留下遗命，要儿子拜他为师。京城有消息传到湖南，他得知咸丰皇帝要求各级官员多拿提案，曾国藩响应号召，建议朝廷提拔贤能、精简军队。人们纷纷传阅曾国藩的奏章，罗泽南阅后，写信给曾国藩，大为赞赏，认为他说到了根子上，希望朝廷能够加大力度，从事正本清源的工作。他说，作为臣子，如果不敢直言，就是怀有私心，贪恋官位；如果不抓根本的问题，而只抓细枝末节，就是苟且应付的学术。

罗泽南的信寄出后，曾国藩又于四月二十六日上了著名的《敬呈圣德三端预防流弊疏》。这道奏疏可视为对新皇权威的挑战，大伤了咸丰的自尊心。曾国藩接到罗泽南的来信，认为这位寒士的看法，与他所上的奏疏意思吻合，可谓万里神交。他给罗泽南回信说：从你的信中看出，忠君爱国，不分贫富贵贱，穷人布衣，也在关心国家大事。

罗泽南的确时刻关心着前方的战事。咸丰二年(1852)四月，太平军攻占道州，在湘乡大办团练的热潮中，他回到家乡，和王珍等人一起，从事湘乡勇队的建设，此事已在前面叙过。

第十八章
得失湘南

太平军诞生于广西，壮大于湖南，他们用于持久对抗清军的兵力，就是如此形成的。

绝处逢生是道州

说完湘乡的团练热潮，我们回到道州前线，看看战事如何。

道州县城四周地势平坦，易攻难守，太平军却未急于离开道州，任凭官军调集部队包围州城。这件事未免有些不可思议。赛尚阿待在后方，想当然地以为太平军经过兴安和全州之战，元气大伤，他们在道州停留，不过是苟延残喘，已经无力突出官军的包围。

太平军确实在全州遭到重创，但他们待在道州不走，却绝非再也走不动了。他们进入湖南以后，不断地补充生力军，之所以在道州休整，是为了更多地补充兵员。从全州过江的这支几千人的部队，进入道州以后，短短一个月内，就扩充为几万兵力。这么多的新兵加入进来，需要时间进行起码的组编和训练。杨秀清估计，官军在短期内根本不可能调集比他们更多的兵力来对道州合围。所以他们信心十足地防守道州，以使招兵整编工作顺利地完成。

官军对于对手的突然强大似乎并无察觉。这一时期所有递往朝廷的奏报中，都没有提到这个情形。和春部署好防堵兵力之后，继续对太平军进行挑衅。咸丰二年（1852）五月十九日，他命令半数官军向前推进，在五里亭筑营。太平军从城内冲出二三千人，分三路扑来，攻势猛烈。和春令部队镇静等待，直到敌军进入弓箭可以射达的距离，才下令发射枪炮。太平军在猛烈的火力下纷纷撤走。

这时候，广西的大员开始调动位置。劳崇光从永州返回桂林，徐广缙已经抵达梧州，而赛尚阿带着钦差大臣关防，准备北上湖南。这样一来，湖南就有赛钦差和程总督两名大员，咸丰可以比较放心了。

赛尚阿于六月一日抵达永州府城，经过一番访察，终于明白了两件事情。第一，太平军进入湖南以后，各地响应造反的会党比广西还要多，因此，他们现在的兵力不可小瞧；第二，官军必须对道州四面合围，才能开始攻城。

赛尚阿立即给驻守道州西面的刘长清增调了两千多人，又继续从桂林向道州增兵，还是令他们驻扎西路。前面说过，南路是最伤脑筋的地方，此处有多条道路四通八达。太平军只要从这里北进衡州，就可长驱直上长沙。可是南路只有邓绍良、江忠源和张国梁驻守，兵力单薄，如果官军逼得太紧，太平军很可能从此处突围。

从情报分析，南路情况不妙，太平军精锐部队已在水南驻扎。赛尚阿要求程矞采从衡州和永州等处再调二三千兵力，由此路前进，对抗水南的太平军。程矞采调派苗兵一千名，交给邓绍良管带，又挑衡州防兵六百名，派总兵王家琳管带，从常宁、新田前进。赛尚阿又将留守永州的湖南兵拨出六百名，交给邓绍良管带，跟邓绍良原带的八百名湖南兵和七百名楚勇一起，从宁远推进驻扎，逼近水南。赛尚阿还不放心，他在等待新调的江西官兵到来。这支部队一到，他要再抽拨一千人前往水南会合。

赛尚阿这一次的兵力部署，大致抓住了要害。但是太平军为了迷惑官军，采取了一系列措施，致使官军防不胜防。

洪秀全在道州扩编了队伍，接受湖南人的忠告，决定跳出官军包围，到湘东南一带继续吸收兵力。为了扰乱官军的视线，他们六月八日派出二千多人，忽然向南挺进一百里，进入江华县境。这一举动，果然给徐广缙造成错觉，以为他们会继续向南，进入广东的连州、阳山，或者广西的富川与贺县，于是他急忙调兵遣将，扼守湖南与两广交界关隘。

太平军的南进也给和春造成了错觉，他以为对手将放弃道州，当即下令攻城，在五里亭一带用枪炮射击。可是太平军反而出城迎敌，与官军相持甚久，才退回城内，似乎并无突围之意。和春正在疑惑，忽报有几名江华官兵前来求见。和春令他们进帐，几名官兵叩头如捣蒜，说道："和大人，江华县城已被逆贼攻破！"

和春道："尔等也有几百官兵，难道未曾抵抗？"

"回大人，城内有永绥防兵三百名。可是逆贼几百人诈称潮勇，说是奉和大人之命前来协防，游击秦武林便下令开门，将他们放入。逆贼进城后内外夹攻，秦游击左脚为贼所伤，知县刘兴桓被杀，女眷自尽。我等好不容易才夺路逃出。"

和春赶紧向赛尚阿禀报江华失守。后者令他派刘长清从永明赴江华应敌，留下几百人防守永明。

刘长清此刻正在赶赴永明的途中，和春火速派人给他送去军令，把江华之事交给他办理。和春决定帮他一把，再攻道州，以牵制江华的敌军。他从南路抽调部队，由常禄统带，于六月十一日从白马渡过河，分兵三路进攻道州。

和春在五里亭树林内设伏，作为预备队，自已率部向前推移，发射枪炮，诱敌出城。太平军出动二三千人，分两路扑来。经文岱、李瑞、秦定三、王锦绣、江忠源各自率部分两路迎击。和春居中调度，枪炮连环进击，将敌军逼退城内。常禄的部队当天仍然返回南路驻扎。

此战以后，江忠源与刘长佑商议："印渠，你多次提议选拔一支敢死队，现在可以着手进行了。你看以多少人为好？"

刘长佑说："挑选五百死士，能攻能守，好铁用在刀刃上，当能起到很大作用。"

"行，你加紧去办。我已收买一名负伤的逆贼头目，让他回去做内应。我们组成敢死队之后，就可跟他约定日期，内外夹攻。"

长沙协的官军也准备轻装上阵，决定将伤病员转移到长沙。六月十三日，塔齐布叫鲍超撤回长沙本营养伤。

回头来看江华和永明的战事。江华一经失守，邻县永明的知县常连紧张起来。两县辖地毗连，太平军随时可能从江华杀向永明，常连急需增兵设防。他决定亲自往道州求援。当时刘长清驻扎在道州西面的三十里桥，常连于六月十二日来到刘营请求发兵，刘长清一口回绝。常连又去道州找和春求援，和春当下书写命令，令刘长清率部赶往永明。

常连的担心并非虚惊，太平军果然再出奇招，于六月十三日从江华和道州两地派出一千多人西扑永明。该城守备钱志祖带兵迎击，身受重伤，随从将他扶救出城。常连也在两军交战时赶到，被太平军围住，身受刀伤，侥幸逃到城外。太平军顺利地占据了县城。

刘长清于第二天行抵永明的上江墟，得知县城失陷，他的反应不是攻敌，而是担心自身安危。他对部属说："上江墟三面受敌，我军若朝永明推进，定有一场恶战。"

正在这时，常连带伤赶到上江墟，找到刘长清，用哀求的口吻说："镇台大人，求你赶紧发兵，夺回永明县城！"

刘长清道："贼踪未定，本镇不可轻易行动，还需观察一下。"

刘长清这个已被革职的总兵，已经两度有违使命。江华吃紧之时，他奉命前往应敌，却未能救下县城；永明吃紧时，他又奉命加强永明的城防，带兵来到永明境内，得知城池失陷，本可以趁太平军立足未稳，趁势进攻，将县城夺回，可他却袖手旁观，贻误了战机。

常连有伤在身，卧在民房休养。刘长清派人打探，得知通往永明的道路已被敌军挖断，进兵困难，于是想出一个借口，故意避战。他一边拔营，一边派人通知和春：我担心敌军袭击广西的富川县，必须领兵绕向南路拦截。刘长清就此脱离前线，此举无异于临阵逃跑。此人的军旅生涯已到尽头，脑袋能否保住，也是很成问题了。

赛尚阿接到和春有关刘长清消极避战的报告，怒火中烧，当下派出捕快，要将刘长清缉拿到永州问罪，并请朝廷将他按照临阵先退问罪，判处斩监候。他从桂林调来总兵马龙，从恭城取道永明，接管刘长清的部队。太平军的此次行动确为高招，进一步分散了官军的兵力，而且接应了永明的会党。

六月十四日，和春对永明失守做出反应，出动几成兵力攻打道州，仍然是从五里亭开炮诱敌，可是太平军不予理睬。官军继续推进，发射枪炮，太平军才派出一千多人与官军对射，然后撤入城内。

太平军已经成功地分散了官军的兵力，他们的部分兵力跳到了官军的道州包围圈之外，兵员和物资得到了补充。此后的十天内，他们在积极筹备主力突围。官军在兵力上处于劣势，和春与常禄发动的几次攻击，根本无关痛痒。太平军有时干脆不予理睬，有时派一支小部队出城应战，然后撤回。

六月二十五日，和春再次约定西南两路官军进攻道州北路，直逼敌营。太平军仍然不予理睬。官军分三路围攻，太平军还是闭营不出。到了夜间三更，官军已疲惫入睡，太平军从道州城内突出，取道四眼桥小路，全部安全撤出。

四眼桥一地，可通宁远和蓝山，也可通向永州。和春还算清醒，知道首先要保的是宁远县城。他派飞马送信，令邓绍良、瞿腾龙、江忠源等部火速绕到四眼桥前方，护卫宁远县城。

江忠源火速拔营赶往四眼桥一带，途中遇到一支江华乡勇，为首的是王吉昌兄弟，部队的军饷也是由王氏兄弟自家掏钱。他们听说太平军要逃，火速从石牌赶来。弟弟王德榜只有十五岁，是个监生。他们人数很少，决定与楚勇一起作战。少年王德榜的这次军事实践，为他日后参加湘军提供了经验。

太平军离开四眼桥后，果然东进宁远，抵达水打铺时，发现邓绍良和江忠源已经挡在宁远西南十里处的天堂墟。萧朝贵见官军有备，决定放弃宁远，挺进下灌。和春带兵追击，只抓到一些掉队的太平军官兵。

太平军这次转移的目标非常明确，就是挺进湘东南。永明县的太平军同时撤走，江华县的太平军也回师水南。明安泰和虎嵩林领兵收复了永明和江华，却未能消灭太平军的有生力量。

和春在追击之中颇为茫然，摸不清敌军的行军路线。下灌东通嘉禾，南通蓝山，太平军在运动之中，动向难以揣测，和春只能尽量考虑周全，在各路布兵备战。邓绍良、瞿腾龙和江忠源奉令从宁远赶往嘉禾，明安泰奉令从江华驰赴蓝山，但是能否截住敌军主力，谁也无法预料。

运动战中的弱者

进入夏季之后，北京的军机处空前繁忙。道州一带的统兵大员多次奏报官军兵力不足，令咸丰百思不解。两万多人的大军，竟然对太平军束手无策。他们要兵要饷，朝廷对他们的要求无不满足，却不见他们有像样的战果报来。咸丰深感这些大员的无能，又想起了窝在桂林的向荣，令赛尚阿将这员骁将调到湖南前线，另外派人代理广西提督。

咸丰已经明白，官军战斗力太差，单靠现有兵力，湘南的战局恐怕无法扭转，必须大规模向湖南增兵，湖北和江西也要加强防御。他叫福建巡抚从泉州、漳州、汀洲等营挑选精兵三千名，迅速分起拔营，取道广东，前往湖南军营。

清廷正在七月的闷热中紧张地调兵遣将，徐广缙给皇宫中送来了一缕清风。根据他的奏报，官军六月上旬在罗镜歼灭了凌十八逆匪，并斩杀了凌十八兄弟。咸丰将徐广缙赏加太子太保衔，叶名琛赏加总督衔，同时令他们迅速选派得力将领，前往湖南军营协同围剿。

但是，紧接着徐广缙的捷报，太平军从道州间道突围的奏报就送到了北京。咸丰一气之下，下令将常禄交部议处。他感到军武人才奇缺，必须不拘一格地选拔武将，决定进一步深化用人制度的改革。他诏谕内阁，要求各省督抚将军，从部队中选拔忠诚可靠、才技出众的军官。他指出，下级军官由于资格不够，无法及时为国效力，甚为可惜。镇将以下的军官，无论官职大小，只要谋勇兼备，或者具有为朝廷平定叛逆的才干，各方大员都要立即据实保奏，听候皇帝简用。邻近湖南的各省，已经向朝廷保奏的干员，凡是可以调往军营效力的，要立刻奏明请旨，派赴前线，听候指挥大员酌量委用。

根据皇帝的诏令，湖南的各级人才都在积极行动起来。前任湖北巡抚罗绕典在家乡安化守丧，奉命帮办湖南军务，于六月二十八日行抵长沙，立刻来到巡抚衙门，会晤各级官员。罗绕典过去是骆秉章的上司，两人都是有名的清官，惺惺相惜，所以骆秉章亲自在衙署大门口恭候，将他迎入内室。

骆秉章满脸憨笑，说道："道光二十九年武昌一别，转眼又是两年多了。"

"是啊，"罗绕典感慨地说，"那时罗某丁忧回家，临行前打算推举骆大人代理湖北巡抚，可惜骆大人极力推辞。”

“嘿嘿，那时秉章奉调前往云南，湖北巡抚一职，自问不堪胜任，所以拂了罗大人的美意，抱愧至今哪。”

“绕典钦佩骆大人清廉自守，是道光爷树立的模范啊，所以才有心举荐嘛。”

“彼此彼此，罗大人拒贿白银数万两，传为美谈，骆某自愧不如啊。罗大人风尘仆仆，也不休息，就来商议公务，真是好精神啊。”

罗绕典说：“骆大人见笑了。绕典并无所长，所幸有一副好筋骨。少年时在岳麓书院念书，苦读十二载，每年回家，都是步行，就是为了锻炼筋骨。”

“说到罗大人的体魄，秉章倒是想请教一件事情。在武昌时因公务繁忙，未曾来得及请教，如今倒想问个明白。”

“有何疑问，但讲无妨。”

“听说罗大人出生时手上便有一个‘典’字，可有其事？”

“哦，骆大人也听说了？这个嘛，小时听家父说起，绕典出生时，手纹颇为复杂，形似‘典’字，取名时便用了此字，图个吉利。”

“对对，名字重要，名字重要！罗大人真乃奇人异相！”骆秉章感叹一番，话锋一转，“罗大人奉旨办理湖南军务，不知有何吩咐？”

“这个嘛，绕典为官以来，多年留心财政，对军务并不熟悉，还忘骆兄不吝赐教。”

骆秉章说：“罗大人谦虚了。秉章听说，罗大人自点翰林之后，潜心于经世之学。前些年湖南瑶民起事，道光爷垂询军事，罗大人绘了一份军事地图送交朝廷，曹振镛相爷向皇上举荐，说罗大人乃有用之才。”

“绕典留心经世之学，也只学得一些皮毛而已。眼下逆贼突出道州，谣传纷纷，只说是马上要打省城，不知骆大人已做了哪些布置？”

“秉章接到前方战报，未敢松懈，赶紧募练乡勇。省城附近，各地募练了三千二百人，包括浏阳勇和湘乡勇，已经查核，当为实数，请罗大人查点。新任巡抚尚未到来，长沙的士绅担心贼匪打来，无人总领城防，请求罗大人留在长沙指挥防御吧。”

“也罢，绕典就跟骆大人一起部署城防。”

罗绕典连日在长沙视察地势，与官民一起部署防御，边走边发指示：“城南及大西门、小西门外等处，居民铺户几万家，毫无遮蔽，唯有搭建木城，架设枪炮，才能抵御逆贼。沿江的昭山和龙潭湾，也要安设木筏守兵，派几艘炮船巡逻，横越江面，防贼偷渡。江岸左右山径纷歧，更需叠设望楼，密派伏兵防截，以限贼踪。”

长沙根据罗骆二人的指示，紧锣密鼓地部署城防，湘南的官军却还未找到太平军的确切去向。和春于六月二十八日亲率主力追至下灌，常禄所部也到了宁远县城。江忠源连忙去见和春。

“和大人，我军二万兵力，若以一万一千人赶到逆贼前方拦截，以九千人尾追，便可将逆贼拦截在宁远、蓝山、嘉禾之间，予以歼灭。”

和春道：“此议甚好！”当即分发指令，派定拦头部队。可是各镇总兵阳奉阴违，迟延不进。太平军却一刻也未停留，当天从下灌分兵出击，一部抵达蓝山县的楠木桥，另一部攻占了嘉禾县城。第二天，楠木桥的太平军攻击前进，占领蓝山。

官军没有快速部队赶到太平军之前，而嘉禾与蓝山都有会党开门迎接太平军，这两座县城的官军没有守住片刻。和春与常禄只能带兵跟追，六月二十九日在嘉禾县城之外的夏门墟扎营。七月一日，和春令各镇部队分路进攻。太平军见官军将到城下，开火射击。官军逼近城根，夺门而人，太平军主力从北门撤出，留下几百人坚持巷战。官军摆脱纠缠后，追到城外十里的西车湾，太平军已分路撤退。和春下令就地扎营，江忠源留下四百名楚勇守护县城，搜捕太平军残余，抚谕居民。

常禄所部行抵新田，七月二日得到探报，行囊墟有几百名敌军驻扎，而桂阳州城业已被陷。第二天，和春从旌德桥拔营，抵达距桂阳州城十里的七里亭。明安泰、虎嵩林与米兴朝等带领湖南四川营兵赶到，合力同追，直至桂阳城下。太平军从城内扑出约二三千人，几次冲锋，被官军击退。当天鏖战五个时辰，官军小有斩获，也有伤亡，千总马金柱及楚勇队长银邦光阵亡。

当夜四更，州城火起，和春接到报告，传令各营出队。黎明时分，部队翻越山坡，遥见太平军已从东门络绎前往郴州大路。第二天，太平军已抵达郴州，夺城占据。太平军此次行军疾速，目标明确，八天之内奔袭几百里，连克嘉禾、桂阳州与郴州，如入无人之境。他们无意于驻守嘉禾与桂阳，掠得物资之后，便直奔郴州。

萧朝贵和杨秀清看出了官军的致命弱点，知道他们不敢拦头截击，所以由后队阻挡追兵，以前队攻掠城池，形成了对付官军的有效作战模式。官军跟在屁股后面追击，虽然相继收复了嘉禾与桂阳，却根本没有在运动中合围敌军的可能。

萧朝贵的先手

郴州是湘南开向广东的南大门，物资颇为丰饶，贸易发达，货栈集中。城外四十里处的东江河面上船只甚多，下游的永兴和耒阳都有停靠的码头。从永兴和耒阳北上，水路便捷，直出耒水河口，即达衡州，逼近长沙；陆路也不难行，从永兴北上安仁和攸县，可直达长沙。

▲ 广西武宣人萧朝贵是太平天国的开国元勋，也是积极致力于将洪秀全推向神坛的人物之一。他自称“天兄”，娶了杨秀清的妹妹杨宣娇为妻。他是一员猛将，身高一米八以上，打仗不怕死。由于轻敌冒进，在攻打长沙时阵亡。

战争的重心明显已向湖南的省会推移，赛尚阿于七月十五日从永州驰赴衡州，与程矞采会合一处，调度军事。

太平军占据郴州以后，洪秀全等首领住在郴州城内，萧朝贵派人前往兴宁、永兴和安仁，与各地会党联络，叫他们集结起事，积极内应。谣传他们将从衡州直扑长沙和湖北的荆州。从永兴到安仁一带，州县官军和乡勇望风披靡，丢城失地，太平军的军势空前强盛。

太平军走出永安之后，已经失去了两个核心领导人物。如果说焦亮被某些人故意送给了官军，洪秀全还能睁一只眼闭一只眼，那么冯云山因伤重而亡，却绝对是洪秀全不愿看到的巨大损失。这两个人活着的时候，在太平军的权力架构中举足轻重。洪秀全是天子，冯云山是臣相，焦亮是军师，萧朝贵则是元帅。如今臣相和军师都不在了，元帅独存，杨秀清的地位凸显出来。他没有去填补臣相或军师的空缺，这两个位置对他而言还嫌稍低。他靠着宗教崇拜的支持，直接登上了摄政王的位置。

太平军此时的作战指挥几乎完全依赖于萧朝贵的决策。他在手中兵力大增的情况下，善于奇兵四出，扰乱官军的视线，牵制对手的兵力。他在道州玩了一手，取得了预想的效果。分兵攻击江永和永明是一个障眼法，使官军以为他们要南下广东。然而他们突然东进，又是兵分两路，一指宁远，一指蓝山。接着，他突然挥师向东北方迅速挺进，连下嘉禾、桂阳州和郴州。来到郴州之后，他又率领分遣队北上，于七月十四日攻陷兴宁和永兴。无论是衡州的赛尚阿与程矞采，还是郴州的和春与江忠源，一时都无法确定他的意图，不知他是要东进江西，还是要北上衡州或长沙。

广西巡抚劳崇光是长沙人，虽然身在桂林，但他预计太平军很可能从陆路北上，屡次上书赛尚阿，请求拨兵严防安仁与酃县，但此议未被采纳。劳崇光惦记家乡的安危，满怀忧虑，写信向身在贵州的胡林翼诉苦。

劳崇光说，敌军驻扎郴州，官军在二十里外扎营，不敢贸然进攻。敌军分兵四出，袭击附近各县，官军也不过问。听说永兴与安仁相继失守，如果敌军从安仁挺进茶陵和攸县，则可从醴陵直攻长沙；倘若他们从安仁挺进草市，则可经衡山与湘潭直下长沙。长沙城池远不如桂林坚固，百姓不会武功，人心不免浮动，而城内又无向荣这样声望卓著的大将，也没有瞿腾龙、邓绍良一般骁悍敢战的副将，苞桑能否安全无恙，他很是担心。赛尚阿已往衡州与程矞采共同指挥，不知他们面商机宜，有何奇计。他屡次上书请求拨兵前往安仁与酃县严防，却被束之高阁，如今两位大人恐怕是惊慌失措了。赛尚阿令向荣火速前往长沙，向荣却告诉劳崇光，他要等到接任官员到来后才能起行。劳崇光想，敌军进兵如此迅速，向荣恐怕是赶不及了。

劳崇光的焦虑表明了他对家乡的顾念之情，但是他过于低估了长沙军民的能力。这也难怪劳崇光，湖南人的战争潜力直到此时尚未显露出来，直到长沙之战开打，人们才会对湖南人刮目相看。

当萧朝贵率领先遣队从郴州开拔时，江忠源积极主张拦头截击。不管敌军动向如何，这都不失为一个好办法。他邀约和春从石子岭暗出奇兵，拦在太平军前面，但和春认为官军兵力不足，不宜分散，主意未定。江忠源兵力单薄，未能阻止萧朝贵北上。

萧朝贵分遣队的北上给和春的兵力部署带来了难题。敌军主力在郴州，但分遣队已远在郴州以北一百多里处的永兴。和春如果在郴州与太平军主力相持，那么萧朝贵可以继续北上，威胁衡州、长沙和江西；和春如果分兵北上，又担心无法控制敌军主力在郴州的活动。和春陷入了两难的被动局面，不敢轻举妄动。江忠源在此时也拿不出更好的办法。

萧朝贵此时伤已痊愈，思考着下一步的军事行动。主力此刻在郴州扩军整编，兵力已经增至五万多人。道州成立的大旗和郴州矿工组成的土营，使天国的武装力量增强了十倍。和春赖在郴州城外不走，萧朝贵一点也不担心。和春手中的那点兵力，根本不是天国大军的对手。他已经试探出清妖在郴州以北防务空虚，这更加鼓舞了他的信心。在道州时他就向四面八方派出探子，装扮成商人或农夫，刺探两广、湘赣乃至湖北各地的清军布防情报。派往长沙方面的谍探回报：长沙是一座烂城，城墙倾圮不全，守军只有二三千人，一攻就破；城外民房尚未拆除，可以隐蔽攻城部队。他想，和春被天国主力拖在郴州，其余清妖部队正在调往衡州设防，如果他带一支奇兵突袭长沙，一定能够得手。

萧朝贵身边有人称“武缘双雄”的壮族骁将林凤翔和李开芳，以及两千多名死士。他觉得这支劲旅足以攻破长沙了。于是他带领林李所部，立刻从永兴出发。他们没走通向衡州的大道，而是轻装行军，绕道行走山路，向东北推进一百九十里，奇袭安仁。七月十八日夜间，萧朝贵已经睡在安仁县衙。第二天一早继续行军，向北推进一百里，攻占了攸县，然后马不停蹄地向北推进两百里，开始攻打醴陵。

这时，郴州的太平军不断向永兴增兵，和春被迫分兵以对，将监视永兴的任务交给常禄。但常禄兵力不足，对永兴太平军构不成威胁。赛尚阿为了解决这一难题，将张国梁的四千名捷勇调到永兴，归常禄指挥。可是萧朝贵的先遣队进军迅速，杀到攸县之后，江西官军不得不防。赛尚阿又从福建调兵三千，令其取道江西，增援湖南。但这支部队是远水救不了近火。和春还要分兵驻扎兴宁，官军处处受到牵制。

和春的主力驻扎在郴州西南的狮子岭，东北一路兵力空虚。他于七月二十日移营至黄泥坳，两天后，湖南营、贵州营与江忠源的楚勇共计五千人，冒雨拔营前往卧鸟坪，留下朱启仁的潮勇驻扎郴州以东，其余部队前行到陈家楼安营，挡在郴州东北方。王锦绣带领云南营和广西营驻扎郴州以西的塘昌埠。经文岱、清保带领云南营和江西营驻扎郴州以南。

萧朝贵离开安仁之后，王家琳率领河南新兵暂时进扎安仁，邓绍良则奉令追击萧朝贵。衡州派出苗兵一千名向北进军。赛尚阿希望骆秉章从长沙派出新到的陕西兵一千名，前往醴陵迎击，与邓绍良所部寻找敌踪，共同堵截。

官军的兵力部署，出自赛尚阿和程矞采的主谋，似乎面面俱到，实则是纸上谈兵。太平军主力分驻郴州、兴宁和永兴三处，官军都无足够的兵力对付，只能以劣势兵力在城外摆摆样子，美其名曰相持，其实太平军一有动作，官军根本无力遏止。至于对萧朝贵的追堵，纯粹是一种设想，官军调兵的速度，根本无法应对萧朝贵的飙急进军。

和春驻扎陈家楼以后，根据本地绅民和各营哨探报告，得知洪秀全现居城内的州衙，杨秀清住在考棚，各有几百名侍卫防护。和春立即在距离州衙和考棚不远的朱木山筑立新营，威胁太平军的首领，迫使太平军做出反应。果然，七月二十六日，太平军分两股来扑，每股约有二千多人。江忠源此时已升为知府，与秦定三和李瑞各带一支部队迎击。和春又令仁勇从河对岸涉水截击，先后毙敌四百多名。第二天，各部进攻敌营，又毙敌几十名，但无法攻进营内。

常禄从郴州移营进扎小平冲，此处距离永兴县城十多里，距城外敌营也有四五里。前路都是茶山，蹊径丛杂，难以进兵。这时德亮带领张国梁等潮勇、捷勇四千多名，分两路进扎永兴城外。常禄亲率部队绕到敌营附近查看，发现距灵龛桥二里之处，太平军分三处驻扎，形成犄角之势。常禄移营到太平军营垒之前，会合张国梁等部进攻，毙敌几百名，并焚毁一座敌营。但是太平军兵力大增，营垒已连成一气，常禄根本无法撼动敌军阵势。

满人钦差淘汰出局

咸丰二年（1852）七月十八日，即萧朝贵攻占安仁的那一天，咸丰接到罗绕典的战情奏报，不由大吃一惊。接着，他连日接到报告，得知江华、永明、嘉禾与桂阳州相继失守，现在逆贼已从小路北上，威胁到湘东各处。

咸丰立刻想到长沙已经危险，拍案嚷道："桂阳和嘉禾两城失守，已有二十几日，怎么还没接到赛尚阿和程矞采的奏报？嘉禾至桂阳仅有百里，北接衡州，逆贼很可能窜扰衡湘，各路带兵大员究竟在干些什么？自贼匪窜入楚境，各州县纷纷失守，大兵只能尾追，并不能设奇拦截。长沙城外的木城或可御贼，若贼以炮火攻扑，岂不反而为逆贼提供了工事？木筏笨重，恐怕也运掉不灵，贼匪得之，正好可以用作攻城之梯。叫罗绕典、骆秉章想清楚了，妥善布置，不要留下遗患！"

赛尚阿与程矞采的战报，直到七月二十四日才送达北京皇宫。咸丰令军机大臣传谕赛尚阿和程矞采："逆匪窜入湖南以来，势甚剽悍，连陷数城。你们说，那是因为到处都有土匪勾结内应，那么各州县的地方官兵，为何不能先事侦缉，又不能婴城固守？赛尚阿奉命出征一年有余，历次奏报军情，不过派兵尾追，并未迎头截击，出奇制胜，他到底还是不是指挥官？程矞采筹办防堵，为日已久，为何地方文武毫无布置，遇贼扑城，为何连几天也坚持不了？现在逆贼已越过永兴，踞守郴州，势将下窜衡州，图攻长沙。似此蔓延滋扰，到哪里才是个止境？"

咸丰顿了顿，又说："传谕徐广缙，赛尚阿自统领大兵以来，日久无功，朕早就担心他性情过于慈柔，赏罚未必都能妥当，以致将官人心涣散，不肯用命，更担心他被贼匪看出破绽，动辄中其奸计。朕给了他遏必隆刀，他却不知如何使用。徐广缙沉毅有为，朕所深悉，现在湖南逆焰鸱张，情形甚为吃重，朕已明降谕旨，令徐广缙统兵前往湖南会剿，叫他迅速统领高州镇总兵福兴的几千名得胜之兵，驰赴衡州一带，扼要部署，不得稍有延误！并将此旨宣示赛尚阿，叫他立即将钦差大臣关防交徐广缙祈领，军营及地方文武各员，全部归徐广缙指挥。徐广缙一定要执行军纪，严明赏罚，以期壁垒一新，迅殄群丑，解除朕的南顾之忧！"

咸丰又命军机大臣传谕叶名琛：徐广缙奉旨从广西带兵驰赴湖南会剿，他的两广总督和钦差大臣关防，由叶名琛代理，广东巡抚则由柏贵暂代。湖南与广东交界地方防堵紧要，叶名琛务必严令提镇及地方文武随时侦探，扼要设防，倘需越境夹击，不要拘泥辖地之分，一定要迅速出击，以免贻误战机。

官军在广西和湖南的节节失利，引起舆论哗然。那些置身事外的官员们看不下去了，纷纷要求制裁前线玩忽职守的各级官员。

七月二十五日，正红旗蒙古副都统阿彦达上奏，就湖南军务向皇帝提出四条建议。第一要审察地势；第二要裁汰乡勇；第三要严明纪律；第四要严行法令。此人有心挽救危局，但他所提的建议，大多为老生常谈。第二条建议裁汰乡勇，更是不明事理。前线的乡勇作战最为勇敢，已是公认的事实，他却一点也不明白。唯独最后一条建议，颇有一些见地。他提出，广西军营每获胜仗，主管大臣保奏的勇往出力者，往往多至数十人，而在失败的时候，从来没有听说将谁以军法从事。赛尚阿等人的奏参，都是要求将触犯军法的人留营差委，以观后效。对于失守城池的地方文武，多数是找借口为他们开脱，不加重惩。他提议对于桀骜不驯、推诿不前及防守不力、失陷疆土者，根据情节重轻，依照军法，立予重惩。

同一天，江南道监察御史黎吉云参劾湖广总督程矞采。黎吉云是湘潭人，也是左宗棠的朋友。他在北京经常收到湖南的来信，比较了解前线的情况。他说，程矞采去年奉命驰往广西防堵，却赖在衡州不走，离广西边界还有三四百里之遥。他在衡州驻扎几近一年，既不结寨筑堡，也不守险设伏。当逆贼攻破全州，渡过黄沙河抵达永州时，他却于四月二十五日微服乘小船离开衡州。城中官民哭泣挽留，他拂袖而去。到了长沙，听说逆贼未能攻破永州，他又于五月四日返回衡州。自从他离开衡州之后，沿途各地惊传“制军逃走”，都以为永州已经陷落，居民跟着逃跑，老弱妇女投河而死者不计其数。贼踪尚远，该督随意一动，便导致几个县的居民受害至此。

黎吉云接着又参劾赛尚阿。湖南的来信，多言赛尚阿现在患病，恐非凭空捏造。赛尚阿陈奏逆匪不能窥伺宁远，又说“逆匪窜往下灌，游弋屯聚”。下灌就是宁远所属之地，赛尚阿连这一点都不知道，明显是精力不济。赛尚阿担负着如此重任，如果已经患病，就不适合担任战场的总指挥，否则会贻误军情。

连续两条参劾，都是针对湖南前线的最高官员。咸丰已经意识到赛尚阿和程矞采不能再用，但他手上确实没有更为合适的人选。他唯一的指望就是徐广缙早日到湖南接任，向荣早一点重上前线。

然而向荣还是不愿体察圣上的深意。徐广缙忍无可忍，他也不得不参劾向荣一本。他于七月十一日奉到谕旨之后，给向荣发去公文，令向荣接印任事，向荣写信答复：皇上的圣谕，劳崇光已经转达，无奈我这病一时半会好不了，请求制军大人代为奏请开缺。此信令徐广缙大为惊骇。好个向荣，你犯了那么大的过错，皇上既往不咎，反而重新起用，圣恩高天厚地，你自己于六月二十七日先已接印任事，七月六日奉到上谕之后，竟然又借口推脱，实属丧心病狂！不行，我要恳请皇上将他革职，发往新疆，充当苦差。赛尚阿一直不肯处理向荣，现在就由老夫来做这个恶人吧！

咸丰看了徐广缙的奏报，对军机大臣说：“向荣如此大胆，你们有何看法？”

祁俊藻回答：“向荣到广西上任以来，偶有战功，皇上无不立即给予优厚的奖赏。他在官村、古束两次战败，马上称病休养，拖延时日，久旷职守，皇上却只是象征性给予薄惩，随后让他复任提督，赏还花翎。微臣记得，吴文镕和张亮基五月份曾参劾向荣夸诈冒功，饰智欺人，以致军心不服。他们说向荣吹牛很有一套，却不干一点实事。屡屡自表军令严明，将士用命，却未听说他攻破一座贼营，抓到一个贼首。逆贼放弃永安几天之后，向荣才统兵前追，又不审机宜，猝遇埋伏，导致大军溃散，伤亡镇将四员。他只带几十名随从，一昼夜奔驰二百多里，躲入省城自保，反捏称统带大兵走捷径赴援，这些都是实情。”

咸丰接口道：“朕记得，当时徐广缙也查到他趋避过明、非人是己，朕都没有深究。不料他丧心昧良，胆大藐玩，至于此极！着即将向荣革职，发往新疆效力赎罪，树立一个反面典型！”

祁俊藻奏道：“广西军营的指挥员，文员中只有劳崇光，武员中只有乌兰泰，堪称有胆略有血性。”

咸丰说：“可惜乌兰泰已经死啦，劳崇光又离不开广西，湖南这边，只能指望徐广缙了。”

“皇上，福建道监察御史张铭谦有个建议，微臣以为值得重视。他说洪秀全逆匪贼踪无定，伺隙奔突，湖南和湖北必须预筹防堵，杜其勾结。洞庭湖和长江，都有捕鱼小船，不下几千只，名曰‘网划’。这种船轻利便捷，不畏波涛，大船不能行走时，它能前行；大船不能到之处，它能到达。渔民以船为家，从小练习，何处可以停泊，何处可以偷渡，全都了如指掌。大江口岸的水手习惯打捞，名曰‘水摸’，善于凫水，若让他们乘驾捕鱼船，或作水师探报，或作水师向导，或为兵船护卫，就算逆贼杀到，也无法与之对抗。水摸都是穷人，容易受到利诱，如果官军不早为招募，恐怕将来会为逆贼所用。他请朝廷通知洞庭湖和长江一带的地方官员，广为招募渔民，先行团练，编列字号，由水师统辖，制定纪律，给予优厚的报酬，让他们协助防堵，为水师声援，必能事半功倍。”

张铭谦这个建议，可谓有先见之明，咸丰令常大淳和骆秉章根据他的建议办理。在官府指导下，洞庭湖渔船云集。但是后来由于官军作战不利，集结的渔船都为太平军获得，反为对手提供了水师装备，使太平军在道州和郴州一带扩军以后，军力在岳阳进一步得到充实，形成更大的气候。

咸丰首肯了张铭谦的建议，又说道：“据常大淳所奏，衡州、长沙、岳州各属已均有贼匪窜扰，官军只知尾追，从未迎头截击，刺探贼军情报也无确信。例如广东现已抓获四十多名奸细，假扮客商，其实都是道州、江华、零陵、永明等处奸民为贼探路。逆贼的谍报如此厉害，官军的耳目怎会如此闭塞？若湖南官府早能确探贼踪，先时防备，何至被其勾结，连城失守？我军的兵力部署本来就不慎密，又让贼匪刺探得去，令贼匪得以恣意横行，官军的知己知彼体现在哪里？现在徐广缙是否已经抵达湖南？赛尚阿与程矞采做了怎样的部署？两楚交界如何设防？贼匪窜扰各处，情形究竟如何？叫徐广缙等人迅速据实奏闻，不许再有延宕！”

赛尚阿失宠，向荣因任性而遭受处罚，咸丰已把全部希望寄托于徐广缙，催促他火速赶到湖南接办军务。徐广缙能否不负咸丰所望？萧朝贵即将兵临长沙城下，湖南人能否保住自己的省会？骆秉章与罗绕典采取何种对策？江忠源和刘长佑的楚勇战况如何？曾国藩和左宗棠起了什么作用？罗泽南、王珍、李续宾是否参战？鲍超和塔齐布有何作为？

欲知后事，请看《湘军为什么这么牛》之二：《一朝天子一朝臣》。